"红棉"养护品牌建设与延伸

广东省南粤交通投资建设有限公司 著

人民交通出版社

北京

内 容 提 要

本书系统总结了广东省南粤交通投资建设有限公司多年高速公路养护经验,从养护理念、核心价值、愿景目标、品牌体系四个方面阐述了交通养护品牌"红棉"的内涵。本书共分为3篇9章,分别介绍了"红棉"养护品牌的发展战略、"红棉"养护核心体系、"红棉"养护品牌价值体现等内容。

本书可供交通基础设施建设养护管理人员借鉴参考,也可供高等院校相关专业师生学习使用。

图书在版编目(CIP)数据

"红棉"养护品牌建设与延伸／广东省南粤交通投资建设有限公司著. — 北京：人民交通出版社股份有限公司,2024.4
ISBN 978-7-114-19465-8

Ⅰ.①红… Ⅱ.①广… Ⅲ.①公路养护—交通运输企业—企业管理—广东 Ⅳ.①F542.6

中国国家版本馆 CIP 数据核字(2024)第 065353 号

"Hongmian" Yanghu Pinpai Jianshe yu Yanshen

书　　名:	"红棉"养护品牌建设与延伸
著 作 者:	广东省南粤交通投资建设有限公司
责任编辑:	岑　瑜　冀爱芳
责任校对:	赵媛媛　龙　雪
责任印制:	刘高彤
出版发行:	人民交通出版社
地　　址:	(100011)北京市朝阳区安定门外外馆斜街 3 号
网　　址:	http://www.ccpcl.com.cn
销售电话:	(010)59757973
总 经 销:	人民交通出版社发行部
经　　销:	各地新华书店
印　　刷:	北京市密东印刷有限公司
开　　本:	787×1092　1/16
印　　张:	21
字　　数:	510 千
版　　次:	2024 年 4 月　第 1 版
印　　次:	2024 年 4 月　第 1 次印刷
书　　号:	ISBN 978-7-114-19465-8
定　　价:	148.00 元

(有印刷、装订质量问题的图书,由本社负责调换)

《"红棉"养护品牌建设与延伸》

编审委员会

主 任 委 员：李晋峰　陈子建

副主任委员：邓体文　罗志光　刘卫平　潘　放　周　芳
　　　　　　　苏堪祥　陈　红

委　　　员：王安怀　王文州　陈　记　余长春　罗新才
　　　　　　　陈沃浩　陈贵锋　李立新　刘世宁　李史华
　　　　　　　戴忱华　官利辉　方　喆　陆炎和　杨骏宇
　　　　　　　何际辉　高九亭　万友明　邱新林　任国旭
　　　　　　　姚宏旭　黄少雄　陈基灿　薛长武　李　斌
　　　　　　　肖　鹰　李　凯　章恒江　吴育谦　赖仁辉
　　　　　　　吴俊强　刘　烜　张　利　曾永军

《"红棉"养护品牌建设与延伸》

参编单位

组织单位：广东省南粤交通投资建设有限公司

承担单位：广东省交通运输规划研究中心
　　　　　　广东省南粤交通新博高速公路管理处

协作单位：广东省南粤交通各路段管理处
　　　　　　广东华路交通科技有限公司
　　　　　　广东利通科技投资有限公司

《"红棉"养护品牌建设与延伸》
编审人员名单

主　　编：刘卫平

副 主 编：王安怀　陈沃浩　刘志刚　李　斌　黄钧钰

编写人员：第一章：刘卫平　陈沃浩　陈　波　黄　森　黄钧钰

　　　　　第二章：刘卫平　陈沃浩　许薛军　曾永军　李立端　韩　胜

　　　　　第三章：刘　彪　朱　丽　王　滔　何际军　何耀夫　曹玉琪

　　　　　第四章：刘荣鑫　吕　叠　邱　宇　刘少华　严慧文　刘均祺

　　　　　第五章：何恒波　刘少华　廖伟杰　何际军　彭俊雄　王　旺

　　　　　第六章：陈沃浩　曲大海　刘少华　何际军　胡晓辉　李彦强

　　　　　第七章：王安怀　陈沃浩　李　斌　朱　丽　许薛军

　　　　　第八章：王安怀　陈　波　聂　文　韩　胜

　　　　　第九章：陈沃浩　朱　丽　聂　文

　　　　　统　稿：刘卫平　王安怀　陈沃浩　刘志刚　许薛军

　　　　　制　图：张钰雯

　　　　　校　核：刘　彪　刘少华　何耀夫　彭俊雄　何恒波　黄炜坚

主　　审：乔　翔　曾波波　郭　维

副 主 审：罗　霆　陈聪凝　肖富昌　关　键　李　磊

　　　　　黄　灿　王宏权　蔡　良

序 一

交通运输是兴国之要、强国之基,也是塑造社会经济格局、战略格局的重要力量,一条高速公路建设可形成新的经济增长点,一项养护技术的诞生能深度影响人们的出行质量和生活方式。党的十八大以来,习近平总书记高度重视交通运输工作,先后作出了一系列重大部署,引领全国交通运输事业取得历史性成就,发生历史性变革。

察势者明,趋势者智。广东省委省政府站在历史峰峦之上,清晰地洞察时代风云、准确地把握前进方向,全面贯彻落实党中央、国务院《交通强国建设纲要》《国家综合立体交通网规划纲要》,推动交通运输高质量发展。在这个过程中,既着眼全局,抓好大通道、大枢纽、大网络的布局建设,不断提升交通基础设施硬实力,树立新标杆;同时又注重细微,解决群众出行的痛点、堵点、难点问题,不断提升交通运输服务软实力,打造新品牌。

长期以来,交通运输部对广东的交通事业高度重视、大力支持,在运输通道规划、重大项目布局、交通发展政策等方面给了诸多指导和帮助。"十四五"期间,交通运输部着力推进设施数字化、养护专业化、管理现代化、运行高效化、服务优质化的公路养护新模式。近年来,以建设人民日益增长美好生活需要作为新支点,组织实施国家公路现代养护工程,努力打造一流服务、一流设施、一流技术、一流管理的现代化养护新篇章,逐步实现决策从粗放向科学转变、养护从被动向主动转变、创新从单点向领域转变、模式从传统向现代转变,进一步推动管理模式提升和养护技术变革。

观大局,新理念新思想新战略从"新发展阶段"到"新发展理念"到"新发展格局"再到"新质生产力",不断谱写新篇章,用好养好管好交通基础设施责重如山。广东省交通运输厅坚持"广东特色品牌"的养护初衷，聚焦战略层、执行层、操作层"三大逻辑"维度，贡献管理之智、发挥制度之力、展现行业之为，深度融合广东特色和现代化养护管理，系统谋划、全力打造高质量公路养护制度体系，提升公路养护治理能力、技术状况、服务品质。2022年，广东省政府出台《广东省"十四五"干线公路养护管理提升行动方案》，努力打造公路养护工程现代化新样本、新标杆、新典范。

抓机遇，新质生产力欣欣向荣，积极推动新技术、新设备、新材料、新工艺，提升公路养护品质，提高服务水平。10年来，在广东省交通集团有限公司等上级单位领导下，广东省南粤交通投资建设有限公司以"等不起"的紧迫感、"慢不得"的危机感和"坐不住"的责任感，保持"闯"的精神、"创"的劲头、"干"的作风，经历了从无到有、从小到大、从线到网三个阶段，实现了跨越式发展，率先开创了多项创新引领工作，写下继往开来、团结奋进的时代篇章。

十年南粤塑品牌，万里红棉著春意。站在为之奋斗奉献的岭南大地，托着红棉养护品牌的实践探索，南粤交通人豪情满怀、充满信心，为高速公路养护工作者分享了红棉养护品牌的创建经验和实践成果，编著了这部成果丰富、内容翔实的公路养护管理著作。该书采用"橄榄"结构编排，在凝练总结红棉养护品牌发展历程、价值理念的基础上，系统论述了高质量建养、高标准管理、高赋能支撑、高效率协作、高品质保障等养护核心技术成果与工程应用，复盘升华了红棉品牌的价值体现和拓展延伸。这些内容既是对高速公路养护实践成果的总结和拾掇，也是对南粤交通养护事业的期盼和祝愿，它的价值，除了盘点，更有延续和传承，蕴含着丰富而厚重的人文情怀和奋斗精神，具有一定的参考价值。

感谢本书作者们在高速公路养护和书稿编写过程中付出的艰苦努力。希望此书对未来高速公路养护发展和管理有所贡献，更希望广东省南粤交通投资建设有限公司抓紧高质量发展新机遇，在高速公路养护事业中持续攀登。

广东省交通集团有限公司　总经理

2024年3月

序 二

时光荏苒,岁月如梭。广东省南粤交通投资建设有限公司(简称南粤交通公司)悄然走过十个春秋,实现了从无到有、从小到大、从线到网的三大跨越式发展。南粤交通公司的发展,离不开广东省委省政府、省交通运输厅、省交通集团等上级单位的全力关心和支持。自 2013 年 1 月成立以来,累计建成高速公路 2081 公里,完成投资约 2968 亿元,设置 23 个路段管理处负责运营管理。10 年来,广东省高速公路建设从"实现粤东西北地区县县通高速"到"建成粤港澳大湾区 1 小时生活圈"再到"省内 3 小时生活圈",交通网络日趋便捷,建设任务非常繁重。南粤交通公司始终坚持在全省一盘棋中更好发挥政府还贷高速公路的协调发展与平衡作用,长期担负着兜底保障、攻坚克难建设任务,为全省交通基础设施高质量发展做出了贡献。

回望来时路,奋斗正当时。10 年来,南粤交通公司抓机遇开新局,快速推进高速公路建设的波澜壮阔场景,依托南粤品质工程打造的惠民路、致富路,让无数亲历者心潮澎湃。随着高速公路开通运营,部分高速公路建设者又转化为养护管理者,沉浸下平静的身影为高速公路养护管理而躬身笃行。10 年来,"建好、管好、养好"政府还贷高速公路,一直是南粤交通人最殷切期盼和初心使命,也是对养护管理者一个巨大考验。2015 年,南粤交通公司在广东省内率先开展了"红棉"营运品牌创建活动,2016 年再次率先开展南粤品质工程建设,2018 年组织开展"红棉"养护品牌建设,2021 年推动"红棉"养护品牌升级。南粤交通人披荆斩棘、埋头苦干,用 10 年时间创建了以"安全、畅通、舒适、耐久、绿美"为目标的"红棉"养护品牌,为"南粤交通,大道为公"蹚出了一条新路。

红棉花正开,一路映相红。南粤交通公司在打造"红棉"养护品牌过程中,不断借鉴总结省内、国内先进经验，结合粤东西北地域特色，推动了养护标准化建设。以串珠成线建体系、以点带面助推广、树标带片齐发展的思路，建成了武深高速公路、汕昆高速公路等养护示范路和若干桥梁隧道高边坡示范点，将"红棉"养护品牌的价值真正落实到"人民满意交通"之上。

真心续丰华，砥砺再前行。站在新时代更高起点上，为及时总结"红棉"养护品牌实践经验，南粤交通公司集腋成裘，编撰本书，以期为高速公路养护管理提供借鉴。该书共3篇，分别介绍了发展战略、价值理念核心体系、价值体现等内容，其中价值理念是"魂"、核心体系是"骨"、品牌价值是"誉"。价值理念包括建养一体、优质耐久、集约高效的养护理念，管理至善、品质至臻、责任至上、服务至诚的核心价值，智慧运营、科学养护、创新发展、引领提升的愿景目标。核心体系包括高质量建养、高标准管理、高赋能支撑、高效率协作、高品质保障的养护实践与工程应用成果。此书所有内容都是南粤交通人在过去10年的真实经历与实践总结，是南粤交通人集体智慧的结晶与汗水的凝缩。

此书出版之际，正时南粤大地"三月春色满园晖，红棉盛开迎春笑"之时。希望此书对从事高速公路养护的从业人员，带来一定的参考价值，更寄望南粤交通公司运营养护事业蒸蒸日上，再创佳绩。

广东省南粤交通投资建设有限公司　董事长

2024年3月

前 言

广东省南粤交通投资建设有限公司(简称南粤交通公司)成立10年来,在广东省委省政府、广东省交通运输厅、广东省交通集团有限公司的科学领导与大力支持下,实现了跨越式发展。岭南大地上,2000多公里的政府还贷高速公路,对粤东西北地区人民的生产生活带来诸多便利,促进粤东西北地区快速融入粤港澳大湾区,支撑经济高质量发展。10年来,从"红棉"营运品牌创建,到品质工程建设,再到"红棉"养护品牌打造与升级,南粤交通人不仅较好地完成了各项建设养护任务,还总结出许多高速公路养护管理经验,逐步形成了具有南粤交通公司特色的"红棉"养护品牌。

为系统总结过去10年的养护经验,统筹南粤交通公司、高速公路运营管理单位、养护公司三级养护管理人员,从养护理念、核心价值、愿景目标、品牌体系四个方面阐述了"红棉"养护内涵;结合养护管理的实践经验,总结了高质量建养、高标准管理、高赋能支撑、高效率协作、高品质保障的"红棉"养护核心体系与价值体现。

本书共分为3篇9章,其中第1章概括了"红棉"养护品牌的起源、探索、打造等发展历程,第2章提出了"红棉"养护品牌的养护理念、核心价值、愿景目标、品牌体系,第3章从品质工程建设入手,论述了建养融合与协调发展等实践经验,第4章分析了科学化、规范化、标准化、信息化、专业化的养护管理模式,第5章介绍了智能巡检、健康监测、安全运营、量化分析、科学决策、综合评估、绿色低碳等养护应用技术,第6章探索了互补共享、联动实施、联合管控、资源支撑的养护协作体系,第7章介绍了"红棉"养护的组织保障措施,第8章和第9章升华了"红棉"品牌的价值体现和拓展延伸。

这本书适应了高速公路养护技术的发展需求,也适应了编著者们不断求新的公路养护愿望和工作方式。书中所列举的工程案例与养护理念,均为南粤交通公司"红棉"养护品牌发展过程中取得的宝贵经验,其中部分内容仍在高速公路养护中不断优化完善,也有部分内容需要在今后的工作中继续总结提升。希望在今后的高速公路养护管理工作中,及时总结养护新技术、新工艺、新设备的推广应用,为广大公路养护工作者提供实践参考。

由于高速公路养护具有"碎片化"特点,也可能是因为编著者知识储备薄弱、养护经验不足,难免导致疏漏之处,敬请同行及读者们批评指正。

编　者
2024 年 3 月

目　　录

第1篇　发　展　战　略

第1章　发展历程 ··· 003
1.1　"红棉"养护品牌起源 ··· 004
1.2　"红棉"养护品牌探索 ··· 007
1.3　"红棉"养护品牌打造 ··· 014
第2章　"红棉"养护价值理念 ··· 021
2.1　养护理念 ··· 022
2.2　核心价值 ··· 023
2.3　愿景目标 ··· 024
2.4　品牌体系 ··· 025

第2篇　"红棉"养护核心体系

第3章　高质量建养 ··· 031
3.1　品质工程建设 ··· 032
3.2　建养融合管理 ··· 040
3.3　建养协同发展 ··· 042
3.4　运营管养提升 ··· 054

第4章	高标准管理	064
4.1	养护管理科学化	064
4.2	养护管理规范化	078
4.3	养护管理标准化	094
4.4	养护管理信息化	114
4.5	养护管理专业化	125

第5章	高赋能支撑	141
5.1	智能巡检	142
5.2	健康监测	151
5.3	安全运营	183
5.4	量化分析	194
5.5	科学决策	205
5.6	综合评估	229
5.7	绿色低碳	241

第6章	高效率协作	253
6.1	片区路段互补共享	253
6.2	专业工种联动实施	255
6.3	业务部门联合管控	258
6.4	外部资源支撑协作	265

第7章	高品质保障	274
7.1	组织保障	274
7.2	设施保障	275
7.3	资金保障	279
7.4	人才保障	282

第3篇　价　值　体　现

第8章	"红棉"养护品牌价值体现	289
8.1	升华"红棉"品牌内涵	289
8.2	展示"红棉"品牌服务	295

8.3 打造"红棉"品牌标杆 ··· 314

第 9 章 "红棉"品牌价值延伸 ·· 316

9.1 推进养护数字化发展 ··· 316

9.2 推动养护高质量发展 ··· 319

后记 ·· 322

PART 1 第1篇

发展战略

第1章　发展历程

在历史的长河中,总有一些重要的时间节点,犹如一座座高高耸立的灯塔,指引着人们前行的方向。

2012年11月,党的十八大又一次谱写了中国社会主义发展新篇章,开启了中国特色社会主义新时代。2012年12月7日至11日,习近平总书记到广东考察工作,对广东提出"三个定位、两个率先"的总体要求:努力成为发展中国特色社会主义的排头兵、深化改革开放的先行地、探索科学发展的试验区,为率先全面建成小康社会、率先基本实现社会主义现代化而奋斗。习近平总书记对广东的殷切嘱托,为广东踏上改革开放新征程指明了路线和方向(来源:广州日报)。这"三个定位、两个率先",是广东省工作的前进方向、行动指南和总目标。"定位"的意义在于引领方向,就是为实现预定目标的发力方向与实现路径;"率先"的意义在于领路先行,就是一马当先,敢于突破,是改革前进跑道上的领头羊。

广东省委和省政府将区域协调发展、脱贫攻坚、美丽乡村建设作为落实"三个定位、两个率先"的主要抓手和重点部署,主要目的是推动广东省经济结构协调发展、平衡发展。珠三角地区9市在转型中加快发展,已形成自我发展、优化发展的态势,但粤东西北地区12市由于长期缺乏内生发展的动力,工业发展基础比较薄弱,人均国内生产总值(GDP)低于全国平均水平。交通运输是打通生产、分配、流通、消费的重要纽带,是连接国内国际两个市场、两种资源的重要环节。面向新征程,构建新发展格局战略支点,方方面面都离不开交通运输的高质量发展。从更深的层次看,粤东西北地区的公路基础设施非常短缺,亟须加快发展。例如,2012年底,粤东西北地区的高速公路通车里程仅占全省40%,但面积占全省70%,路网密度不足珠三角地区的1/3。为补齐粤东西北地区交通基础设施发展短板,加快推进高速公路建设,2012年12月,省委、省政府决定组建政府还贷高速公路投融资建设管理平台,采用财政资金兜底模式,破解经济欠发达地区高速公路建设资金筹措难题,进一步打通制约区域联动发展的痛点、堵点、难点。

2012年12月,广东省人民政府同意成立广东省南粤交通投资建设有限公司(简称"南粤交通公司"),2013年1月,南粤交通公司正式揭牌,负责交通建设投融资和政府还贷高速公路建设、经营、管理。南粤交通公司承载着补齐交通基础设施区域发展不平衡短板,助力粤东西北地区脱贫攻坚使命,肩负广东省人民政府还贷高速公路建设、经营、管理的历史重任,开启了高速公路建设序幕。同时,将广东省当时仅有的234.4km的政府还贷收费高速公路(江肇高速、韶赣高速)划转给南粤交通公司管养。

2017年10月,按照中央及省委、省政府关于深化国有企业改革和投融资机制改革的决策部署,南粤交通公司并入广东省交通集团有限公司统一管理,继续负责全省政府还贷高速公路建设、经营、管理。2021年12月,经广东省人民政府同意,在省交通运输厅、国资委、省交通集团的坚强领导下,南粤交通公司设立了省政府还贷高速管理中心,为促进政府还贷高速公路高质量可持续发展奠定了坚实基础。截至2023年底,南粤交通公司高速公路通车运营里程达1932.8km,养护里程达2345.5km。

回首过去10年,南粤交通公司发展历经党的十八大、十九大、二十大三个重大时间节点,经历了从无到有、从小到大、从宽到深三个阶段,实现了跨越式发展。南粤交通公司在政府还贷高速公路建设、经营、管理中写下继往开来、团结奋进的时代篇章。10年来,南粤交通公司以"五心红棉 一路绽放"党建品牌为引领,以"南粤品质工程"建设品牌、"红棉"运营品牌为抓手,树立了公司的行业形象。"建好、管好、养好政府还贷高速公路"一直是南粤交通人最殷切期盼和初心使命。"红棉"养护品牌作为"红棉"营运品牌的重要载体,为党建与业务深度融合及公司高质量可持续发展提供了有力支撑。

1.1 "红棉"养护品牌起源

"春风化雨,木棉花开",木棉即红棉,又称"英雄花",广泛种植于华南、台湾、中南半岛及南洋群岛。自明末以来,木棉花与南海神祝融被作为岭南文化代表和象征,具有对外宣传地域文化的功能,号称南方花中之王,具有雄丽的风骨气韵。木棉花现为广东省广州市、广西壮族自治区崇左市、四川省攀枝花市和台湾省高雄市的市花。中国南方航空、广州市电视台等单位的标识都有木棉花图案。

广东省陆地总体呈现扇面形状,粤东西北南岭绵延跌宕、树木郁郁葱葱,东江、西江、北江、韩江纵流而下,汇入南海,扇面中间的珠江三角洲具有"三江汇流、八口入海"的天然优势,扇面边缘的沿海走廊广阔平坦。这种地形条件导致人口、经济等要素在珠三角及沿海平原地区聚集,粤东西北山区发展落后。广东省政府还贷高速公路在转变发展方式、优化经济结构、转换增长动力等方面起到了重要的基础支撑作用。

10年春风化雨,10年春华秋实。当年的高速公路大会战口号声犹然在耳,如今的粤东西北地区高速公路通县达镇,与珠三角地区便捷联通,向广大人民群众展示了区域协调发展、脱贫攻坚、美丽乡村建设的伟大决心,展示了南粤交通人披荆斩棘、埋头苦干的精神风貌。

看似寻常最奇崛,成如容易却艰辛。南粤交通公司一路走来,每一步都付出了艰辛努力。每建成一条政府还贷高速公路,都将带来生产生活的更多便利,辐射一带城镇农村经济的高质量发展。南粤大地上,高速公路占用的每一寸土地,也都是木棉花生长的土壤。木棉花火红艳丽,如火怒放,象征着南粤大地生机盎然、欣欣向荣。木棉花还有蓬勃向上和生机勃勃的花语,这正是南粤交通公司过去10年形成的文化底蕴和精神风貌。

往事已十载,是一代南粤交通人逢山开路、遇水架桥,造就了今天的政府还贷高速公路网络布局。这其中,有一群敢闯敢试的广东交通人踏南岭、造通途,在南粤交通公司开辟了新天地,厚植了南粤交通人的"木棉"精神;也有一批心怀梦想的青年奋斗者,"孔雀东南飞",在南粤交通公司拼搏创业、安居乐业。南粤交通公司这片建设的热土、养护的热土、发展的热土在生生不息的传承中不断演绎精彩、书写传奇,在历久弥新的演进中始终充满魅力、绽放活力。

1.1.1 红棉与交通结缘

在2012年前,随着公路客运的迅速发展,一些运输公司开始注重企业文化建设,品牌意识逐渐增强,打造企业自己的品牌提升影响力。木棉花火红花色和坚毅品性备受大众的喜爱。于是,部分运输公司不约而同地将"红棉"作为公路客运品牌标志,为客运安全发挥了重要的示范作用。

自2013年南粤交通公司成立以来,始终坚守政府还贷高速公路的"公益性"和"服务性",提出了"南粤交通,大道为公"的经营理念,并以服务彰显南粤品质,适时开展了"红棉"营运创建活动,为南粤交通公司健康可持续发展提供了新动能、新活力。

2014年是广东省交通运输行业的文化建设年,以此为契机,南粤交通公司决定开展品牌建设活动。通过对国内同行"微笑服务"品牌、"映山红"品牌等进行实地调研,开拓了品牌创建的思路,随后成立了营运管理品牌创建小组,开启了品牌创建之路。在践行广东省交通运输厅"用心服务,畅享交通"理念过程中,南粤交通公司积极开展高速公路营运服务品牌创建,全面提升运营服务水平,提炼出具有南粤交通特色的"温馨旅途,畅行南粤"口号,推广高速公路"红棉"运营服务品牌,并确定与司乘人员接触面较广的收费窗口为切入点,期间经过多次修改、提升、再提炼。2016年3月,"红棉"营运服务品牌通过省交通运输厅组织的阶段性验收,得到与会专家及代表的充分肯定。2017年"红棉"营运服务品牌荣获省交通运输厅"第二批全省交通运输文化建设示范单位"称号,南粤交通公司"红棉"营运服务品牌创建工作初见成效。

"红棉"给人温暖、热情、奉献的感觉,代表着高速公路人一颗火红的心和用心服务的一贯理念;"红棉"既有行业发展特征,又有南粤地域特色,内涵丰富,容易识别,便于记忆和传播。"红棉"营运服务品牌创建以来,探索开展了一系列服务活动。

在收费方面,从客户体验的角度出发,提炼并制定出"三个一"收费窗口文明服务标准,即一个洁美的环境、一张真诚的笑脸、一次舒畅的通行服务。

在路政方面,以"用心服务、畅享交通"服务理念为核心,致力于营造"温馨、美观、安全、畅顺"的高速公路通行环境,全面打造"素质过硬、作风优良、用心服务、争创标杆"的南粤交通路政队伍。

在养护方面,推动养护科学化、规范化、标准化、信息化、专业化"五化"管理,体现"南粤交通、大道为公"的企业核心价值理念。

1.1.2 "红棉"品牌萌芽阶段

为促进南粤交通公司运营管理和服务水平持续有效提升,进一步对"红棉"运营服务品牌开枝散叶,成功打造了韶赣高速"红棉"营运服务品牌、江肇高速"五心红棉"党建品牌。创建运营品牌,既是响应和深化交通运输行业核心价值理念的具体实践,也是广东省政府还贷高速公路发展的大局需要,更是南粤交通公司成长、发展到壮大的需要。

1）打造韶赣高速"红棉"营运服务品牌

韶赣高速是粤北内联外通的一条重要高速公路，也是"红棉"营运服务品牌的示范路，它通过"内强素质，外树形象"，把"红棉"服务品牌外化于行、内化于心，蕴育了"红棉"服务品牌的力量。韶赣高速建立健全了"红棉"服务品牌管理体系，通过制定《收费系列岗位"红棉之星"评选制度》《"红棉"监控中心管理制度》等制度，建立管理、监督、考评三位一体的管理体系，将"红棉"服务品牌与日常收费管理工作深度融合，使红棉服务品牌成为发展的动力源泉和核心密码。同时，通过编制《韶赣高速"红棉"营运服务品牌》手册、佩戴"红棉"标志徽章、规范"红棉"服务标准流程、量化休息区"红棉"元素等系列举措，让"红棉"服务品牌理念入眼入脑入心。

"红棉"营运服务品牌创建以来，韶赣高速"红棉"服务团队开展了"便民服务亭""ETC服务点""情满旅途温馨韶赣"等志愿服务活动，搭建综合服务功能区，免费为广大驾乘人员提供路线咨询、茶水、应急药品、ETC（Electronic Toll Collection，电子不停车收费）异常处理等服务，尽可能为驾乘人员排忧解难，给广大驾乘人员一种宾至如归的亲切感。此外，还针对弱势群体、沿线居民的切实需求，开展助农直播带货、为甜蜜年货代言、为果农助销增收上万元；走进敬老院、学校结对帮扶，为老人送去粮油、被褥……用担当和勇毅，贡献"红棉"营运服务品牌力量，全心全意全程为"大道为公"代言。

历年来，韶赣高速"红棉"服务团队先后获评全国工人先锋号、全国十佳服务窗口、省青年文明号、省巾帼文明岗、中国最美路姐团队入围奖等荣誉称号。

2）打造江肇高速"五心红棉"党建品牌

为确保"红棉"营运服务品牌建设达到预期目标，江肇高速公路管理处建立了一系列工作考评机制。为激发一线员工参与品牌创建热情，2014年制定了《"红棉之星"收费员评选办法》；为深化"红棉"营运服务品牌创建工作，2015年制定了《"最美红棉班组"评选办法》；为提高收费岗位人员的业务技能水平，2018年制定了《"红棉业务标兵"评选办法》；针对目前收费现场的管理需求，2022年制定了《收费班长考评办法》。通过开展评选活动，树立了一批优秀个人及团队的典型代表，激发了员工参与品牌创建活动的工作热情，进一步钻研业务，营造了良好的"比、学、赶、帮、超"工作氛围。自2014年开展"红棉"品牌收费窗口服务考核以来，共涌现出"红之星"1922人次，"最美红棉班组"213个，"红棉业务标兵"100人次，各收费站绩效考核分数稳步提高，运营服务水平全面提升，得到广大驾乘人员的一致好评。

2019年初，江肇高速公路管理处首次入围广东省交通集团基层党建创新"开路先锋"工程项目，当时申报的主题就是"红棉"品牌的提升。在广东省交通集团和南粤交通公司指导下，正式确定了"五心红棉"品牌名称，并不断完善形成了如今耳熟能详的五心内涵。2020年4月，"五心红棉"党建品牌作为南粤交通公司唯一基层党组织建设成果，入围省国资系统"五强五化"示范党组织创建单位。这个阶段初步实现了党建与业务的有效融合，"五心红棉"在广东省交通集团内部有了一定的知名度和影响力。

2021年初，江肇高速公路管理处在品牌创建体系、创建载体等方面进行了根本性的、系统性的提升，建成了以"两馆一园一室一站一区"的党建精品路线，形成了汇报材料、宣传折页、宣传片、人才感言录、主题展板等成套的成果材料，先后在广东省交通集团和南粤交通公司党建工作会议上进行了经验交流和成果展演，以党课的形式在广东省交通集团基建管理部党日活动上汇报，广东省交通运输厅路政处、联合电服、广东环保集团党校、大广高速等单位先后到现场参观交流，拓宽了单位间的文化交流渠道。这一阶段形成了江肇高速公路管理处特有的创建成果，并集中进行了对外宣传展示，品牌影响力得到全面提升，企业文化得到进一步推广，再次入围广东省交通集团"开路先锋"工程。

1.1.3 "五心红棉"党建品牌

南粤红棉花开艳，党建引领启新程。南粤交通公司立足改革发展新业态以及人民群众对高速公路出行的新需求、新向往，充分利用江肇高速"五心红棉"党建品牌的建设成果，全面打造独具政府还贷高速公路行业特色的"五心红棉"党建品牌，实现"党建领航、文化聚力、人才强企、匠心提质、管理创效"的目标。"五心红棉"是"红棉"营运服务品牌的提炼和升华，为"红棉"营运服务品牌注入了南粤交通公司新元素，丰富了南粤交通人的品质内涵。经过实践培育，"五心红棉"党建品牌包含"红心、真心、匠心、精心、暖心"五方面内容。

(1)红心向党、政治领航。以党的政治建设为统领，通过构建"四严四在先""三学三提升""双带双践行"的"432"工作机制，坚持真学在先、示范在先、履责在先、实干在先，把牢企业新时代高质量发展的"方向舵"。

(2)真心育人、培树栋梁。构建"线上培训平台＋管理能力提升""红棉内训师团队＋技术能力提升""送教上门服务＋个人学历提升"三级培训模式，推动员工提素质、强本领。

(3)匠心提质、臻于至善。实施"品质道路、品质技术、品质服务"的"三大品质提升工程"，组建"最美中国路姐"团队，实施"一个洁美的环境服务""一张真诚的笑脸服务""一次舒畅的通行服务"的"三个一"文明服务标准，激发品质服务新活力。

(4)精心保畅、忠诚尽责。织密保畅工作网络，划分责任区，保障收费站畅通；实行"24小时轮班制"，做到关键时期有党员，急难险重有党员；与地方交警等7家业务单位共建路网保畅信息工作群，全面提升道路路面和收费站场保畅能力，让人民群众高速出行更顺心、舒心和安心。

(5)暖心为民、奉献担当。通过"战疫一线党旗红""红棉服务月"等活动，提升群众出行安全感；定期深入沿线送党课、送政策、送服务，组织"红棉志愿者服务队"慰问孤寡老人和留守儿童，以实际行动肩负"交通延伸美好生活"的交通行业责任。

1.2 "红棉"养护品牌探索

为建设好、管理好、养护好这些高速公路，2015年南粤交通公司在省内率先开展了"红棉"营运服务品牌创建活动；2016年又在省内率先开展南粤品质工程建设行动；2018年系统总结了高速公路建设养护经验，正式提出了"五心红棉"营运服务品牌。高速公路养护是"红棉"营运服务品牌的重要载体及南粤品质工程的重要延续，"红棉"养护品牌应运而生。在"五心红棉"党建品牌的统领下，南粤交通人以红心向党、真心育人、精心管养的全新姿态，以匠心品质、暖心服务为养护宗旨,持续推动高速公路养护创新发展、引领提升。

为贯彻落实交通运输部及省交通运输厅《"十三五"公路养护发展纲要》创建"养护管理示范路"要求,深化南粤"红棉"营运品牌,南粤交通公司于2018年提出了用两年时间创建"红棉"养护品牌的发展愿景。品牌创建重点开展管理标准化、作业标准化(双标准化)建设,统筹兼顾南粤交通公司本部、下属运营单位及养护服务单位三个层级的养护工作,从科学制定养护体系、规范完善养护制度等方面开展"红棉"养护建设。2019年4月在汕湛高速公路阳春至化州段正式启动"红棉"品牌创建活动,2020年底基本完成了品牌创建制定的建设任务,并取得了较好的示范效果。

1.2.1　"红棉"养护任务

"红棉"养护以科学化为引领,以规范化为导向,以标准化为抓手,以信息化为手段,以专业化为支撑,积极推动养护"五化"管理,从而实现"安全、畅通、舒适、耐久、绿色"养护目标。主要体现在以下几个方面。

1)养护体系科学化

推动建立科学、规范的养护管理体系,明确政府还贷高速公路养护计划编制、养护资金使用,建立运转畅顺、资金持续保障的养护管理制度。

为落实"建管养"一体化理念,在建设期项目就要解决或者避免运营养护中出现的结构物病害多发、影响运营期行车安全、影响后期养护工作规范开展等问题,夯实运营期养护工作的基础。

深化"区域化、规模化、集约化"养护管理模式,将日常养护、服务项目(设计、监理、检测、监测及定期检查)集中招标,优化应急资源及养护工区的布局规划,要求应急资源及养护工区与主体工程同步建成并投入使用,推动养护、拯救等服务单位联署办公模式,提升公路养护资源共享。

2)养护制度规范化

搭建养护制度标准化框架体系,在日常养护、养护工程程序管理、检测评定及后评估等方面,着重从南粤交通公司、运营项目两个层面,对相关养护管理制度加以完善。

分级分类完善养护管理制度,紧密结合规范、上级单位及南粤交通公司的有关规定,明确管理要求和办理流程,实现集团养护信息平台应用有效结合。

3)养护程序标准化

通过优化和完善养护管理程序,对公路技术状况检测与评定、养护计划制订、养护工程设计管理、养护工程监理、第三方质量检测项目管理、养护合同造价管理、养护工程施工管理、机电养护管理、交叉工程管理、养护工程档案管理等进行规范,以程序标准化来提高养护管理水平和工程质量。

(1)规范养护计划。在各单位养护计划的基础上,由南粤交通公司统筹编制养护中长期规划及年度计划,遵循"统筹利用、成熟先上"的原则控制养护支出,控制并使用好养护资金。

（2）规范养护工程设计管理。南粤交通公司出台了《养护工程设计管理规定》,以江肇项目为依托,编制路面养护工程设计指导意见,逐步规范路面、桥梁、隧道等常见养护工程设计文件编制。

（3）规范养护工程监理、第三方质量检测项目管理。以韶赣、仁新项目为依托,结合集团监理、试验检测片区规划方案,统筹考虑日常养护与养护专项工程原材料试验检测,并结合交通运输部《公路工程质量检验评定标准　第一册　土建工程》(JTG F80/1—2017),编制监理工作方案范本。

（4）规范养护合同造价管理。

①制定相应的管理办法,完成《合同管理办法》《造价管理办法》《养护计量支付管理办法》《养护招标清单预算》等管理制度的制定,确保管理"面"上的规范、统一;

②制订统一的养护合同范本,实现各项目养护合同的规范化,确保管理"线"的规范、统一;

③编制统一的养护清单计价模板,实现工作内容统一、清单编号和名称统一、计价规则统一,确保管理"点"的规范、统一。

（5）规范养护工程施工管理。以江肇项目为依托,规范养护工程合同签订、施工审批、施工过程管理、现场作业安全管理、质量管控、变更审批、工程验收及后评估等"全链条"管理,编制路面养护施工管理文件示例。

（6）规范养护工程档案管理。进一步加强日常养护档案检查考核,除各运营项目自检自评外,注重对养护单位档案的检查和考核。

4）养护作业标准化

通过制定路容路貌日常维护质量标准和现场作业安全标准,推进日常养护作业标准化,并规范养护应急抢修工程管理,从而强化现场作业规范,提高安全生产系数。

各高速公路管理处联合日常养护单位编制专门工作方案,主动开展沿线路域环境排查整治专项行动;推行"养护标段长"定员负责制,固化工作标准及制度,并建立长效机制,保持"舒适、美观"的路容路貌。

编制高速公路《日常养护作业标准化指南》,明确养护作业中日常巡查、小修及应急保通等养护作业的内容及频率、施工组织、作业流程、机械配备、实施步骤、质量标准等,提高养护作业水平。

各日常养护单位要遵循"高于规范、贴合实际"的原则,编制《高速公路养护现场安全作业操作规程》,细化施工人员数量、预警设备和检查机制等,深化养护现场安全作业标准化。

在信息报送、人员、设备及材料、组织实施等方面建立完善的管理体系,进一步提升在极端恶劣天气、交通事故造成道路结构物损毁或影响行车等特殊状况下的应急处置能力。针对常见的边坡垮塌、路面积水、道路损毁等突发病害,编制《养护应急抢修工程管理办法》,规范养护应急抢修工程管理。

5）养护管理信息化

信息化是提高养护管理水平的重要手段，平台建设是强化养护管理的重要支撑。通过推广养护信息管理平台应用，建立特殊结构物建养一体化自动监测系统，整合各项养护资源，实现养护的精细化管理。

按照广东省交通集团的有关要求，南粤交通公司统筹协调做好上线集团养护信息管理平台工作，确保 2020 年底前全面应用集团养护信息系统进行管理，并根据工作需要及时督促技术支持单位对系统功能进行完善或升级。

以珠海连接线、广中江项目为依托，结合清云、东雷、河惠莞、怀阳等建设项目建设期间开展的桥梁建养一体化自动监测系统研究工作，积累建立特殊桥梁、隧道、高边坡建养一体化自动监测系统的工作经验。

6）养护工区标准化

工区标准化是实现片区化养护的重要环节之一，可以集约土地，节约养护资源，降低养护成本。

以化湛项目为依托，结合广东省交通集团养护基地标准化建设及要求，明确养护工区标准化建设方案，分期分批于 2020 年底前完成工区标准化建设工作。参照《广东交通集团道路养护标识系统规范手册》标准，对养护工区视觉识别系统进行规范，提升养护工区整体形象。

1.2.2 "红棉"养护实践

"红棉"养护品牌创建过程是落实"建管养"一体化理念，推进"五化"管理，实现"五大"养护目标的过程。南粤交通公司统筹协调，各项目管理处稳步推进，按计划认真落实各项工作。

1）形成养护管理体系

"建管养"一体化理念是"红棉"养护品牌的亮点之一。实现养护管理体系科学化，就是坚持以问题为导向，在建设期融入养护元素，考虑养护需要，避免可能出现的养护问题，落实"建管养"一体化理念和深化片区化养护模式，从而达到全寿命周期养护的目的。

"红棉"养护品牌应从硬件、软件、人员需求着手，落实"建管养"一体化理念。以新阳项目为代表，按《高速公路建设期解决营运期养护需求若干意见》《做好通车前养护管理工作的若干意见》等要求，在建设期较好地落实基础设施、养护辅助设施、桩号标识等运营养护需求；以阳化项目为代表，推广应用《建管养一体化手册》《机电养护技术手册》。阳化、新阳、潮漳、河惠莞、仁新、连英等 8 个项目已编制《建管养一体化手册》《机电养护技术手册》。

"红棉"养护品牌通过养护集中招标和机电设备整合利用，深化"区域化、规模化、集约化"养护管理模式。各运营项目土建、机电日常养护、定期检查及监测、养护设计、监理、沥青采购均实现了规模化集中招标，提高了养护资源统一调配。

2）完善养护管理制度

建章立制是打造"红棉"养护品牌的基础,重点完善标准化体系、分级分类、管理界面及费用等养护管理制度,推进养护管理规范化。

通过"红棉"养护品牌打造,南粤交通公司完成10项养护管理制度,基本形成了养护制度标准化体系。截至2020年10月,基本完成了南粤交通公司及项目管理处两个层面养护管理制度体系建设,有效促进养护工作的开展。按路段业务种类,南粤交通公司印发了养护界面划分及费用分类意见(2020年第一次总经理办公会议纪要),进一步明晰了管理界面及费用分类。

3）健全养护管理程序

管理程序标准化是创建"红棉"养护品牌必由之路。南粤交通公司规范了检测与评定、养护计划、养护工程、合同造价、机电养护、交叉工程、工程档案等养护重点环节的工作流程,为实现"安全、畅通、舒适、耐久、绿色"五大养护目标提供路径保障。

(1)规范公路技术状况检测与评定。按照广东省交通集团《检测标准化工作指南》《高速公路机电设施养护及技术状况评定标准》,进一步规范了土建、机电检测工作。印发《进一步规范养护类技术方案审查(批)工作》,优化完善养护工作流程。

(2)规范养护计划的编制。南粤交通公司统筹组织各项目编制养护中长期规划,为提高养护资金使用效率和统筹分配养护资金提供了科学依据;依托江肇项目、韶赣项目编制了《养护管理办法实施细则(养护计划管理)》,进一步规范了年度计划管理,并以专题审查会议形式规范年度养护预算预审工作,加强养护计划执行管理与考核力度。南粤交通公司养护项目总体完成情况从2018年的89.6%提高到2020年的96.9%,完成率从2018年的71.3%提高至2020年的90.50%。

(3)规范养护设计、监理、第三方检测及施工管理。南粤交通公司依托江肇项目,编制了南粤交通公司《养护管理办法实施细则(养护工程管理)》,规范养护工程"全链条"管理;依托江肇项目、韶赣项目,联合服务单位编制了路面设计、监理等示范文件,以示范文件推广施工规范化管理。

(4)规范养护合同造价管理。规范合同造价管理是实现养护管理降本增效的重要手段。"红棉"养护品牌打造在合同范本、造价标准、单价信息等方面,强化养护合同造价的规范管理。通过建立南粤交通公司造价咨询专家库,加强对预算的审查,保证预算编制质量,实现了各项目养护工程造价标准化、清单标准化管理。组织开发运营项目计量支付系统,进一步规范了运营路段的预算管理、合同管理、养护业务计量和变更管理,并实现系统间数据的互联互通,推进养护合同规范化管理。

(5)规范机电养护管理。南粤交通公司组织编制《机电设施故障案例分析手册》,推广阳化项目《机电技术手册》,新阳项目《机房标识系统标准化》《机电建管养一体化设备技术指标手册》等工作经验,推动高速公路机电养护管理规范化。

(6)规范交叉工程管理。以龙连项目为依托,全面梳理相关文件及交叉工程管理要点,编制《涉路工程管理办法》,细化管理环节,明确工作流程。

(7)规范养护工程档案管理。南粤交通公司组织编制《养护工程档案管理办法》《档案工作年度考评实施细则》,明确高速公路养护档案形成、收集管理要求和整编规范;同时,加强年度养护档案检查,遵循"谁主办,谁形成,谁负责"的原则,确保养护档案齐全完整、内容准确、整理规范,及时归档。

4) 实现养护作业标准化

通过打造"红棉"养护品牌,南粤交通公司实施日常养护、作业文件、安全作业、应急抢险等标准化,确保养护技术和方案落到实处,实现养护作业标准化管理。

(1)路容路貌日常维护标准化。以化湛项目为例,积极推行"养护标段长"定员负责制,积极鼓励其他项目遵循责任管理原则。借鉴化湛项目做法,各段配备合同段长、养护工长,开展沿线路域环境排查整治。

(2)日常养护作业标准化。推广化湛项目《日常养护作业标准化指南》(已有12个项目编制指南),明确了日养管理及作业全链条内容。此外,阳化项目编制了《裂缝修补标准化作业指南》,潮漳、新博、化湛、阳化等项目编制了桥涵、隧道、绿化等作业指南或办法,进一步提高了养护作业标准化。

(3)养护现场安全作业标准化。依托阳化项目编制了《高速公路占道施工安全管理工作指引》,明确占道养护施工必要程序和注意事项。南粤交通公司9个项目编制了《高速公路养护现场安全作业规程》,规定了具体的操作要求,提高公路养护安全作业标准化。

各运营项目通过配置"防撞缓冲车""智能防闯入主动预警系统""养护作业交通管制预警精灵"等防护装备、设施,防范和减小了养护作业安全风险。

(4)养护应急抢修工程管理标准化。依托阳化项目编制了《养护管理办法实施细则(应急抢险工程管理)》,依托化湛项目编制了《防台风应急管理工作指引》,南粤交通公司编制了《突发事件紧急信息报送流程》,明确了突发事件的信息报送流程,规范了养护应急抢险工程管理,提高了应急抢修工程处置效率。

5) 推动养护管理信息化

信息化是提高养护管理水平,保证养护质量的重要手段。通过对接广东省交通集团养护信息平台,运用机电运维管理平台,搭建结构物、关键设备监测系统,确保南粤交通公司能够掌握完整、及时、准确的养护信息。

(1)养护信息平台应用。2018年5月开始对接广东省交通集团养护信息平台,2019年各项目已全面使用养护信息平台,年初完成已通车项目的基础数据录入,并定期开展养护信息化培训。2021年平均10km路段每月下发79份日常检查单,7份日常巡查单,2.3份任务单,其中通过移动端上报的日常巡查占比47%。养护信息化应用水平在广东省交通集团位居前列。

(2)机电运维管理平台应用。截至2021年9月,南粤交通公司18个运营项目(15个运营单位)全部使用机电运维管理平台。通过机电运维管理平台,加强了业务监管并建立了机电备件仓库动态管理平台。

(3)结构物自动化监测。南粤交通公司12座特大桥中安装广东省交通集团安全集群监测系统。南粤交通公司在大丰华高速鸿图隧道试点使用结构健康监测系统。仁新、龙连、连英、英怀、清云等项目采用了高边坡自动化监测。韶赣项目试点应用了道路养护保洁管理系统,对清扫前后路面实施评价,督促项目及时开展清扫工作。

(4)关键设备及流水上传在线监测。进一步优化完善"门架监测平台""数字监测平台"监测功能,提高了车道、门架设备运行状态及电力、通信链路联通性采集的准确度,强化了车道、门架、站级流水状态的监管。

6)促进养护工区标准化

实施工区标准化是养护"区域化、规模化、集约化"的进一步深化和具体落实。按照工区标准化规划,南粤交通公司完成养护基地的布局,并按照规范手册改造或者完善了工区设施。

养护工区标准化建设按南粤交通公司 2019 年印发的《养护基地布局规划调整补充意见》《养护基地建设标准化指南》实施。南粤交通公司运营项目共有 33 个日常养护基地,4 个综合养护基地,其中 20 个日常养护基地完成工区标准化建设。

在广东省交通集团《基地标识系统改造示范样板制作规范手册》基础上,南粤交通公司细化了室内标识系统,增加了封路指示图、晴雨表、计划表、上墙制度、养护路段线路图、应急物资及设备信息表等内容。具备条件的养护工区均已完成视觉标识改造。

1.2.3 "红棉"养护总结

自"红棉"养护品牌创建以来,南粤交通公司统筹协调,各运营项目具体落实,上下一盘棋,群策群力,稳步推进,较好地完成了第一阶段规定的各项任务,实现了科学化、规范化、标准化、信息化、专业化的"五化"养护管理,达到了安全、畅通、舒适、耐久、绿色的"五大"养护目标。

1)总体完成红棉养护任务

当前,对照 24 项红棉养护任务清单,已完成 20 项,完成比例 80%。因客观因素导致 4 项未完成,转入下一阶段完成。

2)积极推动四新技术

南粤交通公司组织编写了《"红棉"养护品牌创建经验集》,内容包含土建养护技术、机电养护技术、土建养护管理、机电养护管理、综合管理五个方面,总结了 23 项四新技术应用经验成果。

3)初步形成品牌效应

表彰先进,树立榜样,按照 2020 年"红棉"养护示范路考评标准,新阳、仁新管理处评选为 2020 年度"红棉"养护品牌创建示范单位。试点创建"养护管理示范路",如韶赣管理处选取了 5km 东行路段(K574~K579)进行改造,推动"红棉"养护品牌化。推动"四新"技术应用,如连英管理处选取了一段 33km 典型路段,专门推广使用"四新"技术,进一步提升道路服务水平。

4）显著提升运营养护水平

2020年,南粤交通公司所属运营项目公路技术状况指数MQI均值为96.16,路面技术状况指数PQI均值为96.79,优等路率在99%以上,高于广东省高速公路路况指标平均水平(截至2019年底广东省高速公路MQI均值为95.1,PQI均值为94.0);机电设备完好率99.88%,及时修复率97.46%,门架及车道系统、视频云联网监测指标全面达优。无三类及以上的桥梁,无三类及以上的隧道,无差及危险以上涵洞,路况水平及机电设备运行均衡、稳定。

1.3 "红棉"养护品牌打造

进入"十四五"后,根据交通运输部及省交通运输厅印发的《"十四五"公路养护管理发展纲要》及广东省交通集团"十四五"发展方向,南粤交通公司以"智慧运营、科学养护"为主题,以"管理升级、品质升级"为核心,从基础建设、服务保障、技术创新、管理升级、人文保障五个维度,聚焦机械化应用、自动化巡检、数字化监测、智能化分析、智慧化运营、微创新推广等六大领域,继续开展"红棉"养护品牌升级活动(侧重于体系建设)。2021年11月,南粤交通公司在武深高速公路仁新段召开"红棉"养护品牌升级活动现场动员会,提出再用两年时间完成"红棉"养护品牌全面升级的发展目标。

1.3.1 品牌打造要求

"红棉"养护品牌提升全过程贯彻"智慧运营、科学养护"的价值理念,聚焦机械化应用、自动化巡检、数字化监测、智能化分析、智慧化运营、微创新应用等重要领域,充分发挥政府还贷高速公路"建管养"一体化运营优势。同时,以挖掘运营养护管理需求、整合业务资源为目标,优化运营养护管理体系,共同推动南粤交通公司养护管理工作全面开展。

1）品牌提升理念

"红棉"养护品牌提升以"五心红棉"党建品牌为引领,坚持"科学、经济、规范、高效、优质"的指导思想,以"管理升级、品质升级"为核心,从"基础建设、服务保障、技术创新、管理升级、人文建设"五个维度,构建"红棉"养护品牌"畅通、安全、舒适、耐久、绿色"内在价值的五个要素,推广"红棉"养护品牌"通行体验、本质安全、工程质量、养护效率、养护费效"外在价值的五个体现,全面打造公司养护管理"七化八无"新目标,做高速公路养护管理的典范。

2）品牌提升安排

"红棉"养护品牌提升围绕"创建南粤养护管理示范路和示范点、采用新技术提升建管养一体化水平"的总体目标,南粤交通公司及所属各运营单位、各路段养护服务单位全面对照提升,促进"红棉"养护品牌升级发展。

第一阶段为"红棉"养护品牌升级高标准起步期。截至2022年12月底,创建200km以上养护管理示范路段;建成特长隧道及高边坡管养示范点、示范服务区、示范综合养护基地、智慧收费站、特大桥及机电设备数字化监测平台各 1 处以上,开展养护新课题研究 3 项以上,开发及应用微创新成果及新技术 10 项以上。

第二阶段为全面推广"红棉"养护品牌示范期。深入总结并挖掘品牌价值,创建南粤交通公司"智慧运营、科学养护""红棉"养护品牌,树立"南粤交通、大道为公"的品牌形象。截至 2023 年 12 月底,创建 500km 养护管理示范路段,建成特长隧道及高边坡管养示范点、示范服务区、智慧收费站、智慧监控中心、特大桥及机电设备数字化监测平台各 3 处以上,开展养护新课题研究 5 项以上,开发及应用微创新成果及新技术 20 项以上。

1.3.2　品牌打造目标

按照广东省交通集团"十四五"期间高速公路发展定位,围绕"基础设施创一流、服务水平创一流、养护技术创一流、养护管理创一流"发展任务,延伸"五心红棉"党建品牌匠心提质内涵,采用分级分类、精准施策的科学管理方案,借助先进技术加以辅助,全面提升养护管理效能。

1)基础设施创一流

为更好地延伸南粤品质工程内涵,养护工作应从日常养护基础工作抓起,持续抓好公路结构物安全、路面通行质量、机电设备性能保障等重点工作,打造一流基础设施。

(1)着力保障日常养护工作效果

目标:实现上路养护作业机械化应用 100%,100% 消除 PQI"中"以下路段,公路优良率 100%,裂缝修补率 90% 以上。

措施:①持续推进南粤交通公司日常养护分级分类标准,细化各路段日常养护工作实施方案,提高日常养护工作计划实施的精准度;②推动各路段从基础保障型日常养护向机械化、标准化作业方向转型升级,从设备、工艺保障等方面提高日养工作效果。

(2)全面提升公路通行服务水平

目标:100% 消除中度以上跳车及路面积水路段,连续 3km 以内发生典型交通事故一年内 100% 完成排查治理,道路感知与辅助决策水平持续提升。

措施:①持续开展路面积水、跳车专项治理,全面消除路面中度以上跳车及积水路段;②开展连续 3km 以内路段交通事故多发或发生较大以上事故等典型路段分析和隐患治理;③融合路侧单元设备,整合已有资源,提升道路感知水平,为快速疏导拥堵提供依据。

(3)重点做好构造物结构安全管理

目标:100% 消除"3 类"以下桥隧构造物;高边坡完好率 99% 以上。

措施:①抓实定检、经常检查工作效果,强化重点病害巡查、治理及督办工作制度;②进一步贯彻落实"三个到位、四个必须、五个早"边坡养护工作机制,个别路段开展"三同"(地质及支护类同、病害发生于同一施工合同段、同类病害多发路段)特征区段全面排查治理,针对性系统推动边坡设计复核与评估,及早消除边坡风险;③开展 10 年以上特殊桥梁缆索、吊杆锈蚀破损检测,防止桥梁潜在安全风险。

(4)深入贯彻路面预防性养护理念

目标:100%消除PQI"中"以下路段;10年以上路段路面100%实施预防养护。

措施:①加快《高速公路沥青路面预防性养护指南》编制工作;②落实省级、公司"十四五"养护规划路面养护指标,开展重点路段路面预防性养护工作;③积极推动韶赣高速公路马市综合养护基地建设,在建养资源共享、沥青旧料回收利用等方面着手,改进综合养护基地整体水平。

(5)全面抓实机电运维"六保"工作

目标:设备监测指标合格率100%;设备完好率98%以上,及时修复率99%以上。

措施:①以《机电养护标准及技术状况评定》(Q/JTJT 003—2022)为基础,结合公司各路段机电系统运行经验案例分析,编制政府还贷高速公路机电养护指南;②依托机电运维系统完善各在线高消耗及关键设备全寿命周期分析,为后期恢复更新、改造升级设备选型提供有力依据;③优化机电备品备件配置,建立路段间设备资源共享调拨机制,合理开展利旧应用,节约机电养护成本。

2)服务水平创一流

道路服务设施状况事关道路服务水平,系统落实养护需求是提升人民出行获得感和体验感的重要手段。切实响应"建设人民满意交通"的新需求,着力做好服务区、沿线路域环境、标志标线及收费设施养护需求的落实及维护工作,以科学、规范的养护保障一流硬件服务水平。

(1)优化服务区功能配置

目标:100%服务区(已纳入改扩建的除外)落实服务区政策性要求配置设施;80%以上服务区基础设施满足优秀服务区配置标准;打造2对以上省级示范服务区。

措施:①全面落实交通运输部厕所革命、垃圾分类及污水处理、充电桩等绿色能源设施配置要求;②统筹开展服务区升级改造工作,以韶赣项目为试点,逐步推进江肇、怀阳、广中江等路段服务区(停车区)升级改造工作;③探索建立主干线高速公路路网服务区智能停车指引、重点车辆跟踪监管系统,为驾乘人员提供便捷服务。

(2)提升高速公路沿线绿化

目标:90%以上服务区完成植树造绿升级,建成3对以上绿色服务区;100%服务区解决供水问题,配置中水回用或滴灌系统;示范路段绿化覆盖率100%,防眩合格率100%。

措施:①深入开展绿色交通、绿色建养工作,大力推进高速公路"植树造绿"工作,以服务区、收费站区、隧道口、重点立交等为重点,打造人文协调、自然和谐的优美环境;②提升重点区域绿化养护标准,因地制宜地推进自动喷淋系统建设工作,细化种植、管养作业标准,维护好高速公路绿化效果;③结合路面养护专项计划,开展江肇、韶赣项目沿线绿化集中养护,提升沿线绿化效果。

(3)开展标志标线及防护设施专项行动

目标:标志标线专项提升、收费站标志标线提升工作完成率100%;隧道口、收费站隔离设施配置完成率100%;完成韶赣项目马市至始兴路段集中养护提升。

措施:①以广中江、江肇、揭惠项目为试点,推进落实收费广场标志标线、主线枢纽立交标志标线、隧道口及收费站场隔离设施、地方连接线交通安全设施(以下简称交安设施)的专项整治工作;②以韶赣项目为代表,开展集中养护模式试点,有序推进波形护栏的改造提升工作;③集中整治路侧排水、垃圾及路基边坡,提升路段整体水平。

(4)优化高速公路机电保障能力

目标:完成关键设备监测指标接入公司养护管理平台;完成无人机自动巡查应用开发;开展2项以上"四新"技术应用试验研究。

措施:①在现有门架监测、数字监测平台基础上,扩展监测平台功能,将现有在线数字化关键设备、网络性能和软件应用性能指标纳入监测体系;②以仁新项目无人机巡查为基础,探索并研究外电线路无人机巡查技术,优化外供电线路维护;③依托江肇项目天线恢复更新计划,选取个别车流量大、旁道干扰高频站点,实施第三代天线更换试点,提高过车抬杆率。

(5)开展无人值守收费站试点探索

目标:试点探索广东省首个无人值守收费站。

措施:①综合应用视频监控、扫码支付、非现场值守等综合技术手段,完善无人值守收费站的软硬件配置;②选择合适站点进行试点探索,不断总结经验,持续完善改进;③积极探索"技术减人""技术换人"的可行技术路线。

3)养护技术创一流

养护新技术开发及应用是"智慧运营 科学养护"的关键,也是养护品牌升级活动的核心。在信息化、高科技日益发展背景下,各运营项目路段应加大探索研究及应用,以问题为导向,以提升效率及优化管理为目标,开阔目标视野,勇于破解当前运营养护工作中的难点,积累一批先进养护技术。

(1)加大养护科研技术研究力度

目标:开展3项以上养护新课题研究。

措施:①以加大"四新"技术应用为宗旨,全面按照养护需求落实;②与专业单位及外部技术资源联合开展地方标准编制工作;③积极引入并改进自动巡检、智能监测等新产品应用;④开展路面性能衰变与预防性养护配套技术、沥青路面热再生技术应用研究。

(2)积极开展养护微创新行动

目标:完成20项以上微创新。

措施:①以机械化应用、自动化巡检、数字化监测、智能化分析、智慧化运营为主题,解决日常管理中难点问题及提高效率为目标,采取积极措施推进微创新行动;②各项目路段及养护服务单位,应加大日常养护新设备、自动化巡检、机电运维新产品、智能监测新设备等方面的应用,形成一批公司创新成果,待经验成熟后推广使用。

(3)全面推行路面专项养护"七阶法"

目标:建立科学路面专项养护体系,形成标准化文件。

措施:①在总结以往路面预防、修复等养护专项工程经验基础上,促进路面专项按需开展、精准实施、科学养护;②公司结合养护规划及计划管理,统筹安排各路段路面养护专项实施;③各路段要认真分析并充分掌握车流量及路面技术状况变化情况,按路面专项养护"七阶法"(建立档案→无损检测→现场排查→性能预测→评价分析→确定方案→费效评估)开展路面专项养护工作。

(4) 深化高速公路机电智慧化运营水平

目标:开展 2 项以上新技术研究,整合试点项目智慧运营养护平台。

措施:①结合集团乐广智慧运营试点,借鉴部分可实现成果推广应用;②开展现有门架、平台大数据分析,挖掘养护与运营(如收费、救援等)业务融合信息,拓展数据应用;③探索应用三大运营商数据、高精地图、隧道监控等技术对特长隧道重点车辆运行情况进行定位监管,优化隧道异常车辆及突发事件监测体系。

4) 养护管理创一流

决策科学化、管理规范化、队伍专业化离不开先进的管理。在总结南粤交通公司前一阶段"红棉"养护品牌创建工作经验基础上,对先进经验进行全面的总结提升和推广应用,达到整合路段服务单位资源共同提升的目标,为搭建职责清晰、运转高效、技术先进的管理体系夯实基础。

(1) 深化"区域化、规模化、集约化"管理

目标:全面推行路网式养护规划,实现三特桥梁 100% 集中管理。

措施:①强化公司路网养护中长期规划及养护计划管理,提高养护资金使用效益;②开展推行三特桥梁集中管理,归集经常检查、定期检查、安全监测等业务管理;③在韶赣项目推行集中养护新模式试点,降低养护专项施工频次,提高养护效率。

(2) 进一步夯实建管养一体化管理基础

目标:2017 年后新通车路段编制《建管养一体化管理手册》;完成试点项目机电关键设备养护监测平台建设。

措施:①通过运营人员指导高速公路建设期落实运营养护需求;②以阳化、潮漳项目为试点,全面推广编制《建管养一体化管理手册》,编制机电电力线路、通信链路及重要设备(含隧道机电)布设图;③以全寿命周期养护理念,做好建设期、运营养护工作衔接与数据融合,推动精准养护。

(3) 推广日常养护优质优价及标段责任制管理模式

目标:建立优质优价养护体系,推广养护标段责任制。

措施:①按不同路段需求,分级分类细化养护计划,采用费用差异化配置方案;②优化质量考核及评价体系,按照养护作业单位养护质量及作业水平,实行优质优价差异化管理模式;③落实路段业主及养护作业单位管理责任,推广养护合同段长、养护工长负责制,通过质量考核评比促进日常养护基础工作质量提升。

(4) 提升养护管理信息化水平

目标:建立养护信息平台管理系统;建立机电关键设备大数据分析体系,搭建机电关键设备智慧养护管理平台。

措施:①以新博项目为试点,在隧道设备及路况自动巡检、交通事件自动识别、隧道突发事件快速反应、设备故障快速发现及修复方面开展研究;②以新阳、仁新、龙连项目为试点,优化养护信息平台手机日常巡检系统;③加快养护信息平台植入二级单位管理架构,实现养护的主要业务运用信息化管理手段。

1.3.3 品牌打造成效

"红棉"养护品牌严格按照品牌打造要求,努力实现品牌打造目标,南粤交通公司高速公路管养水平和路容路貌有了较好的提升,"红棉"养护品牌初步得到行业和社会认可。通过"红棉"养护品牌打造,完成示范路、示范点创建及评价,评选出日常养护、路面、桥梁、隧道、高边坡、绿化等不同专业养护示范点;进一步完善和提升养护技术及标准体系研究,完成日养人员及机械配置研究、编制印发机电养护标准化指南;积极推广应用自动巡检、智能监测等新技术,开展路面性能衰变与预防性养护配套技术研究;整合路段已有资源,提升道路感知水平;开展现有门架、平台大数据分析,挖掘养护与运营业务融合信息,根据实际场景对功能进行融合实现场景功能模块自动切换;开展隧道设备自动巡检、设备故障快速发现及修复研究。

1)进一步提升公路安全水平

(1)强化重点结构物的分级分类管控。完成《高速公路边坡巡检管理办法(试行)》编制,开展《高速公路桥梁分级分类巡查管理办法(试行)》编写,对36处Ⅰ、Ⅱ类边坡处治实施分级管控挂点督办,对328处重点边坡开展项目领导挂点巡检。

(2)持续提升道路通行服务水平。开展典型交通事件路段专项行动,提升典型交通事件路段301处,编制《占道施工安全防护提升指南及占道作业操作指引》,提升养护作业占道施工安全水平。

(3)处治排水不畅路段(点)156处、路面跳车107处、抗滑路段24.6万 m^2。

(4)改造隔离设施72处,消除视频盲区57处,增加隧道事件检测365路。

2)有序打造"红棉"养护品牌

(1)完善品牌标准体系。印发区域化运营管理建设缺陷处治、缆索桥梁"桥七条"等管理要点;完善《养护示范路评价标准》《机电养护标准化指南》《外供电系统运行维护管理指南》等标准。

(2)加大创新研究力度。新增4项课题研究,开展日养人员设备配置、无人值守收费站等9项创新应用。

(3)深化示范点的创建工作。2022年,连英、英怀、河惠莞等项目开展了养护示范路创建,韶赣开展马市综合养护基地建设,清云开展肇云大桥,新博开展龙门服务区、九连山隧道等示范点的建设;持续开展服务区绿化提升工作,完成29对服务区(停车区)提升及5对服务区(停车区)供水问题;完成4对省界服务区"司机之家"建设;新增服务区充电桩23个,充电桩配置比例100%。

(4)加强品牌提炼及经验总结。编写《"红棉"养护品牌建设和延伸》书籍及典型经验集,推广42项(土建25项、机电17项)创新应用。

3)养护科学化取得新发展

(1)优化管理体系。在机电养护1+N模式基础上,优化了机电检测、外供电、配品备件等业务管理。

（2）充分发挥"建养"一体化功能。将运营视角下存在的不足及质量缺陷，系统地反馈至建设及试通车项目加以改进，并印发专项处治方案，提升养护基础水平。

（3）深化科学养护理念。推广重点结构物分级分类管理有成效，以重点边坡、桥隧构造物为重点，南粤交通公司全面推广分级分类管控体系，对Ⅰ类工点实行二维码巡检打卡。

（4）探索综合养护有了新成效。对提升养护质量、安全及进度，从可行性研究、综合效益评价方面总结经验。

4）智慧养护迈上新台阶

（1）在智能化方面，在新博项目试点 AI（人工智能）大数据应用，实现主线异常事件检测、服务区危化品监测、路网运行监测等综合研判，开展公路路网隧道工程运营安全智能管控示范应用，降低能耗和运维成本，提高智能化管控水平。

（2）在自动化方面，在连英项目试点路面自动化巡检，通过安装车载病害检测系统，实现路面病害的自动定位与识别。

（3）在数字化方面，通过依托鸿图特长隧道建立结构监测系统；在清云肇云大桥结构监测基础上，试点应用车辆预警疏散系统。

5）养护信息化持续提升

各路段养护信息平台应用保持在较高水平。2022 年，各路段共录入日常巡查单 25342 份，其中 App 日常巡查上报 7879 份；录入经常检查单 222587 份；小修任务单 7165 份；机电运维管理平台共录入故障单 17714 份。

第2章 "红棉"养护价值理念

在"五心红棉"党建品牌的引领下,南粤交通公司进一步打造"红棉"养护品牌,以创建养护管理示范路为抓手,统筹南粤交通公司、项目运营管理单位、养护单位三个层面力量,围绕"安全、畅通、舒适、耐久、绿色"五大养护目标,推动科学化、规范化、标准化、信息化、专业化"五化"养护管理,不断完善南粤交通公司科学、规范、节约、高效的养护管理模式,实现"南粤交通、大道为公"的价值理念,树立政府还贷高速公路的良好形象。

内涵指一个概念所反映的事物本质属性的总和,即概念的内禀或内在的涵养。内涵是一种抽象的但绝对存在的感觉,是某个人对一个人或某件事的一种认知感觉。内涵不一定是广义的,也可以局限为某一特定人对待某一人或某一事的看法。它的形式有很多,但广泛地讲,它是一种可给人内在美感的概念。人的感知能力是有差异的,内涵不是表面上的,而是内在的、隐藏在事物深处的东西,它需要探索、挖掘才可以看到。

"红棉"文化与交通发展息息相关。据传,明朝时期,一位邮差身患重病,在路途中遇到了一株红棉,得到了神奇的治愈。为感恩红棉的救助,他在红棉下建起了一座驿站,以便路上的行人得到更好的照顾和治疗。在如今的中国文化中,红棉文化的内涵演变为人与自然和谐相处、乐于助人、服务人民、团队协作等。红棉内涵寓意着吉祥、团结、和谐、幸福。

"红棉"养护不仅丰富了红棉文化的发展与内涵,而且是中国式现代化交通文化的重要组成部分。"红棉"养护内涵是全体南粤交通人在10多年的公路养护工作实践和集体智慧的集中表现与时代表达,是南粤交通人在保障高速公路"畅、安、舒、耐、绿",贯彻建养一体、优质耐久、科学规范、集约高效及长寿命周期养护理念的长期实践中,探索建立的一种科学养护体系。"红棉"养护内涵承载着提升企业内部和社会外在价值的"红棉"养护文化,"红棉"养护象征着南粤交通人敢为人先、积极上进、乐于奉献的敬业精神,蕴含着南粤交通大道为公、交通延伸美好生活的希望和幸福。

"红棉"养护内涵具体包括养护理念、核心价值、愿景目标、品牌体系四方面内容,如图2-1所示。

图 2-1 "红棉"养护内涵

2.1 养护理念

理念就是理性化的想法、理性化的思维活动模式或者说理性化的看法和见解。理念是客观事实的本质性反映,是事物内性的外在表征。历史告诉我们,交通的先导作用是战略性的,交通发展的竞争是战略性的竞争,也就是发展理念的竞争。

发展理念就是指挥棒、红绿灯。针对我国经济发展进入新常态、世界经济复苏低迷形势,习近平总书记于 2015 年 10 月在党的十八届五中全会上提出"创新、协调、绿色、开放、共享"的新发展理念,深刻揭示了中国实现更高质量、更有效率、更加公平、更可持续发展的必由之路。

新发展理念是指挥棒、红绿灯。崇尚创新、注重协调、践行绿色、厚植开放、推进共享,将发展新理念贯穿交通运输事业发展全过程,实现高质量发展,创造高品质生活,不断增强人民群众的获得感、幸福感、安全感。

通过"红棉"养护建设和提升,南粤交通公司始终坚持以人民为中心、先进理念为指引,不断总结经验、改进和完善养护管理方法,形成了具有自身特色的"红棉"养护新理念。"红棉"养护理念包含建养一体、优质耐久、集约高效三部分,如图 2-2 所示。

图 2-2 养护理念

1)建养一体

高质量建设是高质量养护的前提和基础,高质量养护是高质量建设的继承和发展。建养一体就是既注重从项目全局出发,抓好路基路面、特大桥梁、特大隧道、枢纽互通的布局建设,不断地提升硬实力,树立新标杆,又注重从公路养护细微处入手,解决群众出行的痛点、堵点、难点问题,不断提升交通软实力和人性化的服务,增强温暖度。南粤交通公司提出了"品质工程建设、建养融合管理、建养协同发展、运营管养提升"的建养一体化养护理念。

2)优质耐久

优质就是好质量、高质量;耐久是指能够存在很长的时间,并能保持其原来质量、能力和性能。优质耐久是公路养护的核心理念,也是"红棉"养护品牌的核心体系,它由"养护设计、养护管理、材料管控、施工工艺、施工质量"五方面共同组成,其中任何一个环节都可能影响公路养护长期保持高质量发展。南粤交通公司形成了"高质量建养、高质量管理、高赋能支撑、高效率协作、高品质保障"的优质耐久养护理念。

3)集约高效

集约来源于经济领域的一个术语,指在充分利用一切资源的基础上,更集中合理地运用现代管理与技术,充分发挥人力资源的积极效应,以提高工作效益和效率的一种形式。集约高效养护就是推动养护方式发生根本性变革,由被动养护向主动养护转变,由单一养护向全面养护转变,由粗放养护向集约养护转变,由通行服务向人性化服务转变。南粤交通公司正在推广应用"片区化养护、集中综合养护"等集约高效化养护理念。

2.2 核心价值

"红棉"养护的核心价值包含管理至善、品质至臻、责任至上、服务至诚四部分,如图2-3所示。

图 2-3 核心价值

1)管理至善

始终坚守"人民交通为人民"的初心,聚焦人民对美好生活的向往,不断提升交通运输效率和品质，不断增强人民群众的获得感、幸福感、安全感。

2）品质至臻

贯彻新发展理念，推动交通发展实现三个转变，由追求速度规模向更加注重质量效益转变，由各种交通方式相对独立发展向更加注重一体化融合发展转变，由依靠传统要素驱动向更加注重创新驱动转变，加快形成"畅、安、舒、耐、绿"的现代化高速公路网络体系。

3）责任至上

把握交通发展大局大势，强化责任担当，充分发挥南粤交通公司优势，加快建设交通强省，为建设交通强国作出南粤努力、南粤贡献，引领粤东西北地区高速路取得历史性成就，发生历史性的变革。

4）服务至诚

永葆"闯"的精神、"创"的劲头、"干"的作风，努力续写更多"交通故事"，基本实现人享其行，物畅其流。

2.3 愿景目标

"红棉"养护的愿景目标包含智慧运营、科学养护、创新发展、引领提升四部分，如图2-4所示。

图2-4　愿景目标

1）智慧运营

一种交通方式的升级塑造了新的经济格局，一项交通技术的诞生深刻改变了人类的时空观。古往今来，这样的例子比比皆是。进入新发展阶段，"红棉"养护应强化智慧运营创新赋能，全面贯彻建养一体、优质耐久、科学规范、集约高效的养护体系，厚植"畅、安、舒、耐、绿"的澎湃动力。

2）科学养护

公路科学化养护应"以防为主，防治结合"，全面加强管理，妥善保养，经常检查，最大限度地延长公路使用寿命。"红棉"养护将实现基础设施更优良、养护技术更先进、管理手段更高效、服务出行更舒适的养护科学化。

3）创新发展

公路养护发展与个别技术进步紧密相连，公路养护领域的新技术、新业态蓬勃兴起，推动以现代公路养护的需求来牵引科技创新，以科技创新来助推公路养护高质量发展；在制度创新上先行探索，公路养护发展日新月异，尤其需要在制度机制上与时俱进，对规划、建设、管理、运营、服务等进行全链条的处理，通过现代化的治理来支撑公路养护的现代化。

4）引领提升

统筹谋划养护示范路建设，顺应时代潮流，强化创新驱动引领，推动交通强省立起来、强起来，促进"红棉"养护品牌在强者更强、优者更优、各具特色、相得益彰的南粤大地上实现协调发展、协同发展、共同发展。

2.4 品牌体系

"红棉"养护品牌体系，如图2-5所示。

图 2-5 品牌体系

1）高质量建养

高速公路建设完成后将转入长期的运营服务。如何保障高速建成后既能品质过硬，又能好用、好养呢？南粤交通人通过"建管养"一体化来解决这个重要问题，其解决措施主要有以下三种：

（1）深入开展南粤品质工程建设，将运营视角下的质量通病及短板系统地反馈至高速公路建设阶段加以改进，助力高速公路建设品质提升。

（2）精心落实运营养护需求，南粤交通公司全面梳理了符合运营养护标准的设计、施工及配套设施需求,由建设项目逐条对照落实。

(3)通过人员由建转养,推动落实建设、养护链条式一体化无缝衔接,针对建设过程中特有的重要工点、关键部位、关键技术及敏感点等,由项目转养人员编制《建管养一体化技术手册》,建设期管理人员转入运营养护管理工作的岗位维持一定比例,实现"建管养"一体化无缝衔接。

2)高标准管理

在当今行业、技术发展和环境日新月异的时代,管理只有永恒的追求,没有永恒的终点。南粤交通人从一开始就以科学、严谨的态度,围绕养护"五大"要素,努力构建养护"五化"管理体系。

(1)科学化。这既是对当今技术的深刻认识及重视,也是对养护管理体系、模式的科学思考及方法的灵活运用。南粤交通公司于成立之初便着手探索科学先进的养护管理模式,于2016年在省内率先确立了规模化、区域化、集约化管理模式,按照综合土建机电养护业务、条块结合的方式设置养护管理机构,统筹建设项目资源分布设计了8个小片区、4个大片区、37个综合及日常养护(应急)基地的区域化养护布局。在业务发展阶段,南粤交通公司大力开展探索创新,积极应用前沿"四新"技术解决业务难点、痛点,通过优化管理手段突破制度性瓶颈,利用有限的养护资金实行精准养护,等等,这些无不体现了南粤交通人科学养护的精神。

(2)规范化。南粤交通人在系统思考制度刚性约束与管理效率整体效益基础上,探索实践出一套与实际运行有效结合的管理体系。完善养护管理制度,涵盖日养、应急工程等7项业务,规范各类业务指导意见23项。

(3)标准化。南粤交通人以管理标准化、作业标准化为抓手,以技术标准、管理标准、作业标准为导向,持续推进养护标准化工作;以服务的需求标准为起点,以业务管理流程为要点,以质量目标为终点,全面推广日常养护作业、验收标准化;相继出台了养护质量检查、示范路(点)评价、养护设计、巡检、检测、监理、沥青路面施工、养护基地配置、污水系统管养、外供电维护、机电常见案例等10余项标准化文件,为养护品质和服务水平提升和管理队伍的快速成长提供了有力帮助。

(4)信息化。近几年,广东省交通集团和南粤交通公司均致力于养护数字化方面发展,积极推进养护与建设基础数据、运营业务数据的关联应用,努力开展智慧化运营、数字化监测技术的拓展及应用;建成了广东省交通集团大数据中心,特大桥集中监测中心、机电运维中心,拓展试点隧道结构及高边坡集中监测技术应用。南粤交通公司从2018年开始,将养护信息全面植入广东省交通集团养护信息平台,应用日养、路面、桥梁、隧道、机电、交安等管理子系统,实现了一图一库一平台的养护信息化管理。南粤交通公司还在信息化应用手段上进行了拓展,探索自动化巡检、收费云厅、隧道运营集中管控技术的研究,加快运营养护数字化技术应用。

(5)专业化。专业人才是发展与创新的源泉。南粤交通公司高度重视人才的培养,建立了专业技术+专家聘任机制,开展技术人员培训与技能竞赛活动,促进员工与企业共同发展。在养护作业方面,推进养护标段责任制,以推广先进经验交流,提升专业化水平;通过作业标准化体系研究,促进养护新设备、新技术应用,以"机械换人、机械减人"促进养护专业化水平提升。

3）高赋能支撑

技术不断革新，相比应用传统的养护技术，部分领域容易产生管理效率低下、高能耗及低效益等不足。南粤交通人始终以谋求提升及创新发展为突破口，围绕"及时预防养护、防范重大风险、提升养护效益、提升服务水平"四大主题，积极开展新技术研究及微创新应用。近几年，南粤交通公司开展了10项养护创新研究，形成了13项研究成果，积累了32项具有推广价值的微创新应用，打造绿色示范公路424km。

在及时预防养护技术方面，主要开展了自动巡检技术，包括路面自动化巡检技术、无人机智能巡检技术、手机App定位扫码技术等，便于及时发现病害，有针对性地开展预防养护。

在防范重大风险方面，主要开展了数字监测、智慧运营，包括桥、隧、高边坡等重点结构物的数字化监测技术、异常事件检测技术、增强现实（AR）自动识别技术等，以便及时识别结构及运营过程中的重大风险，采取措施加以防范。

在提升养护效益方面，主要开展了智能分析、科学决策、综合评估等技术，包括基于养护衰变模型的路面养护规划、大数据收费稽核系统、综合养护、路面养护"七阶法"、沥青路面就地热再生、绿化自动喷淋+中水回用、灯光节能等技术应用。

在综合评估方面，结合检测、监测、设计及日养等方面结果，采取方案比选（竞赛），引入第三方技术服务（咨询），综合论证方案必要性、可行性、综合效益、效果评价等，按最优方案选择实施。

在提升服务水平方面，南粤交通公司联合优势资源研发了超高性能混凝土（UHPC）装配式排水槽（解决路面积水）、服务区危化品停车显示系统、绿化种植养护，积极应用DCG化学注浆、高分可视化识别、高速扫路车、交通锥自动收放车、防闯入预警+预警精灵等技术，提升道路服务水平。

4）高效率协作

按照广东省交通集团规模化、专业化养护的布局，南粤交通公司在日养、设计、监理、检测等方面已形成专业化长期协同作业体系。

在日养方面，土建日养按13片区，分别由6家养护单位承担；机电日养采用"1+N"养护模式，建立1个机电运维中心，并划定13片区由3家专业单位承担。

在设计方面，土建养护设计由3家养护设计单位承担；机电养护设计正逐步引入长期合作专业单位。监理统一由广东省交通集团下属单位广东华路交通科技有限公司承担。检测按3片区由2家专业单位承担。

在外供电维护、污水系统维护、网络安全维护等方面南粤交通公司引入专业单位，按规模化、集约化、专业化思路，提升养护协作能力。

在技术服务方面，南粤交通公司成立了路面、桥梁、岩土、交安机电、养护等方面专业技术小组，充分发挥南粤交通公司专业技术小组优势；与协会、高校及外部单位建立了良好的沟通合作渠道，积极利用外部优势资源；通过研究及培训中心，定期开展培训及技术交流，提升养护技术服务水平。

5)高品质保障

"红棉"养护坚持高质量发展、可持续发展,构建了多元化支撑保障体系,实现了"组织保障、设施保障、资金保障、人才保障"四方协同的养护保障体系,实现了内外部优势资源的整合利用,促进了养护保障能力和社会服务能力进一步提升。

PART 2 第 2 篇

"红棉"养护核心体系

第3章　高质量建养

随着高速公路网络的日益完善，公路交通运输对经济社会发展和人民生产生活提升发挥了基础性、先导性支撑作用。为满足人民群众对美好出行和品质出行的新要求，需要进一步提升交通运输基础设施品质。多年来，各级政府在公路交通领域投入了大量资金，形成了庞大规模的公路公共基础设施国有资产，如何建设好、运营好、管理好这些国有资产，是新时代公路高质量发展的重要命题；加之高速公路基础设施已进入养护高峰期，对公路基础设施的后续养护管理要求不断提高。

2011年，广东省交通运输厅率先组织开展设计标准化研究工作，旨在抓好设计源头，消除工程质量通病，促进设计、施工一体化衔接，并统筹"建管养"一体化理念，不断提高工程质量水平和耐久性，推行现代工程管理。2012年12月南粤交通公司成立以来，聚焦于广东省政府还贷高速公路的建设、运营和管理的高质量发展，探索"建管养"一体化发展路径。"建管养"一体化是指将高速公路的建设、管理和养护等环节统筹考虑，形成一盘棋的建养管理体系，通过科学配置人员结构，实现建养顺畅衔接，安排有运营经验的人员参与工程建设，保留一定比例工程建设者负责运营与养护管理，可有效提升高速公路建养质量和运营需求。2016年全国交通运输工作会议提出，提升基础设施品质，推行现代工程管理，努力打造"品质工程"的质量提升行动。

工程建设阶段，立足于工程质量全寿命周期理念，大力开展"品质工程"建设，有效提高运营养护阶段的高速公路耐久性使用，减少公路设施的质量病害与养护通病，从而间接缩减后期运营养护成本，为运营管养提供良好的基础设施和增效空间。

通车运营阶段，以"建好、养好、用好"高速公路为总体定位，在运营视角下，整体评估公路的质量、安全、成本、效能等因素，进一步改进完善公路设施，实现高速公路建设、运营管养全寿命周期成本最优、使用耐久、养护高效、服务便捷的高质量养护运营愿景。

南粤交通公司始终秉承"南粤交通、大道为公"的企业核心价值观，高度重视项目建养质量管理。为提升高速公路高质量建养，南粤交通公司逐步形成了"品质工程建设、建养融合管理、建养协同发展、运营管养提升"四方面的高质量"建管养"一体化结构（图3-1），为构建高速公路高质量发展新格局提供了"南粤方案"。

品质工程建设　　　　　　　　　　　建养融合管理
南粤品质工程　　　　　　　　　　　机构设置
特色架构　　　　　　　　　　　　　人员交流
南粤品牌　　　　　　　　　　　　　统筹管养

建养协同发展　　　　　　　　　　　运营管养提升
落实运营养护需求　　　　　　　　　试运营期缺陷病害处治
运营建设提升　　　　　　　　　　　关键工点建养移交
　　　　　　　　　　　　　　　　　运营阶段管养品质提升

图 3-1　高质量建养结构图

3.1　品质工程建设

南粤交通公司主动适应和把握行业发展新趋势,以"拓荒者"先行先试的姿态勇立潮头,率先布局和开展"南粤品质工程"创建行动。2016年8月,南粤交通公司在充分汲取参建各方良策建议的基础上,紧扣"品质工程"内涵要求,通过顶层设计、多维度布局,探索高速公路"品质工程"建设,编制并印发《"南粤品质工程"创建活动方案》。

南粤交通公司历经多年探索实践,构建形成了"一个中心、两条主线、四大提升行动、五大亮点工程"的"南粤品质工程"建设管理理念,荣获了一批鲁班奖、李春奖等国家级项目建设奖项,广中江高速公路、揭惠高速公路等项目分别在2013年和2015年全省质量安全综合检查排名第一,"南粤品质工程"也赢得了行业及社会的高度认可和良好口碑。

3.1.1　思考探索

2014年是南粤交通公司成立的第二年,负责高速公路建设项目达1600km,既要克服管理经验不足、人员配置不够等困难,又要保证工程建设质量和进度,亟须建立标准化、规范化的高速公路工程建设管理制度。为积极探索适应现代工程管理的建设体系,南粤交通公司以高速公路"双标"管理为抓手,以"五赛五比"为行动,以统一质量管理为导向,以织密监管体系、加强监管力度为保障,从规范设计管理、提高设计质量等方面推动"南粤品质工程"建设。"南粤品质工程"实施方案为推动项目高质量建设、树立打造政府还贷高速公路质量管理发挥了重要作用。

1）策划顶层方案

2015年12月28日,2016年全国交通运输工作会议召开,会议提出"十三五"时期要提升基础设施品质,推行现代工程管理,开展公路水运建设工程质量提升行动,努力打造"品质工程"。其实,南粤交通公司是广东省在建高速公路里程最多的项目建设管理单位,负责建设的高速公路项目超过1700km（在建1600km、筹建172km）。2016年上半年,南粤交通公司以贯彻落实全国交通运输工作会议为契机,组织参与项目建设单位及筹建项目合作方,系统思考如何找准新形势下提升工程品质的着力点和发力点,打造各具特色、亮点纷呈的高速公路项目。通过广泛征集意见并多次召开专项研讨会,探索质效提升的品质管理思路,"南粤品质工程"逐渐从初具雏形转化为落地实践。

为打造"品质工程",大力倡导"项目建设利益共同体"理念,通过推行项目共管模式,充分凝聚和发挥参建各方的合力,以契约精神为纽带,项目勘察设计、施工、监理、试验检测等参建单位优先选取大型国企、央企及地方知名企业,不断形成"南粤品质工程"建设的主力军,实现高速公路品质工程的愿景目标。

品质的探索和追求是永无止境的。"南粤品质工程"是一份荟萃集体智慧、凝聚各方心血的成果,纵向贯穿了高速公路建设、设计、施工、运营养护的全链条环节,横向涵盖了管理、设计、景观、服务各个方面,彰显着省南粤交通人的品质追求。

2)掀起创建热潮

"品质工程"是交通运输部在新时期提出的工程建设的新理念和新要求,内涵远远超出质量管理的范畴。在部、省指导意见出台前,南粤交通公司在广东省高速公路建设系统率先开展"品质工程"创建活动,既顺应时代发展要求,又是推动行业发展的现实之举。2016年8月22日,南粤交通公司围绕"南粤品质工程"创建要求,以"弘扬现代工匠精神打造南粤品质工程"为主题,以公众出行的品质需求为导向,以提升高速公路的内在质量和外在品位为主线,组织召开了"南粤品质工程"启动大会。会议对"南粤品质工程"创建活动方案进行了全面解读和全方位布局,率先吹响了"南粤品质工程"创建活动冲锋号角。

风正一帆悬,奋进正当时,"南粤品质工程"创建活动至此拉开了序幕。各建设项目迅速行动、对标争先,以"比学赶超"的劲头和追求,掀起了一股"南粤品质工程"创建活动热潮。从此以后,高速公路建设项目参建单位积极响应"南粤品质工程"创建活动,全力打造高品质高速公路产品,唱响广东省高速公路建设品牌,力求建成一批全省甚至全国有影响力的"品质工程"示范项目。

3)绘就竞发画卷

自"南粤品质工程"创建活动启动以来,南粤交通人闻令而动,向"品质"而行,一场以铸造"品质工程"为底色的画卷在粤东西北的绵延大地上徐徐铺开,绘就了一幅千帆竞发的壮丽画卷。各建设项目基于对品质追求的初心,以提升内在质量和外在品位为重点,以高质量交付内优外美并具有"需求溢出效应"的高品质公路产品为目标,着力打造高品质标杆示范项目,不断满足人民对美好出行的"需求溢出"需要。

"南粤品质工程"建设阶段布局如图3-2所示。

(1)在项目筹建阶段,全面落实品质理念。在筹建起步阶段,由项目业主牵头,结合项目特点及"南粤品质工程"品质理念要求,编制项目工作大纲,明确建设理念,经公司组织审查后下发执行。在前期规划及各阶段设计过程中,充分发挥项目业主的导向作用,以项目工作大纲为主线,探索落实生态环保、景观先行、全寿命周期、标准化、人性化等品质理念的创新措施,全面推行全过程设计方案内审、地勘验收、专项(高边坡、景观等)设计审查等工作。

图 3-2 "南粤品质工程"建设阶段布局

(2)在项目建设阶段,大力推进品质管理与建设。在建设阶段以实体工程内在质量与外在品位为重点,全面推行现代工程管理,以构建"目标导向、制度管事、结果说话"的管理格局,以"四项制度"(优质优价、优监优酬,"双标"管理,首件工程制,五赛五比)为基础,以原材料与产品管理水平、结构物外观、质量通病治理、设备与工艺方法创新等提升活动为载体,以质量综合大检查、专项检查以及日常检查为手段,积极应用"四新"技术并推广"微创新"活动,纲举目张,多措并举,大力提升项目管理与现场管理水平,确保工程质量保持全省前列。

(3)在项目运营阶段,以高品质服务、高品质通行为目标,全面落实路面耐久、伸缩缝平顺、景观提升、标线光亮、房建精品"五大亮点工程",并做好质量缺陷排查整改,持续筑牢品质基础,将"南粤品质工程"的"内实"与"外美"有机统一起来,全面提升路容路貌与服务水平,全力打造品质示范路。

4)创造引路样板

唯创新者进,唯创新者强,唯创新者胜。

2016年8月,南粤交通公司以"大胆地试、大胆地闯"的勇气,积极探索、主动求变,率先谋划布局,是在全国范围内首次提出创建"品质工程",并将"品质工程"实化为措施行动的公路建设管理单位。"南粤品质工程"创建方案与行动举措,在广东省内及国内先行先试,无先例可循,为行业发展提供了先行经验与参考借鉴,成为全省高速公路"品质工程"打造的引路样板。

2016年12月至2017年3月,交通运输部、广东省交通运输厅先后印发"品质工程"创建指导意见等系列文件,这些行业政策性文件既为"南粤品质工程"创建活动向纵深推进提供了基础支撑,又从侧面肯定了"南粤品质工程"方案的价值与导向,相关指导意见中的主要措施和工作重点与"南粤品质工程"创建方案有关理念与举措既一脉相承,又遥相辉映。

3.1.2 架构创建

自2016年率先启动开展"南粤品质工程"创建活动以来,南粤交通公司以"南粤品质工程"创建活动为抓手,以"品质"追求为目标,以公司引导、依托项目为推进方式,最终构建了极具特色"南粤品质工程"架构,即"一个中心""两条主线""四大提升行动""五大亮点工程"(图3-3)。

图3-3 "南粤品质工程"架构

1)一个中心

"南粤品质工程",以"社会认可"为中心,把是否满足人民出行需求、是否造福人民、能否得到人民的认可作为检验工作成效的最根本宗旨。"质"是基础,"品"是目标。什么是"品"?"品"就是口碑,就是社会的认可。社会的认可是交通基础设施建设的根本评价标准,即最大限度地满足人民群众的需求,获得人民群众的认可和支持。社会的认可不仅是"南粤品质工程"的中心,还与"大道为公"这一企业理念相呼应。南粤交通公司要造福广东人民,能否得到广东人民的认可就是南粤交通公司检验工作成效的最根本指标。

2)两条主线

"南粤品质工程",以内在质量和外在品位为两条主线,追求内在质量与外在品位的有机统一。一件工业品、一件商品的品质通过观赏、触摸、体验的感受最为直接,直指人心,最能衡量产品的"品质",也契合"南粤品质工程"内在质量及外在品位的有机统一。追求内在质量精益求精,着力解决影响工程质量的通病、突出薄弱环节,补短板、抓重点;追求外在品位,致力于追求高品质,追求产品的"满意度"。在持续加强质量评价指标管理的同时,把"合格率"管理转化为"质感"管理,用"工程质感"这一直观感受来衡量高速公路工程这一特殊产品的工程品质、质量水平、精细程度。

3)四大提升

"南粤品质工程"将设计理念提升、现场管理提升、路域景观提升、服务能力提升作为创建行动的具体落脚点。勘察设计是"品质工程"的源头,要体现新理念;施工管理是"品质工程"的保证,要达到新水平;路域景观是"品质工程"的呈现,要展示新面貌;服务能力是"品质工程"的延伸,要达到新高度。

(1) 设计理念提升。以品质化理念引导设计方向,充分发挥勘察设计龙头作用。在前期规划方面,积极践行以人为本、尊重自然、绿色低碳、服务地方等理念;在勘察设计方面,积极倡导地质选线、生态环保、标准化、安全人性化、绿色节能、集成化等设计提升理念;在管理模式方面,创新设计工作方法,全面推行全过程设计方案内审制度、"双专家组"审查模式、地质测量专项验收等。

(2) 现场管理提升。以实体质量为重点,将"南粤品质工程"的"内优"要求与现场质量管控紧密结合,以提高现场施工质量水平。通过推进质量管理模式创新,提升质量管理效能,从管理理念上推动质量变革;通过全面推行半成品、构配件产业化、集约化生产管理,推动质量效率变革;通过精细化管理,全面推广远程视频监控、安全预警、工艺监测、隐蔽工程数据自动采集、移动终端等信息化工具应用,积极探索引进"四新技术""微创新"成果,着力消除管理盲区,不断推进工程质量变革。

(3) 路域景观提升。以公路面貌展示为切入点,将"南粤品质工程"的"外美"成果与路域景观打造紧密结合,以提高路公路服务品质。项目前期管理,强化落实景观规划先行理念;项目建设管理,围绕景观设计,更加注重公路景观节点与资源要素的分布,将"路"与"自然""路"与"景观"紧密结合,同时更加注重公路景观与行车速度、视角、视觉感受等要素的关联度。

(4) 服务能力提升。为打造舒适的出行体验,南粤交通公司提出"南粤品质工程"创建必须与公路运营养护管理有效融合,各个工程板块均进行了重点强化,如路基工程强化基底处理、重点解决路基稳定性和工后沉降问题,路面工程强化路面结构方案设计的比选和施工质量管控、工艺控制,重点解决路面耐久性和性能指标问题,有效提升公路管养效能,为后续运营服务提供基础保障。

4)五大亮点

"南粤品质工程"将路面耐久工程、伸缩缝平顺工程、景观提升工程、标线光亮工程、房建精品工程等作为创建品质产品的效果呈现。在深入推进"四大提升"行动的基础上,重点依托年度通车项目,围绕提升行车体验,以"五大亮点工程"为抓手,全力打造高品质通车新典范。

(1) 路面耐久工程。为实现路面更耐久,以"六个注重,一个提高"为日常工作导向,精心打造路面工程品质,基本实现项目通车 3 年内路面"零养护"的品质建设目标。图 3-4 为路面"零污染"施工。

图 3-4 路面"零污染"施工

（2）伸缩缝平顺工程。为实现道路更平顺,强化桥梁伸缩缝工程精细化管理,实行两阶段首件制,通过量化指标对工程质量进行过程控制和成品验收,历年通车项目行车平顺性、舒适性均有提高。南粤交通公司印发《桥梁伸缩缝质量管理要点》,通过量化指标对伸缩缝质量进行过程控制和专人验收,提高了跨缝平直度、跨缝平整度,合格率量化标准由3mm提高至2mm,测量点数由2点/车道加密至1点/1m。例如,吴川支线伸缩缝跨缝平整度合格率为99.1%,湛江机场高速先行段合格率达100%,有效消除了伸缩缝跳车顽疾。图3-5为伸缩缝平顺工程。

图3-5 伸缩缝平顺工程

（3）标线光亮工程(图3-6)。为实现标线性能指标更佳,南粤交通公司于2017年10月前瞻谋划率先布局,在公路行业质量检验评定标准尚未发布之前,组织开展路面标线质量提升的专项研究,重点围绕提升路面标线的反光性能和耐久性,以及标线设计指标、逆反射亮度系数量化控制标准、原材料生产采购、现场施工工艺管控等环节的各项工作,明确提出了逆反射亮度系数量化控制标准,并开展了全天候雨夜反光标线的试点应用,历年通车项目路面标线质量稳中有升。

图3-6 标线光亮工程

(4) 景观提升工程。为实现景观更靓丽,依托项目典型示范带动和景观打造实践经验,历年通车项目积极推进路域景观提升工程,结合项目特点,高标准打造景观公路,积极营造特色纷呈的地形景观、绿化景观、湿地景观、建筑景观,景观打造手法各异,特色纷呈。图3-7为景观绿化实际效果。

图3-7　景观绿化实际效果

(5) 房建精品工程。为实现地域特色的精品房建,南粤交通公司系统推进房建工程品质提升,印发《房建工程管理要点》,强化建筑设计方案和景观融合。例如,大丰华汤西服务区紧密结合地域元素,打造了极具地域特色的房建精品工程。

3.1.3　平台打造

品质打造的动力源于行业的认可。为筑牢项目建设和参建单位打造品质工程的匠心,持续激发和提高从业单位品质创造力,南粤交通公司在探索实践中凝练出了一套"南粤方案"。通过加强公司统筹,搭建集品质交流与展示的共享平台,坚持"引进来、走出去"相结合,适时组织开展先进经验的交流与推广活动,并针对关键工序和重点工程组织现场观摩交流,全面树立管理和实体标杆示范,让不同项目、不同标段、不同企业的典型优秀做法和成果在公司层面得以全面展示和推广,并积极向上级主管部门推荐,力争成为全省示范,让品质打造的追求在行业认可中形成良性循环。

围绕"南粤品质工程"管理体系与架构,在一个开放融合共享的品质平台内,"南粤品质工程"创建活动持续深入开展,阶段性成果批量涌现,高品质公路项目实现全方位呈现。在历次全省在建高速公路工程质量安全综合检查中,一批"南粤品质工程"项目在检查中名列前茅,如图3-8所示。

汕昆高速公路龙川至怀集段(龙连、连英、英怀)先后荣获国家优质工程奖,仁博高速公路新博段获全国"公路交通优质工程奖(李春奖)"、国家优质工程奖,仁博高速公路仁新段及汕昆高速连平至英德段正在申报2022—2023年度全国"公路交通优质工程奖",仁博高速公路仁新段青云山隧道获2022—2023年度第一批中国建设工程鲁班奖(国家优质工程),为社会公众品质出行交付了一批批高品质公路项目(图3-9、图3-10)。

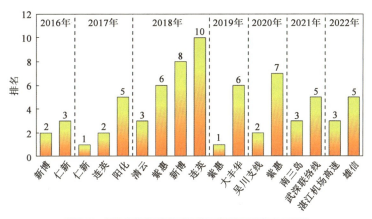

图3-8 历次全省在建高速公路工程质量安全检查排名

图3-9 新博段李春奖

图3-10 龙连段国家优质工程奖

随着"南粤品质工程"创建活动丰硕成果不断涌现与"南粤品质工程"打造成效获得行业和社会的广泛认可,"南粤品质工程"品牌逐渐在广东省乃至全国交通人心中萌芽生根。

3.1.4 品牌建设

"十三五"时期,南粤交通公司把握行业发展机遇,率先开展"南粤品质工程"创建活动,在建设项目板块的行业认可度、品质示范引领力不断加强,南粤品质也赢得了行业和社会的良好口碑,为构建新时代高速公路高质量发展新格局贡献了"南粤方案"。

2019年9月,中共中央、国务院印发《交通强国建设纲要》,指明了新时代高速公路建设发展总目标和新方向;2021年,广东省交通运输厅发布了"十四五"发展规划,明确了高速公路建设高质量发展具体任务。面对新形势,机遇与挑战并存,将交通行业高质量发展与"南粤品质工程"相结合,树立"南粤品质工程"建设品牌已成为"十四五"期间工程品质迭代升级的主要任务。

在"十四五"规划时期,高质量发展、交通强国建设、"平安百年品质工程"创建等成为交通建设新方向,在安全耐久、绿色节能、智慧建造、建养水平等方面对交通建设提出了新要求。为顺应时代发展大势,推动高速公路建设管理持续高质量发展,谋划推进"南粤品质工程"品牌升级，2022年3月，南粤交通公司立足长远发展，聚焦"十四五"期间"南粤品质工程"品牌升级的目标，广泛征求建议，并组织召开专项研讨会议，从"南粤品质工程"创建活动存在的不足、后续改进措施方向、建设管理体系建设及管理能力提升方面的短板弱项及改进建议、品质管控突破方向、中小型项目提升品质抓手等11个方面开展深入的探讨与交流，以一场头脑风暴广开言路，共谋品牌建设体系架构与主攻方向。2022年3月31日，南粤交通公司在第三届第二次职工代表大会明确提出，要举全员之力，筑牢品牌基石，打造"南粤品质工程"建设品牌。自此，"南粤品质工程"进入品牌建设时期。

当前，交通工程建设"基本盘"越来越大，高质量发展的要求越来越高。就发展方式而言，依靠要素驱动的传统发展方式已不可持续，依靠技术进步、优化管理和提质增效实现的创新驱动模式是实现高质量发展的必由之路，而"南粤品质工程"建设品牌恰恰是在深化发展理念认识的基础上，通过告别传统粗放型发展模式，转向以高效管理、技术进步等现代要素为基础的驱动模式。

2022年8月，经过多轮讨论、推敲及精雕细琢，结合南粤交通公司企业文化及所属项目建设特点，坚持业主全面主导的理念，在充分总结"南粤品质工程"创建活动成果基础上，最终确定了"南粤品质工程"品牌创建思路，并根据高质量发展目标，立足新时代品质提升新要求，编制形成了"南粤品质工程"建设品牌创建方案。

"南粤品质工程"建设品牌坚持创新驱动和均衡（协调）发展理念，不仅注重创新实效和成果转化应用，更加注重践行绿色低碳理念，推动高速公路建设发展向绿色转型；既传承"南粤品质工程"创建活动经验，推进精品建造和精细管理，全面树立"简单做到极致、平凡做成精品"的理念，又进一步补齐短板提升品质，坚持全寿命周期理念，注重项目建设全过程，从勘察设计到建设管理，从科研创新到技术突破，从运营养护到服务保障，潜心于每一个环节的精雕细琢，将提升结构物安全耐久水平作为建管养核心任务贯穿于高速公路建设管理全过程，推动由建设和养护相对独立发展向建管养一体化融合均衡发展转变，构建形成建养高质量发展新格局。

"品质工程"的实践永远在路上，品质工程的追求仍将探索前行。未来，南粤交通公司将围绕行业发展布局，持续对标新时代交通基础设施发展新标准和新理念，推动打造"南粤品质工程"建设品牌，着力构建更具影响力的品质管理体系，推动"南粤品质工程"建设品牌与"五心红棉"党建品牌、"红棉"养护品牌齐头并进，为公司高质量综合发展插上腾飞之翼，争做广东省基础设施建设与管理的领跑者，为广东实现"四个走在全国前列"，当好"两个重要窗口"提供行业支撑。

3.2 建养融合管理

3.2.1 机构设置

省内外很多高速公路项目，工程建设和运营管养大多为两个独立的体系，通常建设工程管理部门和运营养护管理部门各自负责各自管理的模式，项目建成通车前由建设工程管理部门全部转交给新组建的运营养护管理部门，工作交接交流仅限于结构物设施和相关资料的移交。

长期以来,导致工程建设管理者、运营养护管理者并不能深入地了解彼此的工作内容和养护运营需求,经常在运营期间出现质量通病或功能缺陷,这些通病和缺陷需花费较高费用进行专项处理,甚至影响正常交通通行。这种现象在许多项目反复出现,各种治理措施和改进经验未能反馈至建设期,也未能在建设期通过优化设计或工艺、工法等措施得到系统性、根本性解决。

为融合建设工程管理部门和运营养护管理系统,南粤交通公司秉持建管养一体化理念,着力推动建养融合管理、统筹顶层设计,着重优化调整了人员机构配置方案。南粤交通公司在本部设立工程管理部,由其负责所有项目的工程建设和运营养护管理职能,所有人员既要负责建设管理工作,又要负责养护管理工作,形成业务管理无缝衔接,在源头上为"建管养"一体化提供了先天优势。为充分保证项目路段"建管养"有序过渡衔接,南粤交通公司推行项目路段建设人员就地转岗养护,在通车前将建设工程管理相关人员,重新组合设立运营养护管理部门,并继续兼任建设工程结算工作,工程结算与运营养护合并办公、分工不分家,有效地解决了建设、养护管理人员工作交接不到位、现场结构物和设施不熟悉等一系列问题。南粤交通公司"建管养"一体化组织架构图如图3-11所示。

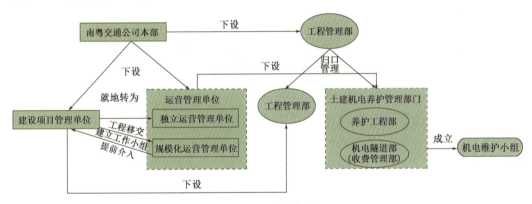

图3-11 组织架构图

3.2.2 人员交流

为进一步促进建养融合管理,在项目通车之际,南粤交通公司组织就地转运营的项目,到通车多年且经验丰富的项目开展实地交流培训学习。运营期间组织各项目之间交流和重点帮扶,加强项目间的交流学习,促进建养顺利过渡。虽然各项目路段实行建设工程管理人员就地转岗养护管理,但转岗的养护管理人员仍需进一步系统性学习运营养护管理经验。为全面提高养护管理的专业性,缩短转岗人员管养培训学习的时间,南粤交通公司积极推行"传帮带"培养机制,从运营较好的项目中精心挑选部分有丰富的业务和实践经验或重要岗位的人员转入新通车的运营路段,从业务技能、管理水平抓起,通过言传身教,实现以老带新的方式整体提升管养水平。为加强"建管养"一体化人才队伍的建设,优化人员结构,提升人才素质,促进经验交流,南粤交通公司建立了管理人员轮岗交流制度。在本部与项目、项目与项目之间的同职级岗位进行交流。在轮岗交流制度下,建设与运营项目、运营与运营项目之间人员流动交流进一步加强。截至2023年,建设项目工程管理人员中具有运营管养经验的人数占比达32%。例如,南粤交通公司第一批通车的江肇、韶赣运营项目,累计18人(其中土建6人,机电12人)

先后轮岗交流至后通车的运营项目,建设和运营项目的人员交叉流动和相互培训,进一步推动了建养管理的深入融合。

通过建养人员交流培养机制,南粤交通公司打造了一支养护技术全面、养护经验丰富的专业化管理队伍,并成为"红棉"养护的典型特色。据统计,南粤交通公司实行建设管理人员转岗后,本科及以上学历人员达87.7%(其中研究生学历10.4%),高级工程师占比19%,工程师占比52%,工程师级别及以上人数达110人。截至2023年,除江肇、韶赣运营项目外,其余运营项目原建设期工程管理人员占养护管理人员的比例达47%(其中土建63%,机电26%),为"红棉"养护的人才梯队建设提供有力保障。

3.2.3 统筹管养

目前,南粤交通公司管辖的20个项目路段主要分布于粤东西北地区,项目较为分散。为更加合理、高效地做好资源配置和利用,为企业降本增效,实现高质量发展,南粤交通公司探索部分相邻项目运营规模化管理的统筹管养模式,即两个相邻项目路段的运营筹备、试运营、运营管理等集中统一管理。例如,英怀和怀阳,潮漳和大丰华、潮州东、化湛和南三岛、吴川支线、东雷、湛江机场,仁新和武深联络线等12个项目实行了规模化运营养护管理。

规模化运营养护管理能提升建养融合成效,这是南粤交通公司建养融合的特色创新举措之一。南粤交通公司印发了《营运联合管理暂行规定》,并组织涉及规模化管理的相关单位召开专题会议,对涉及的部门职能、机构、人员、融合方案等开展专题研究。建设项目管理单位作为交付方,规模化管养单位作为接管方,接管方提交一揽子运营需求方案,协商后由建设项目管理单位负责实施。同时接管方在房建、收费、监控等方面提前介入、全过程参与管理,参与交工验收及初始检查工作,建立缺陷病害共同排查处治机制。

对于分期建设项目,成立"建管养"统一机构,同时负责建设及运营路段管理。例如,仁新高速公路管理处同时负责仁新路段运营及始兴联络线的建设,同一套领导班子负责建设和运营两个路段,统筹协调"建管养"一体化技术工作,形成建设与运营相互沟通反馈和协作联动机制。这种管理模式既使建设管理优化能够有的放矢,又使运营养护能利用建设思维和工艺方法消除病害、改进提升。

3.3 建养协同发展

3.3.1 落实运营养护需求

为达到"建好、养好、用好"目的,推动"建管养"一体化融合均衡发展,南粤交通公司将运营视角下的质量通病及短板、运营养护设计施工及配套设施需求系统地反馈至建设项目管理单位加以改进,助力高速公路建设品质提升,不断提高服务水平。落实运营养护需求的流程图如图3-12所示。

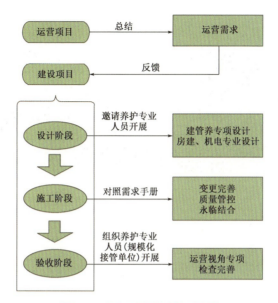

图 3-12　落实运营养护需求流程图

1）总结运营需求

南粤交通公司通过不断总结运营项目的教训与不足,从运营期典型病害处治、养护设施完善等方面着手,对设计、施工、验收、试运行等各环节提出运营需求建议。2017 年,南粤交通公司编制印发了《高速公路建设期需解决营运期养护需求问题汇总表》,分重要、较重要、参考意见 3 个等级,分别总结了 41 项项目养护需求、注意事项和分析建议。2020 年,南粤交通公司组织编写了《营运视角下的建设管理建议手册》,将 85 条常见突出问题和建议列入手册。2022 年,南粤交通公司以问题为导向,深刻剖析问题原因,从提高结构耐久、增强本质安全、完善运营设施与便利养护管理等角度进行了完善和扩充,分为路基、桥涵、隧道、路面、房建、机电、交安、绿化等 8 个专业,对建设项目管理提出了 154 条具体建议,供借鉴参考。

2）建设实施改进

在项目建设阶段,南粤交通公司统筹组织解决运营养护需求所涉及的问题,各建设项目管理单位负责具体实施,设计、施工、监理等参建单位共同参与,分步落实。

(1)设计阶段开展"建管养"一体化设计。针对运营期常见的病害和需求开展专项设计,并邀请运营养护专业人员参与评审,从源头上杜绝病害,提升服务。提前谋划机电系统设计方案,在满足设计规范的前提下,充分考虑收费、监控、道路安全通行等要求,并积极借鉴和引入先进理念和方案,努力建成功能完备、性能优良、体验良好的机电系统。

为改善高速公路节假日潮汐车流导致服务区容量不足问题,南粤交通公司在武深联络线九龄服务区开展潮汐服务区设计(图 3-13),采用单侧集约用地的服务区形式,因地制宜,合理规划布局,打造共享服务概念。

图 3-13　武深联络线九龄服务区潮汐设计示意图

例如,广中江高速公路在三、四期施工图设计阶段,针对收费岛机电设施底座地脚螺栓易锈蚀问题,进行了底座包封设计和安装处理(图 3-14);针对收费站、ETC 门架断电时,移动发电机快速接入困难问题,增设了快速接入装置(图 3-15),实现了移动应急发电快速接入供电。

图 3-14　收费岛设备基础包封　　　　　图 3-15　配电箱增设快速接入装置

阳化高速公路围绕智慧交通发展理念,以服务驾乘人员出行为第一要务,结合行业管理经验,进行深度数据挖掘。联合设计单位与建设项目管理单位联合定制出一站式智慧监控综合管理平台,在全国高速公路监控中心首次应用高分可视化大屏控制系统,图形化界面则通过一张具备 8 个 4K 输出通道显卡对 72 块拼接屏进行 8 画面分割展示(图 3-16),确保了 GIS(地理信息系统)地图高分辨上墙显示。该平台不仅具备传统高速公路监控管理平台的功能,还具有高分可视化、数据融会贯通、多元化展示等特点,实现协同工作、智慧互动、数据支撑决策等功能,有效提升阳化高速公路运营管理和服务水平。

阳化高速公路智慧监控管理平台设计了日常监控、应急处置、收费监控、节假日等几大运营应用场景,融合了收费系统、两客一危、绿通系统、机电运维系统、路侧智能机箱及外部路网信息等数据系统搭建自身的数据仓库,从收费系统、两客一危、绿通系统、交调系统、机电运维系统、路侧智能机箱及外部路网信息(高德推送)等数据源对数据进行抽取、融合、清洗,形成系统自身直观展示的数据。

图 3-16　阳化高速公路高分系统全景图

（2）施工阶段结合运营养护需求，加强质量管理。对运营期常出现的台背跳车、软基沉降、排水不畅等通病加强质量管理。结合"建管养"一体化需求，统筹布设建设期的路基、桥梁监测点；狠抓机电系统精细化管理，提升施工质量，提前解决运营阶段的痛点和难点问题。在改善路面平顺度、提高司乘人员行车舒适感方面，南粤交通公司组织实施建设项目路面平顺工程，对桥梁伸缩缝、桥涵与路基搭接处的易跳车问题、局部沉降下陷或车辙病害等关键节点强化质量管理，尽可能在施工期阶段消除这些潜在病害，节省了养护成本。

①桥台与路基搭接处的过渡搭板，采取标准化设计和强化验收标准。桥台搭接处基底进行注浆加固等多种强化措施，并强化对这些部位的断面、基底、台阶、防水等过程验收，建立桥涵台背回填或换填"一台背一档案"制度，确保施工质量。同时对桥涵台背基坑采取路堤分层冲击碾压、反压护道、台背回填透水性材料等技术措施，大大降低了跳车风险。图 3-17 为桥头搭板预注浆。

图 3-17　桥头搭板预注浆

②强化路堤边坡基底处理，防治路基稳定性和工后沉降病害。对运营后极易出现路面不均匀沉降或开裂的浸水低洼、鱼塘、"鸡爪地"、斜陡坡、半填半挖路基等路段，通过制定台账，采用以人工为主、以无人机为辅的方式逐项验收基底处理、台阶修筑、冲击碾压或液压补强、土工格栅铺设等关键工序和隐蔽工程，进一步强化施工质量管理。图 3-18 为路基台阶修筑，图 3-19 为高速液压夯实机补强涵背。

图 3-18　路基台阶修筑

图 3-19　高速液压夯实机补强涵背

对路堤内纵向施工便道,采用反开挖施工,防止因施工单位直接将施工便道作为路基或处理不到位,从而在运营阶段出现路堤失稳或不均匀沉降等现象。

③填平区与主线路基同步施工、同步检测和验收,如图 3-20 所示。原地面横坡较陡的高路堤可在坡脚增设填平区,对路堤起支挡作用,确保路堤的整体稳定。然而,填平区填土不密实,造成整个填平区土体长期泡水或积水,运营期会影响主线路基稳定导致下沉跳车。为保障填平区的密实度和施工质量,要求与主线路基同步施工、同步检测和验收。

图 3-20　填平区与主线路基同步填筑施工

④建设"十年无大修"耐久性路面。为提高路面质量及耐久性,在南粤交通公司提出建成通车项目"三年路面零养护"的品质建设目标基础上,以"六个注重,一个提高"为导向管理机制,更加注重工作面交验、材料选型把关、设备准入、技术保障服务、"零污染"管控、现场细节完善,提高项目管理单位统筹全局、协调各方的能力,降低路面工程运营中后期的养护成本,将"三年路面零养护"目标提升至"十年无大修"。

⑤建设阶段通信机房的标准化管理。高速公路通信机房各类线缆汇聚,零散、杂乱的机房不但给系统的稳定运行带来重大的安全隐患,也会对后期运营养护工作造成极大的困扰。为此,各项目在建设阶段都十分重视通信机房的标准化管理,狠抓施工工艺。图 3-21 为电缆标签标志。

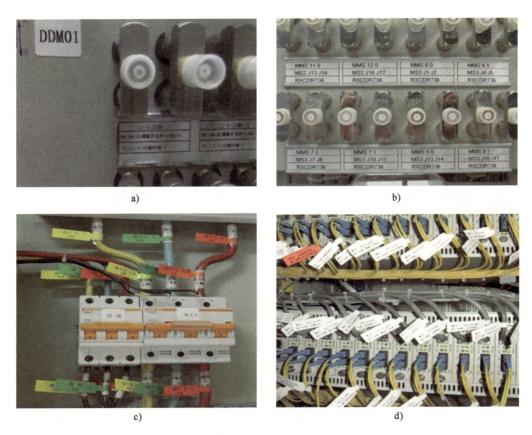

图 3-21 电缆标签标志

⑥收费车道调精调优。取消省界收费站项目实施后,收费车道的交易成功率,直接影响通行效率和驾乘人员的过车体验。各项目按照南粤交通公司的统一部署,结合自身实际,联合施工单位、开发商、厂家等,对系统逐一进行调试和优化。某路段公司收费车道调精调优情况表见表 3-1。

某路段公司收费车道调精调优情况表　　表3-1

序号	调优设备	调优内容	调优效果
1	车道 RSU 天线	更换天线程序	提高 OBU 识别率
2	车道 RSU 天线	调整天线角度	优化天线交易区域,提高 OBU 识别率
3	车道 RSU 天线	调整天线发射功率	优化邻道干扰及解决无法识别标签问题
4	车道 RSU 天线	更换有问题的天线	提升过车成功率
5	车道 RSU 天线	优化天线信道和同步机制	优化邻道干扰问题
6	车检器	相邻车道灵敏度差异化设置	减少"小黄车"队列干扰
7	收费软件	更新收费软件版本	减少"小黄车"队列干扰
8	收费软件	更改参数配置	减少特情判断,提升过车成功率

(3)统筹式验收。交工验收前,组织运营养护专业人员对建设项目开展专项检查,以运营视角查缺补漏,在通车前将有关问题进行梳理并一揽子解决。

以全面排查增设高边坡管养设施为例。运营期间边坡病害主要依靠人工排查,但边坡碎落台杂草较多,且台阶踏步行走不便。为解决这一问题,项目在交工验收前后,基于运营视角查缺补漏,在高边坡增设踏步扶手,并将踏步延伸至最后一级坡面通向堑顶,避免养护过程中堑顶水沟成为检查盲点,同时将路堑边坡碎落台进行硬化,既可防雨水下渗对边坡不利,又不会出现杂草丛生,便于运营期养护检查。

图 3-22 为平台防排水优化建成和运营期对比图,图 3-23 为边坡增设踏步扶手。

图 3-22　平台防排水优化建成和运营期对比图

图 3-23　边坡增设踏步扶手

机电系统在交工验收前,组织养护、收费、监控中心等相关部门一起在现场多次勘查和实操,检测系统功能是否完备、设置是否安全合理。外观是否整洁美观等,并提出具体的整改意见和清单,在通车前整改和完善。例如,吴川支线在通车前,由化湛高速组织运营相关部门对现场进行了多次检查和反馈,问题均得到了较好的解决。

3)开展课题研究

对于运营期经常出现或难以解决的突出问题,可有针对性地在建设期开展课题研究,进而指导建设。

(1)隧道排水系统结晶堵塞预防性设计研究与应用

运营阶段隧道排水设施常出现结晶堵塞现象。结晶生长速度快,硬度大,处置困难,尤其是其成长为硬质结晶体后没有理想的处理方法。运营阶段隧道排水系统发生结晶堵塞后,衬砌背后地下水将无法及时排出,造成隧道衬砌背后水压力升高,进一步引起衬砌开裂、衬砌渗漏水、施工缝渗漏水、仰拱底起鼓、衬砌掉块等一系列病害，严重时会影响隧道衬砌结构的稳定与运营安全，增加维修养护费用。

为确保隧道运营安全，降低隧道养护成本，南粤交通公司依托武深联络线项目针对隧道排水系统结晶情况开展预防性设计与专题研究，基于运营阶段仁新高速坪田隧道开展病害分析，对建设阶段武深联络线荷花隧道排水设施进行优化设计。研究发现，堵塞排水系统的结晶物质主要来源为初支混凝土及地下水自身所含元素，通过改善排水管材质及调整排水管排水坡度能够有效减缓排水管内结晶生长，延长排水管道使用寿命。

基于研究结果，武深联络线项目改进了隧道排水系统设计，增加排水系统过水断面面积，增大排水管坡度；优化原设计排水管管材，试点选用涂层排水管作为隧道横向排水管管材，减缓排水系统结晶生长。此外，通过总结试验段结晶生长情况，得出隧道排水系统的合理检查周期，为项目运营养护阶段管理提出合理化意见。图3-24为武深联络线项目结晶情况对比。表3-2为武深联络线隧道优化设计一览表。

a)普通管道　　　　　b)涂层管道

图3-24　武深联络线项目结晶情况对比

武深联络线隧道优化设计一览表　　　　表3-2

序号	工程内容		省标准图设计	养护发现问题	本项目优化设计
1	路面边水沟	规格尺寸	A15	水沟尺寸上窄下宽，垃圾、杂物难以清理，易堵塞	10×10
		设置形式	裂隙式"Ω"沟		倒梯形水沟
2	纵向管检查井横向引水管	设置形式	50m一道	横向引水管易淤积堵塞	50m一道
		排水形式	A100横向引水管排水		A200横向引水管排水
3	纵向管检查井盖板	设置形式	10mm厚钢盖板	盖板太笨重，不易打开检查	轻质不锈钢铁皮
		规格尺寸	1200mm×850mm×10mm		1200mm×850mm×2mm
4	横向排水管	规格尺寸	A110PE波纹管	易被钙化物堵塞，且无法清理疏通	A110PE波纹管
		设置方式	10m一道		加密为3m一道
5	隧底盲沟	规格尺寸	扁形6×5塑料排水盲沟	易被钙化物堵塞，且无法清理疏通	扁形6×5塑料排水盲沟
		设置方式	纵向设置1道，横向20m一道		加密为横向3m一道，纵向3道

续上表

序号	工程内容		省标准图设计	养护发现问题	本项目优化设计
6	电缆沟排水	规格尺寸	—	易因隧道渗水病害造成渗水积于电缆沟内无法排出	A50PE 波纹管
		设置方式			电缆沟与排水暗沟检查井之间增设引水管,50m 一道
7	电缆沟盖板	规格尺寸	10cm 厚钢筋混凝土盖板	材料较笨重,在安装、检修时极易碰撞导致缺棱掉角	3cm 厚 RPC 轻型盖板

(2)山区高速公路弯、坡、斜桥预制梁支撑体系关键技术研究

南粤交通公司依托武深联络线开展"山区高速公路弯、坡、斜桥预制梁支撑体系关键技术"专题研究,对建成运营的山区高速弯、坡、斜桥出现支座位移、转角超限、墩柱倾斜、伸缩缝顶死等常见病害进行研究,进而指导新建高速桥梁的建设。其中,为解决运营期因楔形块不平顺,导致支座转角超限、梁体滑移等问题,仁新管理处联合设计院,研发了《可适应纵向梁长及竖向高度变化的梁底楔形块施工装置(专利号:ZL202220941764.0)》。该装置具有施工简便、施工精度高、可快速复核等特点,是实现整个项目梁底楔形块初始水平状态的重要保证。

楔形块施工装置由可纵向调节长度的钢槽结构、梁底楔形块顶钢板(底面带四角调节螺母)、梁底楔形块侧面钢板、适应梁长变化的可调节钢板组成,如图 3-25 所示。该装置具有以下特点:①使用调节钢壳顶板装置,能较好地适应梁长的变化,同时保证了预制梁的外观质量。②选择刚度较大四角调节螺母套筒装置,记录、复拧,实现精度控制。③通过水平尺和竖向刻度尺,由梁底面往下的高程数据可快速复核四角高程的正确性,操作简便、复核效率高。

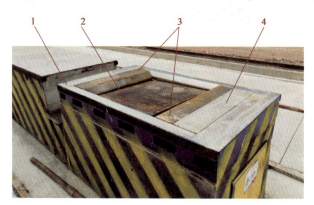

图 3-25 称楔形块施工装置

1-可纵向调节长度的钢槽结构;2-梁底楔形块顶钢板(底面带四角调节螺母);3-梁底楔形块侧面钢板;4-适应梁长变化的调节钢板

楔形块施工步骤如下:

①根据设计梁长确定每片梁支座中心位置,在可纵向调节长度的钢槽结构中确定梁底楔形块中心位置;

②将每片梁楔形块四点高程贴示在台座端,通过调节楔形块底四角螺母保证高程达到设计值,安装梁底楔形块顶钢板;

③安装配套的梁底楔形块侧面钢板,自上而下快速复核楔形块四点高程;
④安装适应梁长变化的调节钢板,钢板间缝隙用密封胶涂抹并平顺处理。

通过上述 4 个步骤,完成每片梁梁端梁底楔形块的精确定位施工。图 3-26 为楔形块施工装置的应用。

图 3-26　楔形块施工装置的应用

3.3.2　运营视角建设提升

高速公路在长期的运营使用和管养过程中,既会出现诸如标线过早老化衰减、路面坑槽等质量通病,也会出现如服务区功能设施跟不上社会需求等功能不足问题。要彻底解决上述问题,必须从源头上发力,在建设期间通过提升工程质量设计和施工标准,从而增强其耐久性和功能性。

1）设计阶段

(1)更安全、更可靠、更耐久结构物设计。例如,路面沥青上面层采用同母材机制砂,可大幅度提升沥青路面的抗滑性和耐久性;钢箱梁主梁耐久性设计,在清云项目西江特大桥开发应用正交异性钢桥面板 U 肋内焊成套技术,改善了正交异性板桥面的抗疲劳性能,降低了桥梁全寿命周期内的维护成本;提高桥梁支座等级,广中江项目在公铁合建段桥梁提升设计为球形钢支座,减少运营期间管养难度。

(2)集中打造精品,开展将精细与艺术相结合,实现品位与质量相统一的高品质景观设计。例如,广中江项目斜拉桥、清云西江特大桥等,结合桥梁结构及环境特点打造为具备良好受力特性和优美景观的精品桥梁;良光、汤西、吉祥、平安、始兴等众多服务区采用超前设计,给排水设施预留扩容空间,房建景观重点打造,甚至部分根据潮汐车流现象设计了潮汐车位和加油站等,人性化、特色化和智能化设计等得到很大提升,服务体验更好、功能延伸更强(图 3-27)。

(3)追求绿色发展,开展兼顾生态环保、节能减排的绿色设计。在隧道方面,采用低功率节能灯设计,实施智能化照明控制技术和智能感应系统,实现根据外界亮度实时改变隧道照明亮度的效果,实现了行车更加安全、使用寿命更长、能耗更低的效果,解决以往照明设备以高压钠灯为主的能耗高且寿命短、照明控制难等问题;在大丰华高速公路鸿图隧道、新博高速公路九连山隧道将地下涌水利用自然高差引至服务区,实现了隧道地下水再利用,满足了服务区内高峰期生产生活用水问题。

图 3-27　服务区房建精品工程

（4）开展适应数字化发展、智慧公路建设、智慧运营养护需求的高质量设计。以项目现场的各类生产数据为基础，打造"建管养"一体的数字化集成管控平台，实现了对生产过程中每个节点的质量、进度、数据和成本的有效管理和全局动态管控；应用 AI、大数据、云计算等技术，整合监控一体化平台、高分可视化系统、IDC 数据中心机房等软硬件设施，构建智慧运营服务系统。

2）施工阶段

（1）以实体质量为重点，将养护期结构物质量与建设期现场质量管控紧密结合，除了地材、甲供材的质量把关外，将锚具、支座、波纹管、伸缩缝、减水剂、压浆剂、止水带、防水板、土工格栅、土工布等多种关键材料纳入甲控，抓住质量源头，做精做实甲控材准入关。

（2）紧扣"建管养"一体化理念，南粤交通公司大力推进质量管理模式创新，全面推行钢筋、成品预制块等构配件集约化管理，实现工厂化、集中化、专业化生产，消除粗放式管理可能带来的施工质量通病和后期养护病害。例如，湛江机场高速公路项目构建了智慧管理平台，将"智能温控蒸养系统、智能张拉压浆及远程数据传输系统、视频监控系统及数控加工系统"等实时数据导入平台，实现了从钢筋加工、混凝土浇筑、预制梁养生、张拉、压浆到存梁等全过程信息化管理，有效提升了混凝土力学性能、长期性能、耐久性能。图 3-28 为钢筋智能焊接机器人，图 3-29 为流水线功能分区。

图 3-28　钢筋智能焊接机器人　　　　　　图 3-29　流水线功能分区

(3)全面开展"六注重、一提高""零污染"路面工程施工质量管控。2021年,南粤交通公司所属运营路段路面技术状况指数PQI均值96.70,优等路率达99.81%,新建高速公路实现了沥青路面"三年无养护,五年无大修"的耐久性初期目标,目前正在向"十年无大修"目标迈进,如图3-30所示。

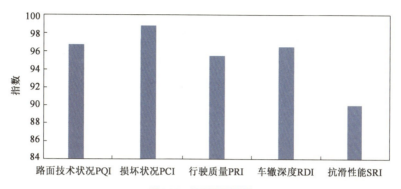

图 3-30　路面指标情况

(4)优化隧道工程中高压富水段的设计方案和施工工法。加密环向排水盲沟,增加全断面防排水措施,在山体溶洞区、地下水通道等较集中的排水通道增设泄水洞排水辅助坑道,施工时采用新型二衬端模、防水板及钢筋自动上料布筋一体机等新工艺,有效降低了隧道衬砌运营阶段渗漏水等养护通病的产生。

(5)开展性能指标更佳的"标线光亮工程"(图3-31)。重点围绕提升路面标线的反光性能和耐久性,细化标线设计指标、原材料生产采购、现场施工工艺管控等环节,应用全天候雨夜反光标线。2018年、2019年通车项目路面标线质量较原有项目得到了大幅提升,逆反射初始亮度系数值普遍达到300以上,全面提升了行车安全。

图 3-31　标线光亮工程

图3-32为标线光亮工程中雨夜标线与普通热熔标线反光系数对比。

(6)机电系统以机电集成化、一体化、智能化管理为出发点,积极推广应用"四新"技术,推广智能一体化机箱,提前部署机电运维管理平台,实施工程质量标准化提升,推行从小分项的"小首件"到大分项的"大首件"的全系统分项"首件制"。例如,化湛高速制定了《机电工程施工管理标准化指南》(分监控、收费、通信、供配电照明及管道预留预埋五册),细化各类型基础的施工、材料设备安装以及设备和系统调试等的管理。

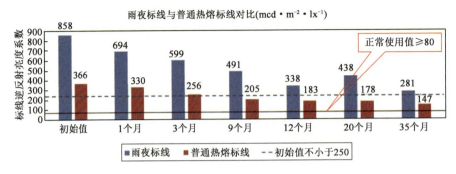

图 3-32　标线光亮工程中雨夜标线与普通热熔标线反光系数对比

3.4 运营管养提升

高速公路试运营期，也是建设的缺陷责任期，初始缺陷排查整治是这段时期的重要工作之一。初始缺陷排查是否全面，治理是否彻底，会直接影响后续养护安全及成本管理。试运营期也是检验高速公路安全性、可靠性和高效性的重要时期，因此要根据实际运行情况，及时完善设施，提升升级，最大限度地为公众提供安全、畅通、高效、便捷的出行环境。

3.4.1　试运营期缺陷病害处治

1）病害缺陷排查及处治

在试运营期间，通过专项排查、日常巡查、经常检查和定期检查等方式开展病害和缺陷的全面排查。对于特殊或典型病害，有针对性地扩大检测深度，并建立缺陷及病害整治台账，全面掌握项目缺陷及病害整体情况。针对发现的问题，组织设计、施工、监理等参建单位及养护单位，分析病害产生原因，明确责任划分。对于一般工程缺陷的，明确处理标准，统一方案，规范处治；对较为典型工程缺陷，尤其影响结构受力及安全的，可委托原设计单位进行验算复核和专项设计，经专家评审后再按程序组织实施，以确保投入运营的工程为合格工程。

以河惠莞高速公路缺陷处治为例，河惠莞高速公路龙川至紫金段自2020年1月1日通车运营至今，项目常规缺陷病害包括：①路基边坡水毁、边坡局部滑塌、急流槽等水毁冲刷；②路基路面沉降、积水、裂缝；③桥台锥坡水毁、部分梁板空洞露筋、支座偏压超限滑移、墩台顶存在遗留建筑垃圾、桩基冲刷外漏、涵洞内积泥；④隧道内墙及路面渗水、隧道电缆沟盖板缺失损坏；⑤房建工程房屋天花面渗漏水、房屋天花面及墙面掉灰、服务区消防管道爆裂渗漏水等。

在缺陷责任期内，河惠莞高速公路组织各总监办、养护单位对路基、路面、桥梁及隧道进行几次现场专项排查，并结合定检报告，形成台账并发文至各总监办及各参建单位。针对该项目常规缺陷病害，要求限时保质完成，个别情况采用约谈标段参建单位主要负责人，要求派人驻点督办。

2）接管路段排查与处治

2021年以来,英怀、潮漳、化湛等运营项目陆续接管了新通车的怀阳、大丰华、吴川支线、东雷等项目,实施规模化运营管理。在规模化运营管理初期,责任界面及程序未能完全捋顺,接管项目与建设项目在沟通协作方面存在较多问题。为规范做好规模化运营的新通车项目施工质量缺陷与非缺陷类病害处治工作,厘清项目建设、接管单位管理界面与职责,实现施工质量缺陷与非缺陷类病害排查处治"分工明确、程序规范、责任清晰、工作高效"的目标,2022年南粤交通公司结合项目实际,印发了《广东省南粤交通投资建设有限公司关于规范做好区域化运营新通车项目施工质量缺陷与非缺陷类病害处治工作的通知》,对缺陷和非缺陷类病害问题的分类、施工质量缺陷及非缺陷类病害的排查及认定、缺陷及非缺陷处治责任及流程以及工作小组机制等做了如下规定。

（1）成立施工质量缺陷处理及非缺陷类病害处治工作小组（图3-33）。

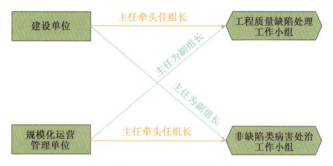

图3-33 建立工作小组

（2）开展施工质量缺陷及非缺陷类病害排查及认定（图3-34、图3-35）。

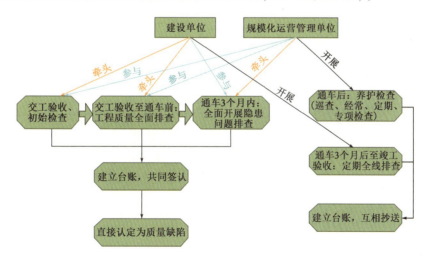

图3-34 交工验收至通车3个月内施工质量缺陷排查及认定流程

（3）开展施工质量缺陷及非缺陷类病害处治（其中,临时应急处治指涉及影响安全或正常运营的应急抢险工作,如交通管制、现场清理、吨袋反压等）（图3-36、图3-37）。

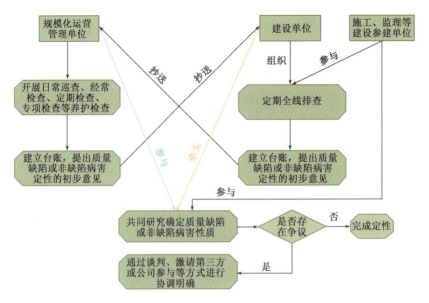

图 3-35　通车 3 个月至竣工验收期间内工质量缺陷及非缺陷病害排查及认定流程

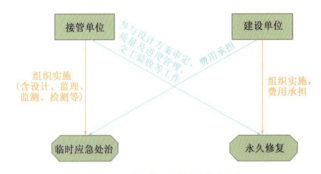

图 3-36　施工缺陷类问题处治流程

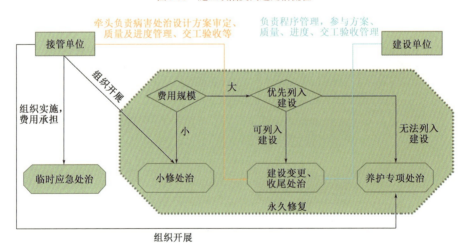

图 3-37　非缺陷类病害处治流程

各规模化运营管理项目在规范缺陷与非缺陷病害排查处治工作后,缺陷处治工作明显畅通,缺陷的处治完成率较之前平均提高了30%。

3.4.2 关键工点建养移交

1)《"建管养"一体化技术手册》编制及应用

高速公路建管养周期由规划、勘测、设计、建设、运营等多个阶段组成。各阶段之间联系密切,但同时时间跨度较长,受政策法规变化、规范更新、人员变动等因素影响,时常出现运营管理人员不清楚设计要点、不了解建设期重大工程安全隐患、不明晰重点管养设施、抓不住运营养护重点等问题。

为解决上述问题,2018年,南粤交通公司以新阳、阳化高速公路为试点,在通车前后,由项目建转养人员系统梳理项目建管养全周期内管理要点,排查项目设计和使用功能,对特殊地质、特殊结构、重难点工作进行整理,编制《"建管养"一体化技术手册》,涉及规划、勘测、设计、建设、运营等各阶段。2019年,南粤交通公司在试点项目的基础上,全面推广应用《"建管养"一体化技术手册》。各项目通过编制《"建管养"一体化技术手册》,帮助运营管理人员进一步系统了解项目,提升管理效能;《"建管养"一体化技术手册》结合项目建设期实际情况,对复杂及特殊地质构造、主体结构、设计功能、重难点事项进行整理,对出现过或可能存在隐患的主要工点,以及后续注意事项和管理要点进行分项梳理,为后续运营养护阶段分级分类管理提供了初始依据,为"红棉"养护品牌创建夯实基础。

以龙连高速公路K316+439~K316+859右侧路堑边坡为例。龙连K316+439~K316+859右侧路堑为十级边坡(图3-38),建设期采取了大范围减载+强支挡的滑坡处理方案,运营后列入养护重点关注对象,按"旱季1—3月、10—12月各为1次,雨季4—9月为1月1次",持续强降雨时增加1次的频率进行人工监测。通过加密检查及巡查,及时发现该边坡出现的裂缝、排水系统破损等病害,及时进行处治。2022年,汛期连续强降雨过程中及时发现该边坡4~10级出现的明显位移,从而采取合理的处治手段,有效避免病害发生。

图3-38 龙连K316+439~K316+859右侧路堑边坡

各项目在《"建管养"一体化技术手册》中也明确了机电系统的主要风险点,以及养护的建议。例如,阳化高速公路针对各供电点低压出线柜母排未做隔离保护,容易因老鼠等小动物误入造成短路的风险,建议给出线母排增加隔离保护;龙连高速公路因部分外供电线路途经经济林山区,容易因树木生长影响线路安全,建议养护单位加强线路巡检,定期砍伐清理线下树木;河惠莞高速公路黄江隧道曾出现过载跳闸现象,存在雷击损坏电气设备的风险,建议调整配电柜阈值,并加强巡查和监测;广中江高速公路部分桥下的箱室变电站地势较低,在雨水较大时存在水浸风险,建议抬高箱室变电站的基础,并加强日常巡检;英怀高速公路针对车道称重设备的称重传感器检测难的问题,在运营阶段做了专项改进和提升,全线6个收费站出入口称重车道均安装了称重传感器电阻检测仪表,极大了方便了养护人员对称重设备故障的检测,提高了维护效率。图3-39为"加装电阻传感器检测"应用接线图。

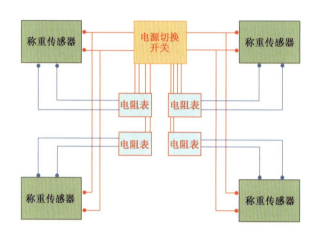

图3-39 "加装电阻传感器检测"应用接线图

2)档案资料移交

对于规模化运营路段,建设项目在通车前提供基础数据资料至接管单位,并开展路基、桥梁等监测点的联测和数据移交。在通车1年内基本完成设计、施工、检测等建设资料的整理归档,并将电子版资料共享至运营接管单位,在竣工验收后完成最终的档案资料移交。对于特殊设备及构件,如污水处理设备,特大桥阻尼器、除湿系统等,建设项目在通车前后,依据设计文件,会同设计、施工单位及生产厂商,明确检查方法及维护方式并完成相关设计、维护资料的收集与编制,其中规模化运营路段,接管单位共同参与。

3)数据信息共享

南粤交通公司正在依托武深联络线开展数字高速公路总体架构与数据平台研究,研究预期完成高速公路基础设施全生命周期数据链的构建,贯穿建设期和运营养护期数据标准的编制,数字高速公路一体化数据平台关键技术研究,以实现全寿命周期内信息互联共享、"建管养"运数据一体化管理和融合分析的目标。在大丰华高速公路鸿图隧道,开发了隧道断层区域水害BIM(建筑信息模型)展示与数据库,建立了隧道施工阶段水害的可视化信息档案,形成了多断层裂隙富水特长隧道水害防控管理系统,为运营阶段水害的检查、维修养护等工作奠定了基础。图3-40为大丰华高速公路鸿图隧道BIM模型及水害显示效果。

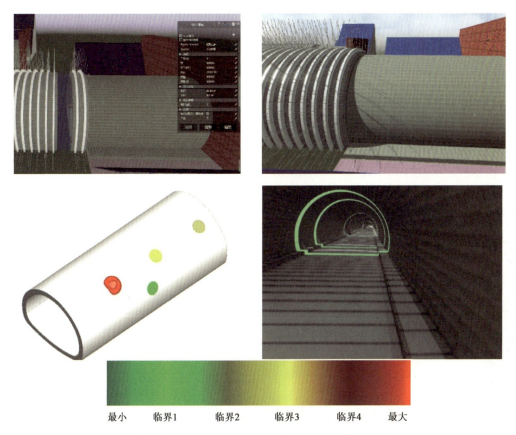

图 3-40　大丰华高速公路鸿图隧道 BIM 模型及水害显示效果

在机电系统方面,通过移交现场设备清单,与设备相关的合格证、说明书、设备厂家信息,以及相关的安装软件等,充分做好与运营阶段的无缝对接。表 3-3 为怀阳高速现场设备移交清单。

怀阳高速现场设备移交清单 表 3-3

清单编号	清单名称	单位	变更后
802-1-1A	身份卡	张	240
802-1-1B	身份卡	张	240
802-1-4A	5.8GHz 复合卡	张	24000
802-1-4B	5.8GHz 复合卡	张	24000
802-2-1A	CPC 卡读写器	个	58
802-2-1B	CPC 卡读写器	个	58
802-3-5-3	手动栏杆基础	套	61
802-3-5-1A	手动栏杆(杆长 3.5m)	套	45
802-3-5-1B	手动栏杆(杆长 3.5m)	套	45
802-3-5-2A	手动栏杆(杆长 4.5m)	套	16
802-3-5-2B	手动栏杆(杆长 4.5m)	套	16

此外，在监测数据"建管养"一体化方面，南粤交通公司依托清云高速公路开展了肇云大桥基于 BIM 技术"建管养"一体化平台技术研究，建立健康监测系统并在 BIM 上承载数据，其中在缆索制作工程中将特制的应变、温度传感器植入缆索，实现缆索从出厂、运输、施工、运营阶段的全过程索力监测（图3-41）；依托东雷高速公路开展了通明海特大桥基于 BIM 技术的跨海桥梁长期服役安全监测法研究；依托怀阳高速公路长安隧道开展了山岭公路隧道结构安全监测系统设计与实施，将结构安全监测系统与隧道施工同步进行，实现建设与养护无缝对接（图3-42）；依托河惠莞高速公路开展基于实时云数据和智能决策的公路边坡工程建养一体化全寿命管理系统研究，为建管养一体化提供技术支持。表3-4 为监测数据建管养一体课题研究。

图 3-41　肇云大桥"BIM + 健康监测"一体化平台主场景和智能锚索检测数据

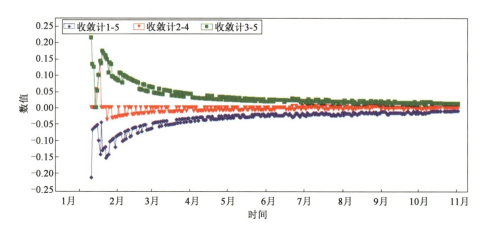

图 3-42　长安隧道收敛变形累积速率与时间曲线图

监测数据建管养一体课题研究　　表 3-4

序号	路段	研究
1	清云肇云大桥	基于 BIM 技术"建管养"一体化平台技术研究
2	东雷通明海特大桥	基于 BIM 技术的跨海桥梁长期服役安全监测法研究
3	怀阳长安隧道	山岭公路隧道结构安全监测系统设计与实施
4	河惠莞边坡	基于实时云数据和智能决策的公路边坡工程"建管养"一体化全寿命管理系统研究

3.4.3 运营阶段管养品质提升

1)典型交通事故路段处治

高速公路建成通车一段时间后,部分路段会出现交通事故较为集中的现象,主要是车辆驾驶员操作习惯叠加天气、车流量、线型和交安设施等多种因素导致交通事故发生。为有效降低交通事故发生率,南粤交通公司着力开展防范化解道路交通安全行动,对交通事故频发易发路段进行专项治理。以问题为导向,根据路段事故特点,梳理事故台账,与交警、路政和设计单位共同查找事故原因,有针对性地采取增设减速标线、标志标牌、灯光设施、改善路面状况等多种措施,逐点进行完善和提升,消除可能导致事故发生的危险源。2022 年,南粤交通公司系统处理事故频发易发路段共计 185 处(其中互通匝道涉及 10 个项目 41 处;连续 3km 以内典型路段处理涉及 8 个项目 51 处,路面积水或沉降路段涉及 10 个项目共 93 段(处)),有效降低了道路交通安全风险。在上述路段治理过程中,南粤交通人针对雨天路面超高渐变路段排水不畅这一行业共性难题,提出了设置超高性能混凝土(UHPC)排水槽的创新解决方案,极大提升了超高段的排水效率,有效降低了强降雨天气的交通事故风险。

以阳化高速公路仙塘互通 H 匝道交安设施提升为例。阳化高速公路仙塘枢纽互通,位于高州市分界镇北侧的仙塘镇,是汕湛高速公路和包茂高速公路交叉而设置的大型枢纽性互通式立体交叉,为半定向 + 环形匝道枢纽互通。汕湛高速公路设计速度 120km/h,双向四车道,路基宽度 28m;包茂高速公路设计速度 100km/h,双向四车道,路基宽度 26m。仙塘枢纽 H 匝道为单车道,设计速度 40km/h,最小平曲线半径为 R − 60m,最大纵坡为 3.9%,凸形竖曲线最小半径为 13000m,凹形竖曲线最小半径为 500m,最大超高横坡度为 6%。图 3-43 为仙塘枢纽互通 H 匝道。

图 3-43 仙塘枢纽互通 H 匝道

2017 年底通车至 2021 年期间,仙塘枢纽 H 匝道先后发生了 11 起交通事故,分别为拖挂车 10 起,小轿车为 1 起。事故多发月份为 3—5 月,近一半的事故发生在雨天,主要为大车侧翻事故。从事故形态来看,事故形态以碰撞护栏等附属设施为主,其次为追尾、车辆碰撞。

为提高通行安全,阳化高速公路管理处开展了专题研究。根据建设资料和现场调研发现,在设计方面,仙塘互通 H 匝道在设计速度 40km/h 的情况下,路段主要关键性指标满足《公路路线设计规范》(JTG D20—2017)规范要求;在交安设施方面,仙塘互通 H 匝道路段上的交通标志、标线状况较好,满足公路运营的需求;在现场车辆实际驾驶方面,通过雷达测速的方法获取了大量车速数据,仙塘互通 H 匝道处的实际运行车速较高,超速率也相对较大,两个测速点大车车速分别达到 49.57km/h 和 51.12km/h。

虽然仙塘枢纽 H 匝道设计符合现行规范要求,但是在车速、车型的耦合影响下,极端条件易诱发发生交通事故。对于重型货车,因为其中心较高,加之超载、超速等极端因素影响,更易发生交通事故。因此,阳化高速公路于 2019 年通过小修处治,在匝道外侧增加了一排水码压缩车道和视线诱导标,延长上游增加横向振动标线,削平转弯处的山堡,转弯前增加了速度反馈标志,通过采取这些整治措施,该匝道的交通安全水平得到了有效提升。2021 年,阳化高速公路通过该专项工程的方式进一步提升该匝道的安全水平,如铲除 H 匝道原横向减速标线,重新调整减速标线的间距;调整车道边线的位置,车道边线往右横移 2m;线形诱导标改为黄闪灯;增加限速 40km/h 标志;增加事故多发标志;增设太阳能车速反馈仪。图 3-44 为削减匝道三角区视觉障碍物。

图 3-44 削减匝道三角区视觉障碍物

2021 年底处治完成后至今,该匝道未发生过交通事故,交通事故率明显下降(图 3-45)。

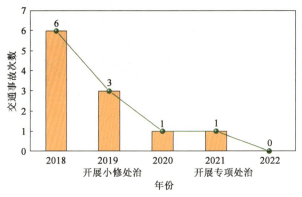

图 3-45 阳化高速公路仙塘互通 H 匝道交通事故发生情况图

2）视频监控加密与完善

通车前，按照规范要求完成视频监控的安装和调试接入。进入运营期后，结合监控中心轮巡需求，道路安全管理需求，桥下空间管理需求等，南粤交通公司积极承担社会责任，统筹规划和部署，各项目结合自身实际情况，通过工程变更或养护专项工程，科学、合理地增加视频监控设施。

以新博高速公路为例，以需求和问题为导向，科学、合理地增加视频监控设施。新博高速公路全线约108km，其中路基、桥梁段约100km，主线安装视频监控53处，平均每2km 1处。2018年底通车后，主线车流量较大，断面车流增长速度快。新博高速公路陆续增加了主线和桥下空间的视频监控。

据统计，新博高速公路分期实施，共增加主线视频监控设施58处，桥下空间视频监控设施12处，投入资金700余万元。基于完善的视频监控设施，新博高速公路管理处联合广东省公路事务中心成功立项并验收了《广东省高速公路路政实施电子巡查课题研究》项目，为后续路政电子巡查在更多路段深入推广应用打下了良好的基础；部署并应用了AR（增强现实）实景监测项目，有力提升了道路交通安全事故快速发现、快速处置的水平。

3）监控综合业务平台的迭代升级

监控综合业务平台，作为监控中心远程控制外场机电设施、隧道机电设施以及应急救援的辅助平台，对监控中心的整个指挥调度业务，起着至关重要的作用。随着业务需求发生变化，以及上级单位有新的要求，监控综合业务平台需不断升级和完善。广中江高速公路一期于2016年12月28日通车，监控中心使用由施工总承包单位广东飞达交通工程有限公司开发和实施的监控综合业务平台。二期于2017年12月28日通车，在监控综合业务平台增加和完善了二期通车的相关内容，包括收费站和外场机电设施。为整合监控中心各业务板块资源，更好地与集团监控中心进行业务对接，2018年11月22日，广中江高速公路实施了监控综合业务平台改造升级，在监控中心实施部署了监控系统一体化管理平台，可以与集团的路运一体化平台直接对接，极大地方便了监控中心与上级的业务交流。三期建设阶段，为了满足当前的运营管理需求，重新梳理了监控软件的应用情况和实际业务需求，广中江高速于2020年10月27日组织召开了综合监控软件需求分析评审会议，由原来的监控系统一体化管理平台升级为路运一体化管理平台，完善了三期相关信息，并增加了高分可视化、两客一危、应急管理等应用模块。

第 4 章 高标准管理

南粤交通公司始终坚持科学、严谨的态度，构建"公司＋项目"分级管控制度，覆盖技术、质量、安全、进度、造价等全链条管理环节，贯穿路基、路面、桥梁、隧道、交安及服务管理设施等养护设施全领域，围绕高速公路养护"五大"要素，努力构建养护"五化"管理体系（图4-1），即科学化管理、规范化管理、标准化管理、信息化管理、专业化管理。

图 4-1　高标准管理结构体系

4.1　养护管理科学化

2022年5月，交通运输部印发的《"十四五"公路养护管理发展纲要》指出，"加快构建公路养护科学决策体系，形成更加智慧、更加精准的养护决策模型和工作机制"是促进公路养护管理高质量发展的重要举措。南粤交通公司在充分总结2015—2016年开展"区域化、规模化、集约化"管理经验的基础上，与广东省交通集团区域化方案全面衔接，将各路段日常养护、服务项目（设计、监理、检测、监测及定期检查）集中招标，推动养护模式科学化。创新探索实现交通管制时间短、安全风险低、养护效率高、工程质量优、综合社会经济效益最高的养护新模式——综合养护模式。为促进高速公路养护高质量发展，实现"十四五"养护管理目标，按照《省交通集团关于新一轮高速公路日常养护工作片区招标工作部署的通知》（粤交集基〔2022〕192号）要求，南粤交通公司组织开展人员、机械设备配置专题研究，进一步提升了养护人员、机械设备的配置科学化。为实现精细分层的管理目标,南粤交通公司对边坡养护、机电设施养护采用分级分类管理模式。

4.1.1 实施养护模式科学化

按照广东省交通集团规模化养护的布局,南粤交通公司已形成"1+1+1+13"的科学化养护管理模式,即创建"1"个养护数据管理平台,"1"个桥隧养护中心,"1"个机电运维中心,"13"个土建机电日常养护专业片区。同时,南粤交通公司在日养、设计、监理、检测等方面按照规模化、集约化、专业化思路,通过联合招标,按片区选定服务单位,以提升养护服务单位协作能力。

1)统筹规划布局养护基地

随着国企改革,2017年南粤交通公司转为广东省交通集团二级单位,在广东省交通集团养护基地规划布局基础上,结合发展需求,优化调整了养护基地布局。高速公路养护既有技术简单的清扫、巡视、小型维护工程,也有施工专业性较强、专用施工设备需求多的专项养护及大修工程;此外,还要承担部分应急抢险任务。在充分考虑所管辖区域养护工程的特点及公路条件基础上,南粤交通公司将养护基地分为综合养护基地和日常养护基地,以实现养护资源共享,构建科学合理、运转高效的现代化养护管理体系。养护基地分类、基本功能与布局原则见表4-1。

养护基地分类、基本功能与布局原则 表4-1

基地分类	基本功能	布局原则
综合养护基地	(1)处在高速公路养护网络的枢纽位置,一般采用"点对面"的方式,养护管理调度中心。 (2)日常巡查。 (3)保养保洁。 (4)小型维修。 (5)存放大型设备及所需原料。 (6)大中修,原则上设置沥青拌和楼,若不满足配置条件,可通过社会购买或者由周边综合基地提供。 (7)预留养护监理驻点。 (8)预留粤运拯救驻点。 (9)提供齐全的应急救援设施,有能力进行应急抢险工作。	(1)配置大型设备,加强作业施工能力,能够实现在不中断交通条件下的快速维修和抢修。 (2)尽可能利用已有养护基地,重新赋予其养管范围。 (3)充分考虑综合养护基地职工的生活和后勤供应保障。 (4)尽可能将综合养护基地设置在高速公路交叉点附近,以便养护机械快捷到达养管范围内的任何地点。 (5)保障所属高速公路基本处于综合养护基地的120km覆盖范围内。 (6)选址应尽量避免环境敏感点,降低对周边城镇的影响。
日常养护基地	(1)养护管理体系中的基层单位,一般采用"点对线"的方式。 (2)日常巡查。 (3)保养保洁。 (4)部分小型维修。 (5)存放小型设备及少量材料。 (6)有条件情况下,预留应急救援驻点	(1)养护能力能够满足日口常养护需求。 (2)尽可能利用已有日常养护基地,重新赋予其养管范围。 (3)要充分考虑日常养护基地职工的生活和后勤供应保障。 (4)尽可能平衡日常养护基地的工作量,避免某一日养护任务过多或过少。 (5)不同基地间的管养路段相互衔接,以尽量缩短运输距离,提高经济性。 (6)保障所属高速公路均处于日常养护基地的30km覆盖范围内

南粤交通公司规划布置 4 个综合养护基地,平均占地面积为 46 亩(1 亩约等于 666.67m^2);规划布置 35 个日常养护基地,平均占地面积为 27 亩,划预留 8 处拌和楼,规划监理驻点 6 个,规划应急救援基地 6 处,规划应急救援驻点 13 处。综合养护基地规划布局分布表见表 4-2,日常养护基地规划布局分布表见表 4-3。

综合养护基地规划布局分布表 表 4-2

序号	项目名称	基地名称	距离最近互通名称	基地距互通距离(km)	占地面积(亩)	周边城镇化情况	设置拌和楼	应急救援基地
1	化湛	笪桥养护基地	笪桥互通	0.5	32.0	低	√	√
2	清云	悦城东养护基地	悦城东互通	1.0	50.0	中	√	√
3	韶赣	马市养护基地	马市收费站	0.1	48.3	低	√	√
4	怀阳	杏花养护基地	杏花互通	0.6	54.4	低	√	√

日常养护基地规划布局分布表 表 4-3

序号	所属高速	基地名称	出入互通名称	距互通距离(km)	面积(亩)	设置拌和楼	监理驻点	应急救援基地	应急救援驻点
1	东雷	沈塘基地	沈塘	0.1	20.6				√
2	化湛兰渝联络线	廉江南基地	廉江南	0.5	25.0				
3	吴川支线	漳浦基地	大麻	0.5	13.0				
4	阳化	分界基地	仙塘枢纽	3.6	31.6				
5	阳化	沙琅基地	丰垌枢纽	6.5	30.0		√		√
6	新阳	三甲基地	三甲	0.5	30.2				
7	新阳	河头基地	河头	0.5	32.9				√
8	清云	地豆基地	地豆	1.0	27.0				
9	清云	水南基地	水南	1.0	39.7				
10	清云	新兴北基地	新兴北	1.0	17.0				
11	怀阳	金装基地	金装	0	15.0				
12	江肇	永安基地	永安	0.1	9.0				
13	江肇	回龙基地	刘村	0.1	20.3	√	√		√
14	江肇	蓬江基地	杜阮	1.4	3.5				
15	广中江	荷塘基地	荷塘	0.1	44.0				√
16	广中江	南头基地	南头	0.3	40.0				
17	英怀	凤岗基地	凤岗	1.0	15.8	√			
18	英怀	浸潭基地	禾联岗	0.95	17.0				√

续上表

序号	所属高速	基地名称	出入互通名称	距互通距离(km)	面积(亩)	设置拌和楼	监理驻点	应急救援基地	应急救援驻点
19	连英	翁源东基地	翁源东	1.0	50.0	√			√
20	连英	东华基地	东华	1.0	13.0		√		
21	连英	石灰铺基地	石灰铺	0.65	11.5				
22	龙连	连平西基地	连平西	0.1	14.0				
23	龙连	黄沙基地	船塘西	0.1	14.0				√
24	韶赣	大塘基地	大塘收费站	0.4	49.0				
25	仁新一期	丹霞山基地	丹霞山	0.5	50.5				√
26	仁新二期	司前基地	司前	1.0	29.9		√		
27	仁新二期	江尾基地	翁源北	0.5	15.0				
28	新博	平安基地	平安	0.28	30.0				√
29	新博	蓝田基地	蓝田	0.32	43.0			√	
30	河惠莞	麻布岗基地	麻布岗	2.9	17.0				√
31	河惠莞	丰稔基地	丰稔	4.74	54.0		√		
32	河惠莞	康禾基地	康禾	0.88	19.0				
33	大丰华(丰五段)	联岭基地	联岭	0.3	58.0				√
34	揭惠	雷岭基地	雷岭	0.3	19.0				√
35	潮漳	文祠基地	文祠	0	37.5	√	√	√	

养护基地布局规划有效整合了广东省交通集团和南粤交通公司现有养护资源,实现了养护资源的合理配置,形成规模化效益,提升专业化水平,提高养护工程质量和应急抢险能力,最终实现了集约利用资源和有效控制成本的目标,促进了南粤交通公司与广东省交通集团养护工作的协调统一。

2)优化整合养护资源

(1)推行养护、拯救联署办公。南粤交通公司充分考虑基地资源整合,部分养护基地设置拯救驻点服务,努力推行养护、拯救联署办公,确保应急人员、机械和物资第一时间抵达现场,进一步提升公路养护和拯救应对突发事件能力,保障公路的安全畅通。推动养护、拯救联署办公能及时、高效地处置公路突发事件、防汛救灾、安全应急等公路运营养护突发事件,共享公路养护资源,节约养护成本。

(2)推动项目区域化养护。为深化"区域化、规模化"管理的衔接,对于里程短、交通量小的路段,通车后纳入邻近项目一并养护,减少了养护管理人员,统一了管理标准。例如,化湛管理处先后接管吴川支线、东雷高速、湛机高速的养护管理;英怀管理处接管怀阳高速养护管理;潮漳管理处接管大丰华高速一期工程养护管理工作等。区域化养护基本情况见表4-4。

区域化养护基本情况　　　　表4-4

项目	主线里程(km)	接管项目	接管主线里程(km)	总管理里程(km)
化湛管理处	98.17	吴川支线	24.06	163.20
		东雷高速	35.80	
		湛机高速	5.17	
英怀管理处	88.97	怀阳高速	104.13	193.10
潮漳管理处	64.56	大丰华高速一期工程	40.14	104.70

(3)调配区域资源。南粤交通公司统筹协调区域养护资源,高效、快捷地调配区域资源,消除了公路安全隐患,充分提高了资源利用率。例如,东雷高速公路的边坡隔离采用刺丝网,在日常巡查时,发现约2km路段内当地黑山羊频繁跑进高速公路边坡,甚至闯入路面内,对车辆通行造成一定安全隐患。经南粤交通公司统筹协调,将服务区、停车区及邻近的新阳、阳化项目拆除的隔离栅调配至该路段围蔽使用,充分发挥出区域资源协调、统一的优势。

(4)创新探索运营数据平台管理。南粤交通公司在高速公路机电运维管理平台上,创新探索运营数据平台在线管理(图4-2),科学分析,整合机电资源,统筹融合管辖路段的机电设备管理,不仅可以实现机电设备使用状况、运行指标、更换计划、故障修复、库存配备的在线动态管理,还可以实现设备的备品备件跨区域跨路段调拨。例如,潮漳项目省界收费站撤站拆除的设备调配到大丰华项目继续使用,怀阳项目已采购的监控中心大屏配套设备优先调配在交通量较大的江肇项目使用等,实现了南粤交通公司范围内机电设备的资源共享。

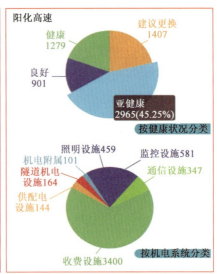

图4-2　运营数据平台在线管理

3）联合开展养护招标

为推动高速公路养护区域化、规模化、集约化模式发展，南粤交通公司紧抓2017年和2018年陆续建成通车的7个路段（粤西区域新阳、阳化、化湛；粤东北区域仁新、龙连；粤东区域潮漳、揭惠）的日常养护管理。南粤交通公司委托潮漳项目管理处首次采用集中招标方式，组织该7个路段的"2018—2019年度土建日常养护工程"招标，有效提升了高速公路养护招标效率。南粤交通公司结合广东省交通集团的区域化工作部署，总结推广集中招标方式经验，对后续其他养护项目（如高速公路土建养护、机电日常养护、定期检查及监测、养护设计、监理、沥青采购等养护招标）全面采用规模化集中招标，进一步提高了养护招标的规模均衡性和单价合理性。

2019年，南粤交通公司委托新阳高速公路管理处对江肇、广中江、新阳、阳化、化湛、龙连、揭惠、仁新、潮漳、清云、河惠莞等11个路段的2020—2022年度机电系统日常养护采用集中招标。养护范围包括机电监控系统、通信系统（含国家或省级或区域级骨干通信系统维护）、收费系统（含维保期满的计重设备、高清卡口及ETC门架系统的日常维护）、供配电（含高低压设备、线缆、管线等）及照明、隧道机电系统及机电附属设施（含防雷接地、收费亭和机房空调等）日常运维，以及收费系统网络安全保障。日常养护工作包括机电系统保洁、保养、巡查、检测、小修、故障恢复、应急保障、网络安全以及按照机电设备的养护使用规程对部分易损件、易耗品的更换和系统升级等。

为落实广东省交通集团《高速公路机电设施养护及技术状况评定标准》（Q/JTJT 003—2022），按机电设施重要程度从高到低检测，A类设施每年检测一次，B类、C类设施每两年检测一次。2022年，南粤交通公司委托韶赣项目管理处组织开展16个运营路段机电设施技术状况评定集中招标，科学规范检测要求。

通过规模化集中采购，有效降低了备品备件的购置成本。与近3年采购平均价相比，2023年度南粤交通公司备品备件重复采购率降低50%，费用预估减少400万元。

4）积极落实机电"1+N"大运维

2022年，广东省交通集团印发高速公路机电大运维实施方案，推动"1+N"日常养护实施管理模式（图4-3）。其中，"1"为广东省交通集团机电运维技术支持中心；"N"为广东省交通集团机电运维片区（养护片区），养护片区由若干运维网点（机电运维基层维护点）组成。南粤交通公司积极提出相关提升建议并完善实施方案，协助"1"技术中心建设，参与片区规划设计及机电大运维招标事宜。

广东省交通集团所属高速公路规划为13个养护片区，南粤交通公司管辖的20条路段分别列入10个养护片区，其中3条路段设为片区养护中心。南粤交通公司所属路段片区分布一览表见表4-5。

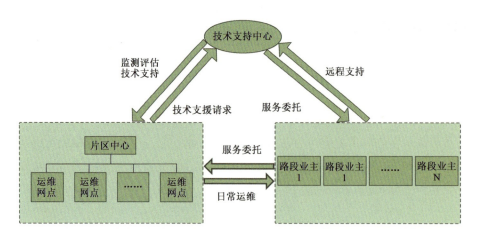

图 4-3 "1+N"大运维模式

南粤交通公司所属路段片区分布一览表　　　　　　　　　　表 4-5

序号	片区名称	管辖路段	备注
1	北片区二	连英高速、仁新高速、韶赣高速	片区养护中心
2	东北片区二	龙紫高速	
3	东北片区一	新博高速、龙连高速、英怀高速	片区养护中心
4	东南片区	揭惠高速	
5	东片区	潮漳高速、大丰华高速一期	
6	西北片区	怀阳高速、清云高速	
7	西南片区二	阳化高速	片区养护中心
8	西南片区一	东雷高速、化湛高速、吴川支线、湛机高速	
9	西片区	新阳高速	
10	中部片区	江肇高速、广中江高速	

南粤交通公司对所管辖的 20 条路段实施机电大运维管理模式,在日常养护合同金额和养护人员配置与前期基本持平的情况下,机电故障响应时间从 1h 减少至 0.3h,故障处理时间从 2.5h 减少至 1h,处理效率提升了 1.5 倍;门架 CPC 计费成功率由 99.2% 提升到 99.5%,提升 0.3%;混合车道栏杆机正常率由 78% 提升到 92%,提升 14%;ETC 车道通行成功率、抬杆率等关键指标均稳定保持在较高水平;2023 年度南粤交通公司高速公路网络异常事件及时发现率比 2022 年提升 50%,处理时效性提升 100%。通过实施机电大运维管理,取得了良好的经济效益和社会效益,有效验证了机电大运维模式的先进性和可行性。机电大运维模式监测结果见表 4-6、表 4-7。

机电大运维模式监测结果（一） 表 4-6

监测类别	系统类型	监测项		合格标准	二级单位平均指标值
收费系统运行指标监测	门架系统	ETC 计费成功率		≥98%	99.57%
		CPC 计费成功率		≥99.9%	99.61%
		车牌识别准确率		≥95%	98.17%
		数据上传及时率		100%	99.05%
		门架软件版本		版本更新及时率100%	98.84%
		门架计费模块和计费参数		版本更新及时率100%	100%
		后台软件版本		版本更新及时率100%	100%
		北斗时钟同步情况		正常率≥90%	97.48%
		交易流水滞留情况（上传省中心）		3天内全部上传	100%
		交易流水滞留情况（上传路段中心）		3天内全部上传	100%
	车道系统	ETC 车道通行成功率		≥99.7%	99.88%
		ETC 车道抬杆率		≥96%	95.82%
		ETC 车道通行速度		≥10km/h	15.11km/h
		ETC 核心交易时间		<500ms	347.35ms
		车牌识别准确率		≥95%	77.81%
		数据上传及时率		100%	99.99%
		回头车		次数0	100%
		收费软件版本		版本更新及时率100%	98.78%
		基础费率		版本更新及时率100%	99.82%
		最小费额		版本更新及时率100%	99.89%
		OBU 状态名单	全量	版本更新及时率100%	96.60%
			增量	版本更新及时率100%	96.25%

机电大运维模式监测结果（二） 表 4-7

监测类别	系统类型	监测项	合格标准	二级单位平均指标值
收费系统关键设备状态监测	门架系统	门架连通状态	100%	99.96%
		天线	正常率≥90%	99.98%
		车牌识别仪	正常率≥90%	100.00%
集团监控联网运行状态	监控设备状态监测	视频设备	在线率≥95%	99.73%
		情报板	在线率≥95%	98.93%
收费网络信息安全事件	安全态势感知系统	网络安全态势感知范围内的网络安全可疑事件	—	52 起
运维数据监测	路段运维信息	故障响应消息提醒推送	—	2 条
		故障修复及反馈消息提醒推送	—	0

4.1.2 探索综合养护新模式

综合养护是指经过详细的交通组织策划,科学组织同一路段内多专业、多工种分步作业,通过一次性封闭交通实现多工种、多环节系统养护,具有安全风险低、养护效率高、工程质量优、综合效益高的一种养护模式。

2019年,南粤交通公司开始谋划开展"路网+路段模式"的全专业养护,以"红棉"养护品牌创建及升级为引领,践行"数据上浮、业务下沉"的思路,在管理体系、工区布设、路面结构衰变、养护需求及资金统筹使用等方面开展了一系列研究工作,研究探索"公司统筹+路段实施+第三方技术支持"的路面综合养护新模式。2021年4月,南粤交通公司借鉴国内同行综合养护经验,着重从养护工作的顶层设计(全局谋划)、管理体系的优化(科学决策)、施工高度集约化(落地实施)三个方面着手,深入研究综合养护新模式,精准破解养护工作碎片化、路面处治不系统、行业单位"重专项、轻日养"、不同专业间联动性差、传统施工干扰大等行业共性技术问题。

2021年12月,南粤交通公司在韶赣高速公路东行K517~K541(长度24km)路段,采用了"综合养护"模式开展养护工作(图4-4)。在工程实施期间,封闭半幅交通,整个维修路段内养护专项工程、土建日常养护、机电日常维修一并实施。综合养护主要包括结构强度不足路段水泥注浆+4cm AC-13C沥青混凝土罩面、连续病害路段铣刨重铺、路面下沉跳车路段调平(DCG工法注浆)处理、全路面就地热再生、路侧波形护栏提升喷涂翻新、中分带波形护栏二波改四波、土路肩硬化、路缘石提升等工程内容。

图4-4 综合养护实施现场

交工检测结果显示,综合养护路面的各项检测指标均满足设计要求和现行技术规范标准。与传统养护模式进行了综合对比分析(表4-8),在可行性、经济性、耐久性、安全、质量、进度等方面均达到预期效果。

与传统模式综合对比表　　　　　　　表 4-8

模式	通行费效益	安全效益	成本效益	质量效益	社会效益
传统养护模式	变化不大	费用损失：150万元；生命至上，安全责任大，管理压力大	施工成本（不含原材）：555万元；监理成本：30.6万元	优点：施工设备和人员投入较少，不影响正常通车，保证了运营收入。缺点：纵向接缝存在冷接缝，平整度较差，外观不美观，因要铣刨纵接缝，造成沥青混合料的浪费，容易发生交通事故	正面：改善路网，增加就业机会，促进地方经济发展。负面：一段时间内车辆驾乘人员投诉较多，若发生交通事故，则社会影响大，车辆流失较多，经济损失偏多
综合养护模式	-698万元（广东省交通集团），-187万元（省高网）	费用损失：0；安全责任小，管理压力小	施工成本（不含原材）：544万元；监理成本：30万元	优点：施工进度快，效率高，施工质量好，施工安全能得到有效保障。缺点：施工设备和人员投入大，短期内影响社会车辆的正常通行	正面：快速改善路网，提高通行体验，促进地方经济发展，车辆驾乘人员投诉减少，能获得地方政府的支持。负面：短期内，地方道路通行压力大，经过城镇路段可能存在交通拥堵，地方交通主管部门工作量增大

综合养护新模式能有效地安排和组织高速公路养护的各项工作，集中高效使用养护过程中人力、物力和财力，有效消除传统养护方案、施工模式、保障方式等诸多短板，提升了养护工作质量及整体水平。综合养护新模式对专项养护工程具有显著的优越性，特别对大中修工程具有重要的推广应用价值。

4.1.3　促进养护管理层级化

实施分级分类管理，实现各层次对象管理的最优化，有利于提高管理效率、提高管理质量，促进管理科学的发展。南粤交通公司对高速公路高边坡养护、机电设备养护采用分类分级管理模式，促进了养护管理科学化发展。

1）边坡分级分类管理

为从长远、根本上解决边坡安全风险辨识难、管控难、专业技术人员不足等现实问题，采用科学、智慧的"技防"手段逐步替代传统的人防措施，南粤交通公司开展边坡分级分类管理。高速公路边坡的分级分类养护管理贯彻"预防为主、防治结合、安全至上、绿色生态"的方针，保证路堤、路堑、桥下边坡和边坡结构物稳定，保障边坡排水设施稳定运行，对边坡损坏、隐患应进行及时的治理和绿化恢复，以确保边坡运营安全可防可控并与环境协调。

（1）制定边坡分级标准。南粤交通公司结合近年来对高速公路边坡养护经验，借鉴省内、外有关经验做法，制定了边坡日常养护等级划分标准（表4-9）。

边坡日常养护等级划分标准 表 4-9

养护等级	参考标准
Ⅰ级	具有以下明显特征之一的边坡(路堤)： (1)2022年汛期处治的Ⅰ、Ⅱ类的边坡。 (2)定检发现需要重点关注或监测发现欠稳定的边坡。 (3)锚固或支挡体系出现明显变形病害的边坡,如:锚固系统出现大面积变形(暂定10%),包括格梁下错、断裂、锚头开裂等;挡土墙、抗滑桩、微型桩等发生显著的变形或破坏的。 (4)坡面或地表变形特征揭示已出现明显滑动迹象的边坡,如:坡面或堑顶裂缝基本贯通;坡脚出现鼓胀裂缝、水沟出现外倾变形或坡体前缘存在明显地下水渗出;路堤沉降或侧向变形导致路面出现弧形或纵向裂缝,且裂缝的宽度或长度仍在加剧发展的。 (5)"堰塞湖"类:坡脚或填平区存在"堰塞湖"且路基出现变形迹象的路堤。 (6)"弃土场"类:邻近公路的上游弃土场,排水系统水毁较严重甚至出现滑塌变形,潜在危及公路行车安全的场区边坡。 (7)其他类:项目认为存在重大风险或即时风险的边坡
Ⅱ级	变形迹象不明显或未发生变形,但具有以下特征之一的边坡: (1)2022年汛期处治的Ⅲ、Ⅳ类边坡。 (2)监测成果揭示边坡处于基本稳定状态,但坡体仍有缓慢变形的边坡。 (3)建设期或运营期发生过变形病害,且新增处治费用超过100万元的边坡。 (4)曾发生线外落石、泥石流等现象影响行车安全的边坡(含线外坡)。 (5)桥下陡坡类:出现水毁变形影响结构安全的桥下陡坡,如陡坡桩基、墩台等。 (6)其他类:项目认为存在较大风险的边坡
Ⅲ级	除Ⅰ级、Ⅱ级以外的边坡

(2)落实分级管理制度。南粤交通公司根据边坡排查情况、监测成果、病害处治历史、变形特征或迹象、边坡分级标准参考表等,建立边坡日常养护分级分类管控台账。边坡日常养护实行项目管理单位领导班子分类挂点、分级管理、责任到人的工作制度。

Ⅰ级边坡:项目管理单位领导班子成员挂点督办,项目管理单位养护工程部负责人及日养单位、监测单位项目负责人跟进协办。

Ⅱ级边坡:项目管理单位养护工程部负责人挂点督办,日养单位及监测单位专业工程师等跟进协办。

Ⅲ级边坡:日养单位项目负责人挂点督办,专业工程师跟进协办;路段养护专业工程师可根据需要进行抽查。

(3)边坡分级实行动态调整。边坡分级管控台账应根据病害或缺陷处治进展、补强加固效果、监测成果等资料进行动态调整。养护等级为Ⅰ级的边坡,纳入南粤交通公司日常监督管理重要工点。

(4)重特边坡落实"五及时"。对特殊地质或重大边坡开展监测工作,充分利用监测结果对边坡稳定性进行分析,做到"五个及时",即及时监测、及时分析、及时反馈、及时决策和及时处治。经过监测或处治后稳定的边坡应按分级条件降至相应级别,反之,在巡查中发现风险较高应及时提升边坡等级。

(5)边坡分级巡检打卡。采用二维码打卡+视频监控+自动化监测等手段加强重点边坡管理,通过感应设备的电子打卡,实时上传养护信息管理平台,确保巡查人员真正地完成高边坡的巡查。Ⅰ类重点边坡结合建设期边坡自动化监测,加强高边坡及复杂地质边坡的有效监测,必须建立二维码巡检打卡点(图4-5),由项目领导班子挂点,带头排查;Ⅱ类边坡可视情况建立巡检打卡点,分别按检查频率要求进行巡查打卡。在部分不便于巡查的位置增加视频监控,通过监控中心视频轮巡进行实时巡查。

图 4-5　二维码巡检打卡点

2)机电设备分级分类管理

南粤交通公司对机电日养分级分类管理,认真贯彻"安全第一,质量为主"的方针,既要保证养护质量、保障养护人员的安全,也要避免因养护工作影响交通以及影响高速公路正常运营。

(1)机电设备分类标准。机电设施各设备按照重要程度由高到低,分为 A、B、C 三类,见表4-10。

机电设备分类　　　　　　　　　　　表4-10

分部工程	分类		
	A 类	B 类	C 类
监控设施	监控中心设备及软件、监控系统网络安全	视频监视系统、可变标志、视频交通事件检测器、监控系统计算机网络、监控设施基础数据	车辆检测器、气象检测器、公路交通情况调查设备、高清卡口、大屏幕显示系统
通信设施	通信光缆、电缆线路工程、同步数字体系(SDH)光纤传输系统、IP 网络系统、波分复用(WDM)光纤传输系统、通信电源	通信管道工程、固定电话交换系统、广播系统	—
收费设施	紧急报警系统、收费系统软件(含 ETC 软件)、收费系统网络安全	车道控制器、闭路电视监视系统、以太网交换机、电动栏杆机、收发卡设备(含收发卡机)、费额显示器、环形电感线圈、内部有线对讲系统、收费系统计算机网络、车牌自动识别系统、超限检测设备、RSU、ETC 车道信息显示屏、票据打印机、ETC 天线、ETC 门架系统	天棚信号灯(含 ETC)、车道通行灯(含 ETC)、雾灯(含 ETC)、黄色闪光报警器(含 ETC)、专用键盘、绿色通道检测系统

续上表

分部工程	分类		
	A 类	B 类	C 类
供配电设施	电源设备	电力线缆、中压配电设备、电力变压器、低压配电设备	风/光供电系统、电力监控系统、电动汽车充电系统
照明设施	—	收费广场照明设施、收费天棚照明设施	路段照明设施、服务区照明设施、互通照明、桥梁照明
隧道机电设施	手动火灾报警系统、自动火灾报警系统、本地控制器、射流风机、隧道照明设施、隧道监控中心计算机控制系统、隧道监控中心计算机网络	轴流风机、发光诱导设施、闭路电视监视系统、可变标志、隧道视频交通事件检测器、隧道管理站设备及软件、隧道管理站计算机网络、紧急电话与广播系统、隧道供配电设施	车辆检测器、气象检测器、环境检测设备

(2)机电设备养护作业分类及养护内容。

高速公路机电设备养护作业可分为日常巡查、定期巡检、定期养护、故障修复、专项工程五类。其中,日常巡查应包括设备运行状态、告警信息、软件模块工作状态、机房环境等检查;定期巡检应包括设备外观完整性、设备运行环境、支撑立柱、机箱外观、网络安全状态等检查及告警数据分析与统计;定期养护应包括内部机箱检修与清扫、设备机械运转部件的润滑注油、支撑结构与基础的养护、标识标签完整性检查标注、光电缆线路连接检查、数据备份、预防性调试、设备功能测试、防雷接地电阻及绝缘电阻测试等;故障修复应包括故障设备的修复或更新、软件故障的消除和功能恢复;专项工程应包括设备综合整修、升级、新增或新技术、新应用的工程。

高速公路机电设备养护作业根据养护内容可分为每日、每月、每季、实时等不同频率,各类养护作业频率见表4-11。

各类养护作业频率 表4-11

序号	养护作业类型	养护作业频率
1	日常巡查	1次/日
2	定期巡检	收费、供配电、隧道机电设施1次/月,其余设施1次/季
3	定期养护	1次/季,一级隧道供配电设施的养护频次按1次/月进行
4	故障修复	按故障修复要求时间修复
5	专项工程	—

注:一级隧道定义见《公路隧道养护技术规范》(JTG H12—2015)中隧道分级标准。

(3)故障修复时间分级。

根据机电设施功能失效对运营管理业务影响程度,机电故障分为四个等级,分别为轻微故障、一般故障、重大故障、紧急故障。按故障类型及修复时间分类见表4-12。

故障修复时间分级 表4-12

序号	故障类型	故障现象	修复时间要求
1	轻微故障	机电设施功能失效,但不影响设备正常运行	不超过120h
2	一般故障	机电设施功能失效,造成设备不能正常运行,但不影响运营管理业务	不超过72h
3	重大故障	机电设施功能失效,设备不能正常运行,且导致业务中断、数据丢失或设备故障对人身或行车安全造成威胁	修复时间不宜超过24h,若涉及安全隐患的故障无法立即修复必须在修复前采取必要的安全防护措施
4	紧急故障	对于影响交通运输部路网监测与应急处置中心收费公路联网结算管理中心(以下简称"部中心")和广东省高速公路联网收费结算中心(以下简称"省中心")系统运行	修复时间应按照部中心或省中心的要求时间进行修复

注:故障修复时长 = 故障修复完成时间 − 故障接报时间。

(4)备件分级分类。

根据机电设备的重要程度、故障频率、维修时长等因素,机电设备分为易损易耗件、一般备件、重要备件。其中,易损易耗件按照路段现场使用数量由日养单位备10%库存,如网线、色带等;一般备件按照路段现场使用数量的3%~5%备库存,如故障频率较高、维修周期长的ETC天线和工控机等;重要备件按照片区现场使用数量的1%备库存,且至少有1套,如防火墙等网络安全设备、服务器等。备件分级分类见表4-13。

备件分级分类 表4-13

分部工程	分级		
	易损易耗件	一般备件	重要备件
监控设施	双绞线、电源适配器	工作站、电源模块、情报板主板及模组、摄像机、视频光端机、显示器、交换机、硬盘录像机	视频储存服务器、大屏解码器
通信设施	跳纤	交换机、光纤收发器、通信电源、通信光缆	STM-16等级光接口板、光纤数字传输系统设备、程控数字交换系统设备、站防火墙、安全网关、核心交换机、网络安全设备、4G切换器
收费设施	双绞线、硬盘、票据打印机色带、电源适配器、补光灯	摄像机、以太网交换机、电动栏杆机、收发卡设备、费额显示器、环形电感线圈、内部有线对讲机、工控机、车牌自动识别系统、超限检测设备、ETC车道信息显示屏、票据打印机、天棚信号灯(含ETC)、车道通行灯(含ETC)、雾灯(含ETC)、黄色闪光报警器、专用键盘、IC卡读写器、车控板、称台传感器、手持机、I/O接线板、栏杆模块、车检器、电源模块、显示器、绿通手机、计重传感器、RSU天线	去重服务器、管理服务器、通用服务器、称台主控器、车道控制器、北斗授时服务器、ETC在线密钥服务器、治超一体机、移动收费终端

续上表

分部工程	分级		
	易损易耗件	一般备件	重要备件
供配电设施	蓄电池、小型断路器、避雷器	电力线缆、电源模块、开关电源、空气开关	UPS（不间断电源）主机、控制器、逆变器
照明设施	灯珠、光管	控制器、电源模块、灯具	—
隧道机电设施	消防手动报警按钮、紧急疏散灯、消防器材指示灯、隧道调光灯	紧急对讲电话、消防功放喇叭、火灾报警串口服务器、火灾报警串口服务器、交通灯、光强检测器、摄像机、交换机	PLC（可编程逻辑控制器）模块、卷帘门控制器、消防报警主机

南粤交通公司在边坡养护、机电日常养护分级分类管理的基础上,持续深入地开展边坡(依托新博高速公路)、桥涵(依托广中江高速公路)、隧道(依托连英高速公路)、路面(依托韶赣高速公路)以及土建日常养护(依托江肇高速公路)、路面检测(依托化湛高速公路)分级分类体系研究,依托湛江机场高速开展分级分类移交,于2023年底完成全体系的分级分类管理制度建设。

4.2 养护管理规范化

规范化管理是从企业生产经营系统的整体出发,对各环节输入的各项生产要素、转换过程、产出等制订制度和标准,并严格地实施该制度和标准,以使企业协调统一地运转。实行规范化管理在理论和实践中都证明是极为重要的。首先,这是现代化大生产的客观要求。现代企业是具有高度分工与协作的社会化大生产,只有进行规范化管理,才能把成百上千人的意志统一起来,形成合力,为实现企业的目标而努力工作。

高速公路养护是一项专业性强、持续时间久、要求较细致的工作,这要求在高速公路养护管理工作中必须加强规范化管理,健全高速公路养护管理规定,完善管理制度。为保障公路养护工作的质量和效率,需结合实际高速公路项目养护工作内容和特点,从管理制度和管理程序上建立能保证公路养护工地规范建设、提高公路养护施工质量和效率的完善制度体系,实现养护生产与管理的规范化,使养护人员、设备、材料和技术始终处于规范化的施工环境中,不但能够直接提高公路养护质量和效率,而且有利于提高我省高速公路的综合效益。

4.2.1 管理制度规范化

因此,为规范高速公路养护管理,提高养护质量和服务水平,提升养护资金使用效能,根据国家、行业主管部门、省级政府制定的有关法律、法规和规范性文件以及广东省交通集团有关规定,南粤交通公司从以下五个方面推进管理制度规范化工作。

1）搭建养护制度框架体系

南粤交通公司按照广东省交通集团有关高速公路养护管理要求,紧扣南粤交通公司规划发展,全面梳理高速公路养护管理制度,建立健全养护管理体系,全面提升高速公路养护管理水平,推动南粤交通公司高速公路养护向高质量发展。

依托江肇高速公路管理处制定了《养护制度建设方案》,明确了工作职责、养护重点,提出养护管理制度编制思路。该方案层次分明,明确南粤交通公司和所属各单位的工作内容及发展需求,确定养护管理制度内容;坚持内容全面,涉及高速公路养护管理的前期计划、设计、施工、验收、运营期检测等各个阶段工作;坚持问题导向,重点完善南粤交通公司层面养护管理制度,解决南粤交通公司养护管理短板;坚持分类有序,根据行业发展趋势和南粤交通公司、所属各单位的现有养护管理制度及实际需求,有序推进养护制度的落实。

(1)加强计划管理。在"十三五"期间高速公路养护管理取得的成就基础上,持续推进"十四五"期间高速公路计划管理,完善高速公路计划编制制度,规范编制规则,有序推进养护计划落实落地。

(2)强化日常养护和养护工程管理。基于当前高速公路日常养护需求,修订日常养护实施标准,完善日常养护考核管理机制,建立日常养护工长制度,规范南粤交通公司日常养护管理。按照《公路养护工程管理办法》(交公路发〔2018〕33号)的最新要求,做好养护工程分类,明确养护工程措施,进一步完善养护工程管理制度。加大设施检测力度,定期开展路况检测,完善南粤交通公司路况(桥梁)检测技术手册。加强应急管理,强化应急响应效率建立完善的应急抢修工作机制。

(3)注重质量监管和安全运营。加大高速公路质量监管力度,严格按照规定落实监督责任,建立以质量为核心的考核机制。强化安全作业意识,严格运营管理程序,完善高速公路养护作业制度,加强对一线作业人员进行安全培训。

(4)推进信息化应用管理。充分发挥南粤交通公司现有信息管理系统,实现南粤交通公司高速公路养护管理信息化、规范化。利用大数据、物联网、5G等新技术,推动自动化检测、机械化施工、数字化共享,完善高速公路养护管理信息化机制,进一步推进高速公路养护管理高质量发展。

《养护制度建设方案》在南粤交通公司现行养护管理制度17项的基础上,修订1项,新制定10项;所属项目管理单位修订9项,新制定3项。

2)制定完善养护管理制度

围绕《养护制度建设方案》,南粤交通公司编制并且完善了高速公路日常养护、养护工程、各专业工程、养护计量支付、机电、应急预案等养护管理制度及文件,项目管理单位根据广东省交通集团养护管理办法"九项实施细则",制定了项目层级养护管理制度。

截至2022年底,南粤交通公司全面建立了职责清晰、管理高效的高速公路养护管理制度体系,完善了土建养护计划、日养、养护工程管理、机电养护技术手册、案例分析等10余项制度,指导性文件35项,实现了治理能力、管养效果、服务水平的全面提升。

3)突出重点编制指南指引

为全面推进"发展理念人本化、项目管理专业化、工程施工标准化、管理手段信息化、日常管理精细化"五化管理各项工作,建设综合交通、智慧交通、绿色交通、平安交通,充分利用基建管理编制的《路面管理工作指南》《路面标线质量管理指南》《桥梁伸缩缝质量管理指南》等指南指引,深入打造"南粤红棉养护"品牌工程。

（1）制定《路面管理工作指南》。本着"绿色、低碳、环保"理念，遵循"因地制宜、就地取材"的原则，南粤交通公司明确了从项目设计、招标、施工阶段的路面管理要点共计136条，特别在施工阶段的施工准备、碎石加工、沥青原材料、碎石垫层、水泥稳定碎石底基层及基层、透层、黏层、下封层、桥面防水黏结层、沥青面层、水泥混凝土面层、小型预制件等方面对现行技术标准、规范作进一步补充，提出更为具体细致的管理要求，用于规范指导所属路段路面管理，提升路面施工管理水平，消除质量通病，保证路面工程质量，使其更符合南粤交通公司管理特色，全寿命成本达到最优。

（2）制定《路面标线质量管理指南》。2018年，交通运输部印发《关于开展公路交通标线质量控制专项工作的通知》，要求从设计、施工、验收、运营各阶段做好公路交通标线质量控制专项工作。高质量路面标线作为高速公路行车安全的重要保障，是推进南粤交通公司"南粤品质工程"的重要抓手，也是打造"红棉"养护品牌的重要基础。在此背景下，南粤交通公司坚持"问需于民、问效于民"的工作原则，结合实际高速公路项目制定《路面标线质量管理指南》。《路面标线质量管理指南》主要提出业主管理、设计管理、原材料管理、现场施工管理、检测验收管理、养护管理等要点，以提升路面标线反光性能及其耐久性为质量管控重点，有利于南粤交通人掌握标线相关质量控制指标及相关管理要求，在所属路段营造出创建路面标线"光亮工程"的良好氛围，从而保障了高速公路运营期间行车（尤其是雨天及夜间）的交通安全服务水平。

（3）制定《桥梁伸缩缝质量管理指南》。桥梁伸缩缝工程作为高速公路行车平顺性、安全性的重要保障，其施工质量直接影响用户行车体验和项目运维管理，也是打造南粤交通公司"南粤品质工程"的重要一环。《桥梁伸缩缝质量管理指南》以结构耐久和行车顺适为总体目标，优选原材料与施工队伍，扎实落实首件制，准确量化施工组织，精细过程控制，规范工艺方法，严格现场检测量测工作，以量化指标对工程质量进行过程和成品验收，加大对不合格成品的返工力度，坚决避免以罚代管、降格以求，切实打造伸缩缝"平顺工程"。伸缩缝纵桥向平整度和与桥面高差的检查标准见表4-14。

伸缩缝纵桥向平整度和与桥面高差的检查标准　　　　　表4-14

检查项	要求	检查方法与频率	返工标准
纵桥向平整度（mm）	≤3	3m直尺，跨缝检测行车轮迹带位置，每条行车道左右轮迹带位置各测1尺，应急车道测1尺，每一尺伸缩缝左右两侧各测1个数据	最低合格率80%
与桥面高差（mm）	≤2	3m直尺对折，测钢纤维混凝土与沥青混凝土高差，不跨缝，检测轮迹带位置，每条行车道两个轮迹带在伸缩缝两侧各测一尺，每条应急车道在伸缩缝两侧各测1尺，每一尺测1个数据	最低合格率80%

（4）编制《机电设施故障案例分析手册》。为适应新形势下高速公路机电系统养护发展新要求，在当前新收费管理模式转型背景下，所属单位为克服人员少、经验不足等现状问题，主动作为，积极发挥项目业主的主观能动性，整合路段技术资源，深挖管理潜能，通过汇编《机电系统日常故障处理案例》等有效措施，进行人员集中、有效培训，快速处理收费现场故障问题，积累日常排障经验，以创新举措贯彻落实高速公路"保安全、保服务、保收费、保畅通、保联网"工作要求，有效提升了路段机电系统日常养护管理水平。同时，推广阳化高速公路《机电养护技术手册》、机电培训室和新阳高速公路《机房标识系统标准化》《机电建管养一体化设备技术指标手册》等工作经验，适应撤站后新形势下高速公路机电养护要求。

(5)编制《监控中心大厅建设需求指南》。为加强监控技术管理,为广东省交通集团乃至全省相关标准规范制定提供新样本,实现三个"统一",即硬件配置统一、技术规范统一、管理细则统一。阳化高速公路管理处受广东省交通集团及南粤交通公司委托编制了《监控中心大厅建设需求指南》,对路段监控中心的整体布局和功能分区明确建设标准,指导新建或改扩建高速公路路段监控中心的设计、建设及运营管理,充分发挥高速公路监控中心的整体效能。《监控中心大厅建设需求指南》内容包括监控大厅、机房、电源室等各功能分区的平面尺寸、净空高度、相互位置关系,大屏幕显示屏体的选型、组合方式、形式,以及屏体显示界面、显示内容、显示形式和切换方式等。

(6)编制《广东省高速公路科学绿化指导手册》。《广东省高速公路科学绿化指导手册》是南粤交通公司认真践行习近平生态文明思想,牢固树立绿水青山就是金山银山理念,深化山水林田湖草生命共同体意识,倡导绿色建养,全面推进包括景观提升工程在内"五大工程",打造生态之路的结晶。南粤交通公司立足新发展阶段,在高速公路项目建设过程中形成了以互通、服务区、隧道洞口为重要节点,以微地形打造、疏林草地为主要手法的高速公路绿化景观打造经验,《广东省高速公路科学绿化指导手册》在现行规范标准的基础上,分析总结现有项目经验,规范管理、设计、施工、养护工作流程及验收评价标准,将高速公路绿化验收分为通用验收、中央分隔带绿化种植验收、碎落台绿化种植验收、路堑边坡种植验收、路堤边坡种植验收、护坡道及排水沟外侧绿化种植验收、隧道口及特殊景观点段绿化种植验收、互通立交区绿化工程验收、服务区及收费站等站区绿化工程验收、取弃土场绿化工程验收。

同时,为了便于绿化养护管理和考核,南粤交通公司结合目前高速公路养护预算情况,将高速公路范围内绿化带分级管理,不同的绿化等级要求不同的管理精细度,具体分级情况如下:

(1)一级养护区:服务区乔灌草,住宿区、生活区乔灌草,历史文化名城或旅游城市入口立交区。

(2)二级养护区:中央分隔带花灌木,分离式路基乔灌草,养护工区及收费站乔灌草,路基路堑边坡植物防护,一般出入口匝道。

(3)三级养护区:边沟外隔离栅内乔木、花灌木,边坡绿化,一般立交区内乔木。

绿化养护管理等级技术标准和要求见表4-15,各级养护补植完成时间及成活率要求见表4-16。

绿化养护管理等级技术标准和要求(单位:次/年)　　　　　　表4-15

等级	类别		淋水	施肥	修剪	防病虫	垃圾处理
一级	乔木		≥15	≥4	≥2	≥7	随剪随清
	灌木	一般灌木	≥24	4-6	≥6	≥5	
		造型灌木	≥30	4-6	≥12	≥5	
		绿篱	≥24	4-6	≥12	5	
		地被	≥24	4-5	≥3	5	
二级	乔木		≥12	≥3	1	5	重要地区随剪随清,一般地区日剪日清
	灌木	一般灌木	≥18	2-4	≥5	3	
		造型灌木	≥24	2-4	≥6	3	
		绿篱	≥18	2-4	≥6	3	
		地被	≥18	2-4	≥3	3	

续上表

等级	类别		淋水	施肥	修剪	防病虫	垃圾处理
三级	乔木		10	≥2	1	3	主要地区和路段日剪日清,其他地区根据需要突击清运
	灌木	一般灌木	≥12	1-2	≥4	2	
		造型灌木	≥18	1-2	≥4	2	
		绿篱	≥12	1-2	≥4	1	
		地被	≥12	1-2	≥3	2	

各级养护补植完成时间及成活率要求　　　　　表4-16

植物种类	质量项目	一级养护	二级养护	三级养护
一、二年生草本、宿根及球根花卉	补植完成时间	1d内	3d内	5d内
	补植成活率	100%	96%	95%
灌木与地被	补植完成时间	2d内	4d内	6d内
	补植成活率	100%	98%	95%
乔木	补植完成时间	5d内	10d内	15d内
	补植成活率	100%	98%	95%

《广东省高速公路科学绿化指导手册》为恢复生态环境、合理控制建养成本、营造绿色高速提供技术支撑,为提升路域形象和服务水平、整体推进高速公路绿化管理能力和体系的现代化提供了重要依据和行动指南,为将高速公路绿化打造成为广东省区域形象和生态文明建设成果的窗口增添了亮丽一笔。

4）推广项目成功案例及做法

"红棉"养护品牌自创建以来,南粤交通公司所属路段通过阶段性总结,不断涌现出一些优秀案例和成果。南粤交通公司在评估后,推广项目成功案例及做法6项,包括南粤交通公司与新博、英怀路段共同编制的《绿化工程管理工作指南》,揭惠路段编制的《隧道口及收费站交安设施设置指南》,江肇路段参与编制的《高速公路沥青路面预防养护实施技术指南》《广东省高速公路沥青路面预防性养护典型案例手册》,潮漳项目编制的《隧道暗沟清理作业手册》,化湛项目编制的《红火蚁防治办法》等,提升养护科学化、标准化、规范化水平,助力"红棉"品牌建设。

以《高速公路沥青路面预防养护实施技术指南》为例,《高速公路沥青路面预防养护实施技术指南》是南粤交通公司响应交通运输部印发的《公路"十四五"发展规划》和《公路沥青路面预防养护技术规范》有关要求,进一步落实广东省交通运输厅推进高速公路预防养护指导意见及广东省交通集团高速公路路面预防养护管理的指导应用成果,在总结广东省近十年来高速公路沥青路面预防养护的研究成果,以及预防养护工程实践的基础上编制而成,用以维护高速公路优良的路面服务水平,促进南粤交通公司路面预防养护工作的科学化、规范化,对于提升路面服务水平、满足人民群众美好出行需求具有重要意义。《高速公路沥青路面预防养护实施技术指南》共七章,主要内容包含总则、术语与定义、路况检测与评价、预防养护决策、原路面裂缝和坑槽处治、预防养护质量监控、预防养护后评价等。

5)明晰管理界面及费用分类

2018年,随着南粤交通公司运营路段的激增,各路段在管理中反映出所属单位与外单位项目枢纽互通管养、所属单位间枢纽互通管养及所属单位内部交叉界面及费用等问题。为确保养护管理体系运转顺畅,南粤交通公司有关业务部门深入各运营路段,收集有关意见和建议,经反复征询和讨论,梳理汇总了10个板块的典型问题,报请南粤交通公司集体决策。

2020年1月,南粤交通公司召开专题会议研究养护业务界面划分及费用开支等事宜,就所属单位与外单位项目枢纽互通管养的问题、所属单位间枢纽互通管养的问题明确了相关处理原则;同时,针对所属单位内部养护界面、服务区管养、生活区管养、桥下空间管理、垃圾处理、污水处理、消防及防雷、收费站房管理等突出事项,按路段业务种类,南粤交通公司印发了养护界面划分及费用分类意见,进一步理顺了养护管理体系,厘清养护界面划分,明确管理职责,提升管理效能,规范养护资金使用和预算编制。

4.2.2 管理程序规范化

1)规范公路技术状况检测与评定

按照广东省交通集团《营运高速公路检测标准化工作指南》《高速公路机电设施养护及技术状况评定标准》,南粤交通公司细化公路技术状况检测与评定工作的管理,要求所属单位每年3月将本年度定检及监测工作方案上报,南粤交通公司审查同意后,所属单位方可实施,使土建、机电检测监测工作程序更加完善、规范。

为进一步规范南粤交通公司所属单位养护类技术方案审查(批)工作,按照分级管理权限完善审查程序,有序、高效地推进各养护类技术方案审查(批),南粤交通公司印发《关于进一步规范养护类技术方案审查(批)工作的通知》(粤交建基〔2020〕620号),规范养护工程立项、设计类(含方案设计、施工图设计、设计变更等)、检测咨询类(含咨询、定期检查、检测、监测、专项评估或评定等)三个类别方案审查(批)工作流程,如图4-6~图4-8所示。

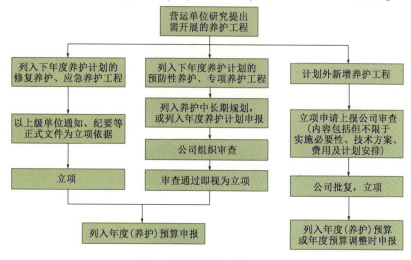

图4-6 养护工程立项审查流程

■ "红棉"养护品牌建设与延伸

图 4-7 养护工程设计审查流程

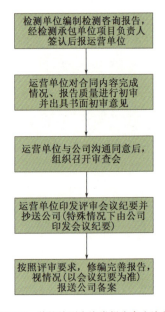

图 4-8 养护检测咨询类报告审查流程

2）规范计划管理

(1) 统筹开展中长期规划

截至 2020 年 6 月，江肇、韶赣项目已通车约 10 年，按路面使用寿命 15 年计算，结合两个路段路面检测技术指标情况，在"十四五"期间将进入路面大修期。其余项目，在"十四五"期间，大部分将处于通车运营 4~7 年阶段，也将进入路面预防性养护最佳时期，养护资金的科学安排尤为重要。

经统计分析，南粤交通公司 2013—2018 年养护资金共约 7.8 亿元（含机电），其中土建养护支出约 5.8 亿元，土建养护中专项支出约 3.24 亿元；路面养护方面支出约 1.33 亿元，占土建养护支出比例约 23%，占土建养护专项支出比例约 41%。

为了提高养护资金使用效益，建立系统的养护科学决策体系，统筹指导南粤交通公司路网养护资金支配，南粤交通公司统筹委托广东华路交通科技有限公司对韶赣、江肇、广中江、揭惠等 15 个项目路段进行中长期（2020—2025 年）养护规划。本次规划的具体工作内容主要包括项目调研、基础资料收集、路况评价、养护需求分析、养护对策选择、养护计划方案制定等。中长期养护规划流程如图 4-9 所示。

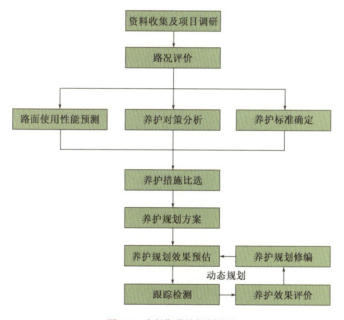

图 4-9　中长期养护规划流程

本次规划始终以科学决策为宗旨，制定了各运营路段路面、路基边坡、桥梁、隧道及机电等设施的系统性养护方案及养护对策，形成了南粤交通公司中长期养护规划总报告及所属单位中长期养护规划分报告，同时编制了《高速公路沥青路面预防养护指南》，保障规划期各项目处于较高的服务水平，保证在满足国家及省内养护管理要求的前提下，公路技术状况水平处于省内前列，同时协调南粤交通公司养护资金计划与养护需求的匹配性矛盾，为统筹指导南粤交通公司路网养护资金支配提供了良好基础，提升养护中长期规划的规范化水平。

(2) 规范计划的制定与执行

结合南粤交通公司养护管理需要，编制了《养护管理办法实施细则（养护计划管理）》（以下简称《细则》),《细则》进一步明确了计划审批流程、计划调整流程、计划编制标准格式、计划编制说明、计划完成阶段性报告格式、计划表格等,指导所属单位把握"四项原则"开展计划编制。

①应急优先。当出现影响道路交通安全结构物安全隐患、上级单位(政策性文件)要求限时完成的养护工作任务时,以保证高速公路安全畅通及完成上级单位安排任务为首要原则,优先安排相关养护工程年度计划。

②平急结合。以保持公路良好技术状况、提升公路服务水平为目标,遵循科学合理、适度超前的原则编制年度养护计划,跨年度计划安排要做到有效衔接,避免一般性养护工程扎堆安排,统筹做好养护工程建设与机电设备管理,优化养护计划的整体安排。

③合理决策。在公路运营的不同阶段,各单位须根据前一年的公路技术状况确定下一年的公路养护年度计划目标,合理安排公路的养护工程计划。养护工程要以制定合理的工程方案、工期为前提,以尽量降低养护工程施工对行车的干扰为指导,在养护工程中尽可能地采用先进合理、节能环保的养护新技术,提高养护工程的性价比、资金使用效率、经济效益和社会效益。

④统筹兼顾。年度养护计划既要秉承历史,也要具有一定的前瞻性,同时要以公司及项目的总体费用安排为大局,统筹做好养护年度计划。对于预防性养护、养护大修、改(扩)建、提高运营服务装备水平等资金需求量较大的养护工程,宜按照"分期、分段、逐年实施"的办法合理地安排年度养护计划。

所属单位对照《细则》,通过对管辖路段进行全面的调查,了解路段的设施状况,全面、准确、完整地掌握路况水平,更科学、合理、准确地编制年度养护计划。

养护计划审批、调整流程如图4-10、图4-11所示。

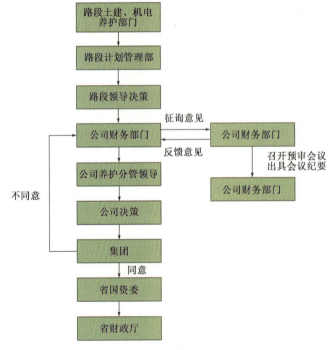

图4-10 养护计划审批流程

注:省国资委一般指广东省人民政府国有资产监督管理委员会。

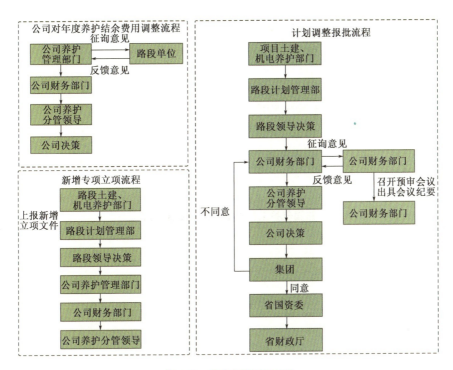

图 4-11　养护计划调整流程

南粤交通公司以专题审查会议形式对所属单位编制的年度养护计划进行预审,进一步指导所属单位的计划管理工作。南粤交通公司要求所属单位每年 2 月须将上一年度养护计划完成情况、未能完成计划或预算超支的原因说明、上一年度典型养护工作经验总结、养护管理方面存在的问题及解决问题的措施或建议、对上级单位在养护管理方面的可行性建议意见等,以书面形式进行报告。南粤交通公司不定期地对所属各单位的计划执行情况进行检查和考核并将结果纳入绩效考核,所属各单位也按月对日常养护单位及其他参养单位的计划执行情况进行考核。南粤交通公司通过加强养护计划执行管理与考核力度,促使公司总体养护形象进度从 2018 年的 89.6% 提高到 2022 年的 99.74%,预算完成率从 2018 年的 71.3% 提高至 2022 年的 96.02%。

3) 规范养护第三方服务管理

(1) 规范管理标准。南粤交通公司高度重视养护设计、监理、第三方检测及施工的管理,印发了《细则》,规范养护工程"全链条"管理。《细则》中明确了设计、监理、第三方检测及施工单位的资质要求,并提出了各阶段的工作要求。同时,在养护工程实施完成后,要求所属单位对设计、监理、第三方检测单位的服务情况进行后评价管理,并将评价结果和改进建议报告南粤交通公司。通过对第三方服务单位的细化管理,节约公路全寿命周期养护成本,提升高速公路的通行能力和服务水平,以实现"安全、畅通、舒适、耐久、绿色"的工作目标。

(2) 编制示范文件。南粤交通公司鉴于所属单位管养路段新且长、服务单位多且水平不一的情况,依托江肇、韶赣项目,联合服务单位编制了《营运高速公路养护路面监理工作范本》《营运高速公路路面第三方质量检测项目工作范本》《高速公路路面养护工程设计文件编制范本》《养护工程实施示例文件》等。《营运高速公路养护路面监理工作范本》分为总则、监理工作方案、监理实施细则、监理质量控制及验收评定、监理资料格式等章节对路面养护的监理工作进行了全面梳理并加以明确;《营运高速公路路面第三方质量检测项目工作范本》将路面养护施工准备阶段、施工阶段、交工检测阶段的质量检测技术要求及检测指标进行了系统性整理;《高速公路路面养护工程设计文件编制范本》明确了路面养护工程施工图设计文件的 7 个组成部分及具体内容(表 4-17),并以《江肇高速公路 2019—2020 年路面养护综合专项工程施工图设计》为范本编制。通过路面设计、监理、检测等示范性文件,以推广示范文件对所属单位和服务单位形成统一、高效的管理。

路面养护工程施工图设计文件组成 表 4-17

组成部分	具体内容
总体设计	1. 地理位置示意图。 2. 路面性能指标沿线分布图。 3. 历年路面处治及现状平面示意图。 4. 说明书: (1)工程概述。 (2)设计内容。 (3)测设过程。 (4)设计依据。 (5)设计原则和设计要点。 (6)交通量及交通事故情况。 (7)高速公路建设期设计情况。 (8)路面养护历史及技术现状。 (9)现场调查情况和路面病害成因分析。 (10)总体养护设计方案。 (11)环境保护与废料利用。 (12)其他。 (13)附件批复意见、测设合同、有关指示、协议和会议纪要等复印件。 5. 路线平、纵断面缩图(必要时)。 6. 公路平面总体设计图(必要时)。 7. 主要工程数量表
路线设计	1. 设计说明。 2. 路线平面图。 3. 路线纵断面图。 4. 直线、曲线及转角标。 5. 纵坡、竖曲线调整表
路基、路面设计	1. 路面养护设计技术要求说明。 2. 设计图表: (1)路基标准横断面图。 (2)路面病害调查表。 (3)路面病害分布图。

续上表

组成部分	具体内容
路基、路面设计	(4)各类路面病害处治设计图及病害处治工程数量表。 (5)路面结构设计图。 (6)路面结构设计及加铺工程数量表。 (7)路基、路面排水工程设计图(必要时)。 (8)路基、路面排水工程数量表(必要时)。 (9)特殊路段加铺处理设计图(必要时)。 (10)平面交叉及开口部加铺工程数量表(必要时)
交通工程及沿线设施设计	1.设计说明。 2.设计图表： (1)标志设计图。 (2)标线设计图。 (3)护栏改造设计图。 (4)其他设施设计图。 (5)各类设施改造工程数量表
筑路材料说明	1.设计说明。 2.沿线筑路材料料场表。 3.沿线筑路材料试验资料表。 4.沿线筑路材料供应示意图。 5.成品及半成品的运距
施工组织计划及交通组织设计	1.设计说明。 2.施工便道主要工程数量表。 3.其他临时工程数量表。 4.公路临时用地表
施工图预算编制文件	1.说明。 2.总预算表。 3.人工、主要材料、机械台班数量汇总表。 4.公路养护工程费计算表。 5.其他工程费及间接费综合费率计算表。 6.公路养护工程其他费用计算表。 7.人工、材料、机械台班单价汇总表。 8.分项工程预算表。 9.材料预算单价计算表。 10.机械台班单价计算表

4）规范养护合同及造价管理

（1）制定养护合同范本，实现养护合同规范化、统一化管理。南粤交通公司组织江肇、阳化、连英、英怀、新博、韶赣等路段完成土建、机电、房建日常养护和专项养护合同文件范本、计量支付规则范本、清单计价模板的制定，实现了各项目养护合同的规范化、统一化管理。

（2）推进信息化建设，加强养护合同管理。南粤交通公司启用路段计量支付系统开发及部署，并完成南粤交通公司建设管理系统一、二级平台管理的升级改造，推进系统间数据的互联互通，进一步规范了路段的预算管理、合同管理、养护业务的计量和变更管理。

（3）充分利用南粤交通公司造价咨询库资源，加强对预算的审查，保证预算编制质量，实现了各路段养护工程造价标准化、清单标准化管理。

图4-12为公司权限合同审批流程，图4-13为项目权限合同审批流程。

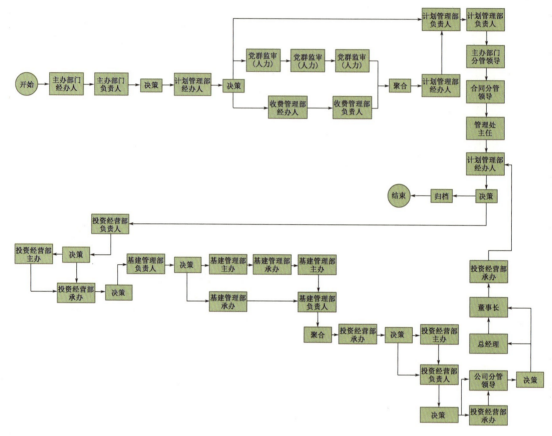

图4-12　公司权限合同审批流程

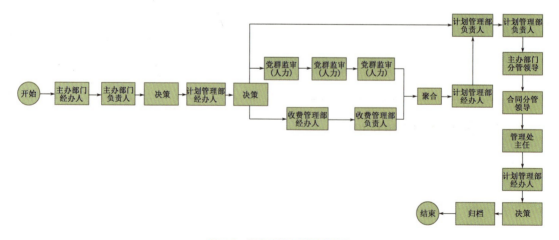

图4-13　项目权限合同审批流程

5）规范交叉工程管理

随着国家经济发展，铁路、公路和各种管线等工程项目跨越、穿越或并行南粤交通公司所属高速公路日趋频繁，高速公路运营安全和保畅通工作压力剧增。为满足人民群众美好的出行需求，确保运营安全，保障交通畅通，保护路产路权，预留高速公路中远期改扩建发展空间，根据《中华人民共和国公路法》《广东省公路条例》《广东省高速公路管理条例》《公路安全保护条例》和有关法律法规，结合具体涉路管理工作实践，南粤交通公司以龙连高速公路为依托，全面梳理了相关法律法规文件及交叉工程管理要点，编制了《涉路工程管理办法》。

《涉路工程管理办法》将涉路工程定义为对南粤交通公司管辖的运营高速公路实施跨越、穿越、近距离并行、连接或利用公路设施设置的铁路、公路、管道、电力电讯线路、加油站和标志标牌等临时工程或永久工程。系统地将涉路方式按跨越式、穿越式、并行式、接入式、利用公路结构物等进行分类定义，并按Ⅰ、Ⅱ、Ⅲ类依次对应广东省交通运输厅、广东省交通集团、南粤交通公司、所属单位的技术审批，建立起完整的分级审批机制。涉路工程分类表见表4-18。

涉路工程分类表　　　　　　　　　　　　　　　　表4-18

涉路项目类别	Ⅰ类	Ⅱ类	Ⅲ类
铁路	所有跨越、穿越或并行式涉高速公路的新建（改扩建）铁路工程	—	—
公路	所有跨越、穿越或并行式涉高速公路的新建（改扩建）公路工程；新建（改扩建）公路互通立交	穿越高速公路修建涵洞、渡槽等设施	新增（改造）公路平面交叉
电力线路	所有跨越式、穿越式或并行式涉高速公路的110kV及以上高压电力线路	所有跨越式、穿越式或并行式涉高速公路的110kV以下高压电力线路	所有跨越式、穿越式、并行式涉高速公路的非高压电力线路或电讯线路；所有技术指标不变的旧线换新工程
管道	所有跨越式、穿越式或并行式涉高速公路的输送易燃、易爆或者其他有毒有害气体、液体的管道工程	跨越式或穿越式涉高速公路的输送非易燃易爆和非有毒有害气体、液体的管道工程	并行高速公路架设或埋设输送非易燃易爆和非有毒有害气体、液体的管道工程；利用高速公路桥梁、通道、涵洞、隧道设置电力电讯线路及各类管道工程
水利工程	近距离并行高速公路修建水利工程，桥下增设航道或既有航道升级改造	—	—
其他单体设施	—	—	高速公路用地范围内设置广告牌、通信基站、变压器等单体设施；利用收费站区设置非公路标志；利用上跨高速公路桥梁悬挂非公路标志；利用高速公路门架悬挂非公路标志

《涉路工程管理办法》遵循"早介入、严把关、明权责、简流程、重安全、勤监督、详建档"的工作原则,明确了南粤交通公司相关业务部门、所属单位业务部门(包括归口部门、技术审查部门及路产管理部门)的工作职责,并对涉路工程前期审查和施工管理两个阶段提出细致的管理要求,同时建立了规范的技术审查批准工作流程(图4-14)。《涉路工程管理办法》的实施,能提高技术审查效率、有效管控运营高速公路安全风险,最大限度地减少对人民群众出行干扰。

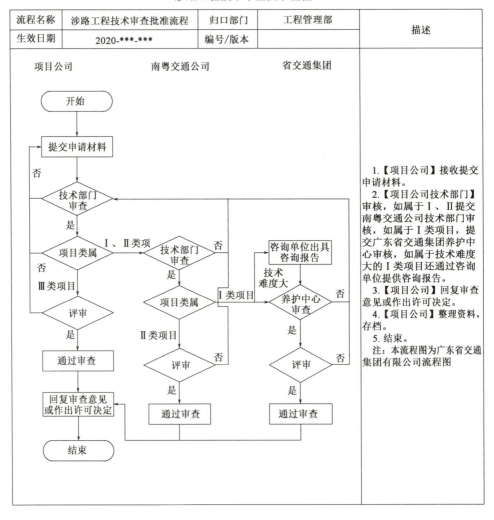

图4-14 涉路工程技术审查批准流程

6)规范养护应急抢修工程管理

养护应急抢险工程是指因自然灾害、地质灾害、交通事故以及其他突发事件引发,导致运营高速公路及沿线设施功能受损,正在产生严重危害或即将产生严重危害,必须迅速采取措施的工程,或因应对突发事件需要在短期内启动并尽快完成的抢险修复工程。南粤交通公司依托阳化高速公路编制了《细则》,描述了养护应急抢险工程的几种类型(如下表);还依托化湛项目编制了《防台风应急管理工作指引》,印发了《广东省南粤交通建设投资有限公司关于明确突发事件紧急信息报送流程的通知》,明确了突发事件的信息报送流程,规范了养护应急抢险工程管理,提高应急抢修工程处置效率。养护应急抢险工程类型见表4-19,应急抢险工程流程图如图4-15所示。

养护应急抢险工程类型 表4-19

事件类型	不良影响
因自然灾害(如雨水、冰雪、台风、雷电、地质灾害等)造成的高速公路、附属设施损毁或存在重大安全风险	(1)危及道路运营和行车安全; (2)对道路使用者造成较大威胁; (3)造成事故隐患; (4)影响联网收费及数据上传; (5)造成交通严重拥堵
非正常情况(如火灾、撞击、涌水等)造成的桥梁、隧道、涵洞、路基等使用功能缺失、构造物破坏或不能正常使用	
交通事故及其他事件(如外单位施工造成路产损坏又不及时修复的)造成高速公路、附属设施损毁	
机电硬件设备损坏、突发断电断网、遭受网络攻击或其他机电设施突发大面积故障	

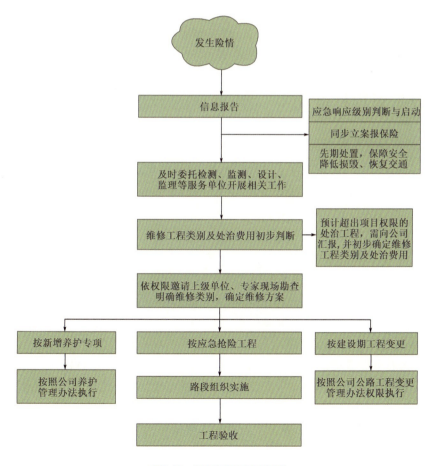

图4-15 应急抢险工作流程图

7）规范养护工程档案管理

公路养护档案管理是保证公路能为车辆提供良好服务的重要参考资料，也是公路养护工作的真实、具体和及时的反映，对公路正常运营至关重要。工程档案资料贯穿于工程实施的全过程，是反映工程实体施工的重要文件，是工程实施过程的佐证材料和后期维修、扩建、改造、更新的重要依据。建立系统、规范、完整的档案，既能够为后期管养、改建提供良好服务，也方便查证、调取印证资料。

为进一步加强并规范南粤交通公司养护档案管理水平，统一公路养护管理档案文件形成、收集、整理、归档等一系列活动的操作标准，保证公路养护管理档案存放有序、分类合理、方便检索，南粤交通公司印发了《养护工程档案管理办法》《档案工作年度考评实施细则》，遵循"谁主办，谁形成，谁负责"的原则，确保养护档案齐全完整、内容准确、整理规范、归档及时，明确运营养护档案形成、收集管理要求和整编规范。

另外，加强年度养护档案管理工作的检查考核，通过考核的监控约束作用，对档案工作过程、环节、质量及效率等方面进行监督，获得反馈信息，从而约束并规范工作人员的行为，达到促进调整和改进档案工作的目的。

南粤交通公司鼓励各单位档案管理人员积极参加业务培训和职工再教育，努力提高档案管理人员的业务水平和业务技能。截至2022年底，全司专兼职档案员均持证上岗。

4.3 养护管理标准化

所谓标准，是指依据科学技术和实践经验的综合成果，在协商的基础上，对经济、技术和管理等活动中，具有多样性的、相关性征的重复事物，它是根据不同时期的科学技术水平和实践经验，针对具有普遍性和重复出现的技术问题，提出的最佳解决方案。标准化是企业为了保证与提高产品质量，实现总的质量目标而规定的各方面经营管理活动、管理业务的具体标准。标准化是制度化的最高形式，可运用在生产、开发设计、管理等方面，是一种非常有效的工作方法。

2021年10月14日晚，习近平主席以视频方式出席第二届联合国全球可持续交通大会开幕式并发表主旨讲话，明确提出我们已经建成了交通大国，正在加快建设交通强国，交通成为中国现代化的开路先锋。加快建设交通强国，当好中国现代化的开路先锋，必须充分发挥标准化的支撑引领作用。

2017年，交通运输部发布《公路工程标准体系》（JTG 1001—2017），从公路工程建设、管理、养护及运营等层面，重新构建了公路工程标准体系框架。"十三五"时期，我国公路养护技术标准体系进一步完善，但仍与《公路工程标准体系》（JTG 1001—2017）中的架构设定有一定差距，具体表现为养护标准模块不健全。为进一步细化和完善养护管理方面的标准体系，南粤交通公司结合高速公路路段实际，从养护考核、养护作业、养护基地三方面推进养护标准化管理。

4.3.1 养护考核标准化

1）示范路考核标准化

为进一步做好高速公路养护示范路评价工作，切实提升高速公路管养质量，根据交通运输部及广东省交通运输厅创建"养护管理示范路"目标要求，南粤交通公司制定了《广东省南粤交通投资建设有限公司高速公路养护示范路评价标准》（以下简称《标准》），通过高速公路养护示范路评价标准，指导南粤交通公司高速公路养护示范路评价工作，全面提升高速公路服务水平，推进养护工程新技术的发展，健全高速公路规范化、智能化养护管理体系，引领高速公路养护高质量发展。

《标准》适用于各高速公路管理处所辖已通车运营二年以上（含二年）的路段。申报单位为高速公路管理处。同一路段可同时申报示范路和示范点（但不得超过两个，养护项目示范点不计入申报数量）。参与示范路评价，申报路段规模原则上不低于50km（若项目部管养里程不足50km，可整段申报）。参与示范点评选路段，申报单位根据实际可申报桥梁养护示范点（单跨长度大于100m）、隧道养护示范点（长度大于1km）、高边坡养护示范点（三级以上高边坡）、智慧养护示范点和路段养护项目示范点。示范路申报流程和示范点申报流程如图4-16、图4-17所示。

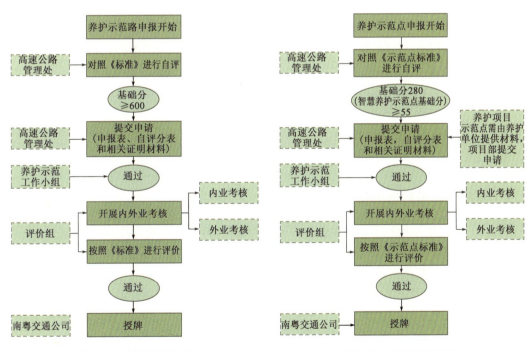

图4-16　示范路申报流程　　　　　图4-17　示范点申报流程

（1）评价实施

南粤交通公司根据养护示范路评价申报情况，制订年度养护示范路评价实施方案，并通知申报单位。

①成立评价组。评价组成员应具有丰富的公路养护管理经验,可视情况邀请有关专家参加,具体实施方式依据当年考核情况确定。

②明确检查程序。通过听取申报单位相关工作汇报、抽查资料、察看路容路貌,以及养护管理工作交流等方式,定性定量相结合进行评价,并反馈好的工作方法、亮点和存在的不足。

③评价内容。申报单位向评价组汇报本单位养护示范创建情况,可采用PPT或视频短片汇报的形式,并提交书面汇报材料。外业对象按以下标准现场抽检确定:示范路外业检查按每个申报项目抽查路面20km(不足20km的全程检查),现场检查路基段1km、桥梁1座、隧道1座、涵洞1座、上下高边坡各1处、服务区(含停车区)1处、养护工区1处、收费站房1处,现场检查点采用抽签检查的形式,抽取原则是不与申报示范点重复。示范点外业检查按照申报单位具体申报项目进行检查。外业评价组对照《标准》及相关规范标准逐项进行检查,收集必要的评定依据资料并在检查组内部讨论确定评分,逐项说明评分依据,检查结束后由组长汇总填写评价表。

④组织内业评价。申报单位应当按照《标准》要求提供内业资料,按照内业评价组要求提供相应的原始资料。内业评价组对照《标准》及相关规范标准,对申报单位的内业资料逐项检查,逐项收集必要的评定依据资料,并在评价组内部讨论确定评分,逐项说明评分依据。评价结束后,召开反馈会,评价组与申报单位交换意见。

(2)评价结果

①示范路总评分计算方法。总评分组成:标准分900分=养护体系320分(基础指标300分+示范指标20分)+管理体系290分(基础指标210分+示范指标80分)+技术体系240分(基础指标100分+示范指标140分)+保障协作体系50分(基础指标30分+示范指标20分)。其中,基础指标640分,示范指标260分。当路段无服务区或桥梁、隧道和高边坡等管理对象时,该项不计分,总评分计算方法为

$$标准分 = \frac{实际得分}{实际标准分} \times 标准分(900分)$$

②评价审核。示范路经评价组检查评价,由评价组形成书面报告,经公司养护示范路创建工作小组审核,择优评定养护示范路和示范点,并授予养护示范路和示范点称号。

2)年度养护考核清单化

为全面、客观地评价各运营单位养护管理和"红棉"养护品牌创建成效,建立政府还贷高速公路养护工作激励机制,有力促进公司高速公路养护管理能力全面提升。南粤交通公司依据国家有关法律法规、规范性文件精神和广东省交通集团的有关管理办法,结合高速公路养护管理实际,分别制定了土建、机电板块的《广东省南粤交通"红棉"养护年度考评标准》。土建养护考核标准从管理体系、计划管理、程序管理、养护安全管理、施工质量管理、检查检测、技术管理、养护效果、技术状况等9个类别共24项评价内容进行考核评比。

机电养护考核标准是在《高速公路机电设施养护及技术状况评定标准》的基础上对养护巡检频率、养护数据指标进行优化、提高。机电养护考核标准主要从管理体系、计划管理、程序管理、专项工程质量管理、养护安全及应急管理、施工质量管理、技术管理、养护效果等7个类别共21项评价内容进行考核评比。

在"红棉"养护品牌建设年度考核评价工作中,通过随机抽查路况、管养设施、内业检查及听取汇报等方式,检查各运营单位养护计划完成情况、"红棉"养护品牌打造、结构物安全管控、服务设施提升、日常养护质量、养护重点事项落实、养护规范化管理、地方连接线平交口管养工作等内容,对照考核标准进行客观、公正的评比。同时,对年度考核前三名的单位进行表彰,通过表彰发挥示范带头作用,将公司"红棉"养护品牌内涵进一步扩展延伸,推进公司养护标准化管理,促进高速公路养护工程高质量发展(表4-20)。

"红棉"养护年度考核获奖单位情况　　　　　　　　　表4-20

年度	名次		
	第一名	第二名	第三名
2019	龙连	江肇	广中江
2020	新阳	仁新	化湛
2021	连英	新博	阳化
2022	连英	英怀	新博

3)养护单位考核标准化

所属各单位根据日常养护工程合同技术规范要求和养护检查评分表对养护工作进行考核评分。日常养护考核实施"月度抽检、季度考核、年度评价"相结合的方式进行。

(1)月度抽检

①土建养护。所属各单位每月对日常养护单位日常保洁、重点及周期性工作完成情况、小修质量验收、安全生产、档案管理等6个板块的情况进行抽查。对月度抽查中发现的问题,下发整改通知单,督促日常养护单位整改回复。月度抽检结果按20%权重在季度考核中予以计算评分。图4-18为日常养护月度抽检示例。

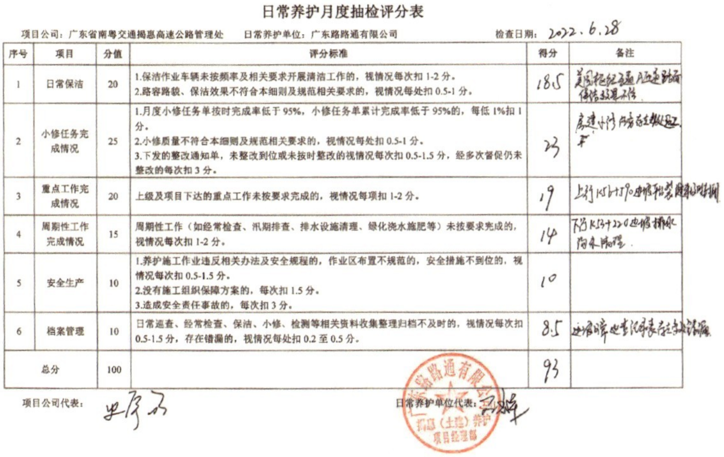

图4-18 日常养护月度抽检示例

②机电养护。组织管理、计划管理、养护施工管理、养护质量管理、信息化及网络安全保障5个部分覆盖了机电养护全合同周期内容,考核总分值100分,实行扣分、扣款制考核。

(2)季度考核

①土建养护。所属各单位每季度对日常养护单位的基本配置、日常保洁、绿化养护、路况巡查、安全生产与文明施工、内业资料、标准化建设、计划管理及信息化系统管理等9个方面的养护工作进行系统检查并进行综合考评。季度考核完成后印发考核结果通报,并要求日常养护单位限时整改回复。季度综合检查占季度考核评分权重80%,季度考核评分 = 季末检查得分×80% + 当季3个月度抽检得分的算术平均分值×20%。图4-19为日常养护季度考评示例。

日常养护季度考评表
2022 年 4 季度

项目公司：广东省南粤交通揭惠高速公路管理处　　日常养护单位：广东路路通有限公司

序号	项目	满分	得分	备注
一	基本配置	10	10	
1	人员配置	6	6	
2	机械设备配置	4	4	
二	日常保洁	40	38.5	
1	路基	5	4.5	
2	路面	14	13.5	
3	桥涵、隧道	14	13.5	
4	交通安全设施	5	5	
5	其他	2	2	
三	绿化管养	10	9	
四	路况巡查	10	10	
五	安全生产及文明施工	5	5	
六	内业资料	10	9.5	
七	标准化建设	5	5	
八	计划管理	5	5	
九	信息化系统管理	5	5	
	季度检查评分小计	100	97	
	月度算术平均得分		97	
	合评=80%×季度检查评分小计+20%×月度算术平均得分		97	

项目公司代表：　　　　　日常养护单位代表：

说明：每季度随机抽查路段2公里、特大桥或大桥1座、隧道1座、涵洞3道、收费站1个、管理区1个，考核评分标准附后。

图4-19　日常养护季度考评示例

②机电养护。所属单位每季度对日常养护单位的基本配置、日常保洁、小修、安全生产与文明施工、内业资料、标准化建设、计划管理及信息化系统管理等履约情况进行综合性考评,将根据季度综合考评结果进行通报和计量支付。

(3)年度评价

①土建养护。由所属各单位对日养单位的年度评价进行初评,结合路段路面定检结果,上级单位、南粤交通公司年度专项检查及抽查等进行最终评定。

年度评价得分 = 路段业主季度考核算术评分×90% + 定检结果评分(满分10分) +
　　　　　　　附加分(按实际加减分)

季度考核算术评分为各季度考核得分的算术平均分;定检评分以每年路面定检报告中损坏状况指数PCI、裂缝坑槽修补率及修补良好率3项指标为依据进行评分;附加分按当年内已有公司及上级通报文件为依据评分。图4-20为日常养护年度考核示例。

日常养护单位年度考核评价表

所属片区	粤东	实施年度	2022
项目公司	广东省南粤交通揭惠高速公路管理处		
日常养护单位	广东路路通有限公司		
季度	合同额H₁（元）		评分
第一季度	4831934		94.37
第二季度			94.00
第三季度			89.34
第四季度			97.00
季度考核算术平均评分			93.68
定检评分（满分10分）			10
附加分			0
最终评分=季度考核算术平均分评分×90%+定检评分+附加分			94.31

图 4-20 日常养护年度考核示例

②机电养护。由所属各单位对日养单位的年度评价进行初评,结合技术状况评定结果和"红棉"养护品牌创建情况进行最终评定。

年度评价得分 = 路段业主考核评分×80% + 技术状况评定×10% + 红棉养护考核×10%

(4)考核结果应用

①月度、季度考核结果作为日常养护单位计量支付依据,在合同条款中予以约定。

②年度评价结果作为日常养护单位合同终止或合同期延长、优质优价奖惩、资信管理和企业信用评价依据。年度评价结果排名前三的路段日常养护单位项目部,颁发南粤交通公司当年度"红棉养护先进单位"荣誉奖项。

4.3.2 养护作业标准化

1)"八无"日常维护质量标准

(1)制订路容路貌日常维护质量标准。重点针对路域可视范围内交安设施及机电设施、绿化及保洁工作,按照"路域无障碍、路面无隐患、设施无缺损、标志无遮挡、边坡无裸露、桥隧无次差、环境无污染、设备无缺陷"的标准开展质量提升行动。

(2)路基。路肩表面平整坚实、整洁,与路面衔接平顺;边坡平顺无冲沟、松散;边沟、排水沟、急流槽、截水沟、沉沙井及集水井等排水设施无淤塞、无蒿草,排水畅通,进出口维护完好。

(3)路面。经常保持路面整洁,无杂物、无泥土、无油污、无积水;水泥混凝土路面接缝内无杂物,表面平顺。

(4)桥涵。外观整洁;桥头顺适;桥面铺装坚实平整;基础无冲刷、淘空;排水、护栏、标志标线等设施齐全好;伸缩缝没有被杂物或泥沙堵塞;涵洞洞口清洁无杂物,洞内排水畅通。

(5)隧道。清扫宜以机械作业为主,以人工作业为辅。作业时,应注意路面脏污部位的清扫。路面两侧边缘应清扫到位,对紧急停车带、车行横洞洞口应减速慢行清扫,必要时辅以人工清扫。当路面被油类物质或其他化学品污染时,应及时采取必要的措施清除污垢。当采用湿法清洁时,应注意保护隧道内机电设施的安全,防止污水渗入设施内。可根据实际效果选择确定清洁剂,宜选用中性清洁剂。当采用干法清洁时,应严格遵守清扫机械操作规程,应保证清扫质量,避免损伤顶板或内装。清扫时,应采取必要的降尘措施。对于清扫不能去除的污垢,可用清洁剂进行局部处理。在雨季,加强对排水设施的检查和清理疏通工作。对纵坡较小的隧道或隧道的洞口区段,加强其清理和疏通工作;对于沙井和沉沙池,及时将其底部沉积物清除干净。

(6)交安设施。交通标志清洁、清晰;波形护栏经常保持清洁,表面无油污、泥渍等,周围无杂物;防眩板、轮廓标保持清洁、牢固,反光效果良好;里程碑、防落网、示警标柱、轮廓柱、公里柱等设施保持清洁。

(7)绿化。绿化养护做到水、肥充足,无枯死、无倒歪、无病虫害;乔灌木修剪适当、外观整齐、长势良好、花期正常,高度符合防眩要求。

(8)房建。全线房屋、外墙、收费雨棚、给排水设施、消防设施、集中生活区道路、公共区域排水沟、空调、太阳能热水器、变频恒压供水系统、污水处理设备、净水设备等应干净、整洁。

(9)机电。收费站、监控中心、通信中心(站)的机房、隧道设备、外场设备等设施表面整洁、无积尘、无锈蚀;线缆连接良好,无松脱、老化,接头无锈蚀,接插件可靠,标识清楚;设备电源及信号线输入端浪涌保护器工作正常;防雷和接地设施工作状态正常,养护记录完整。

各运营单位要联合所辖路段日常养护单位编制专门工作方案,推行"日常养护标段长"定员负责制,主动开展沿线路域环境排查整治专项行动,落实路容路貌的维护责任。日常保洁实施流程图、小修实施流程图分别如图4-21、图4-22所示。

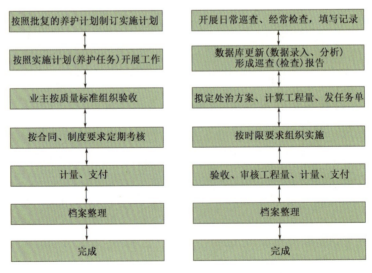

图4-21 日常保洁实施流程图　　图4-22 小修实施流程图

以化湛高速公路为例。化湛高速公路分为主线和支线两段。其中,主线(S14汕湛高速)全长45.825km,起点至林屋枢纽为双向四车道,林屋枢纽至终点为双向六车道;支线(S42化廉高速)全长52.347km,为双向四车道。为更好、更规范日常养护管理,针对养护部门人员配置实际情况,对于日常养护管理外业工作,制定养护"日常养护标段长"负责制,设置3名"日常养护标段长",分段、分专业管理云湛高速日常养护管理工作。

工长1:负责主线S14路段路基、路面、桥涵工程的日常养护管理、经常检查工作;负责跟踪主线S14路段各类公路病害处置及安全隐患整改等工作。

工长2:负责支线S42路段路基、路面、桥涵工程的日常养护管理及经常检查工作;负责跟踪支线S42路段各类公路病害处置及安全隐患整改等工作。

工长3:负责全线房建、交安、绿化工程的日常养护管理及经常检查工作;负责跟踪全线房建、交安、绿化工程的病害处置及安全隐患整改等工作。

通过将日常养护管理工作任务分解、落实责任到人,并加强"日常养护标段长"工作的考核,有利于提高管理人员工作效率和积极性。专项行动结束后,各运营单位建立起长效机制,固化工作标准及制度,久久为功,保持"舒适、美观"的路容路貌。

2)维修保养作业标准化

目前,高速公路养护维修项目中现场施工人员业务水平良莠不齐,据不完全统计数据,在广东省域内高速公路的养护作业人员多为外来务工人员,专业水平普遍偏较低,且每年人员的流动性较高,增加了养护作业安全、质量等方面控制难度。

(1)土建设施维修保养

日常养护单位在实际操作过程中虽严格遵守相关养护作业质量标准,但养护质量仍有偏差。其主要原因包括:在各类养护规范及养护标准中,虽对养护、维修提出了明确的标准要求,但在实施细节方面却提及甚少;现状是养护作业工人专业技能良莠不齐,流动性较大,对新进养护工的培训缺乏针对性、可实施性;养护单位缺乏一套完整的、覆盖全面标准化养护作业指导书来规范养护作业,或者具有养护作业指导书但对各步骤没有明确控制要求,且提出的要求过于书面化,可操作性不强,都会出现交完底后作业人员仍不清楚如何操作的现象。

南粤交通公司结合多年来养护维修工作经验,针对目前所有运营单位均制定了《日常养护作业标准化指导手册》。此外,阳化高速公路编制了《裂缝修补标准化作业指导书》,指导手册(书)明确了每项日常养护作业的工作要求、一般要求与质量标准、施工工序、标准作业示例图等内容,更加注重作业过程,对养护作业每一步标准化,最终达到规范标准要求。

日常养护单位在《日常养护作业标准化指导手册》的基础上,以争创"养护管理示范路"为目标,依据现有的规范,从自身养护维修任务着手,基于管理流程、作业人员资格与形象、施工机械设备、施工材料、作业区交通管制、安全作业、养护作业操作等7个方面制定了《高速公路日常养护作业操作规程》,促进了日常养护项目部作业标准化管理。

以某日常养护单位为例,在南粤交通公司所属阳化、江肇、清云等多条高速公路日常养护中严格执行《日常养护作业标准化指导手册》《高速公路日常养护作业操作规程》,并运行内部5A质量管理与评价体系(图4-23)。该体系分为质量管理体系、质量评价体系和质量维护体系三大部分,体系的核心内容是将养护及时性、路况效果、作业规范化、基地管理和内业资料管理这五项指标作为高速公路日常养护的关键指标,并对五项指标分别制定相应的质量管理目标和评价标准,通过体系运行、质量评价与指标维护,促使高速公路日常养护五项指标均达到A级优秀质量标准要求。

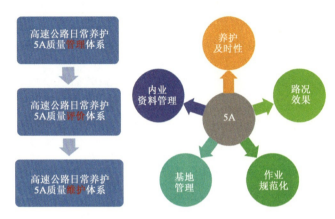

图 4-23　5A 质量管理与评价体系

随着标准化管理的深入,为使日常养护作业更具有科学性、规范性、可行性、操作性,推动养护工作再上新台阶,日常养护单位编制了广东省地方标准《高速公路日常养护作业规范 土建》(DB44/T 2254—2020),进一步推进了高速公路日常养护的规范化、标准化作业,真正地将日常养护工作做精、做细、做实,以确保高速公路安全畅通,延长高速公路使用寿命,降低高速公路维护成本。

(2)机电设施设备故障维修流程标准化

南粤交通公司所属路段均采用上线集团机电运维管理平台,对日常巡检计划、设施设备故障登记等需要通过平台进行统一管理,以标准化流程规范故障管理工作。

①收费现场、监控中心、业主部门人员发现的故障,统一上报监控中心进行故障申报,轻微故障及一般故障可跳过业主受理步骤,重大故障及紧急故障必须提交业主受理。

②日常养护单位巡检监测发现的故障,自行进行故障申报,并提交业主受理。

③不涉及故障设备更换的,由执行单位处理后,提交修复结果,由业主审核,业主审核完成后自动结束故障维修流程。

④涉及故障设备更换的,在故障处理表上应可选择设备备件来源。

a. 属合同包干范围类的,由养护单位自行使用或采购备件进行更换,更换后在系统上填写备件相关信息,包括但不限于设备的名称、品牌、型号、采购日期、序列号、采购金额等,利于后期进行设备全寿命周期的分析。

b. 属于恢复更新类的,在故障处理表上可直接进行备件申领,如业主仓库有该备件,则由业主审批后领取,并自动生成备件出库单;如业主仓库无该备件,则可由业主选择向公司内其他路段进行备件借调,故障处理表与借调流程相关联;其他路段仓库也无该备件的,由养护单位在系统提请应急采购,填写费用清单,经业主审批后可进行采购,采购流程可根据各路段管理制度后补。

c. 故障修复后,参照第三点执行。

⑤涉及故障设备更换的维修处理单,从备件申领开始至申领流程完成的时间段应不计入故障维修时间。

3）养护现场安全作业标准化

习近平总书记曾多次就安全生产工作发表重要讲话并作出重要指示批示,强调"人命关天,发展决不能以牺牲人的生命为代价。这必须作为一条不可逾越的红线"。南粤交通公司牢牢把握"生命至上、安全第一"的思想,坚持安全生产底线思维、红线意识,不断提升本质安全生产管理水平。

（1）制定《高速公路养护作业占道施工营运单位内部管理操作指引》《高速公路养护作业占道安全防护提升设计指南》。

《高速公路养护作业占道施工营运单位内部管理操作指引》在现行规范标准的基础上按作业时长将养护作业占道施工分类进行了细化,并在占道施工过程管理中,实行作业计划上报制度（A、B1 类占道施工至少提前 5 天上报；B2、C、D 类至少提前 1 天上报）、占道施工计划信息核准及发布制度,推行作业单位进出场"双报告"管理、作业控制区布设验收管理,制定了各类占道施工的管理流程,以进一步加强和规范高速公路养护作业占道施工管理,妥善防范化解占道施工作业风险。养护作业占道施工分类表见表 4-21,"双报告"管理见表 4-22。

养护作业占道施工分类表 表 4-21

类别		作业时长 t
A 类:长期养护作业	A1	$t \geq 15d$
	A2	$24h < t < 15d$
B 类:短期养护作业	B1	$8h \leq t \leq 24h$
	B2	$4h < t < 8h$
C 类:临时养护作业		$0.5h < t \leq 4h$
D 类:移动养护作业		连续移动或停留时间不超过 30min

"双报告"管理 表 4-22

类别	进场"双报告"		出场"双报告"	
	进场前	到达占道施工点后	出场前	出场后
A 类、B 类、C 类	进入收费站前,由施工单位现场管理人员提前通过"管理群"报备即将进场信息,养护业务部门、路政、监控中心应及时回复确认进场信息。监控中心在接到报备信息后,应做好施工单位到场前的视频监控（如有视频监控）调试工作	由施工单位现场管理人员以照片或视频形式及时在"管理群"内报备施工进场情况,养护业务部门、路政、监控中心应及时回复确认到场信息	完成当日施工内容,撤场前由施工单位现场施工管理人员提前 30min 通过"管理群"报备,养护业务部门、路政、监控中心应及时回复确认。养护业务部门接到撤场信息报备后,具备条件且作业风险较高的,应通过监控视频做好施工单位撤场前的视频监控工作	安全撤场后,由施工单位现场施工管理人员以拍照或视频形式及时在"管理群"内报备恢复交通或现场作业控制区安全围蔽情况。监控中心按规定做好信息发布工作

续上表

类别	进场"双报告"		出场"双报告"	
	进场前	到达占道施工点后	出场前	出场后
D类	进入收费站前,由移动作业负责人员提前通过"管理群"报备即将进场信息,养护业务部门、路政、监控中心应及时回复确认	由移动作业负责人员报备开始作业情况,养护业务部门、路政、监控中心应及时回复确认	养护作业完成后、准备撤场前,由移动作业负责人员在"管理群"内报备撤场信息	—

南粤交通公司在与现行法律法规、规范及《广东省交通集团高速公路占道施工安全管理工作指引》保持一致的基础上,结合所属路段对养护作业安全管理的需求,对作业控制区的设置要求、临时安全设施的应用方案等进行了明确化和具体化,对夜间安全防护、施工作业车辆配置等进行了优化提升,编制了《高速公路养护作业占道安全防护提升设计指南(试行)》,并提供了 50 种样式施工作业区布置图和安全设施数量表,供所属路段养护作业占道施工内部管理,进一步提高高速公路占道施工交通安全,最大限度地防范占道施工交通事故的发生,通过可操作性强、简单有效的流程管理进一步规范养护占道作业,全面提升安全运营水平。施工作业区布置示例如图 4-24 所示,夜间安全提升措施如图 4-25 所示。

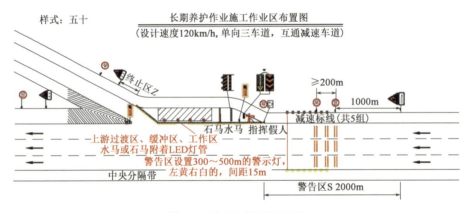

图 4-24 施工作业区布置示例

图 4-25 夜间安全提升措施

(2)深化养护现场安全作业标准化。各日常养护单位以《公路养护安全作业规程》(JTG H30—2015)为基础,遵循"高于规范、贴合实际"的原则,编制《高速公路养护现场安全作业操作规程》,细化施工人员数量、预警设备和检查机制等。养护单位上路进行养护作业,须根据现行《公路养护安全作业规程》(JTG H30)、《道路交通标志和标线 第4部分:作业区》(GB 5768.4)、《广东省交通集团高速公路占道施工安全管理工作指引》、南粤交通公司《高速公路占道施工安全管理工作指引》要求设置公路养护作业控制区,加强交通组织,充分考虑养护作业对交通安全保通状况的影响,保障交通通行。施工作业设置的安全措施须提前报路政(交警)验收满足要求后,方可开始施工作业。

(3)坚持每日班前安全会议制度。养护单位专(兼)职安全员组织班组人员召开班前安全会议,安全员将检查班组人员劳动防护用品佩戴情况,告知每日施工点风险,并配置相关防范措施。

(4)所属路段养护单位通过配置防撞缓冲车、智能防闯入主动预警系统、养护作业交通管制预警精灵等防护装备、设施,提升养护作业现场安全防护等级,防范和减小养护作业安全风险。

以揭惠高速公路为例。揭惠高速公路结合上级文件精神及实际情况,在高速公路养护作业范围内应用智能车载安全预警系统、扫地车主动预警系统、防撞缓冲车、防闯入主动智能预警系统、预警精灵等一系列防撞、预警装备,搭建了"养护作业预警定位防撞全功能安全系统",采用多装备组合方式,提出了"机械清扫作业:智能车载安全预警系统+扫地主动车预警系统""长、短期作业:防撞缓冲车+预警精灵+防闯入主动智能预警"两套实用方案,全力保驾护航养护作业施工,营造良好的交通运输安全生产环境。上述两套方案在广东省交通运输厅举办的2021年省交通运输行业科技兴安和安全宣教"创新案例"征集活动中,被评为特别优秀案例。

运营高速公路的安全管理任重道远,必须严格贯彻"安全第一,预防为主,综合治理"的安全生产方针,坚持"以人为本,安全第一"的安全生产理念,只有把安全真正装到每个人心中,贯彻落实一岗双责,牢固树立安全生产思想,才能确保安全运营高速公路安全管理的可持续发展。

4.3.3 养护基地标准化

养护基地是广东省交通集团为保障高速公路有效运营的服务单位。养护基地不仅是高速公路的形象窗口,更是广东省交通集团的形象窗口。鲜明的品牌形象有利于社会大众对广东省高速公路养护基地形象的认可。

"道路养护基地"的视觉形象,遵循广东省交通集团统一形象为前提展现基地的属性和特征原则,通过"广东省交通集团Logo+道路养护(基地整体属性)+项目名称"的组合形式构成养护基地的视觉焦点。其设计思路是以"道路养护"的中文为基础元素,以其英文为辅助元素,在体现道路的视觉印象的基础上,通过隧道、桥梁的设计符号体现出养护基地的属性和特征,各元素有机地统一在"道路养护"的中文名称上,既不影响文字的辨识又反映出基地的特征,具有记忆点突出,行业属性精准、易于传播特色。图4-26为"道路养护基地"视觉标识标准化。

"红棉"养护品牌建设与延伸

图 4-26 "道路养护基地"视觉标识标准化

"道路养护基地"的视觉形象是广东省交通集团企业文化的延伸和拓展,是广东省交通集团养护管理规范化、标准化的重要组成部分和推手,在提升广东省交通集团养护工作整体形象、增强从业人员的归属感和荣誉感、提高责任感以及规范养护作业等方面有不可替代的作用。

南粤交通公司在广东省交通集团《基地标识系统改造示范样板制作规范手册》基础上细化了室内标识系统,增加了封路指示图、晴雨表、计划表、上墙制度、养护路段线路图、应急物资及设备信息表等内容。目前,各路段具备条件的养护工区均已完成视觉标识改造。

2019年9月,南粤交通公司印发了《高速公路养护基地布局规划调整补充意见》和《养护基地建设标准化指南》,根据养护基地布局规划,南粤交通公司将基地功能区分为生产区(含拌合场、小型预制场、土建仓库、交安仓库、机电仓库、危险品仓库、应急物资仓库、停车区、维修车间)、办公区(含项目部办公室、监理办公室、拯救办公室、会议室、档案室)、生活区(含宿舍、饭堂)等3个,其建筑风格与场地景观、周围环境相协调,外墙满贴瓷砖,设置出入门禁,地坪硬化,场内道路应满足车辆通行要求,排水及消防系统完善,设置配套的垃圾中转场,制订了基地功能区建设项目的面积、建筑功能、标识标牌、绿化覆盖率等统一指标,并提出了综合养护基地、日常养护基地主要设备配备的建议。综合养护基地、日常养护基地相关要求见表4-23、表4-24。

综合养护基地建设规模、建筑要求及统一标识一览表 表4-23

序号	项目名称	建设规模(参考值)	建筑要求	统一标识标牌	备注
1	场地	(1)面积宜为20000~33333m^2。 (2)房建面积1500~2000m^2	生产区、办公区、生活区3个区域,且各分区应合理,并设置配套的垃圾中转场	(1)基地大门设立基地名称牌及门禁。 (2)设立消防保卫牌。 (3)根据现场需要设立安全警告警示牌	

续上表

序号	项目名称		建设规模(参考值)	建筑要求	统一标识标牌	备注
2	生产区	拌合场	沥青拌和楼： (1)不宜低于3000型。 (2)储料场地面积4000m²(备料场地面积为满足至少一周在中断材料供应情况下，仍能保证工地施工的正常进行)水泥混凝土拌和楼。 (3)储料场地面积500m²。 (4)配备碎石水洗设备	(1)沥青混凝土拌和楼立设应远离居民区，且在风向的下方，严禁靠近生活饮用水旁建设。 (2)场地采用C20混凝土硬化处理，场内重载车辆运输通道硬化厚度不小于20cm，其余不小于15cm。 (3)备料区料仓按待检、合格区分仓存放，隔墙高度不小于3.0m，设置地面排水设施。 (4)集料仓须设雨棚。 (5)出场通道应设置降尘池。 (6)罐体安装缆风绳和避雷设施。 (7)配备与拌和机功率配备发电机。 (8)设置废料集中堆放区。 (9)加装监控系统，检测出料	(1)拌和站简介牌。 (2)混凝土配合比牌。 (3)材料标识牌。 (4)设备操作规程。 (5)安全警告警示牌。 (6)设置拌和楼制度职责牌。 (7)安全宣传标语	预留用地、按需设置
3		小型预制场	场地面积100~200m²	(1)场地采用C20混凝土硬化处理，硬化厚度不小于15cm。 (2)场地顶部应设置轻型钢结构屋架、彩钢板屋面。 (3)设置设备冲洗设施、排水沟及沉淀池	(1)预制场简介牌。 (2)混凝土配合比牌。 (3)材料标志牌。 (4)设备操作规程。 (5)安全警告警示牌	按需设置
4		普通仓库	建筑面积不小于600m²，分别设置土建仓库(占300m²)、交安仓库(占150m²)、机电仓库(占150m²)三类仓库	(1)采用钢筋混凝土框架结构建筑；层高不低于5m，通风、照明良好，设有防潮、防盗设施。 (2)需配备基本的灭火器材。 (3)应单独设立危险品、易燃易爆品放置区域，单独按规定间距分开放置	(1)门牌。 (2)材料标志牌。 (3)安全警告警示牌	分别设置土建、交安、机电三类仓库
5		危险品仓库	建筑面积不小于30m²	(1)通风、照明良好，设有防火、防盗设施。 (2)需配备灭火器材。 (3)危险品、易燃易爆应按规定间距分区放置。 (4)危险品仓库应与其他仓库分开设置	(1)门牌。 (2)危险品种标志牌。 (3)安全警告警示牌。 (4)危险品应急处置措施告示牌	—
6		应急物资仓库	建筑面积不小于120m²	(1)通风、照明良好，设有防潮、防盗设施。 (2)需配备基本的灭火器材。 (3)应单独设立危险品、易燃易爆品放置区域，单独按规定间距分开放置	(1)门牌。 (2)材料标志牌。 (3)安全警告警示牌	—

续上表

序号	项目名称		建设规模(参考值)	建筑要求	统一标识标牌	备注
7	生产区	停车区	建筑面积200~300m²	(1)通风、照明良好,设有防火、防盗设施。 (2)需配备灭火器材。 (3)部分配备雨棚	(1)标志牌。 (2)安全警告警示牌	—
8		维修车间	建筑面积60~80m²	(1)通风、照明良好。 (2)需配备基本的灭火器材。 (3)设立废油收集设施	(1)门牌。 (2)安全警告警示牌	—
9	办公区	项目部办公室	建筑面积200~300m²	(1)通风、照明良好,并设有防暑、降温、取暖设备。 (2)铺设地砖、墙面满铺瓷砖。 (3)具备防火、防盗设施。 (4)配备必要的办公设备、桌椅等设施	(1)门牌。 (2)岗位职责	—
10		监理办公室	建筑面积80~100m²	(1)通风、照明良好,并设有防暑、降温、取暖设备。 (2)铺设地砖、墙面满铺瓷砖。 (3)具备防火、防盗设施。 (4)配备必要的办公设备、桌椅等设施	(1)门牌。 (2)岗位职责	按需设置
11		粤运拯救办公室	建筑面积80~100m²	(1)通风、照明良好,并设有防暑、降温、取暖设备。 (2)铺设地砖、墙面满铺瓷砖。 (3)具备防火、防盗设施。 (4)配备必要的办公设备、桌椅等设施	(1)门牌。 (2)岗位职责	同时预留不少于4个拯救车辆停车位
12		会议室	建筑面积40~80m²	(1)通风、照明良好,并设有防暑、降温设备。 (2)铺设地砖、墙面粉刷。 (3)配备必要的会议桌、椅子、多媒体等常用会议设施	(1)门牌。 (2)项目管理组织机构图。 (3)工程简介。 (4)质量管理目标。 (5)安全及环境管理目标。 (6)安全消防组织架构图。 (7)文明卫生组织架构图。 (8)应急救援领导小组机构图。 (9)施工形象进度图	—
13		档案室	建筑面积30~60m²	(1)通风、照明良好,并设有防火、防潮、防盗设施。 (2)铺设地砖、墙面粉刷。 (3)配备必要的档案柜、档案架	门牌	—

续上表

序号	项目名称	建设规模（参考值）	建筑要求	统一标识标牌	备注
14	生活区 宿舍	建筑面积600~800m²（主要管理人员1人/间，其他人员2~4人/间，按平均每人6~8m²计算）	（1）通风、照明良好，需配备空调，地面铺砌瓷砖，墙面粉刷，设置专门的晾衣处。（2）每间宿舍设单独通风照明良好卫生间，全天供应冷、热水。（3）配备生活用品专柜、消防设施	门牌	含监理人员住房面积100m²
15	饭堂	建筑面积100~120m²	（1）离厕所、垃圾站及有害物质场所不小于20m以外。（2）设置独立的制作间、储藏间，并配有消毒设备。（3）铺设地砖、墙面粉刷。（4）配备消防设施	门牌	—
16	项目部工地试验室	（1）面积不小于240m²。配备的仪器能满足合同规定要求。（2）设置集料室、水泥室、力学室、沥青室、沥青混合料室、标养室、外检室、留样室、办公室等	（1）铺设地砖、墙面粉刷，配备三相电源、通风照明良好，设立防火防盗设施。（2）设立办公室、集料室、沥青室、沥青混合料室、力学室、样品室、养护室。（3）仪器操作台高度为70~90cm，宽度为60~80cm，操作规程距操作台50cm。（4）办公室配备必要的办公设备、桌椅等设施	（1）门牌。（2）工地试验室标识牌。（3）机构框架图（办公室）。（4）岗位职责（办公室）。（5）操作规程（功能室）	按需设置
17	绿化覆盖率	宜不少于30%（生活区、办公区）	—	—	—

日常养护基地建设规模、建筑要求及统一标识一览表　　表4-24

序号	项目名称	建设规模（参考值）	建筑要求	统一标识标牌	备注
1	场地	（1）面积宜为66667~13333.3m²。（2）房建面积1000~1500m²	生产区、办公区、生活区三个区域，且各分区应合理，并设置配套的垃圾中转场	（1）基地大门设立基地名称牌及门禁。（2）设立消防保卫牌。（3）根据现场需要设立安全警告警示牌	—

续上表

序号	项目名称		建设规模(参考值)	建筑要求	统一标识标牌	备注
2	生产区	普通仓库	建筑面积不小于350m²,分别设置土建仓库(占150m²)、交安仓库(占100m²)、机电仓库(占100m²)三类仓库	(1)建筑层高不低于5m,通风、照明良好,设有防潮、防盗设施。 (2)需配备基本的灭火器材。 (3)应单独设立危险品、易燃易爆品放置区域,单独按规定间距分开放置	(1)门牌。 (2)材料标志牌。 (3)安全警告警示牌	分别设置土建、交安、机电三类仓库
3		危险品仓库	建筑面积不小于30m²	(1)通风、照明良好,设有防火、防盗设施。 (2)需配备灭火器材。 (3)危险品、易燃易爆品应按规定间距分区放置	(1)门牌。 (2)危险品种标志牌。 (3)安全警告警示牌。 (4)危险品应急处置措施告示牌	—
4		应急物资仓库	建筑面积不小于100m²	(1)通风、照明良好,设有防潮、防盗设施。 (2)需配备基本的灭火器材。 (3)应单独设立危险品、易燃易爆品放置区域,单独按规定间距分开放置	(1)门牌。 (2)材料标志牌。 (3)安全警告警示牌	—
5		停车区	建筑面积100~200m²	(1)通风、照明良好,设有防火、防盗设施。 (2)需配备灭火器材。 (3)配备雨棚	(1)标识牌。 (2)安全警告警示牌	—
6		维修车间	建筑面积60~80m²	(1)通风、照明良好。 (2)需配备基本的灭火器材。 (3)设立废油收集设施	(1)门牌。 (2)安全警告警示牌	—
7	办公区	办公室	建筑面积100~200m²	(1)通风、照明良好,并设有防暑、降温、取暖设备。 (2)铺设地砖,墙面满铺瓷砖。 (3)具备防火、防盗设施。 (4)配备必要的办公设备、桌椅等设施	(1)门牌。 (2)岗位职责。 (3)养护形象统计表	—
8		会议室	建筑面积40~60m²	(1)通风、照明良好,并设有防暑、降温设备。 (2)铺设地砖,墙面粉刷。 (3)配备必要的会议桌、椅子、多媒体等常用会议设施	(1)门牌。 (2)养护路段概况示意图。 (3)质量管理目标。 (4)安全及环境管理目标。 (5)安全消防组织架构图。 (6)文明卫生组织架构图。 (7)应急救援领导小组机构图。 (8)防台防汛领导小组机构图	—

续上表

序号	项目名称		建设规模(参考值)	建筑要求	统一标识标牌	备注
9	办公区	档案室	建筑面积 30~60m²	(1) 通风、照明良好,并设有防火、防潮、防盗设施。 (2) 铺设地砖,墙面粉刷。 (3) 配备必要的档案柜、档案架	门牌	—
10	生活区	宿舍	建筑面积 400~500m²(主要管理人员1人/间,其他人员2~4人/间按平均每人6~8m²计算)	(1) 通风、照明良好,需配空调,地面铺砌瓷砖、墙面粉刷,设置专门的晾衣处。 (2) 每间宿舍设单独通风照明良好卫生间,全天供应冷、热水。 (3) 配备生活用品专柜、消防设施	门牌	—
11		饭堂	建筑面积 80~100m²	(1) 离厕所、垃圾站及有害物质场所不小于20m以外。 (2) 设置独立的制作间、储藏间,并配有消毒设备。 (3) 铺设地砖、墙面粉刷。 (4) 配备消防设施	门牌	—
12		绿化覆盖率	宜不少于30%(生活区、办公区)	—		

目前,南粤交通公司运营路段共有33个日常养护基地,4个综合养护基地。其中,20个日常养护基地已完成养护工区标准化建设,5个养护基地正在建设。

以韶赣高速公路马市综合养护基地改造升级为例。随着高速公路建设的全面推进和成网运行,南粤交通公司的高速公路养护任务大幅激增。养护基地作为养护的基础设施至关重要,按规划,韶赣高速公路养护基地作为综合养护基地,现状不满足对韶赣高速公路、武深联络线、雄信高速公路及周边作业辐射120km的养护服务,现有养护基地规模及设施相对滞后,养护基地规模及设施难以满足日益增长的养护需求。因此,以现有基地场地设施为基础,根据广东省交通集团规划设计标准布局原则,对基地进行进一步的布局及升级改造。

根据南粤交通公司高速公路养护基地建设标准化指南指引要求,对马市基地现状建筑物进行更好的规划利用。本次升级改造规划设计了综养仓库区、综养维修车间、综养垃圾房、综养综合楼、综养应急物资仓库、场区道路等区域,包括将原应急物资仓库改为危险品仓库及拆除板房原有简易板房和混凝土仓库的平面规划设计。马市综合养护基地建设规模、建筑要求及标识对比表见表4-25,马市综合养护基地标准化建设,见图4-27。

马市综合养护基地建设规模、建筑要求及标识对比表　　　　表4-25

指引要求		对比情况				
		现状情况			是否满足	增加面积
建筑物和场地	要求	建筑物和场地	楼层	面积		拟建混凝土建筑物(m²)	拟建板房钢结构(m²)
场地	(1) 面积宜为 20000~33333m²。 (2) 房建面积 1500~2000m²	场地	红线范围	48亩	满足	—	—

续上表

指引要求		对比情况				
		现状情况			是否满足	增加面积	
建筑物和场地	要求	建筑物和场地	楼层	面积		拟建混凝土建筑物（m²）	拟建板房钢结构（m²）
拌和站	（1）型号不宜低于3000型。 （2）储料场地面积4000m²（各料场地面积为满足至少一周在中断材料供应情况下，仍能保证工地施工的正常进行）水泥混凝土拌和站。 （3）储料场地面积500m²。 （4）配备碎石水洗设备	拌和站	—	—	不满足	—	3992
小型预制场	场地面积100～200m²	—	—	—	不满足	—	144
普通仓库	建筑面积不小于600m²，分别设置土建仓库（占300m²）、交安仓库（占150m²）、机电仓库（占150m²）三类仓库	仓库	1层	123.1	不满足	598.5	—
危险品仓库	建筑面积不小于30m²	应急物资仓库改造	1层	39	满足	—	—
应急物资仓库	建筑面积不小于120m²	—	1层	127.39	满足	—	—
停车区	建筑面积200～300m²	—	—	—	满足	—	378
维修车间	建筑面积60～80m²				不满足	80	
项目部办公室	建筑面积200～300m²	现状综合楼	3层	796.01	不满足	395.03	—
监理办公室	建筑面积80～100m²						—
粤运拯救办公室	建筑面积80～100m²						—
会议室	建筑面积40～80m²						—
档案室	建筑面积30～60m²						—
宿舍	建筑面积600～800m²（主要管理人员1人/间，其他人员2～4人/间，按平均每人6～8m²计算）						—
饭堂	建筑面积100～120m²						—
项目部工地试验室	面积不小于240m²	试验房（简易）	1层	120.7	不满足	271.5	—
绿化覆盖率	宜不少于30%	绿化覆盖率	—	—	满足	—	—
垃圾房	指引未要求	垃圾房	—	—	不满足	48	

图 4-27 马市综合养护基地标准化建设

以新博高速公路新丰南机电养护基地为例。南粤交通公司积极推进《广东省交通集团高速公路机电大运维工作改革实施方案》,实施机电大运维管理,依托新博高速公路新丰南机电养护基地建设广东省交通集团首个机电主网点养护基地,率先通过广东省交通集团养护中心预验收。新丰南机电基地总建筑面积 1401.77m²,其中养护综合楼建筑面积 767.46m²(2 层楼),仓库建筑面积 119.5m²(一层),绿地面积 631.1m²,汽车停车泊位数 12 辆,办公室 7 间,会议室 1 间,宿舍 7 间,厨房和食堂各 1 间(表 4-26)。场区规划完全能满足大运维路段养护基地标准化建设的要求。

路段养护网点配置情况 表 4-26

序号	项目	招标要求	实际情况	场室情况	是否满足要求
1	办公面积	≥72m²	138m²	办公室 3 间、会议室 1 间、档案室 1 间	满足要求
2	仓库	≥30m²	119.5m²	仓库 2 间	满足要求
3	员工宿舍	—	147m²	7 间宿舍,单间面积 21m²	满足要求
4	厨房和食堂	—	35m²	厨房 1 间、食堂 1 间	满足要求
5	健身室	—	21m²	健身室 1 间	满足要求
6	外场绿地面积	—	631.1m²	—	满足要求

4.4 养护管理信息化

信息化是指培养、发展以计算机为主的智能化工具为代表的新生产力,并使之造福于社会的历史过程,与智能化工具相适应的生产力,称为信息化生产力。信息化以现代通信、网络、数据库技术为基础,将所研究对象各要素汇总至数据库,供特定人群生活、工作、学习、辅助决策等和人类息息相关的各种行为相结合的一种技术,使用该技术后,可以极大地提高各种行为的效率,并且降低成本,为推动人类社会进步提供极大的技术支持。信息化是生产力,是工具智能化、数据化的体现,即由特定的业务范围通过各种智能化工具体现出来。信息化极大地提高了工作效率,降低了人工成本,规避了安全风险。信息化可分为数据应用和虚拟化。

公路养护现代化及高质量发展,要求大力提升公路养护管理信息化水平,公路养护的信息化、智慧化是实现公路养护降本、增效、提质的重要手段,是促进我国公路养护现代化发展的重要基石,将逐渐成为推动公路养护转型发展的动力和载体。根据交通运输部印发《关于推动交通运输领域新型基础设施建设的指导意见》(交规划发〔2020〕75号)(以下简称《指导意见》)中要求加快建设交通强国总体目标,南粤交通公司以技术创新为驱动,以数字化、网络化、智能化为主线,推动先进信息技术应用,逐步提升公路基础设施规划、设计、建造、养护、运行管理等全要素、全周期数字化水平。鼓励应用公路智能养护设施设备,提升在役交通基础设施检查、检测、监测、评估、风险预警以及养护决策、作业的快速化、自动化、智能化水平,提升重点基础设施自然灾害风险防控能力。

高速公路养护管理的信息化对实现南粤交通公司高速公路养护管理的科学化、规范化、系统化和决策分析科学化有着重要的作用。通过养护信息化的建设,将大幅度提高公司高速公路养护管理效率,并有效协助公司决策、组织监督、强化管理,使公路养护管理工作更上一层楼。

4.4.1 建立公路养护大数据平台

随着我国公路网的不断完善和车流量的持续增多,公路养护需求飞速增长,公路养护管理工作面临巨大压力和挑战(图4-28)。一方面,公路养护管理范围广、涉及专业领域多、安全风险高,养护资源分配不合理、养护决策缺乏大数据支撑等,这一系列问题亟待解决;另一方面,公路养护信息化程度低、养护数据标准缺乏、各类养护管理系统业务功能条块分割现象严重,数据烟囱、信息孤岛和数据碎片化现象相当普遍,难以形成养护大数据。

面对公路养护与运营管理的实际需求,广东省交通集团利用丰富的路网资源,运用现代管理科学理论、系统规划分析方法和现代信息技术,率先提出并建设将大数据、云计算、物联网、移动互联、AI等新一代信息技术与养护管理实体经济深度融合的公路养护信息管理平台,该平台在后台建立了一套全省唯一、准确、权威的路网公路基础数据库,通过统一GIS服务共享平台,实现了全省公路养护信息"一张图"管理,打破固有的"信息孤岛",建成了全省统一的养护数据中心,并在此基础上建设了企业级、平台化的统一养护业务应用平台,旨在实现科学管理公路资产、节约养护资金,提高公路养护管理信息化、专业化和科学化水平,提升公路服务品质与能力(图4-29~图4-32)。

图4-28 公路养护管理的特点与面临的挑战

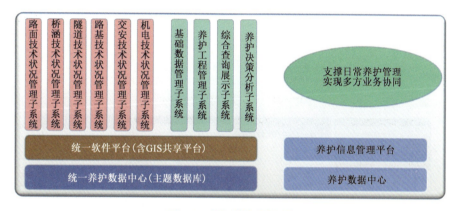

图4-29 平台总体功能架构

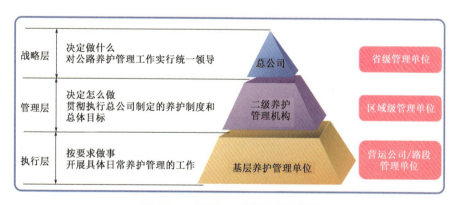

图4-30 一套系统、三层管理、共享使用

该平台汇聚形成了集路网基础数据、路网结构数据、技术状况数据、养护工程数据、多媒体数据和空间数据于一体的养护大数据,通过建立养护大数据模型算法和挖掘分析,为病害成因分析、结构物安全状况评估、养护效果评估、养护资源优化分配、道路使用寿命预测等提供辅助决策支撑,为预防性养护、精准养护、科学决策奠定了基础;不仅实现了跨时间、跨空间、跨专业和跨部门的应用,还实现了各级单位、部门之间的业务协同(图4-33~图4-35)。

■ "红棉"养护品牌建设与延伸

a)公路资产统计图　　　　b)桥梁结构物分布图

c)路面技术状况　　　　d)桥梁技术状况

图 4-31　平台部分模块界面展示

图 4-32　手机 App 部分界面展示

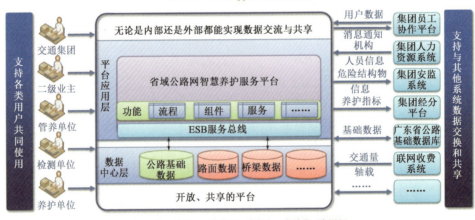

图 4-33　跨时空、跨专业、跨部门、跨单位、跨层级

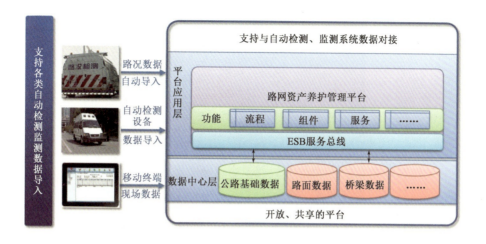

图 4-34　具备良好的开放性

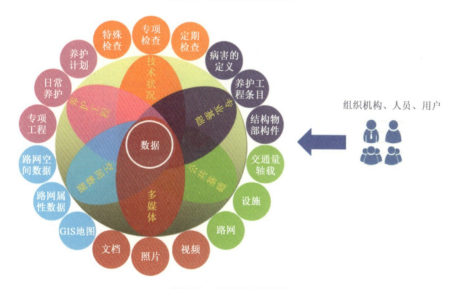

图 4-35　平台数据全景图

南粤交通公司自 2018 年开始全面接入广东省交通集团养护信息平台,组织系统开发单位对养护从业人员进行系统培训。南粤交通公司层面应用平台路面辅助决策功能,以公路基础数据、检测数据、路面结构数据和评定数据为基础,进行路面性能预测、养护决策、费用估算,编制年度养护计划,为宏观养护决策提供基本依据(图 4-36、图 4-37)。南粤交通公司及所属单位通过平台养护计划管理模块,实现了养护计划的编制、审批、变更、批复、汇总、调整、计划执行情况、统计分析等闭环管理功能(图 4-38、图 4-39)。

南粤交通公司所属单位及日常养护单位在日常管理中,以病害为中心,实现病害发现(如日常巡查、经常检查、路政通知等)、派单、维修、验收及计量统计等日常养护业务全过程精细化的闭环管理,提升了管理效率,加强了养护监管(图 4-40～图 4-43)。

图 4-36　路面决策模块功能

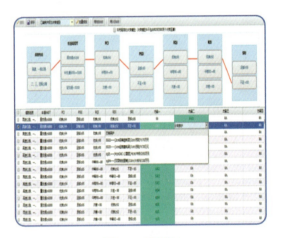

图 4-37　决策树

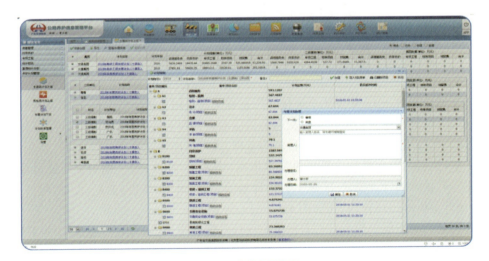

图 4-38　养护计划管理

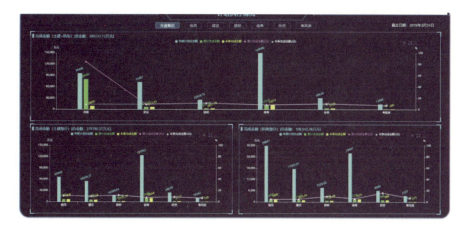

图 4-39　养护计划执行情况

图 4-40　养护管理全流程信息化和任务信息流转

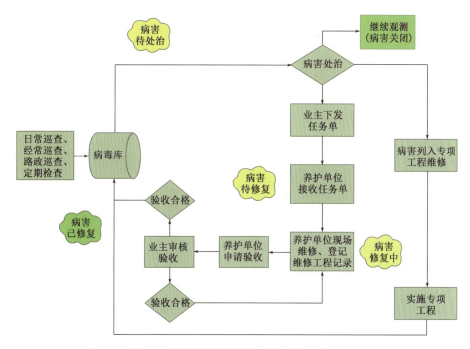

图 4-41　养护信息平台养护工程业务闭环管理

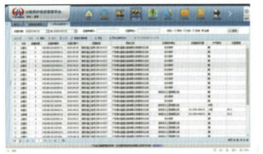 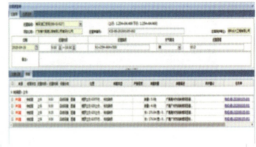

图 4-42 日常巡查管理

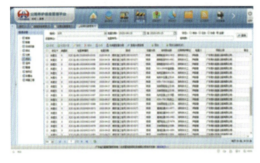 

图 4-43 经常检查管理

在系统功能高度信息化的同时,南粤交通公司在管理上也明确要求所属单位必须对养护信息平台应知应会,熟练使用,并在南粤交通公司"红棉"养护年度考评标准中对广东省交通集团养护信息平台的使用情况进行考核量化,极大地提高了系统使用效率。例如,所属单位整体通车满 1 年仍未建立养护信息平台的,本项不得分;未能有效应用手机 App 开展日常养护的,扣 0.5 分;根据广东省交通集团养护信息平台综合排名,排名前 30% 的路段得 1.5 分,排名后 30% 的路段得 0.5 分,其余路段得 1 分等。

截至 2022 底,养护信息平台已在南粤交通公司 17 家所属单位上线应用,所属单位充分利用广东省交通集团公路养护信息平台辅助养护管理有关工作,在日常病害维修、巡查检查、年度计划管理、定期检测项目、养护移动 App 等方面应用效果良好,平台整体运行良好,对日常养护巡查、下单维修、验收等工作进行数字化管理,为养护科学决策提供了数据支撑,确保了广东省交通集团养护数据的统一规范和准确性,提高了养护管理工作质量和效率。2022 年养护平台使用情况见表 4-27。

2022 年养护平台使用情况(单位:分)　　表 4-27

序号	所属单位	巡查检查完成情况	维修完成情况	维修及时情况	App巡查频率	年度养护计划	定检录入	合计得分
1	揭惠	20.00	20	20	20	5	8.0	93.00
2	广中江	20.00	20	20	20	5	8.0	93.00
3	新阳	20.00	20	20	16.6	5	10.0	91.60
4	江肇	20.00	20	17.4	20	5	8.0	90.40
5	怀阳	17.20	20	20	20	5	8.0	90.20

续上表

序号	所属单位	巡查检查完成情况	维修完成情况	维修及时情况	App巡查频率	年度养护计划	定检录入	合计得分
6	连英	19.60	20	20	11.0	5	10.0	85.60
7	龙连	20.00	20	20	10.2	5	10.0	85.20
8	河惠莞	20.00	20	20	9.6	5	10.0	84.60
9	粤湛	19.60	20	20	13.0	5	4.0	81.60
10	韶赣	20.00	20	20	3.0	5	10.0	78.00
11	新博	20.00	20	20	2.2	5	10.0	77.20
12	化湛	20.00	20	20	3.6	5	8.0	76.60
13	阳化	20.00	20	20	5.4	5	6.0	76.40
14	仁新	18.80	20	20	4.4	5	8.0	76.20
15	清云	19.80	20	15.0	4.8	5	10.0	74.60
16	潮漳	19.20	20	20	2.4	5	8.0	74.60
17	英怀	14.60	20	20	2.8	5	10.0	72.4

4.4.2 实现结构设施物联网巡检

南粤交通公司运营高速公路具有路线长,结构设施多,养护外业巡查体量大,巡查人员有限等特点,因此,如何实现结构物巡查或检查的规范性、专业性及监管是养护管理工作的重点和难点。

为做好结构物养护巡查管理工作,龙连、揭惠、河惠莞等路段充分利用"省交通集团公路养护信息管理平台"及配套养护移动App,将全线桥梁、隧道、涵洞、高边坡基础资料生成了唯一身份的二维码,并将二维码打印布设在现场。社会人员可通过微信扫描二维码了解该结构物公开信息,包含线路名称、线路编码、结构物名称、通车时间、管理单位、养护单位、相关联系电话等。为了保证结构物资料信息安全,结构物的详细内容必须通过养护平台配套的巡检App扫码才能显示,包含结构物基本信息、技术指标、技术状况、养护历史等(图4-44)。

为加强对结构物养护巡检工作的监管、实现精细化养护,确保养护巡检质量,防止养护巡查人员不到现场检查,系统采用App位置定位+二维码扫码签到功能(巡检App使用百度定位SDK获取当前的位置信息并使用GPS防伪造算法),实现对巡检人员是否到结构物现场的监管。系统将结构物设为打卡点并在结构物现场设置二维码,只有当巡检App获取的当前位置定位信息与结构物的位置定位相匹配才能扫描二维码成功签到,养护人员必须通过巡检App扫描结构物二维码,打卡签到成功后才能生成经常检查及巡查单,验证了巡检人员是否实地到现场检查,有效实现了养护巡查监管,确保了结构物巡检到位。

4.4.3 打造机电设施大运维平台

近年来,南粤交通公司致力于机电养护信息化方面发展,积极推进机电养护与建设基础数据、运营业务数据的关联应用,努力开展机电养护智慧化运营、数字化监测技术的拓展及应用,采用"四新"技术来提高机电养护能力。

"红棉"养护品牌建设与延伸

图 4-44　结构设施物联网巡检

2018年,南粤交通公司所辖路段公司全面切换使用广东省交通集团养护信息平台机电子平台——高速公路机电运维管理平台,该系统是依托广东省交通集团《高速公路机电设施养护及技术状况评定标准》及其他行业规范,满足多层级用户管理要求,从路产管理(机电设施设备管理)和机电日产养护作业的角度出发,结合手机 App、GIS 系统等先进技术手段,使运维工作更加便捷高效。目前,机电运维管理平台主要包含日常养护管理、路产及备件管理、日养数据分析管理三大功能。机电运维平台部分模块界面显示如图 4-45 所示。

图 4-45　机电运维平台部分模块界面显示

广东省交通集团《高速公路机电设施养护及技术状况评定标准》(Q/JTJT 003—2022)于2022年4月1日正式施行。机电运维平台深度融合广东省交通集团新版机电养护评定标准，针对新版标准将巡查巡检内容、要求、频次等具象在定期巡检、定期养护、临时巡检等功能模块及对应的数据报表中。

机电运维平台可实现对巡查巡检、保洁保养业务实现全链条跟踪。根据养护范围，预先制订年度计划，并在机电运维平台"定期巡检""定期养护"模块中，按时派发执行。执行过程中需使用机电运维平台 App 留存巡查记录，并按途经站桥隧获取巡查轨迹，并拍照留证。同时，对专项检查、特殊时期或特殊天气临时巡查，保障特殊情况下设施设备的运行情况。"临时巡检"，建立巡检任务单，并派发执行。执行过程中需使用机电运维平台 App 留存巡查记录，并按途经站桥隧获取巡查轨迹，并拍照留证。

通过机电运维平台"故障管理"功能实现故障处理流程化、标准化、信息化管理。由故障发现人或路段监控中心填录故障信息并上报，经过业主机电管理员受理、养护单位受理后形成故障处理工单，工程师在修复故障后填录工单并拍照留证，最终经过业主机电管理员确认修复并评价。如遇到疑难杂症，可通过机电运维平台"客服中心"发起在线咨询或专家技术支持。由养护单位发起服务单，经业主机电管理员审批通过后，流转至"1"中心平台，并由专家工程师进行相关技术支持工作。

以日常保洁、巡检单、故障单等管理数据为依据，通过后台算法生成数据可视化图表，简洁、明了地展示设备数据，有利于机电运维管理员横向对比各类设备数据。同时，根据资产评估师系列丛书中设备寿命评估相关说明，参考包括设备类型、安装位置、购置日期、使用日期、质保期、折旧率、保洁次数、故障次数、故障类型等要素，分财务折旧、设备寿命两个维度进行综合评估。数据展示如图 4-46 所示。

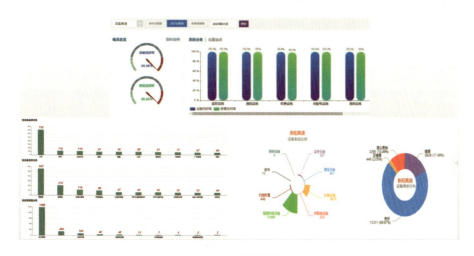

图 4-46　数据展示

1）系统使用情况考核

信息化系统的生命力取决于用户的依赖度和业务贴合度，为了更好地利用机电运维管理平台系统，南粤交通公司制定了"养护管理示范路"建设要求，南粤交通公司每年从所属单位临时抽调人员(土建、机电专业技术骨干)组成检查组,对所属15个运营单位开展年度"红棉"养护品牌升级示范路考核评价工作。为加强机电运维管理平台的使用,确保日常维护工作的系统化、透明化,依据《广东省南粤交通"红棉"养护示范路考评标准(机电养护)》要求,将高速公路机电运维管理平台的应用效果这一项纳入各运营单位年度养护考核重要内容。南粤交通公司将机电运维管理平台应用与各运营单位养护人员的岗位考核及各日养维护单位的绩效考核挂钩,并按照考核办法进行通报。

(1)考核各运营单位和各维护单位广泛应用机电运维管理平台情况,即各层级(含日养及业主)养护人员应熟悉使用和做好操作应用,把机电运维管理平台应用到日常机电设备运维管理中去。

(2)考核各层级(含日养及业主)系统管理员、仓库管理员是否做好基础数据维护更新工作,包括设备基础数据、维修保养记录、机电设备报修维修管理、日常巡检记录、机电养护物资采购、出入库管理等工作的录入。按照机电运维管理平台使用要求进行数据管理,确保工作内容系统化,工作程序规范化,有效保障各运营单位对机电设备数据进行监督管理。

通过利用高速公路机电运维管理平台的"管、治"实现功能,形成机电设备管理闭环。其中,管指电子化、规范化管理机电设备以及养护流程;治指通过养护服务评价系统、趋势分析报表提升智能化水平。电子化、规范化管理机电设备以及养护流程,实现考核有所依;通过养护服务评价系统、趋势分析报表反映当前存在的问题,提升管理水平。机电运维管理平台操作应用做到:设备巡检故障记录与故障处理一一对应、按计划执行系统有登记年季月保洁保养检测计划、系统登记故障处理时效性符合广东省交通集团养护评定标准、巡检记录轨迹清晰可查、备件仓库出入库清晰明了、备件动态管理有序等考核要求。

2)路网级机电设施大数据管理

机电运维管理平台业务逻辑是基于交通运输部《公路养护技术规范》(JTG H10—2009)以及广东省交通集团《高速公路机电设施养护及技术状况评定标准》(Q/JTJT 003—2017)等规范进行设计。管理对象为高速公路机电系统软硬件设施,采用一套标准的集中云部署运维管理平台,生成一套标准、统一的数据,功能覆盖机电运维的全业务、全过程,支持手机APP、第三方平台等多种接入手段。南粤交通公司对各路段进行垂直管理,充分利用系统功能,从广东省交通集团到路段,实现机电设备的精准定位、故障修复及时性实时跟踪、巡检路线自动还原、年度养护计划精准制订以及设备完好率等关键指标一目了然。

南粤交通公司利用机电运维管理平台能查询各个路段所选时间内的机电系统的设备完好率、及时修复率、修复超时次数、计划执行情况及月度盘点情况,并可横向对比各路段间情况,定期(每月或每季度)收集汇总平台横向对比数据,对各项目情况排名,并定期通报。在年度养护工作考核中,平台相关指标数据作为重要参考依据,有效地提高了各项目对机电运维管理平台的使用率和黏合度,让该信息化平台展示了生机勃勃的生命力。

3)路产信息及仓储管理

通过设备的14个信息,即设备名称、设备分类、所属机电系统、所属机电子系统、品牌、管理状态、工作状态、单位、开始使用日期、地理位置、安装位置、方向、中心桩号、是否新设备,对机电设备进行数据化处理,形成设备台账。

在初始化完成之后便可以在对应的设备上张贴二维码,后期在运维过程中可通过扫描二维码进行精确定位和轨迹还原;未来可实现条形码扫描,出厂即可获取相关设备信息,可以大大节省人工和时间成本。

为协调南粤交通公司所属路段间的备件调拨管理,明确备件路段间调拨流程,提高备件运作效能,防止备件闲置导致资产价值流失,根据《广东省南粤交通投资建设有限公司养护管理办法》的规定,结合公司运营高速公路管理实际,制定了路段间备件调拨管理办法。该办法可实现南粤交通公司所辖各运营路段备件就近快速及时调配,小修作业及时高效,应急保畅迅速有效。该管理办法将借助机电运维平台物流仓储功能来优化实现。通过跨路段调拨,南粤交通公司协调怀阳高速公路建设项目前期设计的监控中心 LED 屏调拨到江肇高速公路使用,利用南粤交通公司一盘棋的思路,既实现了降本增效,也解决了江肇高速公路监控设备老化的问题。

同时,运维平台根据广东省交通集团运营高速机电设备备品集采方案,分设区域仓库、路段仓库,实现出库管理、入库管理、调拨管理、盘点管理、库存预警、备件标签管理等功能。

高速公路机电养护信息化应用的关键在于数字化和智能化。通过数字化对设施进行精准的实时监测和数据采集,并利用智能算法和模型来分析和预测设备故障和性能问题,提前做好维修和更换工作。同时,利用信息化技术和物联网连接设备,实现机电设施的远程运维和管理,从而减少人工干预和出错的可能性。南粤交通公司在多个专业领域均通过上述技术实现了信息化对生产力的转换。

4.5 养护管理专业化

2022 年底,南粤交通公司直接管养的高速公路主线里程达 1913.73km(占广东省交通集团高速公路里程近 25%),养护里程达 2316.58km,共有桥梁 2340 座 582.56km(特大桥 14 座)、涵洞 6233 座、隧道 87 座单洞长度 255.61km(特长隧道 11 座)、高边坡 3249 处、互通立交 210 个、ETC 门架 404 座、收费站 162 个、车道 1156 条、视频云联网 2592 路。2022 年的养护投入约 5.84 亿元。

人们对美好生活的向往,不仅对物质生活提出了更高要求,而且对公路交通方面的要求日益提高。随着社会进步发展,公路各类设施、种类、数量明显增加,路面、桥隧大量应用新技术、新结构,养护任务日益繁重,对公路养护人员和养护设备也提出了更高的要求。

为了适应新时期养护管理要求,改变传统的养护生产管理模式,南粤交通公司合理地利用养护优势和资源,建立科学、完善的养护管理模式,坚持科学统筹管理、提升专业化队伍的素质,充分发挥机械化作业优势,提高技术装备水平,以养护机械化强化养护质量,做到人员、设备精湛,推动高速公路专业化养护发展。

4.5.1 管理人员专业化

南粤交通公司及所属单位养护管理部门每年不仅要完成每个养护专项工程项目在立项、设计、招标、施工、质量、安全、合同、造价、计支、验收、档案资料等方面进行全过程管理,还要开展各类专项检查及国省检以及各级属地养护监管单位的各类工作检查。总体而言,养护工作面临事情多、任务重、要求严、情况急、人员少、待遇低、流动大等困窘局面。为打破养护工作局面,南粤交通公司通过合理调配,实现养护工程的业务统筹,进一步提高养护管理效率、强化养护管理的成效。

1)设置专业管理岗位

首先,南粤交通公司所属运营单位均设置了专门的养护管理机构,土建养护本科学历及以上人数占比94.5%、路桥相关人数占比89.7%,机电养护本科及以上学历占比91.8%、机电相关专业人数占比86.6%,养护人员的学历和专业程度比例都相对较高。其次,将运营多年的江肇、韶赣项目富有经验技术管理人员,调配到新通车项目,以老带新。再是加强统筹养护重要岗位专业技术人员配备,将建设期技术人员直接调整至运营阶段养护管理技术岗位,充分发挥建管人员一致的养护工作管理优势。最后,根据各路段养护工作实际情况,科学合理确定养护承包单位人员配置原则,满足养护工作实际需求,推动养护工作专业化、优质、高效开展。

(1)养护承包单位人员配置原则

①片区经理。以养护片区为基础,每个片区设置1名片区经理,负责管辖范围内养护管理事务,贯彻落实二级公司养护方案与养护任务,监督指导运营路段的日常养护事务。

②运营单位项目经理。以运营单位(三级管养单位)为基础,每个运营单位设置运营单位项目经理1名,负责本单位管辖范围内的养护管理。

③运营单位项目总工。以运营单位为基础,每个运营单位设置运营单位项目总工1名,负责本单位管辖范围内的养护技术工作。

④工程技术主管。采用"交通量和主线长度"双指标控制的量化方法,优化调整工程技术主管岗位配置,以运营单位为基础,在满足每个运营单位至少配置1名工程技术主管的前提下,按照路段交通量及里程长度分为如下3档(表4-28)。

工程技术主管配置标准 表4-28

序号	档次	路段日交通量(辆)	主线里程(km)	配置标准
1	一档	小于50000	—	每80km配置1名
2	二档	大于50000	小于或等于100	每60km配置1名
3	三档	大于50000	大于100	每40km配置1名

例如,第一档的运营单位中,化湛高速公路管理处负责化湛高速、吴川支线、东雷高速3条高速公路,主线里程158km,配置2名工程技术主管。

⑤计划合约主管。以运营单位为基础,在满足每个运营单位至少配置1名计划合约主管的前提下,按照路段交通量及里程长度分为如下3档(表4-29)。

计划合约主管配置标准 表4-29

序号	档次	路段日交通量(辆)	主线里程(km)	配置标准
1	一档	小于50000	—	每150km配置1名
2	二档	大于50000	小于或等于100	每70km配置1名
3	三档	大于50000	大于100	每50km配置1名

⑥机械主管、房建绿化主管、交安主管。以运营单位为基础,分别配置1名机械主管、房建绿化主管、交安主管。

⑦资料档案主管。原则上每个路段配置1名资料档案主管。对主线里程小于20km的路段,归并到片区内相同三级管养单位的相邻路段。

⑧养护管理员。以57个运营单位为基础,全面强化养护管理员配置,在满足每个路段至少配置1台养护管理员前提下,按照路段桥隧比为如下3档(表4-30)。

养护管理员配置标准 表4-30

序号	档次	桥隧比	配置标准
1	一档	小于或等于30%	每30km配置1名
2	二档	30%~50%	每25km配置1名
3	三档	大于50%	每20km配置1名

⑨专职安全员。参照高速公路日常养护作业安全标准化指南关于安全员职责有关规定,本次按照每路段配置1名专职安全员。

(2)管理技术岗位人员资历要求

片区经理、运营单位项目经理、运营单位项目总工、工程技术主管、计划合约主管、机械主管、房建绿化主管、交安主管、资料档案主管、养护管理员、专职安全员岗位的资历要求见表4-31。

管理人员和技术人员任职要求 表4-31

岗位	人员资历要求
片区经理	路桥工程师及以上职称,从事类似工程5年及以上,具有担任过5个或以上类似工程施工项目经理的工作经验
运营单位项目经理	路桥工程师及以上职称,从事类似工程3年及以上,具有担任过2个或以上类似工程施工项目经理的工作经验,具有交通主管部门颁发的有效的安全生产"三类人员"B类证书
运营单位项目总工	路桥工程师或以上职称,具有类似工程经历3年及以上,担任项目总工1年及以上
工程技术主管	路桥工程师或以上职称,具有类似工程经历3年及以上
计划合约主管	路桥专业初级或以上职称,具有类似工程经历3年及以上
机械主管	工程机械及相关专业初级或以上职称,具有类似工程经历3年及以上
房建绿化主管	园林绿化或路桥相关专业初级或以上职称,具有类似工程经历3年及以上
交安主管	交通工程或路桥相关专业初级或以上职称,具有类似工程经历3年及以上
资料档案主管	路桥助理工程师或以上职称,具有类似工程档案资料管理经历2年及以上
养护管理员	路桥助理工程师或以上职称,具有类似工程经历1年及以上
专职安全员	持有安全主任证书或安全生产"三类人员"C类证书,并具有类似工程经历3年及以上

(3)养护承包单位人员配置方案

南粤交通公司养护承包单位项目经理、运营单位项目总工按照14家三级管养单位分别配置1名,即运营单位项目经理14人、运营单位项目总工14人。工程技术主管、计划合约主管按照交通量和路段长度双控指标,实现量化定岗。工程技术主管由上一轮招标的22人调整为21人,计划合约主管由上一轮招标的3人调整为15人。

完善调整机械主管、房建绿化主管、交安主管岗位兼任情况,按照14家三级管养单位分别设 1 名专职人员岗位。养护管理员按照桥隧比和路段长度双控指标,实现量化定岗。南粤交通公司某片区养护承包单位管理技术岗位人员配置表见表 4-32。

南粤交通公司某片区养护承包单位管理技术岗位人员配置表(单位:人)　　表 4-32

序号	三级单位名称	运营单位项目经理	运营单位项目总工	工程技术主管	计划合约主管	机械主管	房建绿化主管	交安主管	资料档案主管	养护管理员	专职安全员
1	韶赣	1	1	2	1	1	1	1	2	6	2
2	仁新	1	1	2	1	1	1	1	2	8	2
3	新博	1	1	1	1	1	1	1	1	4	1
4	龙连	1	1	1	1	1	1	1	1	5	1

2)成立专业技术小组

为进一步加强南粤交通公司及所属路段结构、岩土、路面、机电信息化、交安房建绿化工程专业方向的管理,发挥专业人员技术优势,合力推进项目建设与养护方面的技术管理,南粤交通公司根据所属单位推荐的技术人员专业特长情况,经过遴选,在公司范围内分别设置结构、岩土、路面、机电信息化、交安房建绿化工程 5 个专业,成立专业技术小组,统筹利用南粤交通公司、所属单位技术力量为南粤交通公司养护提供技术服务。

各专业技术小组成员不断加强相关专业领域的技术学习与知识更新,在立足于本职工作的基础上,在以下方面发挥积极作用:

(1)参与南粤交通公司有关的技术服务评审与检查指导,发挥专业优势,解决项目建设与养护中遇到的实际问题。

(2)适时组织有关交流与培训,为所属路段的顺利推进、技术创新提供服务保障。

(3)南粤交通公司根据项目建设与养护等工作需要,针对面临的重点、难点问题,可从专业技术小组统一抽调成员,集中优势技术力量在一定时间内常驻相应项目,直接参与项目工作管理。

4.5.2　养护队伍专业化

1)优配日常养护项目部人员

南粤交通公司在加强内部管理团队建设的基础上,高度重视日常养护单位的专业化建设。在 2018—2019 年度、2020—2022 年度土建日常养护工程招标文件中,做好以下方面工作:①要求施工企业资质等级为具备住房和城乡建设部颁发的公路路面工程专业承包一级及以上资质且具有合法、有效的安全生产许可证,并需通过交通运输部《全国公路建设市场信用信息管理系统》网站中"公路工程施工资质企业名录"审核。②明确了投标人的财务、业绩、信誉等最低要求。③结合各路段的管理特点,对各路段主要管理人员和技术人员的资质与数量提出了具体要求(项目经理和总工除外),同时明确了各路段常驻工人数量及配置标准。南粤交通公司根据以上要求从市场中选取了优质企业开展日常养护工作。

养护单位进场后,各养护项目部严格按合同要求配置专业的项目管理人员、技术人员和特种作业人员,且大部分项目部管理人员为大专及以上学历,项目组织架构完备,人员配置齐全,管理力量充足。项目安全管理员、特种作业操作手、驾驶员等具有国家或行业认可的上岗资格证、驾驶证等,所有上路作业人员(包括项目部生产管理人员和作业工人)都必须经中标单位培训合格并获得上岗证方可上岗。

养护作业人员上路作业时必须穿着统一服装,穿戴反光衣,根据工作性质配备不同的安全防护工具,如桥涵施工作业人员必须戴安全帽;高空作业人员必须系安全绳,高空悬空作业时必须设置安全网;水上作业人员必须穿救生衣;割草工人必须戴防护镜和护膝;焊接作业人员必须戴防护镜、手套等。

作业人员稳定是专业化的基础。南粤交通公司所属单位不定期地对各养护项目部开展履约检查,通过履约检查保持了养护项目部管理人员、技术人员及工人的相对稳定。此外,为持续提升全员的综合能力和水平,项目部还制定了年度培训计划,组织项目部所有人员进行安全培训、技能培训、工人技能与竞赛、应急演练等各类内外部培训。为培养产业化工人队伍,项目部针对作业班组还设立了技术人员特色班组,不断提升养护品质和养护技术水平。

2)优选第三方开展定检监测

定期检查和监测是公路养护管理的一个重要组成部分,也是公路运营期监控道路技术状况、跟踪工程养护的重要数据来源。随着行业对高速公路养护管理要求的不断提高,定检及监测的要求也随之提高,南粤交通公司为做好所属运营高速公路桥梁、路面、边坡、隧道、机电交安工程的工况检测评估,面向全国公开招标符合资质的公路检测公司对所辖高速进行定期检查、监测和专项检测,以提升检测监测专业化水平。

2019—2021年度南粤交通公司统筹开展了定期检查和监测服务招标,选定了国内3家具备交通运输主管部门核发的公路水运工程试验检测机构公路工程综合甲级资质证书的单位,合同采用2+1模式(合同期为2年,合同期满若考核达标则续签1年)。南粤交通公司所属单位通根据《承包人履约情况评价实施细则》,定检在两个年度加权评分超过(含等于)90分,合同期可延长至2021年;若承包人在任何一年度内加权评分低于85分,则终止合同。

定检监测单位通过配备满足合同要求的人员,并设置对应专业的检测队伍开展现场工作,3家单位均按合同要求完成工作,考核分均满足合同续签要求,南粤交通公司所属单位均与定检监测单位完成了续签工作。3家单位检测结果有效、公正、客观,报告编写规范,图表清晰,数据翔实,结论可靠,病害原因分析较准确,为进一步处治或检测提出了合理建议,促进养护管理专业化水平提升。

3)供配电专业维护

外供电运维工作专业性极强,需特定的电力设施承(修、试)资质,而南粤交通公司各机电系统日常养护单位尚未具备相关资质。常规运维方式是统一招标机电系统日常养护单位,由机电系统日常养护单位再进行专业分包,存在管理层级多且复杂、管理不到位、运维工作马虎等现象。直接专业外包,有利于业主垂直管理,承包单位技术力量充足,运维经验丰富,备品备件充足。同时,在外供电日常养护工作方面,其长期性需要与地方供电局、供电所进行沟通协调,专业外包团队长期从事该行业,更有利于日常沟通及养护。

基于以上情况,2022年11月,南粤交通公司发布《广东省南粤交通投资建设有限公司关于规范开展外供电养护运维工作的通知》(粤交建基〔2022〕807号)文件,要求公司所辖各路段开展外供电运维工作的招标工作,采购方式为按项目外供电线路具体情况进行非招标采购工作,采购方式为比价采购。2023年1月1日起,公司所有运营路段均完成外供电运维工作的采购结果审批。

2022年11月21日,南粤交通公司印发了《营运项目外供电系统运行维护管理指南(试行)》(以下简称《指南》)。该《指南》是南粤交通公司第一本针对外供电运维的专业化书籍,是对广东省交通集团《高速公路机电设施养护及技术状况评定》(Q/JTJT 003—2022)、国家能源局《承装(修、试)电力设施许可证管理办法》和《电力设备检修试验规程》的延伸及细化。《指南》主要包含外供电系统的日常巡视检查要求、外供电系统电力设备的日常巡检保养、外供电系统电力设备的预防性试验要求及外供电设备运行维护巡检表格等部分,对公司所属运营路段的外供电运维工作从现场的巡检、高压设备日常保养及故障修复的试验到记录的归档进行了明确。通过标准化规范,有效提升南粤交通公司所属各运营路段外供电运维工作管理能力。

4)网络安全专业维护

根据《中华人民共和国网络安全法》明确规定,信息系统运营、使用单位应当按照网络安全等级保护制度要求,履行安全保护义务。《广东省交通集团有限公司信息化工作管理办法实施细则(网络安全管理)》明确规定,广东省交通集团信息化系统参考《信息安全技术网络安全等级保护定级指南》进行定级,原则上,重要信息系统及连接互联网的信息系统网络安全保护等级应不低于二级,属于关键信息基础设施的信息系统安全保护等级不低于三级,南粤交通公司各路段必须满足广东省交通集团内高速公路网络安全等保定级要求。因此南粤交通公司统筹各路段在2021年完成了收费、监控网的网络安全二级等保备案工作。

由于生产网络安全运维工作专业性极强,涉及信息安全风险评估、信息安全应急服务、信息系统安全服务等资质,日常养护单位尚不具备此类资质,而专业分包团队技术力量充足,运维经验丰富,网络安全意识强,同时可将网络安全事件潜在风险转移。因此,公司发布《广东省南粤交通投资建设有限公司关于规范开展业务专网(监控、收费)网络安全运维工作的通知》(粤交建基〔2022〕604号)文件,要求所属单位开展监控、收费两大生产网络安全运维工作的非招标采购工作,采购方式为比价采购。截至2022年底,各单位均完成监控、收费网络安全运维工作的采购结果审批,这给南粤交通公司所辖各路段的网络安全工作增添了一层保护。随着管理人员的网络安全专业能力提高,南粤交通公司各路段形成了从软件、硬件及第三方协助的全方位保护体系,为南粤交通公司的下一个十年目标保驾护航。

2022年,南粤交通公司共完成信息化支出预算3407.85万元(不含深中通道、黄茅海跨海通道项目81.60万元),其中,信息化服务相关费用1084.66万元,广东省交通集团数据(灾备)中心运营管理分摊费用852.94万元,网络链路集运服务相关费用592.93万元,网络信息安全服务相关费用429.45万元,信息化应用软件购置相关费用349.12万元,网络信息安全资产购置相关费用38.88万元,信息化系统软件购置相关费用34.42万元,信息化硬件及设施购置相关费用25.45万元。经过大量的人力、物力投入,南粤交通公司所属路段由2020年联合电服联网收费系统监测涉及23个路段的15次通报,到2021年的涉及16个路段11次,再到2022年涉及13个路段10次,网络安全管理效果明显体现,可以预见的是这一数据在未来将会进一步降低。

4.5.3 养护设备专业化

随着我国道路建设的快速发展,通车里程逐年增加,快速、优质、安全、环保地进行现代道路养护成为必然趋势。新形势、高标准的养护任务不能再依靠传统的作业方式完成,道路养护机械专业化也从简单的机械替代人工延伸到了综合考虑高质量作业、高效安全生产及综合经济效益好等因素基础上的机械合理配置与使用。养护机械专业化既能确保在快速、安全、可靠且不中断交通的情况下进行维修作业,又能确保道路维修人员的安全,提高工作效率,这也是新形势下的道路"管养"新要求。

1)制定作业设备配置标准

南粤交通公司通过对广东省交通集团所属57家运营单位及省内6家养护单位的调研,综合考虑高速公路养护的施工特点、机械设备性能、施工工艺和方法,制定了日常养护设备配置参考标准,充分发挥机械设备使用性能,力求获得最好的经济社会效益。

(1)养护机械配置原则

日常保洁与巡查机械设备包括以下几种。

①清扫车。以运营单位(三级管养单位)为基础,在满足每个路段至少配置1台清扫车的前提下,按照路段交通量为3档(表4-33)。

清扫车配置标准 表4-33

序号	档次	路段日交通量(辆)	配置标准
1	一档	小于或等于50000	每50km配置1台
2	二档	50000~80000	每40km配置1台
3	三档	大于80000	每30km配置1台

②高速扫地车(图4-47)。高速扫路车装备了$5m^3$大容量垃圾箱、$3.5m^3$的水箱和一套独立柱塞水泵喷雾抑尘装置,同时配置4MPa压力清洗控制系统,通过连接高压喷枪可清洗机身、垃圾箱及高污染路面。清扫效果及清扫效率相比传统扫路车而言有很大的优势。当清扫速度为45~55km/h时,高速公路路面就达到清洁的清扫效果。当路面只有轻微的沙石时,清扫速度甚至可达60~70km/h。

图4-47 高速清扫车

③交通锥自动收放车。采用首创的双装置交替投放,实现快速直线和斜线布放,作业速度可达20km/h,行业领先;可快速封道、线性流畅、间距可调,同时减少人员横穿、提升了安全性。

④绿化综合养护车。通过切换不同的机具刀头,可适用于草皮、中央分隔带绿篱及乔木修枝等不同需求;具有自动化程度高、安全高效的施工特点;改善绿化养护作业劳动条件,提高绿化养护作业的安全性、高效性(图4-48)。

图4-48 绿化综合养护车不同刀头修剪

⑤防撞车。根据作业要求,原则上各路段防撞车数量等于清扫车总数量。采用错峰使用方式,同时兼顾洒水车、中央分隔带绿化修剪等作业安全。

⑥洒水车、养护巡查车、人货车。在满足每个运营单位至少分别配置1台的前提下,按照洒水车每50km配置1台,养护巡查车每45km配置1台,人货车每40km配置1台。

⑦树枝粉碎修剪收集一体车。按每台班5km、每年200有效台班,修剪频率每年4次计算,扣除主线桥梁、隧道长度后,树枝粉碎修剪收集一体车在满足每个片区至少配置1台的前提下,每250km配置1台。

⑧绿化修剪设备。按每台班8km、每年200有效台班,修剪频率每年4次计算,扣除主线桥梁、隧道长度后,绿化修剪设备在满足每个片区至少配置1台的前提下,每200km配置1台。为促进新设备的推广应用,每个片区必须配置1台(套)高效能绿化修剪设备。绿化修剪设备可于修剪公路中分带绿化植物、树枝修剪、灌木修剪、边坡打草、路侧强力清扫、边沟淤泥清理等高速公路绿化修剪,同时具备前置式回收、粉碎枝叶功能。

⑨智能防闯入预警设备。当主线长期占道维修时,每工点配置1套,按需配置。

⑩交通锥自动收放设备。为提升高速公路日常养护人员的安全保障,长期占道养护作业时,作业区封闭时,交通锥摆放采用自动收放设备。建议每个片区配置1套。

⑪小修型养护机械配置。随着高速公路预防性养护技术的推广应用及超重车管控的普遍化,路面坑槽越来越少,综合养护车利用率低,以片区为单位进行配置,每个片区配备1台沥青路面综合养护车(普通型)、1台小型压路机。除雪撒布综合车、抗冰设备在韶关、清远、梅州等粤北山区配置,片区7和片区12分别配置1台除雪撒布综合车和1套抗冰设备;片区8配置2台除雪撒布综合车和2套抗冰设备。

⑫挖掘机、贝雷架、装载机、起重机、移动照明设备主要在应急抢险中使用,为提升公路安全水平和救灾能力,每个片区分别配置1台(套)。

⑬灌缝设备、路面切割机、空压机、发电机、抽水机、油锯、照明设备、氧割设备、电焊设备、标线除线机、标线施划设备、割草机12项养护机械与主线里程具有一定的相关性,结合上次招标指标,适当进行了修正,单位养护机械配置标准见表4-34。

部分养护机械配置指标 表4-34

设备名称	灌缝设备(套)	路面切割机(台)	空压机(台)	发电机(台)	抽水机(台)	油锯(个)	照明设备(套)	氧割设备(套)	电焊设备(套)	标线除线机(台)	标线施划设备(套)	割草机(台)
主线里程(km)	100	60	45	45	45	10	30	50	50	100	40	6

(2)养护机械配置方案

清扫车按照交通量和路段长度双控指标,实现量化配置,配置清扫车38台。洒水车、养护巡查车、人货车、树枝粉碎修剪收集一体车、绿篱修剪车将按照路段长度定量化配置数量,如洒水车配置36台、养护巡查车配置45台、人货车配置50台,新增防撞车配置38台,智能防闯入预警设备根据需要配置(表4-35)。

南粤交通公司日常保洁与巡查设备配置表 表4-35

三级管养单位	清扫车(台)	洒水车(台)	养护巡查车(台)	人货车(台)
阳化	3	3	4	4
化湛	3	3	4	5
江肇	3	2	2	3
广中江	2	1	2	2
清云	4	4	5	5
英怀	3	3	4	5
韶赣	3	3	4	4
仁新	3	3	4	5
连英	2	2	3	4
新博	2	2	2	3
龙连	2	2	3	3
河惠莞	3	3	3	4
揭惠	1	1	1	2
潮漳	2	2	2	3

南粤交通公司小修保养机械设备配置方案(表4-36):灌缝设备20套、路面切割机33台、空压机44台、发电机44台、抽水机40台、割草机326台、油锯196个、照明设备65套、氧割设备39套、电焊设备39套、标线除线机20台、标线施划设备49套。

南粤交通公司小修保养机械配置表 表4-36

三级管养单位	灌缝设备（套）	路面切割机（台）	空压机（台）	发电机（台）	抽水机（台）	割草机	油锯（个）	照明设备（套）	氧割设备（套）	电焊设备（套）	标线除线机（台）	标线施划设备（套）
南粤	20	33	44	44	40	326	196	65	39	39	20	49
阳化	2	3	4	4	4	29	17	6	3	3	2	4
化湛	2	3	4	4	4	32	19	6	4	4	2	5
江肇	1	2	2	2	—	18	11	4	2	2	1	2
广中江	1	1	2	2	—	11	7	2	1	1	1	3
清云	2	3	4	4	4	26	16	5	3	3	2	4
英怀	2	3	4	4	4	32	19	6	4	4	2	5
韶赣	2	3	4	4	4	28	17	6	4	4	2	4
仁新	2	3	4	4	4	32	19	6	4	4	2	5
连英	1	2	3	3	3	25	15	5	3	3	1	4
新博	1	2	2	2	2	18	11	4	2	2	1	3
龙连	1	2	3	3	3	21	13	4	3	3	1	3
河惠莞	2	3	3	3	3	25	15	5	3	3	1	4
揭惠	1	1	1	1	1	11	6	2	1	1	1	2
潮漳	1	2	2	2	2	17	10	3	2	2	1	3

（3）其他养护机械设备配置

根据养护单位普遍反映，本配置方案优化调整使用频率较低的养护机械设备。

2）配置个性化作业设备

个性化产品的大量增加使非标设备在各种机械和自动化产品中得到了广泛运用，道路养护机械也是如此。现有批量生产设备常常不能有效满足当前快速发展的道路交通形势以及高标准的养护作业要求，越来越多的养护难题需要通过个性化的设备定制来解决，也为进一步探索道路机械化养护提供了新途径。

（1）隧道清洗车

穿行隧道的车辆排出大量尾气，同时高速行驶车辆带来的扬尘也很多，由于隧道内部空间相对封闭，尾气和扬尘很难有效地排出隧道。尾气形成的炭黑、机油和扬尘带来的灰尘混合在一起，最终沉积在隧道内部的墙面上，日积月累就形成了明显的污渍。这些污渍会削弱隧道的照明效果，降低交安设施的警示效果，影响空气质量和隧道内的行车安全，降低隧道的整体形象。为提高隧道内的行车安全，改善公路隧道内环境，减少隧道内灰尘等污浊物，提高隧道内空气质量、隧道通风和照明效果等，必须对隧道墙面进行定期的清洗维护。

面对高速公路较长的隧道里程数，以及日益增长的车流量，隧道墙面清洁维护工作十分艰巨。常规的人工清洁隧道不仅需要耗费大量的时间和人力，而且面临着安全难题。为此，南粤交通公司所属路段在隧道清洗中采用隧道清洗车作业。隧道清洗车的清洗效率高、单次作业里程长和自动化程度高,可大幅度地缩小工作作业时间,降低作业时的安全风险,减少对交通干扰,保障隧道安全顺畅有序通行(图4-49~图4-51)。

图4-49　路面清洗　　　　　　　　　　图4-50　刷墙面清洗刷

路面清洗前　　　　　　　　　　　　路面清洗后

墙面清洗前　　　　　　　　　　　　墙面清洗后

图4-51　清洗前后对比效果

(2)隧道高压水射暗沟清理设备

隧道基岩裂隙水,分别赋存于坡残积层、基岩岩层中,其水位埋深随季节变化,局部富集。由于岩裂隙水富含碳酸钙矿质、钙盐物质,流水进入隧道区域后,在管道内流速较缓,存有积水的部位产生钙质沉淀,长期的沉淀积累引起结晶,从而导致隧道洞内暗沟及"暗管"堵塞。隧道暗沟堵塞会影响隧道洞内整体排水功能,甚至威胁到隧道的稳定、洞内设施的安全以及路面行车安全。因此,必须及时有效地对隧道暗沟结晶堵塞进行处治。南粤交通公司所属路段(如潮漳高速、新博高速等)采用隧道暗沟高压水射疏通清洗技术处治隧道暗沟结晶堵塞。该技术应用专用管道潜望镜及高压水射剥离清洗机械,对隧道暗沟沉积物结晶体进行扫描并疏通,有效解决了人工无法进行清理、复查难的痛点,具有高效、便捷、节能、无污染特点,对养护机械化品质提升、提升高速公路运营养护技术管理水平具有重要意义(图4-52)。

图4-52　隧高压水射暗沟清理

(3)电控式绿化喷洒装置

高速公路洒水及喷药作业一般采用移动作业方式。作业模式主要通过洒水车配置的常规洒水系统对绿化带进行洒水作业。作业时,人员站在车厢尾部的操作平台上,手持水枪作业,根据实际情况人工调整喷洒角度及模式。这种操作方式,操作手需集中注意力于喷洒工作上,疏于对后方车辆行车状况的观察,当发生侧、后方车辆对洒水车撞击时,缺乏足够的应急处理时间,存在较大的安全隐患。

为降低绿化喷药洒水作业安全风险、节约资源消耗、提高生产效率,日常养护单位对目前的洒水作业设备进行电控化技术改造,实现在驾驶室内控制洒水等自动喷淋工作,代替人工在车辆尾部操作,提高了安全施工作业系数。该电控式绿化喷洒装置(图4-53)可用于中央分隔带不同高度植物、路侧路缘石以外不同范围边坡的喷洒作业,作业过程中能迅速避开桥墩、广告牌柱子、标牌立柱等障碍物,扩大喷洒范围,提高了作业效率及植物存活率。

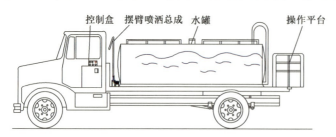

图4-53　电控式绿化喷洒装置

（4）车载式绿化修剪设备

高速公路上车速快，空间封闭，必须确保绿化植物不能影响驾驶员的行车安全，因此需要及时对中央绿化带、边坡、立交等区域的绿化植物进行定期修剪。然而，广东地区雨量充沛，路侧绿化植物长势过快、长势茂盛，绿化修剪频繁，传统的人工修剪模式劳动效率低和修剪作业质量差。为解决高速公路路侧绿化修剪难问题，所属路段养护项目部均配备"多功能绿化修剪车"（图4-54），在绿化修剪中实现了中央分隔带、路侧绿化修剪机械化，修剪面规整，修剪高度可达到5m，极大提高了修剪效率。

图4-54　车载式绿化修剪设备

（5）环保节能碎枝机

为解决高速公路沿线边坡上植物枯枝影响路域景观及清运困难大的问题，南粤交通公司所属路段应用环保节能碎枝机（拖挂式）在路肩、基地将枯枝粉碎后回收或就地利用，如图4-55所示。粉碎后的木屑均匀，尺寸为4～16mm，粉碎后可将直接喷入运输车辆内，其运输量是原树枝运输量的1/10。此外，粉碎后的木屑也可就地喷洒在边坡上用作植保有机覆盖物、生物质堆肥、绿植培养基等。环保节能碎枝机的应用，直观地改善了边坡路容路貌，加速了边坡杂树的分解速度，提高了边坡土壤的肥力，节省了人力物力，使得路域环境更美丽，生态更环保。

图4-55　环保节能碎枝机

(6)电缆沟挖掘器

在取消省界收费站专项工程的实施过程中,由于时间紧、任务重,门架电缆设计要求埋深70cm,若采用人工开挖,将耗费较长时间,从而影响整体施工进度。为此,南粤交通公司所属阳化高速公路发挥聪明才智,创新性使用电缆沟自动挖掘器,电动开挖,在界面相对较好的路段,极大地提高了施工效率和质量,并且在其他路段实施过程中得到推广使用,保障了取消省界收费站专项工程的工期。

(7)自带防撞缓冲装置扫路车

为持续提高养护生产作业安全保护力度,进一步降低养护车辆作业安全风险,对养护车辆进行安全防护升级,广东能达公司采用自带防撞缓冲装置扫路车进行高速公路的保洁作业,如图4-56所示。

图4-56 自带防撞缓冲装置扫路车

新配置的防撞型扫路车防撞装置将独立构件牢固地安装在车辆尾部,并配置了CAN独立控制系统。该防撞装置与清扫功能装置互不干扰,它与现有扫路车相比,在保证清扫效果的同时,极大地提高了作业安全性,有效防止了扫路车进行清扫作业时被其他车辆追尾而引发严重伤亡事故。

3)应用专业化检测设备

(1)桥梁智能检测设备

桥梁检测是通过对桥梁的技术状况及缺陷和损伤的性质、部位、严重程度及发展趋势,分析出现缺陷和损伤的主要原因。桥梁检测主要包含三大部分,即桥梁外观检测、桥梁结构材料的损害检测和桥梁承载力的检测、第三方检测单位通过智能检测车进行检测(图4-57)。通常,采用仪器和缆索检测机器人对桥梁进行检测,如图4-58所示。

(2)道路自动化检测设备

自动化检测技术相比传统人工调查方法优势明显,大大地提高了工作效率,具体包括:可实现对道路进行检测过程中的快速、无损、智能的全自动化数据采集,实现桩号自动校准,自动完成路面性能指标数据的采集,自动完成公路沿线立体图像的采集,能实现检测数据异常报警。SCRIM横向力系数测试车和激光自动弯沉车分别如图4-59和图4-60所示。

图 4-57　智能检测车缆索检测机器人

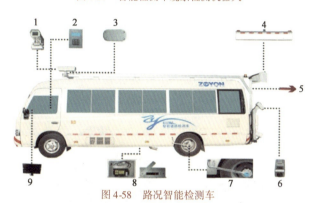

图 4-58　路况智能检测车

1-前方图像系统;2-属性手柄;3-GPS 天线;4-路面系统;5-箭头指示灯;6-车辙系统;7-车轮编码器 DMI;8-平整度、构造深度系统;9-倒车影像

图 4-59　SCRIM 横向力系数测试车　　　　图 4-60　激光自动弯沉车

(3) 隧道检测设备

隧道结构机器检测设备将朝着全自动化、智能化、多功能化、大数据化、高效与高精度的方向发展。目前,隧道快速检测技术主要可以分为基于激光扫描技术和基于摄像拍照技术两大类。基于激光扫描技术的隧道快速检测装备适用于车流量少且对交通影响较小的路段;相比而言,基于拍照技术的隧道快速检测车在检测过程中则无须进行交通管制,极大地缩短了现场检测作业的时间,保障了公路交通的安全运营(图 4-61)。

 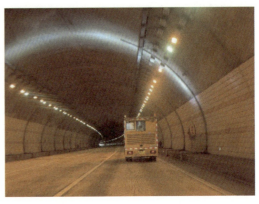

图 4-61 隧道快速检测(无须交通管制)

(4)边坡检测设备

边坡工程检测的内容应根据检测目的和要求确定,宜包含边坡环境与外部作用、边坡工程外观几何尺寸和整体变形、支护结构、构件及基础的外观质量与缺陷等项目。图 4-62 为锚杆抗拔仪。

图 4-62 锚杆抗拔仪

第 5 章 高赋能支撑

技术不断革新,相比新型养护技术,传统养护技术领域存在管理效率低下、高能耗及低效益等不足。南粤交通人始终以谋求提升及创新发展为突破口,围绕"及时预防养护、防范重大风险、提升养护效益、提升服务水平"四大主题,积极开展养护新技术研究及微创新应用。近几年,开展了10项养护创新课题研究,形成了13项研究成果,积累了34项具有推广价值的养护微创新应用。在及时预防养护技术方面,积极开展了自动巡检技术(包括路面智能巡检、无人机智能巡检、斜拉桥爬索机器人巡检、机电设备自动巡检等技术)深化应用,便于及时发现病害,有针对性地开展预防养护。在防范重大风险方面,主要开展了数字监测、智慧运营,包括桥、隧、高边坡等重点结构物的数字化监测技术,异常事件检测技术,AR自动识别技术,等等,以便及时识别结构及运营过程中的重大风险,采取措施加以防范。在提升养护效益方面,主要开展了智能分析、科学决策、综合评估等方面技术,包括基于养护衰变模型的路面养护规划、大数据收费稽核系统、综合养护、软基及高边坡病害处治等。在提升服务水平方面,主要是通过实施绿色低碳工程,达到安全、绿色、舒适出行目的,包括沥青路面就地热再生、服务区绿化自动喷淋+中水回用、隧道灯光节能等技术应用。图 5-1 为高水平创新结构示意图。

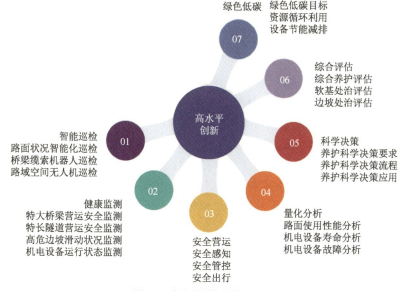

图 5-1 高水平创新结构示意图

5.1 智能巡检

近年来,伴随着高速公路及基础建设已实现全面铺开的情况,高速公路行业由过去以基础设施建设为主,向建设、养护、管理、服务并重转变,更加突出养护、管理、服务工作。随着公路里程数的不断增长,越来越多的运维场景和问题无法用传统方法来解决。面对行业发展的变化,人工+辅助工具的传统养护巡检方式存在巨大局限性,如人工巡查耗时长、成本高、效率低,且高速公路地形复杂,人员安全风险大,数据需要人工归档,内业工作量大。日常运维巡检技术的智能化、自动化变得尤为迫切。基于此,南粤交通人以"及时预防养护"为主题,以谋求提升及创新发展为突破口,定制化开展研究各类高新技术(如无人机自动巡检、机电设施自动巡检、路面巡检设备等),以适配高速公路各类专业、场景的巡检工作,加速高速公路行业巡检自动化、智能化进程,实现"及时预防养护"目标。

5.1.1 路面状况智能化巡检

目前,高速公路的路面养护检查主要依赖人工巡检检查,也可以聘请具有专业检测设备或特殊车辆的机构定检。人工巡检时效性低、耗时费力,需要投入大量技术人员进行分组、分段、分类巡检;巡检时,在高速公路路侧步行,对巡查人员人身安全危险隐患大;人工巡检时间长,机械性强,检测人员容易产生视觉疲劳,对遗漏的检查容易产生疏漏;人工巡检主要以目测为主,无法系统地采集病害位置信息、图像信息,资料的整理、归类、存档需耗费大量的精力,容易出错。聘请使用专业检测车辆价格昂贵,巡检成本与定检次数成正比,无法突破养护预算的瓶颈。

为了解决以上路面巡检难题,南粤交通公司连英高速公路开发并应用了 AI 路面智能巡检系统,以轻量化、快速高效、适用范围广的车载式设备切入养护巡检业务;利用 AI 技术,拓宽数据源,结合大数据智能分析、筛选,实现路面病害定位及闭环检查。

1)AI 路面智能巡检简介

AI 路面智能巡检系统主要由前端智能车载病害检测系统和后端中心平台构成,如图 5-2 所示。前端智能车载病害检测系统,对日常养护工作车辆进行改装,加装全景云台摄像机、车辆定位仪、车载手控器、车载显示屏以及车载智能分析仪。其中,全景云台摄像机实现车辆前后路面的 180°全景成像;车载智能分析仪通过对视频的高频抓拍图片分析,结合 AI 深度学习功能,对相邻图片中排列异常、色温差距较大的像素点进行筛选,进而初步检定路面病害,并利用物联网卡(4G)将数据上传给中心平台,实时数据包括 GPS 定位信息、病害类型等。后端中心平台接收智能车载上传的路面病害检测数据,实时地向客户端发出警告并进行病害事件管理,实现历史数据存储,构建数据池,实现养护业务电子化档案管理。

2)技术创新

(1)基于高清摄像机高速抓拍技术

通过车顶安装 6 个摄像机,形成两路前后 180°画面,实现 360°全景覆盖,单路分辨率高达4096PX×1080PX,再通过视频拼接技术合成。另外,云台摄像机采用星光级200万PX,H.264压缩格式,360倍光学变焦,最大分辨率可达1920PX×1080PX,从配置上优于主流视频检测设备。

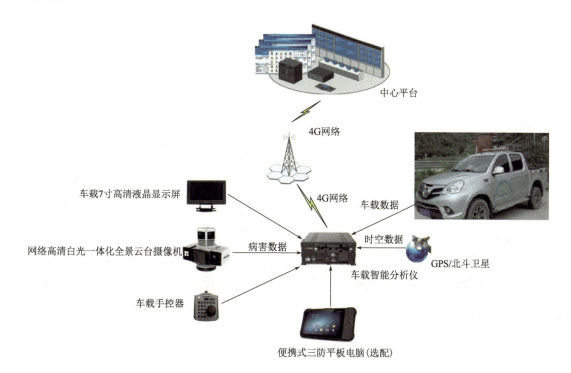

图5-2 AI路面智能巡检系统组成

(2)基于图像AI分析技术

通过对路面病害大量图片数据采用分类,形成不同类型的计算机数据,对比建模,转化成计算机二进制数据;通过算法校验,不断对数学模型调整,最终转化成AI算法;然后,把不同病害的图片分析算法形成特征数据库,在车载智能分析仪上运行固化分析软件,实时对车载图像进行解码后,与特征库数据进行比较,匹配成功后,获得一个事件单位;最后,封装图像数据与病害类型名称形成数据块上传。

(3)基于GPS/北斗卫星技术

利用连英高速公路全覆盖(含特长隧道)的GPS/北斗卫星信号,在同一个时间轴上对车辆进行实时定位经纬度,并进行先入先出栈处理;在路面病害事件触发后,利用摄像机抓图时间数据,在栈数据中寻找对应经纬度,最大限度地消除车辆移动过程中经纬度的数据偏移,叠加到病害图片的附属信息,多维度地构建路面病害大数据,建立病害纵向链,为后续进一步对路况各类病害的阶段性研究分析提供可能。

(4)4G物联网技术+公有云技术

利用三大运营商的4G信号覆盖,车辆检测仪加装4G通信模块,构建公有云接收数据进行转发至路段服务器,实现无线传输,同时车载分析仪配置大硬盘,进行巡检视频记录,当养护车辆在局域网Wi-Fi范围,用大速率上传至服务器。

3）AI 路面智能巡检系统应用

连英高速公路应用 AI 路面智能巡检设备（图5-3），主要作为人工巡检辅助手段，日常情况下巡检频率为1月/次全线覆盖，在雨季（3—6月份）可提高为1~2星期/次全线覆盖。在2023年4月份，连英高速公路应用该巡检设备巡查了3次，快速检查定位了路面开裂、沉陷、坑槽、标线缺失等23处病害。同比情况下，若采用人工步行巡查全线覆盖一次，需要4组人员持续20天。图5-4为路面状况巡检数据。

图5-3　AI 路面智能巡检设备

图5-4　路面状况巡检数据

连英高速公路应用 AI 路面智能巡检设备以来，取得突出的成效，主要包括：①实现了以最小的投入，提高路面养护工作巡检频次，减少路面病害存在时间，进而提高路段运营安全；②及时有效地巡检，发现路面裂缝、沉陷、车辙、波浪、坑槽、积水等病害；③通过实时数据回传，后端管理人员的及时研判，现场人员的及时调研取证，减少路面养护病害点复勘工作量，降低人工工作成本；④建立了路面养护病害素材数据库，为日后管养工作计划的制定提供参考依据；⑤三防平板电脑（PAD）比手机视窗更大，有利于管理人员之间的技术研讨分析、交流。

5.1.2 桥梁缆索机器人巡检

缆索结构体系桥梁具有造价高、结构复杂、结构整体刚度小、变形大、易损构件多等特点。桥梁拉索从安装后就不可避免地受到腐蚀退化、振动疲劳等各种不利因素的作用;作为主要承重构件之一,其外部PE防护等完整性缺陷直接影响拉索使用耐久性,内部钢丝锈蚀、断丝等完整性缺陷,直接影响桥梁的安全。

南粤交通公司所属项目共有缆索结构体系桥梁10座,其中斜拉桥9座、悬索桥1座。由于缆索数量多、位置高,人工巡检无法直接接触缆索部位,检查难度大。为解决缆索的检查难题,南粤交通公司江肇高速公路在西江特大桥应用了爬索检测机器人巡查检查斜拉索技术状况。南粤交通公司所属项目缆索结构体系桥梁一览表见表5-1。

南粤交通公司所属项目缆索结构体系桥梁一览表　　　　表5-1

序号	项目名称	桥梁名称	主跨组合(m)	上部结构形式
1	清云	肇云大桥	4×47+(202+738)+4×45	先简支后连续T梁+双塔双跨钢箱梁悬索桥+先简支后连续T梁
2	江肇	西江特大桥	128+3×210+128	单箱三室宽幅脊梁断面斜拉桥
3	河惠莞	枫树坝特大桥	160+320+160	单箱三室预应力混凝土斜拉桥
4	怀阳	广信特大桥	58.5+126.5+360+126.5+58.5	单箱五室预应力混凝土斜拉桥
5	东雷	通明海特大桥	146+338+146	叠合板钢箱梁+平行钢丝斜拉索
6	广中江	滨江大桥	57.5+172.5+400+172.5+57.5	单箱五室预应力混凝土斜拉桥
7	广中江	南中大桥	75+130+365+130+75	单箱五室预应力混凝土斜拉桥
8	广中江	潮荷大桥	50+120+320+120+50	单箱五室预应力混凝土斜拉桥
9	广中江	江海大桥	60+150+380+150+60	单箱五室预应力混凝土斜拉桥
10	广中江	西江特大桥（公铁共用桥）	102+175+102	简支预应力混凝土预制小箱梁+平行弦连续钢桁梁

1) 现有桥梁缆索检查方法对比

(1) 人工目测法

人工目测法是指工作人员从桥面上通过望远镜或长焦相机来完成桥梁缆索检查,检查存在盲区,但不能把索杆表面所有部分检查清楚,无法对病害位置进行准确定位,无法在雾霾天或光线不好的情况下完成检测,微小病害识别分辨率低,检测效果差。

(2) 无人机检测法

无人机检测法是指工作人员操作无人飞行器抵近拍摄完成检查。桥梁缆索区域结构环境复杂,使用无人飞行器存在坠机风险,有碍道路行车安全;仅依靠无人飞行器进行检查存在巡检盲区,不能把索杆表面所有部分检查清楚;无法对病害位置进行准确定位;雾霾天或光线不好的情况下无法检测;风力稍大的情况下无法进行检测;由于是抵近检查,无人飞行器与索杆需保持一定安全距离,难免会造成病害分辨率低,检测效果差等问题。

(3)缆索检测机器人法

该技术是一种结构简单轻便、操作简单、功能强大的特殊检测装置,可方便实现悬索桥、拱桥的吊杆和斜拉桥的斜拉索全面的 PE 外观检测工作。

缆索检测机器人一般约束在索体表面,环向搭配高清摄像组件,采用拍照或录像的方式进行检查,通常不需占道作业,检测效果优于人工目测和无人机检测方法。缆索检测机器人一般体型较小,质量较轻,可 2~3 人一组轻松安装操作,检测费用比较合理;缆索检测机器人通常内置电源动力,远程操控前进与后退,检测效率高于上述其他检测方法。

2)西江特大桥机器人(CCB-Ⅲ)缆索检测

江肇高速公路西江特大桥(图 5-5)主桥采用四塔五跨矮塔斜拉桥,桥跨布置为(128 + 3 × 210 + 128)m,主桥长 886m,桥宽 38.3m。全桥共 256 根单索面双排斜拉索,斜拉索采用 ϕ15.2mm 填充型环氧涂层钢绞线斜拉索。斜拉索外护套管外径较大,为 ϕ240mm,其他常规爬索检测机器人无法安装到如此大外径的拉索上面。因此,采用性能更为优越的缆索检测机器人设备三代产品(CCB-Ⅲ),对西江特大桥斜拉索进行外 PE 护套管的外观爬索检查(图 5-6、图 5-7)。

图 5-5　江肇高速公路西江特大桥

图 5-6　缆索检测机器人(CCB-Ⅲ)

图 5-7　缆索检测机器人 CCB-Ⅲ检查示例

(1)主要参数

缆索检测机器人(CCB-Ⅲ)适用于斜拉桥的斜拉索、悬索桥或吊杆拱桥的吊杆 PE 护套外观检查巡查,其主要性能参数见表 5-2。

缆索检测机器人(CCB-Ⅲ)主要性能参数表　　　　表 5-2

序号	项目	参数	序号	项目	参数
1	行走机器人质量(kg)	15	4	下降速度(m/min)	0~18
2	被测拉索直径范围(mm)	65~350	5	满电量有效运行距离(m)	>4000
3	爬升速度(m/min)	0~10	6	遥控器可控距离(m)	>800

(2)技术优势

①强适用性。缆索检测机器人(CCB-Ⅲ)可方便安装于不同直径的拉索,可跨越缠绕线、破损等障碍;可适用于夜间、低温等特殊环境。

②智能便捷。动力系统内置于机器人内部,无须外部供电;通过无线控制机器人,视频实时无线传送到地面接收端并保存。

③精准保真。360°无死角同步观察索杆外观病害情况;准确记录每个病害的具体位置;同步记录桥梁及索号信息,避免后处理混淆错乱;拍摄视频图像无变形等失真现象;检测精度达 0.2mm。

④强抗干扰。具有超强抗环境干扰能力,可适用于轨道交通桥梁项目检测,并可多台设备同时作业不相影响。

(3)后期数据处理

后期数据处理主要利用播放器进行分析处理,找出有病害的图片,并将存在病害的视频片段转化为图片文件,然后根据图片判断病害类型、病害程度、病害等级等,最后形成报告。索体 PE 护套外观典型病害检测效果示例照片,如图 5-8 所示。

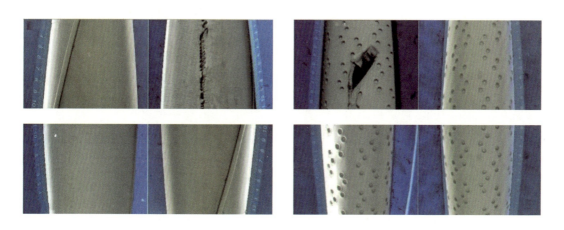

图 5-8　缆索病害检查

(4)养护决策

江肇高速公路西江特大桥外 HDPE 护套管外观检测共发现以下几种典型问题,即外 HDPE 护套管外观局部存在严重刮伤、刮伤、刮痕、附着物、污迹及涂装不完整。其中,涂装不完整数量最多,占病害总数量的 61.97%;其他病害数量按百分比由大至小依次为刮伤 20.22%、刮痕 7.45%、附着物 5.43%、污迹 2.84%、严重刮伤 2.09%。严重刮伤病害如图 5-9 所示。

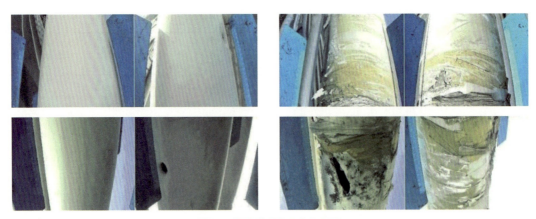

图 5-9　缆索典型病害检查结果

根据检测视频中病害损伤程度及本桥拉索护套构造特点,对病害按结构耐久性影响深度排序,秉承"治早、治小、治好"的原则,管理处及时针对性地制定了维护应对策略。

①对存在严重刮伤造成外 PE 护套管局部防护功能失效的部位及时进行热熔修复。

②对存在严重刮伤病害的拉索,开展预埋导管内部状况检查,抽排出导管内部积水,重新灌注防腐油脂。

③对存在严重刮伤病害的拉索,开展锚头检查,对锚头部位防腐油脂进行清理更换。

④在进行外部 PE 护套管安装时,为多段护套现场热熔对接成一个整体,涂装部位处于热熔接头位置,经分析该涂装应该为接头环缝密封填充的结构胶一类的材料,一旦此部位密封体系失效,可能导致雨水顺缝隙渗入外护套管内部。但鉴于目前尚未发现因该部位所致的渗漏水情况,计划结合该路段大中修或拉索专项维修工程,对全桥拉索对接环缝处涂装不完整的部位集中处治。

5.1.3　路域空间无人机巡检

无人机自问世以来,已广泛应用于电力、军事、安防、海事、物流等多个领域,并在这些领域的高新技术应用中起到积极的推动作用。近年来,无人机视角灵活、不受地形限制等特点也深受交通行业的青睐,纷纷开展以无人机为载体的各类高新技术。南粤交通公司作为广东省政府还贷高速公路的建设主体,深耕于粤东西北地区,大部分项目为山区高速公路,其各路段边坡、桥梁、外供电线路等构筑物人工巡检难度大,耗费时间长。

为此,南粤交通公司以仁新高速公路为依托,探索以无人机为载体的自动巡检技术,研究开发了高速公路桥梁、边坡日常养护无人机智能巡检系统(以下简称"无人机智能巡检系统"),该系统可对路基边坡和隧道边仰坡冲刷、滑塌、排水设施堵塞,桥台及墩柱冲刷等病害进行巡检,还可对沿线高压电缆、红线外人工无法到达的区域情况进行巡查。

1)无人机智能巡检系统简介

无人机智能巡检系统由无人机及其负载、基于 5G 通信 + 边缘计算的无人机自主巡检系统、基于云计算的海量多源数据管理平台和基于多源传感器融合的异常智能识别算法四部分组成,如图 5-10 所示。利用该系统对桥梁、边坡开展无人机自主巡检,并通过云计算实现对海量多源数据的管理,运用边缘技术、图像识别等 AI 技术对障碍物和结构物异常进行识别,极大地提高了巡检效率,减少了巡检盲区,同时降低了巡检成本。

图 5-10　无人机智能巡检系统主要框架

首先,无人机智能巡检系统以多旋翼无人机为搭载平台,基于 5G 通信 + 边缘云的计算方式,来提升复杂环境下无人机的自动巡查能力,通过 YOLOv5 算法、RTK/INS 技术和双目视觉技术来提高无人机避障能力,由机载边缘平台统一计算部署,实现无人机状态信息回传及人工辅助避障功能。其次,构建高速公路养护海量多源数据管理云平台,以"云—网—边—端"新基建为技术底座,建设打造集海量多源异构数据存储、处理、服务为一体的统一数据中台,以实现无人机巡检过程中所回传的文字、图像及视频数据的及时调用。最后,无人机智能巡检系统可根据不同构筑物病害图像特点采用不同算法进行深度学习分析,通过网络模型进行推理判别,自动识别出公路养护中的病害异常(图 5-11 ~ 图 5-14)。

图 5-11　无人机自主巡查系统

图 5-12　高速公路养护海量多源数据管理云平台

图 5-13　坡面冲刷与排水设施堵塞识别

图 5-14 桥下空间及桩基冲刷识别

2）无人机智能巡检系统的应用

在南粤交通公司指导下，仁新高速公路管理处通过对 5G 通信、边缘计算、云计算、深度学习等关键技术进行研究，实现了养护无人机自动化巡查、海量多源二三维巡查数据集中化、数字化管理和可视化展示、桥梁边坡异常智能识别，构建了高速公路智慧管养无人机巡检的技术应用体系，并形成了南粤交通公司企业标准成果《高速公路桥梁边坡养护无人机巡检方法》，为无人机养护巡检技术的推广应用奠定了基础。

在 2022 年汛期期间，仁新高速公路管理处投入使用无人机智能巡检系统，有效协助了现场巡检工作开展。2022 年 3—4 月，在汛期来临之前，仁新高速公路管理处利用无人机智能巡检系统对全线重点桥梁和边坡进行了巡查，共发现边坡病害 57 处，桥梁病害 39 处；6—7 月"龙舟水"期间，对全线桥梁进行了巡检，共发现 50 处地基冲刷、冲沟问题；7—8 月，组织对沿线的 24 座高压电塔及沿线电缆进行了精细化巡查，并采集了点云数据，发现 19 处输电线与树木相邻、15 处输电线与树木接触（图 5-15、图 5-16）。无人机智能巡检系统的应用实现了病害快速发现、准确定位，助力开展精准养护，节约了大量巡查时间。

图 5-15 桥下空间地表冲刷巡查

图 5-16 路侧乔木树冠与输电线距离巡查

3）无人机智能巡检优势

人工巡查资料多以纸质记录为主，数据管理零散，缺乏直观状态图像等资料，易形成信息孤岛；数据分析依赖人工，现场巡查依赖于巡检人员的经验，缺乏智能化分析模型。相比之下，无人机智能巡检系统具有如下几点优势：

（1）自动化巡检，效率高。以边坡巡查为例，传统人工巡查一个五级边坡需要1h，采用无人机智能巡检系统巡查15min内即可完成1处五级边坡巡查，整体效率提升达4倍以上。

（2）视角灵活，减少盲区。无人机智能巡检系统具有机动灵活、空中鸟瞰、任意悬停等特性，通过搭载各类遥感器对人工难以达到的位置进行巡查，实现多角度巡查，减少巡查盲区。

（3）数字化存档，数据可追溯。构建海量多源数据管理平台，对无人机智能巡检系统养护巡检数据进行集中化管理和可视化展示，方便查询和存储。

（4）AI辅助分析，提高分析效率。引入深度学习算法，代替人工造表整理巡查数据，将人员从烦琐的病害判别中解放出来，提高了数据判读的效率。

5.2 健康监测

数字交通作为数字经济的重要组成部分，是交通高质量发展的重要驱动力。数字交通建设发展不断推动着交通基础设施、交通管理和出行服务模式等各层面深刻变革，将为国家经济发展新旧动能转换提供重要支撑。南粤交通公司以数字交通发展为重要导向，结合高速公路运营养护需求，在土建和机电养护方面开展了数字化监测，构成多方面、多层次的数字监测平台，打破了人工监测壁垒，弥补了人工监测的人为误差、频率限制、预警滞后等缺点，提升了南粤交通公司养护管理水平，确保了项目的运营养护安全。其中，土建养护板块开展了特大桥运营安全集群监测、隧道结构安全集群监测、高边坡稳定监测，机电养护版块开展了收费设备运行状态监测、隧道机电设备运行状态监测、供配电系统实时监测等。

5.2.1 特大桥梁运营安全监测

为确保特大桥梁结构安全、实施经济合理的维修计划、实现安全经济的运行及查明不可接受的响应原因，需要对其健康状况做出监测与评估，这对于预测特大桥梁结构的性能变化和剩余寿命、提高工程结构的运营效率以及保障人民生命财产安全具有极其重大的意义。

传统上，特大桥梁结构安全评估是通过人工目视检查或借助便携式仪器测量得到的信息进行的。人工检查可分为经常检查、定期检查和特殊检查。人工检查方法在实际应用中有很大的局限性。美国联邦公路局的调查表明，由人工目测检查做出的评估结果有56%是不恰当的。传统检测方式的不足之处主要表现为以下几点：①需要大量人力、物力和财力并有诸多检查盲点。②主观性强，难以量化。传统检查方法的评估结果主要取决于检查人员的专业知识水平和现场检查经验。③缺少整体性。人工检查以单一构件为对象，不能提供整体全面的结构健康检测和诊断信息。④影响正常交通运行。⑤周期长，实时性差，不能向决策者和公众提供即时信息。

传统检查方法的诸多缺点使其难以满足结构健康状况实时检查的需求。因此,从20世纪80年代开始,特大桥梁结构安全监测技术逐步从机械、航空领域引入土木工程,并得到了快速发展。结构安全监测是指利用现场传感设备获取相关数据,对包括结构响应在内的结构系统特性分析,达到监测、检测结构损伤或退化的目的。

1)桥梁安全监测系统建设

2020年12月,《交通运输部关于进一步提升公路桥梁安全耐久水平的意见》(交公路发〔2020〕127号)明确"加强桥梁结构健康监测"。统一数据标准和接口标准,推进数字化、信息化、智能化,2025年底前实现跨江跨海跨峡谷等特殊桥梁结构健康监测系统全面覆盖。依托监测系统开展日常管理,健全完善长期运行机制,不断拓展系统功能,持续建设覆盖重要公路桥梁的技术先进、经济适用、精准预警的监测体系,进一步提升监测系统的实效性、可靠性和耐久性。

2021年3月,交通运输部办公厅关于印发《〈公路长大桥梁结构健康监测系统建设实施方案〉的通知》(交办公路〔2021〕21号),要求对跨江跨海跨峡谷等长大桥梁结构健康开展实时监测,动态掌握长大桥梁结构运行状况,着力防范化解公路长大桥梁运行重大安全风险,进一步提升公路桥梁结构监测和安全保障能力。

根据交通运输部相关政策文件要求,在广东交通集团的指导下,南粤交通公司结合运营养护工作实际发展需要,对所属项目单跨跨径≥100m的桥梁实施应用了桥梁运营安全集群监测系统,实时掌握桥梁运行状况,提高了特大桥梁及重要桥梁运营安全管理和突发事件应急处置能力。南粤交通公司所属项目桥梁运营安全集群监测系统应用一览表见表5-3,图5-17为桥梁集群监测系统。

南粤交通公司所属项目桥梁运营安全集群监测系统应用一览表 表5-3

项目名称	桥梁名称	主跨组合(m)	上部结构形式	系统建设年度
广中江	滨江大桥	57.5+172.5+400+172.5+57.5	混凝土斜拉桥	2020
广中江	潮荷大桥	50+120+320+120+50	混凝土斜拉桥	2020
广中江	江海大桥	60+150+380+150+60	混凝土斜拉桥	2020
广中江	南中大桥	75+130+365+130+75	混凝土斜拉桥	2021
广中江	小榄水道桥	110+195+110	连续刚构桥	2021
江肇	西江特大桥	128+3×210+128	混凝土斜拉桥	2020
连英	英德北江特大桥	108+190+108	连续刚构桥	2020
龙连	大埔河大桥	82+150+82	连续刚构桥	2020
仁新	锦江大桥	80+150+80	连续刚构桥	2020
清云	肇云大桥	4×47+(202+738)+4×45	悬索桥	2020
怀阳	广信特大桥	58.5+126.5+360+126.5+58.5	混凝土斜拉桥	2021
河惠莞	枫树坝特大桥	160+320+160	混凝土斜拉桥	2020
东雷	通明海特大桥	146+338+146	混凝土斜拉桥	2023

图 5-17　桥梁集群监测系统

2）监测内容

根据安全监测系统的功能定位和监测需求,精简、优化、筛选的监测内容及方法。对于大桥和特大桥,监测内容通常包括防船撞监测、车辆荷载监测、主梁竖向挠度监测、应变监测、振动监测、支座位移监测和温湿度监测;对于斜拉桥,还需要增加塔顶偏位监测、风速风向监测、索力监测等内容。

3）监测系统构架

南粤交通公司应用的软件平台通过引入云计算、移动互联网、物联网、人工智能等信息技术,打造成新一代的桥梁监测软件云平台。软件设计时主要有以下方面的要求:

(1)可理解性。模块划分合理,遵循高内聚、低耦合的特性,规范化代码,注释合理等。

(2)可移植性。软件设计时与设备相关的处理和与数据相关的处理分开,使得增加新的设备不需要修改数据处理相关部分。

(3)统一接口。为不同数据的访问提供统一的接口,屏蔽数据存储方式的差异,为软件的扩展提供方便。

整个系统软件按功能,可以分为用户管理模块、结构监测模块、车辆荷载监测模块、船舶撞击监测模块、设备维护管理模块、综合预警与评估模块等 6 大模块(图 5-18)。

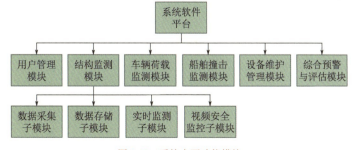

图 5-18　系统主要功能模块

(1) 结构监测模块

南粤交通公司应用的桥梁安全监测系统总共由四大子系统组成,即传感器系统、数据采集与传输系统、数据存储与管理系统、安全预警与评估系统(图5-19)。

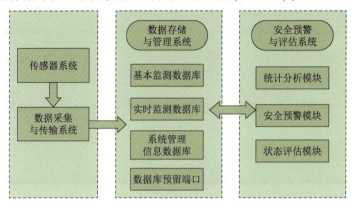

图 5-19　系统总体架构

结构监测模块包括数据采集子模块、数据传输与处理子模块、实时监测子模块和视频安全监控子模块。

①数据采集子模块是自行开发的集采集、调试、传输与存储一体的软件,它集成了所有不同设备的采集模块,使用同一界面采集与调试。采集软件在采集站运行,主要功能有采集数据、保存数据和基本的数据处理。

②数据存储子模块。

数据存储子模块用于为各种数据提供合适的数据存储方式,并提供统一数据访问接口。其具体功能:针对结构监测、人工巡检以及视频数据的自身特点,提供合适的数据存储方式;采集数据传输到数据服务器永久保存,触发数据与非触发数据分目录保存;日志、报警数据保存到数据库;为视频数据提供至少保存45天的能力,硬盘存满后能够自动覆盖最先采集的数据。

③实时监测子模块。

该模块是同用户交互的主要模块,模块基于B/S架构,主要监测传感器实时采集数据、查询历史采集数据以及参数设置等。其具体功能如下:

a.实时监测:主要用于监控桥梁各种情况;三维布点展示桥梁各感应器布设位置;展示实时监测数据。

b.历史监测数据:历史监测数据查询;根据历史监测数据以及评估标准,对桥梁进行评估打分。

(2) 车辆荷载监测模块

汽车荷载是大桥运营期间的主要可变荷载,通过动态称重(Weigh In Motion, WIM)能够不停车、高效率地得到公路车辆的轴重、间距等参数,但缺点是价格较高,使用寿命较短。

南粤交通公司应用的车辆荷载监测技术采用视频识别车牌+收费站称重系统的车辆荷载数据来获取通行桥梁的车辆荷载,还可进行桥梁车流荷载识别,无须增加额外投资,最大限度地降低了总体成本(图5-20)。高清卡口技术能监测记录,再定期地向广东省高速公路监控中心申请脱敏后的收费站车辆计重数据,经数据碰撞、除重、匹配等处理后,即可得到高清卡口安装处所经过桥梁的车牌和重量信息。

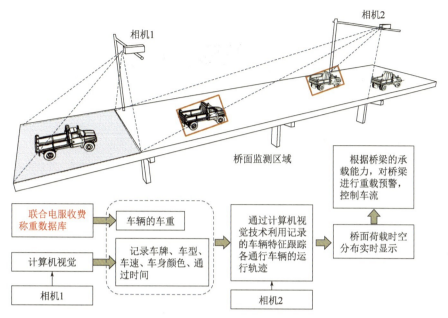

图 5-20　低成本车辆荷载监测方案示意图

通过先进的机器视觉识别技术,在防撞护栏上布置一排高清卡口,识别出车牌和车道信息(可识别多个车道)。识别的车牌信息与ETC门架上高清卡口获取的数据进行匹配,即可获得桥梁准确车辆荷载时空分布,经统计可得到桥梁实际受到的车辆荷载模型,与结构的响应联合分析得到结构的退化规律。

车辆荷载监控模块的功能主要包括:①车辆荷载数据的实时显示,包括车牌、车辆图像采集与抓拍、车辆流量和车型统计、车速、车头时距;②车辆荷载历史数据的查询与统计。系统可按日、周、月、年等时间段,统计不同点位、不同设备的车辆信息,并以报表、曲线图、柱状图等各种直观的方式显示出来。

(3)船舶撞击监测模块

船舶撞击监测模块的功能主要包括:①实时监控,可监测过往船只动态轨迹;②通行记录,可查询历史过往船只身份信息;③统计分析,内容包括每日通行量、船型分类统计、助航统计、偏航统计。

南粤交通公司应用的桥梁防船撞预警系统(图 5-21)主要包含以下五个模块:

①控制处理模块。控制处理模块是桥梁防碰撞预警系统的心脏,控制各种传感器和存储设备,进行数据处理。

②视频监控模块。视频监控模块由红外网络高清智能摄像机、高清网络录像机和无线网桥组成,能够记录船舶通过桥区的全过程,获得完整有效的证据。

③偏航识别模块。利用 AIS 系统获取船舶的航行轨迹,在桥墩附近设置 AIS 虚拟航标,监测发现船舶进入非通航区域时,触发系统的报警机制。

④声光报警模块。声光报警模块由 LED 屏幕、LED 长亮/闪亮警示灯与扬声器组成。当系统检测到船舶偏航/超高时,以文字、耀眼的闪光和响亮的声响对船舶发出警告。

⑤水文信息采集模块。水文信息采集模块由流速、风力/风向、降雨量传感器组成,可采集

桥区范围的水文信息并长期保存,便于发生事故后进行调查取证和原因分析。

图 5-21 桥梁防船撞预警系统工作原理

(4) 综合预警模块

超限阈值分为三级,当监测数据超过各级超限阈值时,便同步报警。超限阈值根据监测内容历史统计值、材料允许值、仿真计算值、设计值和规范容许值设定,并考虑车辆通行管控建议、检查指引、健康度评估、特殊事件应急管理等监测应用需求;超限阈值可根据桥梁健康度和技术状况进行调整。报警阈值设置见表 5-4。

报警阈值设置　　　　　　　　　　　　　　　　　表 5-4

报警类别	报警内容	超限阈值	超限级别
环境	最高温度、最低温度、最大温差	大于 1.0 倍设计值	一级
		大于 1.2 倍设计值	二级
	构件封闭空间内相对湿度	大于 50%	一级
作用	车辆总重或轴重	达到 1.5 倍设计车辆荷载	一级
		达到 2.0 倍设计车辆荷载	二级
	风速、风向	桥面 10min 平均风速达到 25m/s	一级
		桥面 10min 平均风速达到 0.8 倍桥面设计基准风速	二级
		桥面 10min 平均风速达到桥面设计基准风速	三级
	混凝土、钢结构构件温度	达到设计值	一级
	桥面铺装层温度	大于 60℃或小于 -20℃或根据铺装体系材料力学性能随温度变化关系确定	一级
	船舶撞击	发生船撞事件	二级
	桥岸地表场地的震动加速度	达到设计 E1 地震作用加速度峰值	二级
		达到设计 E2 地震作用加速度峰值	三级
结构响应	主梁竖向位移	达到 0.8 倍设计值	二级
		达到设计值或一个月内发现 10 次以上二级超限	三级
	主梁横向位移	达到 0.8 倍设计值	二级
		达到设计值或一个月内发现 10 次以上二级超限	三级
	支座位移	绝对值达到 0.8 倍设计值	二级
		绝对值达到设计值	三级

续上表

报警类别	报警内容	超限阈值	超限级别
结构响应	梁端纵向位移	绝对值达到0.8倍设计值	二级
		绝对值达到设计值	三级
	塔顶偏位	达到0.8倍设计值	二级
		达到设计值或一个月内发现10次以上二级超限	三级
	主梁、塔顶关键截面静应变	超过历史最大值	一级
		超过设计最不利工况计算值	二级
	斜拉桥斜拉索	达到0.95倍设计值	二级
		超过设计值或一个月内发现10次以上二级超限	三级
	主梁振动加速度	10min 加速度均方根达到31.5cm/s² 且持续时间超过30min	一级
		10min 加速度均方根达到50cm/s²	二级
	斜拉桥斜拉索振动加速度	幅值持续增大、呈现发散特征	三级
		10min 加速度均方根达到100cm/s²	一级
		10min 加速度均方根达到300cm/s² 且频繁出现	二级
监测数据分析结果	塔顶或主缆偏位	出现永久偏位	三级
	主梁下挠	持续下挠	三级
	索力基准值	与成桥索力相比变化超过10%	二级
		与成桥索力相比变化超过15%	三级
	剔除环境影响的桥梁主要频率变化	超过3%	二级
		超过5%	三级

报警方式有两种:①在计算机终端软件界面上以醒目的图形方式(数字颜色改变、多级报警线、状态灯)表示报警状态;②通过短信方式通知监控中心管理人员。

(5)综合评估模块

桥梁结构健康度应包括结构整体健康度和结构构件健康度,等级宜划分为Ⅰ基本完好、Ⅱ轻微异常、Ⅲ中等异常、Ⅳ严重异常四级,评定依据见表5-5。

桥梁结构健康度等级评定依据 表5-5

健康度等级	结构构件	结构整体
Ⅰ基本完好	a)中所列监测数据无超限	b)中所列监测数据超限等级全部为一级或无超限
Ⅱ轻微异常	a)中所列监测数据超限等级一级	除塔顶偏位、锚碇位移、拱脚位移之外,b)中所列其他监测数据与分析结果超限等级仅有1项为二级、无三级
Ⅲ中等异常	a)中所列监测数据超限等级二级	b)中所列监测数据与分析结果超限等级出现多项(2项及以上)二级或1项三级;当塔顶偏位、锚碇位移、拱脚位移出现1项以上二级;多项构件健康度中等异常
Ⅳ严重异常	a)中所列监测数据超限等级三级	b)中所列监测数据与分析结果超限等级出现多项三级;或多项构件健康度严重异常

通过监测数据分析、并与超限阈值比较,进行桥梁结构健康度评估。评估参数包括如下:①构件健康度表征评估参数,即采用梁端纵向位移、关键截面应变、索力、支座反力、索振

动、裂缝、断丝、螺栓状态、索夹滑移、疲劳等监测数据；

②结构整体健康度表征评估参数，即采用主梁竖向和横向位移、塔顶偏位、主缆偏位、支座位移、高墩墩顶位移、锚碇位移、拱脚位移、基础冲刷深度、锚跨索股力、预应力、主梁振动等监测数据，以及塔顶或主缆或主拱永久偏位、主梁持续下挠、桥墩沉降、索力基准值变化、剔除环境影响的桥梁主要频率变化等分析结果。

(6) 设备维护管理模块

桥梁集群监测系统所属桥梁众多，每个桥梁包含大量的传感器，设备在现场恶劣环境中使用，故障率高。如果缺乏统一的监管机制，设备发生故障时维修效率低，则无法及时、全面、准确地掌握全部设备情况，影响系统正常运行。

设备维护管理模块能及时判别传感器和硬件设备的工作状态，对于异常情况及时提醒运维人员。桥梁设备维护管理模块的主要功能包括：

①设备参数设置。通过网络与外场桥梁现场的各个数据采集站、调理器和传感器进行通讯，发送控制指令，调整设备的运行参数。

②设备状态监控。通过定期采集硬件设备的运行代码，及时判别传感器和硬件设备的工作状态，若有异常情况，及时提醒运维人员。

③在线状态监控。判别设备有无断网，是否在线。

④服务进程状态监控。服务进程状态是指设备虽然在线，但其中的软件是否正常运行，软件服务是否卡死，就是通常所说的有无"死机"等状态。

⑤数据传输状态。检测数据传输、丢包率、写入数据情况，及时发现数据传输状态故障。

⑥故障推送。及时推送设备损坏信息，以方便实施人员维护。

4) 广中江高速公路南中大桥安全集群监测应用

广中江高速公路南中大桥主桥为 (75 + 130 + 365 + 130 + 75) m 的双塔中央索面预应力混凝土斜拉桥，全长 775m，采用半漂浮体系，主梁为三向（纵向、横向及竖向）预应力混凝土结构，如图 5-22 所示。

a) 左侧立面　　　　　　　　　　　　　　b) 右侧立面

图 5-22　南中大桥

(1) 监测方案

①防船撞监测。在左右幅分别布置 3 台黑光球机、1 台激光雷达和 1 个声光报警控制单

元,右幅布置3台黑光球机,主控箱设在P3号墩顶箱室内。

②车辆荷载监测。通过调取离桥梁最近的ETC门架卡口数据,获取车辆及匹配车重信息,共覆盖双向六车道。另外,在主塔、主跨跨中、过渡墩位置沿主梁内侧防护护栏安装10个摄像头用于车辆时空分布监测。

③主梁挠度监测。全桥共设置19个连通管式挠度测点,分别在主跨的四分点以及次边跨、边跨跨中设置压力传感器作为连通管式挠度测点。挠度基准点设置在P3号塔处,每个基准点安装2个压力传感器。

④结构温度监测。在整体式箱梁截面布设22个数字温度传感器,进行混凝土箱梁温度梯度监测及铺装层温度监测。

⑤风荷载监测。风荷载是斜拉桥重要的运营期间荷载输入源之一,双塔斜拉桥的塔顶和桥面风速监测为必选项目,且需对称布置。因此,在P3号塔、P4号塔的塔顶各布置1个二维风速仪,主跨跨中截面中间布置1个超声波三向风速仪用于南中大桥运营期所受风荷载的监测。

⑥加速度监测。桥梁上部结构采用单箱多室主梁,下部结构为独柱墩,在主梁主跨跨中箱室布置1个竖向加速度传感器1个横向加速度传感器,用于桥梁动态特性的监测;P2号、P3号、P4号、P5号墩墩顶箱内各布置1个横向加速度传感器,用于船舶防撞校核及事后评估。

⑦结构应变监测。应变是根据成桥状态的主梁恒载应力和正常使用状态的主梁活载应力分布情况,对梁箱主跨跨中截面、次边跨跨中截面、塔梁连接处塔截面等关键部位进行结构应力的实时监测。

⑧斜拉索索力监测。南中大桥共有224根斜拉索,只选取32根索安装加速度传感器进行监测。每个1/4索面挑选有代表性的长索、中索布设测点。

⑨梁端位移监测。伸缩缝和支座处的病害是斜拉桥常见的病害形式之一。主桥两端伸缩缝处支座各布置1个激光位移计监测支座纵向位移。

⑩温湿度监测。桥址区域的温湿度测点布设在桥梁跨中位置,箱梁内温湿度测点布设在墩顶、跨中、主塔内等关键截面位置。南中大桥分别在主跨跨中箱梁内外、桥面以上$1/3L$和$2/3L$处塔内、次边跨跨中各布置1个温湿度仪。监测测点总体布置图如图5-23所示,监测测点布置见表5-6。

监测测点布置 表5-6

监测类型	监测项目	传感器类型	数量	布设位置
专项监测	防船撞监测及预警	AIS、VHF、黑光球机等,独立子系统		
	车辆荷载监测	高清摄像头	10	主桥段
结构安全性能监测	主梁挠度	压力变送器	19	基准点、边跨与次边跨跨中、主跨四分点
	结构温度	数字温度传感器	22	主跨跨中(包含铺装层)
	风速风向	风仪	3	塔顶、主跨跨中
	动态监测	加速度传感器	6	墩顶、主跨跨中、塔梁固结处
	结构应变	光纤光栅应变传感器	21	主梁、索塔
	斜拉索索力	加速度传感器	32	斜拉索
	温湿度	温湿度仪	8	主塔内、主跨跨中箱内外、次边跨跨中箱内
	梁端位移	激光位移计	4	伸缩缝处支座
	梁端转角	倾角仪	4	梁端

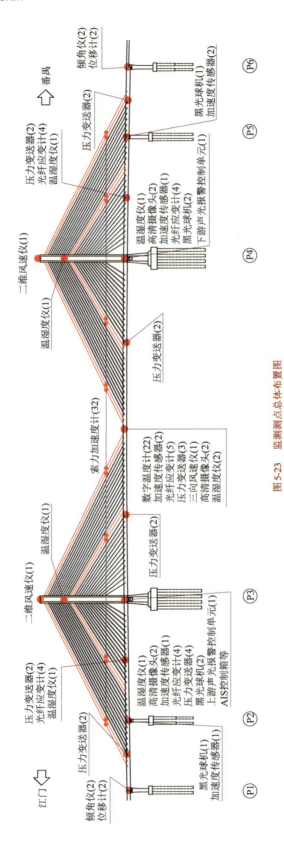

图 5-23　监测测点总体布置图

（2）监测结果

南粤交通公司创新应用了桥梁运营安全集群监测系统,完善了桥梁安全监测系统建设,实现了所管辖桥梁实时监测精细化、全面化,为桥梁风险识别提供了技术支撑。在繁忙航道航行的船舶基本能避免与桥梁发生碰撞,有效降低了桥梁的船撞风险。对南粤交通公司所管辖的桥梁受到的外荷载(如风荷载、车辆荷载和温度效应等)以及桥梁响应有了更直观的了解,增强了桥梁状态评估的实时性,为科学决策提供数据支撑,达到了良好效果,取得以下检测结果。

①防船撞监测。船舶接收到偏航预警后修正航线,能有效降低船撞桥的风险。南中大桥的通航等级为内河Ⅲ级航道,区段通航代表船型抗撞等级为1000吨级。根据监测数据,2022年质量超过1000t的船只占通航总量的86%,其中3000t以上的船舶占比28%,重型船舶占比较高。南中大桥日通航量约400艘,偏航预警少,日均偏航量7艘,船撞风险较低,如图5-24所示。

图5-24 通航轨迹查询

②车辆监测。监测期间日均车流量在6000辆左右,总体上车流量不大。其中,超过30t的重车占全部车辆的2.8%;超过49t的重车占全部车辆的0.243%,超重车辆占比较低。车重统计结果如图5-25所示。

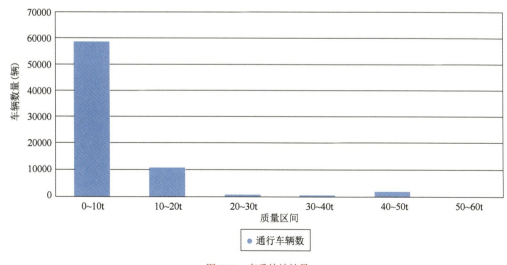

图5-25 车重统计结果

③风荷载监测。桥面的风速基本位于0~15m/s区间,最高观测值12.64m/s,平均风速4m/s;塔顶的风速比桥面略大,基本位于0~20m/s区间,最高观测值18.85m/s,平均风速5.5m/s。跨中风速时程曲线(跨中)如图5-26所示。

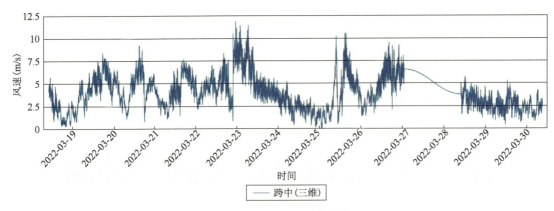

图5-26　跨中风速时程曲线(跨中)

④温度监测。监测期间环境温度为冬季和春季,整体温度相对较低,单日温度变化较大时,温度曲线波动较大。温度长期监测如图5-27所示。

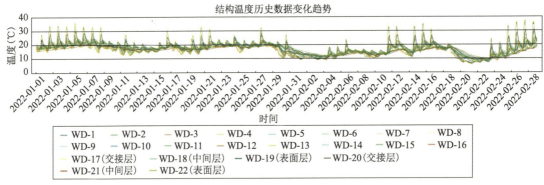

图5-27　温度长期监测

⑤温湿度监测。温度与湿度与环境温度呈相关关系,环境温度越高,湿度越小;温度与湿度随着不同日期呈周期性变化(图5-28)。

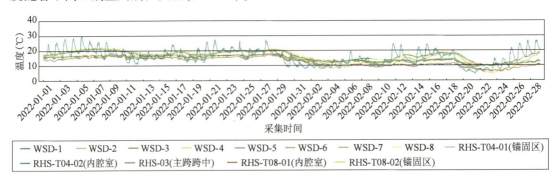

a)温度历史数据变化趋势

图　5-28

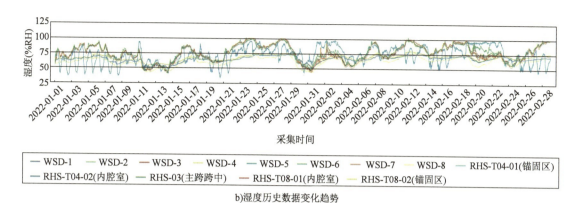

b) 湿度历史数据变化趋势

图 5-28　温湿度长期监测

⑥挠度监测。整体上,主跨跨中挠度总体变化范围在 −50~50mm 左右浮动(温度 + 车辆荷载),主跨 1/4 和 3/4 跨的挠度变化范围在 −35~35mm 内,而边跨跨中的截面总体变化范围在 −10~10mm 内波动。当 50.56t 的重车经过桥梁时,南中大桥左幅方向跨中发生了 8.7mm 左右的瞬时下挠(图 5-29、图 5-30)。

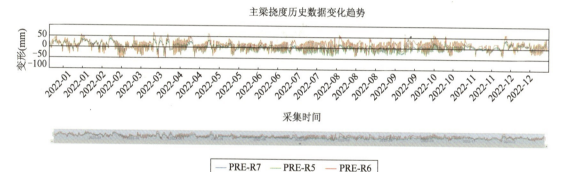

图 5-29　右幅主跨跨中长期变化曲线

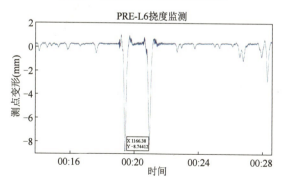

图 5-30　瞬时挠度响应

⑦应力监测。各测点的应变总体变化范围在 ±200με 内,夏季各截面的顶板和底板应变存在较大区别,而进入秋冬季后截面顶板和底板的应变梯度逐渐减小,整体应变数据变化基本稳定。中跨跨中截面、桥塔 P4 处截面长期变化曲线如图 5-31、图 5-32 所示。

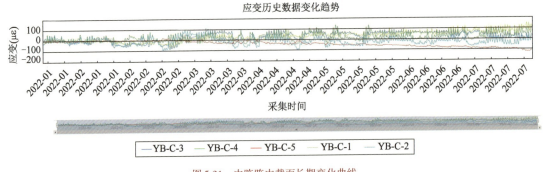

图 5-31 中跨跨中截面长期变化曲线

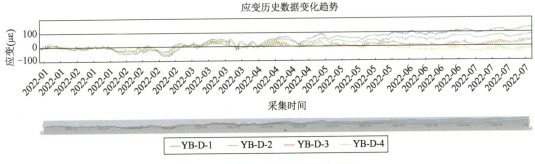

图 5-32 桥塔 P4 处截面长期变化曲线

⑧动态监测。水平方向的加速度基本小于 $0.02m/s^2$,竖向加速度由于受交通荷载影响较大,监测期间加速度幅值基本小于 $0.1m/s^2$,加速度基本小于预警值。主跨跨中竖向、P4 桥塔横向加速度变化曲线如图 5-33、图 5-34 所示。

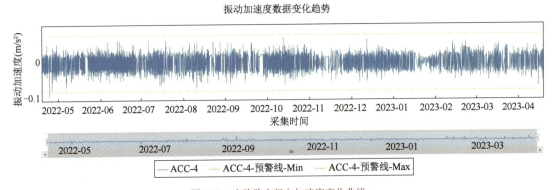

图 5-33 主跨跨中竖向加速度变化曲线

⑨索力监测。全桥索力的大小变化具有一定相似性,在同索长的情况下,边跨索力大于跨中索力,边跨越长的拉索索力越大。长期监测中索力未出现持续上升的趋势,大部分索力的变化范围在 200N 内。索力历史数据变化趋势如图 5-35 所示。

⑩梁端位移监测。南中大桥支座位移不大,全天由温度引起的支座位移变化范围在 15mm 内,支座位移曲线变化范围在 $-40mm \sim 30mm$。支座位移 L1 长期变化趋势如图 5-36 所示。

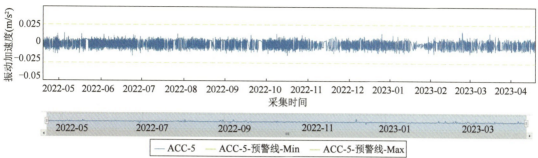

图 5-34　P4 桥塔横向加速度变化曲线

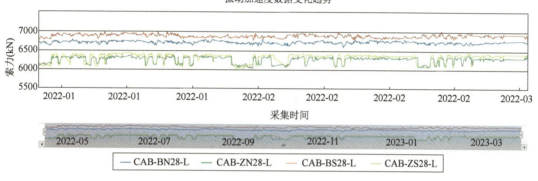

图 5-35　索力历史数据变化趋势

资料来源:索力计算参数由静载试验报告提供。

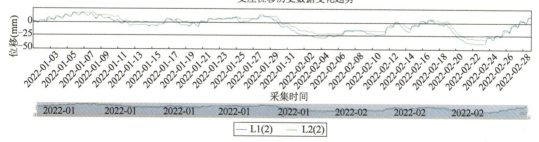

图 5-36　支座位移 L1 长期变化趋势

5.2.2　特长隧道运营安全监测

开展在役公路隧道结构安全长期监测的重要性已得到普遍性认识,但目前养护管理仍以结构检查为主,自动化监测应用不多,仅通过检查难以及时跟踪病害发展、准确评价结构安全状况,不利于结构安全长期监测技术的发展。南粤交通公司在综合考虑隧道不良地质条件及运营期病害特征的基础上,研究制定了有针对性的长期监测方案,并开展实际应用试点,实现了在役隧道结构物关键监测指标的自动化实时采集，解决了目前人工采集数据频率低、数据信息量少、时效性不足的问题，进而基于监测数据评价结构技术状况，指导维修养护。

1）隧道安全监测系统建设

广东省交通集团《关于进一步加强集团高速公路结构物安全运行管理工作的通知》（粤交集基〔2020〕391号）要求"开展特长、重要隧道运营安全智能监控系统的研发、应用"。《省交通集团工作会议纪要》进一步要求分别建设隧道结构健康监测系统和隧道运营安全智能监测系统。

南粤交通公司在广东省交通集团的指导下，依托怀阳项目马咀（长安）隧道，设计并研发了山岭公路隧道运营期结构安全自动化监测系统，可实现运营期隧道结构响应的实时自动化监测，包括监测断面实时数据的采集、储存、处理和预警等。鉴于隧道结构安全自动化监测的可行性与必要性，南粤交通公司针对建设期曾出现坍塌、涌水涌泥、软弱岩层等不良地质问题段和运营期病害严重、水害多发段隧道，建设隧道结构安全健康监测系统，并将大丰华高速鸿图隧道作为试点工程应用。

2）监测内容

针对隧道的结构形式、施工方法、受力特点、行为规律和养护需求来确定和优化监测内容和监测技术，实现了以下几点：①尽早发现结构在运营期间可能出现的状态改变和早期损伤，对异常状况及时预警，全面提高隧道的养护工作效率；②增强监测数据的处理与分析，基于关键指标的监测数据对结构状态进行预测，为管理层提供"一站式"决策支持的管理信息中心系统；③加强监测数据、检测信息与结构安全性能信息整合，对结构的改变及损伤进行评估，为养管决策提供基于多源数据的调整、维修或加固建议。

隧道结构安全集群监测系统主要监测内容包括洞顶山体的深层水平位移监测、降雨量监测、地下水位监测、隧道（全断面）变形监测、二衬混凝土表面应变监测、裂缝监测、隧道涌水量监测、孔隙水压力监测等。

3）监测系统架构

参照四层物联网模型对结构监测系统的架构（图5-37）进行了设计。其中，最底层为感知层，感知层主要为硬件，包含传感器和相应的采集终端，根据不同监测项目的要求，选择不同类型的传感器并布设到合理的位置；传输层主要涉及采集数据的传输、存储和解算几个方面。结构监测系统在现场前置边缘节点服务器，可将采集到的数据在现场进行解算，大大减少传输数据量，降低对云服务器的压力，数据传输方面使用专用物联网APN（网络接入技术）传输，可利用覆盖隧道的4G网络进行数据传输；平台层主要用于数据查询展示，登录结构监测系统平台即可实时查看监测数据、预警信息以及传感器在线情况，后台用于项目的管理，可添加监测资料以及对相应设备进行管理；最顶层为应用层，它是监测系统建设的目的所在，通过对监测数据的融合分析，对结构安全事件进行及时预警，并积累数据为隧道养护提供决策依据。

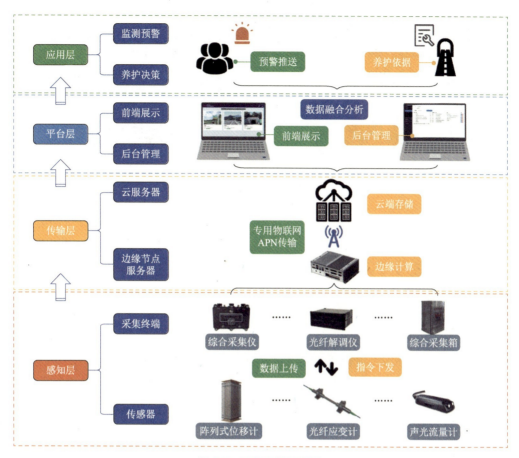

图 5-37 结构监测系统架构

（1）前端模块

结构监测系统首页主要展示隧道当前的结构安全状态、监测内容、设备状态及当前预警信息。隧道结构安全监测系统创新性地运用了三维实景与展开全景融合的 3DZI 隧道全息化展示技术，建立了试点工程三维实景模型。

隧道三维实景模型分为地表和隧道内两个部分。使用漫游功能可以获得从洞内到洞外、从地表到地下的全方位视角，实现模型与衬砌展开图的漫游联动。

隧道概况部分介绍监测隧道相关工程地质情况、隧道建设期与运营期历史病害情况；测点布设介绍该隧道结构安全监测的必要性与重点关注监测指标；施工相册部分介绍监测系统现场实勘、设备安装施工、设备运维等实景照片资料。鸿图隧道监测系统前端模块如图 5-38 所示。

数据监测模块分为深层水平位移监测、隧道全断面变形监测、二衬混凝土表面应变监测、二衬混凝土表面裂缝监测和降雨量监测。

实时预警分为预警情况汇总模块和预警值设置模块。其中，预警情况汇总模块包含三级预警实时监测状态、预警信息等内容，预警详细情况针对于每一类型监测指标设定三级阈值，并展示每一类型监测指标预警状态。

"红棉"养护品牌建设与延伸

图 5-38 鸿图隧道监测系统前端模块

设备监控部分分为监测传感器在线情况、服务器在线情况、视频监控模块 3 个子模块。

(2) 后台管理

结构监测系统平台主要分为用户管理、项目管理、设备模块、数据中心、预警模块和离线记录 6 个模块。其中，用户管理主要作用是新建用户账号并赋予相应的权限，确定各项目的管理层级；项目管理主要涉及新建项目，随后可以在操作中填写项目的相关信息；设备模块主要涉及项目监测的相关信息，包含采集器—监测位点设备—单个传感器三个层级的管理；数据中心主要用于监控设备状态及采集数据的导出，可在此查看设备的电量、导出采集的原始数据以及设定检测设备的初始值；预警模块对应平台监测预警模块，可在此设置各监测内容的预警规则和阈值，也可查看相关项目的预警记录（表 5-7 ~ 表 5-10）；离线记录模块主要用于设备的离线统计，可以按项目和传感器类型统计不同设备某段时间的离线次数。

降雨量　　　　　　　　　　　　　　　　　　　表 5-7

预警级别	日降雨量（mm）	备注
三级预警	>50	暴雨
二级预警	>100	大暴雨
一级预警	>200	历史最大降雨量的 80%

表面应变　　　　　　　　　　　　　　　　　　表 5-8

预警级别	日应变量（$\mu\varepsilon$）	备注
三级预警	>60	
二级预警	>80	—
一级预警	>100	

水流量　　　　　　　　　　　　　　　　　表 5-9

预警级别	日排水量（m³）	备注
三级预警	≥$0.6V_{max}$	
二级预警	≥$0.8V_{max}$	V_{max} 设计最大排水量
一级预警	≥$1.0V_{max}$	

水压力　　　　　　　　　　　　　　　　　表 5-10

预警级别	水压力（MPa）	备注
三级预警	≥$0.6f$	
二级预警	≥$0.8f$	荷载设计值
一级预警	≥$1.0f$	

（3）隧道监测与评估

①隧道数字化质量监测。综合使用数字图像、激光点云、物理探测等多种手段，开展数字化的监测关键技术的研究及应用，建立隧道数字化监测技术体系，形成病害自动判识、跟踪及量化评价技术，提高结构物监测的精细度和准确性。

②隧道病害影响分析及全寿命周期健康评估。深入分析隧道衬砌的病害成因及病害发展趋势，实现对公路隧道健康状态的评估，以掌握隧道结构的安全状况。

③隧道养护决策。建立多目标、多因素的养护决策体系，以隧道结构监测及监测数据为基础，针对隧道不同类型病害，构建隧道病害数据库，形成病害衰变模型与养护对策模型。

④隧道预防性养护。针对隧道渗漏水、衬砌裂损、开裂等病害，开展标准化养护技术研究，提升隧道养护加固水平；开发适用于隧道内养护施工、设施更换、检查监测用的移动台车，并形成包括交安设施、交通组织引导、材料运输在内的一整套施工技术，减少对隧道正常运营的干扰。

4）鸿图特点隧道安全监测系统应用

鸿图特长隧道横穿八乡山，进口端位于丰顺县汤西镇，出口端位于五华县郭田镇，隧道轴线方向约285°，呈 NW-SE 走向展布。采用分离式双向四车道设计，其中左线全长6336m，右线全长6350m，最大埋深约740m，为超深埋特长隧道。进口左洞为端墙式洞门，其余为削竹式洞门。

通过对鸿图特长隧道建设期各类资料的收集和总结，隧道结构安全主要风险源为富水段高水压问题。鉴于隧址区多段断层破碎带富水性强，隧道埋深超过500m。在隧道开挖过程中，发生高水压的突涌水，需通过大量实时监测隧道地下水状况、涌水状况和结构应变状况，保障隧道的结构稳定性。

（1）监测内容

①降雨量监测。监测系统采用一体式雨量计对隧址区降雨量进行监测，监测频率为

1min/次。增设山顶通风竖井和飞泉水库旁 2 处降雨量监测点。在隧址区内 4 处监测点位置选择周围开阔无遮挡平整场地布设雨量计,采集的数据通过 4G 网络实时传输,如图 5-39 所示。

a)1号五华端洞口　　b)2号通风竖井　　c)3号飞泉水库　　d)4号丰顺端洞口

图 5-39　雨量计安装位置图

②涌水量监测。隧道涌水量监测位置为隧道横穿山体断裂区段,结合地勘资料,在隧道穿越的 3 个断层带即 K90+900~K91+400 范围内增设左右洞 3 个截面,共 12 处监测点(图 5-40)。

a)多普勒式(边沟内)　　b)流速计管线(边沟内)　　c)流速计电控箱(洞内)

d)流速计(跌水井内)　　e)雷达式(洞外中心水沟)　　f)流速计电控箱(洞外)

图 5-40　鸿图隧道涌水量监测设备现场情况

③二衬表面应变监测。鸿图隧道二衬表面应变监测断面分别位于左线和右线的 4 个富水段区域,一共布设 42 个断面,左线 22 个断面,右线 20 个断面(图 5-41)。

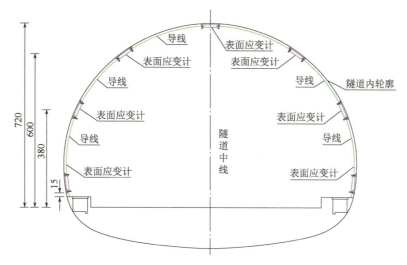

图 5-41　鸿图隧道衬砌应变监测测点布置图(尺寸单位:cm)

④水压力监测。水压力监测主要利用施工期中南大学布设在衬砌背后的渗压计。经现场踏勘发现,每处监测点位引出线管内含多个传感器(图 5-42)。

水压测点引出线

水压计接入系统

水压计采集箱

图 5-42　鸿图隧道施工期预埋传感器接入

（2）监测结果

鸿图隧道结构安全集群监测应用新型技术与装备,激光测距仪、全站仪在运营隧道的监测中,其数据质量有极大提高。全息化展示系统的应用,实现了隧道监测信息与实景模型关联,实现了隧道结构响应及周边环境多项关键指标的自动化监测,包括隧道洞顶山体的深层水平位移监测、降雨量监测、隧道涌水量监测。

①降雨量监测。根据该地区的历史降水量数据,将各级预警值重新设置,一级预警对应日降水量 50mm,为大雨和暴雨的分界值;二级预警对应日降水量 100mm,为暴雨和大暴雨的分界值;三级预警可设置为特大暴雨临界值 250mm 的 80% 即 200mm 的日降水量,这些值可以根据系统实际运行情况进行修改设定,后期可结合监测数据建立降雨量与隧道涌水量两个指标的联系,进行综合预警(图 5-43)。

图 5-43　鸿图隧道降水量监测 1 号五华端洞口

②涌水量监测。勘察资料中按降雨入渗法计算施工期单洞单位涌水量为 $2.08 m^3/(d·m)$，从变坡点 K94+320~K89+400 区间计算涌水量预测值约为 $20467 m^3/d$，监测结果显示隧道测得的日总涌水量约 $60000~80000 m^3/d$，远大于施工期用降雨入渗法预测的涌水量，小于施工期预估的最大涌水量 $100000 m^3/d$。鸿图隧道涌水量监测-总览如图 5-44 所示。

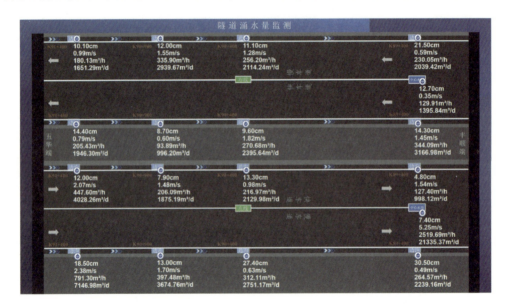

图 5-44　鸿图隧道涌水量监测-总览

③二衬表面应变监测。表面应变的数据整体在 $50 \mu \varepsilon$ 内波动，5 个月没有出现持续单向变化的趋势；监测数据表明隧道表面应变较稳定，与龙归隧道应变监测数据相比，温度传感器对应变传感器的补偿效果较好(图 5-45)。

④水压力监测。将施工期预埋的传感器接入采集系统发现，部分传感器已无数据返回，部分传感器虽有读数但采集的数据波动较大或者数据为零(图 5-46、图 5-47)。

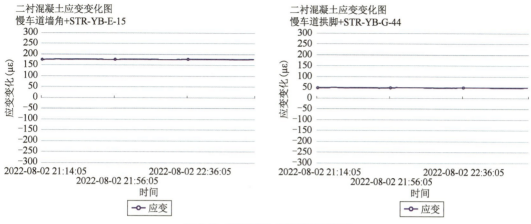

图 5-45 鸿图隧道二衬表面应变监测

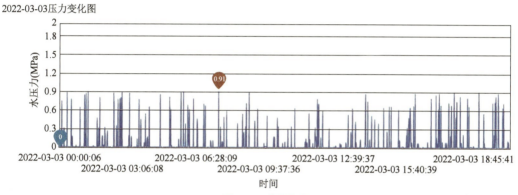

图 5-46 数据波动

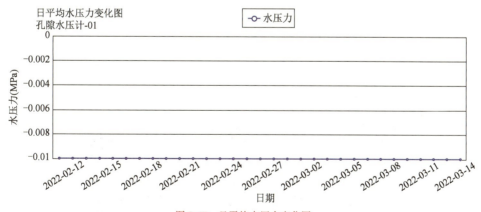

图 5-47 日平均水压力变化图

5.2.3 高危边坡滑动状况监测

南粤交通公司运营高速公路项目路段 21 个,主要分布粤东西北山区,其中高边坡共 3249 处,数量多,分布广,地质条件复杂,边坡运营安全管理难度大。

1）边坡监测现状

(1) 边坡日常巡查

边坡日常巡查主要涉及养护工程部及日常养护单位定期的巡查，但由于通车一、二年后，边坡检查踏步、平台、坡面普遍植被长势较好，每次检查前，均需花费大量人工清除踏步及平台的植被后才能开展工作，但不出一个月，植物又重新覆盖。尤其边坡地质条件越差，此类情况越严重。桥下边坡、桥梁临近陡坡、隧道仰坡，实施日常巡查难度更大，普遍无检查踏步，桥下原施工便道普遍发生滑塌无法通行，要巡查一次需花费大量的人力、物力。根据实践情况看，边坡的日常巡查往往仅解决排水沟是否堵塞、坡面或框格梁是否冲刷、掏空等浅表层病害，或边坡已发生明显的滑塌破坏。况且，养护工程师大部分缺乏岩土专业背景，要发现边坡的初期病害是有一定难度的。

(2) 边坡定检

年度定检尽管委托了专业单位开展人工抽查检查，但抽检比例较小，且主要针对个别高大路堑边坡或路堤填方量。从年度定检结果看，虽然检查人员普遍为岩土专业工程师，但由于受到现场条件及抽检比例、坡面被植被覆盖等客观因素的影响，往往仅能发现局部浅表层局部病害或已滑塌破坏情况。

(3) 边坡监测

大部分项目采用人工监测为主，个别项目同时选取少数边坡开展自动化监测。人工监测以深层位移监测、地表位移为主，少数项目辅以锚索锚力监测。监测周期一般以每季度1次，即每年监测4次，监测频率有限。另外，人工监测缺乏系统性，在特殊气候条件下，无法实时监测，数据偏少，考虑测量误差外，不易判断边坡的变形，很难对边坡进行安全预警。

2）边坡自动化监测

(1) 地表位移自动化监测

①GPS 监测

采用 GPS 搭建地表位移自动监测系统，在基准点和监测点安装 GPS 接收机同步观测，数据通过移动 GPRS 网络传输至远程服务器。在边坡平台上建立 GPS 监测点，不超过 3km 内建立一处 GPS 基准点，通过基准点与监测点的坐标、高程计算出两个方向的位移值、沉降值，实现地表位移监测。图 5-48 为基站与观测点的埋设图。

图 5-48　基站与观测点的埋设图

监测成果可显示三个方向的变形,向高速公路位移 d_x、平行高速公路位移 d_y、沉降量 d_z,沉降量 d_z 最大累计沉降达 25mm,各累计位移均呈波动状态,正常情况的累计位移值应呈持续增长状态,说明每次监测值均出现正、负值,与变形的实际不相符,系统误差较大。GPS 自动化监测成果数据如图 5-49 所示。

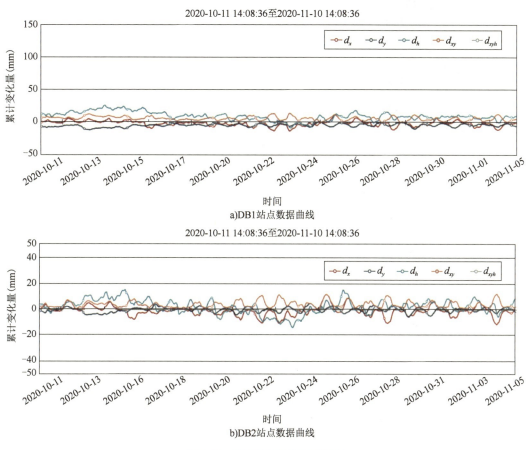

图 5-49　GPS 自动化监测成果数据

②岩土变形感知无线传感器(STS)监测

岩土变形感知无线传感器(STS)采用最新微机电技术和无线通信技术,可安装于边坡表面岩土体或工程结构表面或内部,实现对测点变形的精确测量,如图 5-50 所示。通过在边坡表面合理地布设无线传感器,可实现对边坡深部滑动变形以及溜坍、滑塌等局部变形进行实时有效监测。

(2)深层位移自动化监测

①单点深层位移自动化监测

连英、新博、英怀等 3 个路段均采用了在不同深度设置的单点监测,监测数据可反映某深度的侧向位移,使用的传感器与人工监测相同。监测点埋设钻孔直径 95～110mm 并埋设测斜管;安装仪器时,传感器与传感器用不锈钢加长杆或特制钢丝绳连接,测杆与测杆用万向节相连。安装仪器时保证每一个传感器的高低轮朝向一致。

图 5-50　岩土变形感知无线传感器(STS)

②柔性连续测斜仪自动化监测

云湛高速公路采用柔性连续测斜仪自动化监测技术,监测数据反映变形随深度的变形曲线,在滑面的位置附近出现拐点,易判别滑面位置。它由多段连续节串接而成,内部由微电子机械系统加速度计组成,每段节有一个已知的长度,一般为 50cm、100cm。通过检测各部分的重力场,可以计算出各段轴之间的弯曲角度 θ,利用计算得到的弯曲角度和已知各段轴长度 L(50cm 或 100cm),每段的变形 $\Delta\chi$ 便可以完全确定出来,即 $\Delta\chi = \theta L$,再对各段算术求和 $\sum \Delta\chi$,可得到距固定端点任意长度的变形量 χ。

监测点埋设钻孔直径 95~110mm 并埋设测斜管;安装仪器时,按设计的深度在工厂预先加工,放入预设的测斜孔中,深度越大,安装难度越大。沿深度范围一定间距埋设一个传感器,传感器的间距越小,监测精度越大,成本越大。

(3)锚索应力监测

清云高速公路在建设期对 61 处边坡布设了 362 个锚索应力计;进入运营期后,经专家论证,又对 20 处边坡开展了锚索应力监测,布设了 105 个锚索应力计,其中 7 处边坡 53 个锚索应力计为自动化监测。

图 5-51　振弦式锚索测力计

清云高速公路边坡锚索应力监测采用的是振弦式锚索测力计,如图 5-51 所示。其工作原理:当被测载荷作用在锚索测力计上,将引起弹性圆筒的变形并传递给振弦,转变成振弦应力的变化,从而改变振弦的振动频率;电磁线圈激振钢弦并测量其振动频率,频率信号经电缆传输至振弦式读数仪上,即可测读出频率值,从而计算出作用在锚索测力计的载荷值。为了减少不均匀和偏心受力影响,设计时锚索测力计的弹性圆筒周边内平均安装了 3 套振弦系统,测量时只要接上振弦读数仪就可直接读数 3 根振弦的频率平均值。

3)连英高速公路边坡"云眼"智能监测应用

连英高速公路在沿线 9 处重点高边坡应用了"云眼"智能监测系统,养护人员通过手机就可以实时掌握高边坡的实时状态。该系统包含 9 套硬件子系统和 2 套软件子系统,由 10 余套前端监测设备及 3 套数据分析处理与展示软件系统组成,可实现对灾害隐患点的表面变形、裂缝、深部位移、防护支挡结构的应力应变、地下水、降雨量、现场图像的自动化连续监测与远程数据传输,并通过云平台实现远程管控、智能分析和灾害预警。

（1）边坡表面裂缝监测

该子系统主要用于边坡表面位移的直接监测。系统利用高精度大量程位移计监测边坡主断面的裂缝变化情况,在没有明显裂缝时系统可在边坡主断面每间隔 50m 左右布设一条自上而下的监测设备组,每组根据边坡高度布设 3~8 个监测设备,首尾传感器布设于边坡区域外的相对固定点上,实现对边坡主要断面的实时监测。监测设备将安装于边坡体表面,监测管线埋设于坡表以下,使系统受外界因素干扰极小,在被监测主断面出现变形时可以获得稳定可靠的变形数据,监测数据重复度 1mm。边坡表面裂缝监测系统原理示意图如图 5-52 所示。

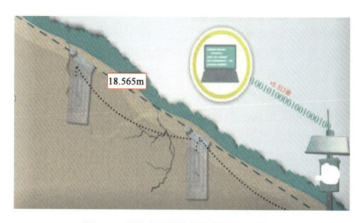

图 5-52　边坡表面裂缝监测系统原理示意图

（2）边坡内部滑移监测

该子系统主要用于对边坡内部滑移变形状态进行实时监测。在边坡主断面完成钻孔、成孔工作后,将固定式测斜仪以串联方式逐个放入孔内并布设于预定位置,单孔通常布设 3~5 个固定式测斜仪。在边坡发生滑动时,内部岩土体会在滑面处出现错动,导致固定式测斜仪发生倾斜,从而实现对画面区域内部滑动程度等数据的获取。固定式测斜仪可实现 x、y 双轴变形监测,量程为 30°,重复度为 0.01°。边坡内部滑移监测示意图和现场应用如图 5-53、图 5-54 所示。

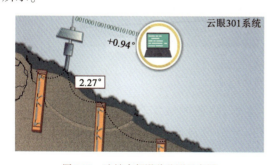

图 5-53　边坡内部滑移监测示意图

图 5-54　边坡内部滑移监测现场应用

(3)结构物、地表倾斜状态监测

该子系统主要用于监测边坡支护结构及其他结构物的倾斜情况。传感器可同时监测 x、y 两个轴向,量程为正负 30°,精度为 0.01°,分辨率为 0.001°。系统集数据自动采集、远程无线传输、太阳能供电于一体,安装后基本无须人员维护,可以根据用户需求,定时上传监测数据;在出现倾斜数据超过设定阈值时自动报警,并发出报警短信提示相关人员。结构物、地表倾斜状态监测现场应用如图 5-55 所示。

图 5-55 结构物、地表倾斜状态监测现场应用

(4)降雨量监测

降雨量监控系统用于对边坡小范围区域的降雨状态进行监测。监测传感器为翻斗式雨量计,可以在发生降雨时监测降雨量的大小,并将数据实时上传至云平台的监控系统之中。测量范围最大可监测降雨量 4mm/min,分辨率为 0.2mm。

降雨量监测系统可接入其他系统数据基站,共享数据通道;采用太阳能+大容量锂电池供电,在完全没有太阳能补充的条件下可以工作 15 天以上;可利用移动网络进行数据无线传输,覆盖范围广、运营费用低。降雨量监测系统现场应用如图 5-56 所示。

图 5-56 降雨量监测系统现场应用

(5)数据管理与预警平台

该子系统负责对现场设备上传的数据进行解析,将监测数据存储于云端服务器的数据库中,并进行监测数据的智能分析;当发现数据异常时自动拨打相关人员电话或发送报警信息,调节设备的监测参数,并自动生成监测报告。云端数据处理平台示意图如图 5-57 所示。

图 5-57　云端数据处理平台示意图

云端数据发布与预警系统是一个基于 B/S 架构的数据管理网站(http://www.cloudeyes.cn)(图 5-58),用户可在注册后,查看设备当前以及历史数据,并可对设备参数进行修改,以达到用户的个性化需求。

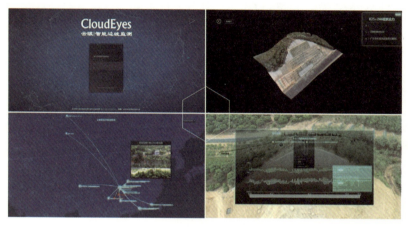

图 5-58　数据管理网站

掌上"云眼"手机 App(图 5-59)支持 Android 与 IOS 两大系统平台,拥有接受报警和定时数据推送、监测点基本信息显示、数据显示、历史数据查询、用户登录管理等功能。

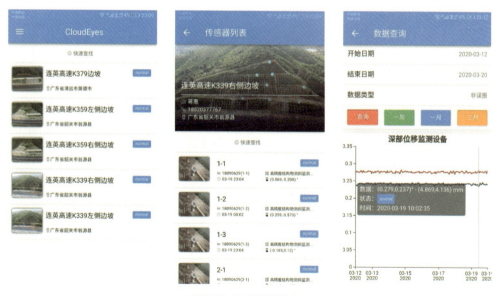

图 5-59　"云眼"手机 App

"云眼"系统不仅具备完整的硬件监控系统、软件发布系统,还有一套坚持数据的智能分析算法,可以实现脱离人工的数据自动化分析与预警和系统的第一级预警。在系统智能分析发现异常后,系统可以通过短信和电话的方式直接通知固定的岩土专家,要求其在第一时间确认预警,提升了预警可靠性,实现了系统的第二级预警。在专家确认后,就会通过多种形式将监测数据与监测结论发布至管养单位人员手中,同时给出一定的处置建议,帮助管养单位处理发生异常的边坡。

"云眼"系统现已接入连英高速监控中心大屏(图5-60),现场监测数据直接和大屏对接,实时显示边坡状态,监控中心24h值守人员能迅速发现边坡突发的异常情况,并及时通知相关人员应急处理。

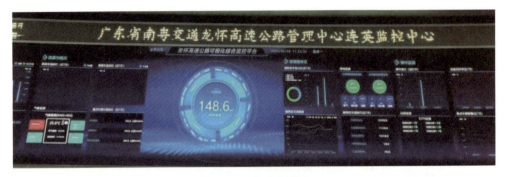

图 5-60 监控中心大屏

(6)监测实例

[例 5-1] K132+200~K132+557(运营桩号 K339)右侧边坡。

监测内容:表面裂缝、结构物倾斜状态、深部位移和降雨量监测。共布设地表裂缝监测点4个,结构物倾斜监测点12个,深部位移监测点2个(共8个设备,每个监测孔4个设备),降雨量监测点1个,对该边坡实施全方位、全过程实时监控。边坡监测点布设实例1如图5-61所示。

图 5-61 边坡监测点布设实例1

[例 5-2] K142+111~K142+400(运营桩号 K359)右侧边坡。

监测内容:表面裂缝、结构物倾斜状态、深部位移。共布设地表裂缝监测点3个,地表倾斜监测点 8 个,深部位移监测点 2 个(共 6 个设备,每个监测孔 3 个设备)。边坡监测点布设实例 2,如图 5-62 所示。

图 5-62 边坡监测点布设实例 2

5.2.4 机电设备运行状态监测

1)收费机电设备运行状态监测

为实现"一张网"收费运营,各地高速公路新建了数量众多的 ETC 门架系统,增加了 ETC 车道和混合车道,联网收费系统和设备大幅增加,系统技术复杂度加深,收费系统模式发生全新改变,给联网收费系统运维工作带来新形势和新挑战。做好车道、门架、站级、路段中心等各级收费关键设备技术状况监测和维护工作至关重要。因为门架、车道设备正常率、ETC/CPC 交易成功率、牌识准确率等收费设备技术指标较多,所以需要数字化的监测平台和手段,才能确保及时、准确地发现和定位设备异常,及时修复故障,以保障收费系统的稳定运行。

南粤交通公司各路段通过应用路段数字化监测平台和部监测平台、省收费运行监测与服务评价系统,开展车道设备监测、车道数据监测、门架设备监测、门架数据监测、站级及中心级服务器监测等日常业务(图 5-63)。

图 5-63 数字化监测平台

为做好收费设备数字化日常监测工作,采取了以下措施:①是机电技术人员在日常工作中,密切关注路段数字化监测平台和部监测平台的实时监测数据,若发现异常应及时处理。②建立联合监测和信息报告机制。机电技术人员和监控中心日常每间隔4h,进行一次收费设备技术指标查询,并向机电部门和养护单位报告指标情况,确保设备异常状态及时发现和处置。③对收费关键设备故障进行快速响应、快速修复,确保门架、车道系统稳定运行,收费流水正常上传。

以新博高速公路运行监测数据分析为例,通过系统平台的实时监测,有效地提升了发现收费数据的异常效率,建立了信息互通机制,实现了快速发现、快速定位故障、快速修复的预期效果,从2020年执行后,可以从下列数据看出,收费设备的修复及时率逐年上升,有效地保障了收费设备的良好运行状态(图5-64)。

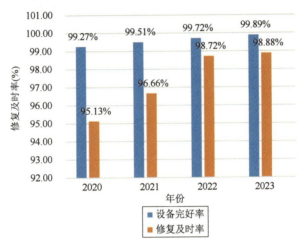

图5-64 新博高速公路收费设备完好率、及时率对比

通过规范收费设备数字化监测,及时发现异常问题和潜在风险,加快故障修复工作,确保各级收费设备处于良好技术状态,避免收费异常,同时保障行经车辆快捷通行,营造良好收费运营秩序,为全国高速公路"一张网"运营体系筑牢工作基础。

2)隧道机电设备运行状态监测

高速公路隧道机电系统主要有通风、照明、消防、监控、供配电等子系统。传统日常养护主要依靠人力现场徒步巡检、维护及保养。由于隧道机电设施数量繁多,并且在线化、物联化、数字化水平较低,无法及时有效地采集现场设施的运行状态信息,也缺乏设备故障分析诊断相关系统,使得运维人员排障时需耗费较多时间进行排查,导致故障处理效率不高。

鉴于上述情况,南粤交通公司新博高速公路引入了基于物联网技术的 IDOS 隧道设施监测平台,如图5-65所示。利用 PLC 技术,研发了具有实时监测、智能诊断、综合评估分析等功能的全隧道设施运维监测管理系统,以实现对隧道机电设施状态采集监测、故障反馈和初步分析诊断,有效提高数字化监测水平。当远程控制设备时,能够实时监测控制动作后的电流状态,有效验证现场设备是否执行指令,确保现场设备处于正常技术状态。

在新博高速公路试运行期间,机电技术人员以6h/轮的频次进行系统巡查,与传统的人工巡查相比对,相关数据见表5-11。

图 5-65　IDOS 隧道设施监测平台

系统巡查与人工巡查比对　　　　　　　　　　　　　　　　表 5-11

监测情况	传统人工巡查	IDOS 监测平台
巡查频次	1 次/月	4 次/日
发现故障	约 1500 工单/年	约 12000 工单/年
修复及时率(%)	96.63	98.58

IDOS 隧道设施监测平台为机电技术人员全面掌握设备状况提供了数字化监测助手，有助于监测设备处于正常可控、可用状态，同时便于辅助设备故障的定位与排除，使得隧道机电运维效率得到较大提高，进一步保障了隧道机电设施满足运营安全要求，提升隧道安全运营水平。

5.3　安全运营

监控系统是运营管理最为核心的业务支持系统。近年来，南粤交通公司主动开展了自动巡检和数字监测的研发和试运行，在防范道路风险、道路服务水平提升等方面有了具体的落地平台，结合"智慧高速"逐渐成为行业热点与跨界焦点。交通运输部印发的《数字交通发展规划纲要》《指导意见》《国家综合立体交通网规划纲要》等相关要求，更是持续推进交通基础设施数字化、网联化建设和改造。其目的在于通过集成应用新一代感知、信息、云计算、大数据、人工智能等先进技术，实现更加便捷、绿色、舒适的公路出行和交通运输管理，为高速公路的"安全运营"提供可能。

根据南粤交通公司管辖路段的运营业务管理现状，结合业务难点和需求，对内通过不断地加强业务融合、系统融合，不断深入发掘原有机电系统潜力；对外则积极引进应用新一代感知、AI 算法、云计算、大数据分析、AI 等先进技术，致力于构建集感知、管控、应急、服务于一体的高速公路智慧化运营框架体系，提炼总结出"123＋"智慧运营发展体系（图 5-66），即升级打造 1 个智慧监控中心，围绕监控中心智慧运营客服、业务融合管控、异常事件预警和应急指挥调度 4 个监控主体业务，开展功能创新升级和基础拓展，使监控中心成为新型的智慧指挥调度中心；建设基于监控管理指挥联动的一体化管控平台和基于运营业务数据分析的 AI 大数据应用平台的 2 大平台，充分发挥大数据分析引擎，从而实现高速公路异常事件的快速发现、快速处置；完善智慧感知监测、智慧应急管控、智慧出行服务的 3 个智慧板块发展，以运营业务问题为导向，利用信息化手段解决业务痛点、难点，构建智慧运营管理体系；依托一体化管控平台和 AI 大数据应用平台，根据"智慧运营"实施框架体系和行动目标，开展面向运营业务问题创新探索的拓展"＋"应用。

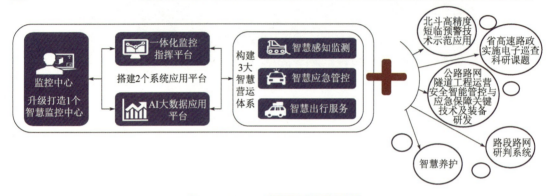

图 5-66 "123＋"智慧运营体系架构图

所有路段均积极探索和应用事件智能检测等先进技术，部分路段建设的事件智能检测系统在白天或光线较好的条件下事件检测精度可达 90% 以上，效果良好；部分路段建设了新型高分可视化监控系统，相比传统监控系统增强了监控数据分析功能，并且展示效果更佳；部分路段建设了营运车辆智能预警及动态管控系统，可对"两客一危"等营运车辆状态进行实时智能预警及动态管控；部分路段对路侧、收费站的信息发布设施进行了加密与升级，实现了信息发布范围全线覆盖，成本低，效果好；部分路段建设了服务区智能停车管理设施，提高了服务区管理和服务水平。

5.3.1 安全感知

1）异常交通事件感知

高速公路日常车流存在着车速较快，节假日车流增大的现状，而交通事故、抛锚故障车、车辆临时停靠、大件抛撒物、行人及摩托车等异常交通事件的不确定性，如何更早地发现和处置异常交通事件，提升主线异常事件感知能力，成为运营管理亟须解决的重大课题。传统的异常交通事件的发现，主要是由监控中心依靠人工视频监控巡查和客服接报相结合，目前现行的人工巡查频次标准为全线视频监控不少于 1h/轮。这种模式下，每支视频摄像机的"空窗期"（当次巡查后到下一次巡查期）较长，期间发生的异常交通事件容易迟发现、漏发现，即使加大人员投入和缩短"空窗期"，也会存在人员投入大、人眼易疲劳而出现事件漏报等问题。

为解决这一运营难题，南粤交通公司新博高速公路结合路段车流量和现有机电设施设备等实际情况开展比对分析，着手引入基于视频算法的 AR 实景监测系统，通过利用原有的实时视频监控设备接入华为海思芯片的算力盒子，引入视觉 AI 算法，融合 AI、GIS、大数据分析等技术,深度挖掘视频画面中的有效信息,针对交通事故、抛锚故障车、车辆临时停靠、大件抛撒物、行人及摩托车等异常交通事件,建立公路路况运行情况及异常事件告警的交通监测感知体系。路面异常事件监测如图 5-67 所示。

图 5-67　路面异常事件监测

隧道路面的视频监控是按 150m 的间隔部署的固定角度摄像机,视频全程覆盖并有照明系统,隧道路面异常事件监测具备了全天候、全时段的实时监测条件,目前新博高速公路全线覆盖部署。试点选取长纵坡、小半径、短视距等出现异常事件概率较高的重点路段开展异常事件监测。由于隧道外路面的视频监控为云台式摄像机,在自动巡检时需要充分考虑云台控制时间、算法识别的停留时间、设施设备寿命等条件,经过联合摄像机厂家、系统开发商和路段监控中心等单位进行了反复调试和磨合,设置了云台摄像机分别两个方向的远、近景 4 个预置位,每个预置位能够覆盖视频监控监测 500m 范围画面,基本实现视频监控区域的有效覆盖;每个预置位停留 3min 的轮巡频次,自动巡查监测运行后,巡查能力为 12min/轮,基本满足日常异常交通事件的及时监测要求。

据新博高速公路监控中心数据统计,在路面异常交通事件首先准确预警(首报)中,AR 实景监测系统占比 63%(首报 + 后续预警占比 81.33%);人工监控视频轮巡占比 25%;接交警报占比 9%;接路政养护拯救等部门报占比 3%;按监测时间区间(普通路面 06:00—19:00,隧道路面全天 24h)为统计时间,并将系统中对重复抓捕的事件(如长时间停靠的故障车辆、养护施工作业、同一摩托车出现在连续摄像机画面等事件)合并为同一事件进行统计。2023 年 3 月份,全线路面抓捕率为 99.34%,准确率为 93.09%;隧道抓捕率为 98.59%,准确率为 83.1%。

通过 AR 实景监测系统预警的辅助,全线 94 支云台摄像枪 +220 支隧道固定摄像枪,有效填补了人工巡查的间歇时间。以 2023 年春运期间数据为例,新博高速公路监控中心共计接报异常交通事件 3872 宗,由 AR 系统发现并首报的 2632 单,占比 68%,对事件的快速发现有了飞跃提升,有利于异常交通事件的快速处置,从而降低了事故或二次事故的发生概率。

2)隧道紧急停车带感知

高速公路隧道紧急停车带主要用于车辆发生故障和驾驶员应急使用,在一定程度上,紧急停车带的设置提高了隧道应急能力,但是同时存在车辆停靠紧急停车带后准备驶离时,启动速度较慢的隐患,对后方正常行驶的车辆造成很大的安全风险,容易造成因车辆突然汇入或停滞等引发的交通事故。

基于以上情况,南粤交通公司新博高速公路在2020年就开展隧道紧急停车带智慧感知系统的探索,即通过紧急停车带与隧道可变式情报板的感知联动,部署声光报警器,实现隧道内紧急停车带异常情况的"自主说话",提高隧道应急处理能力(图5-68)。

图5-68　隧道紧急停车带智慧感知实例

隧道紧急停车带系统的投入使用,大大提升了隧道内异常交通事件的感知能力,同时触发隧道内各应急设施设备的智能联动,帮助驾驶员做好路况预判,尽可能降低事故的发生概率。

5.3.2　安全管控

1)特长隧道管控

目前公路路网隧道运营安全风险评价体系不完善、监控系统由于传感器长期精确性差及智能化程度低,导致事故及火灾预报预警准确性低和及时性差、应急响应和救援管理处于被动和"书面化"的局面、隧道内高风险车辆无法定位管控、灾害处置效率较低且对交通影响大、缺乏智能技术与工程技术融合创新的隧道运营安全实体试验场等瓶颈问题。广东省科技厅联合省交通集团、深圳大学、同济大学等单位开展公路路网隧道工程运营安全智能管控与应急保障关键技术及装备研发,取得集技术、硬件、软件和装备等于一体的创新性成果,保障隧道工程的安全运维,培养专业团队和行业领军人才,推动我国公路隧道工程安全与应急保障快速向产业化、标准化、自动化、智能化转变,能够服务于高质量建设粤港澳大湾区通道、深入落实交通强国和交通强省建设、支撑广东省培育安全应急与环保战略性新兴产业集群行动计划。

南粤交通公司将新博高速公路作为项目依托路段,参与广东省科技厅隧道智慧化管控课题研究的成果应用,通过建立基于安全因子和风险因子的公路隧道运营安全评估、风险源识别与评估体系,全面梳理公路隧道(群)路段"人—车—隧—管理—环境"五方面运营风险源,研究构建基于负二项分布等多种方法的大交通量公路运营隧道交通事故预测模型,开发涵盖"人—车—隧—管理—环境"的三维公路隧道安全评价系统,指导设施改造提升和管理改进,并为后续智能化管控提供决策依据和技术保障(图5-69)。

图 5-69 三维公路隧道安全评价系统

该项目基于 3D 数字建模构建孪生隧道真实 VR 场景和仿真理论的应急保障关键技术,研发基于 GIS + 三维模型的公路路网隧道灾害应急响应与可视化动态管控关键技术及系统,将安全评估体系与设施设备智能化管控嵌入并进行数据融合,实现隧道高精可视化以及全设施设备的集中管控,使真实场景的数字孪生(拓展阐述)与可视化应急智能联动,提升隧道管控能力和应急响应及处置效率;持续深化基于 PLC 技术的设施设备物联化升级,实现隧道供配电、环境、通风、消防、照明等各类机电设施的运行状态实时监测和反馈,对隧道风机、交通信号灯、卷帘门、火灾报警器等机电设施设备在原有远程遥控功能基础上,进一步实现遥测、遥信、故障预警及实时分析设备故障原因,为整个隧道智能化管控提供强力保障。隧道设施设备智能化管控平台如图 5-70 所示。

 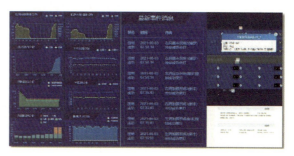

图 5-70 隧道设施设备智能化管控平台

通过本项目开展相关科技研发和成果推广应用,可以从灾害与事故源头及时地发现风险和预警,同时在灾害发生过程中及时进行应急响应与管控,系统化解决公路隧道运营安全和管控难题,促进科研成果的转化,保障高速公路隧道交通安全,降低交通事故发生率和预防二次事故,保障人民生命和财产安全,提高道路交通安全水平。

通过本项目,在不增加车道的情况下,可提升隧道路网级应急保障能力,提高道路通行能力及服务水平,由此产生显著的经济效益;每降低 1% 的事故率,可减少经济损失超过 1000 万元;同时,依托本项目开展隧道设施设备科学预防性养护,可节约大量养护运维成本,保持隧道生态可持续发展。

南粤交通公司所辖路段多为山区高速公路,隧道里程长,隧道内发生火灾的工况情况较多。结合现有隧道火灾系统的现状,南粤交通公司依托仁新高速公路,在青云山隧道试点探索隧道火灾排烟智能管控系统，根据不同火灾工况、火源的不同位置、疏散横通道的设置以及不同的防灾救援配套设施等之间的内在联系，以人员安全疏散为目标，设计科学的火灾救援和排烟预案，包括风机、信号灯、指示器、情报板、消防设施等的联动方案（图5-71）。

图5-71　隧道火灾自动疏散和救援方案

该系统通过内置算法计算后，自动生成规范的隧道通风预案，以预演的方式展示给工作人员，准确地反馈调配相关资源和控制相关设备；也可以直接点击预案执行按钮，让相关控制指令自动下发至监控平台，通过监控平台去联动控制相关设备。该系统初步实现排烟系统的科学性、准确性、高效性以及规范性，避免人为因素干扰。同时，可以利用该系统中的预演功能不定期地进行培训及火灾演练，实现了通风控制整体的自动化和智能化，效率高，时效性强，适应动态管理需求。通过青云山隧道排烟控制系统的试运行，能够对省内外长隧道通风系统的建设、安装、运维提供一定的研究数据。

2）监控中心应急指挥管控

监控中心作为高速公路的"火眼金睛"和"大脑中枢"，起着应急调度、交通保畅、对外客户服务、路网监测、信息上传下达等作用，是运营管理中的重要组成部分。随着交通路网的不断延伸、车流量的快速增长，以及驾乘人员的平安便捷出行的需求不断提升，对监控中心快速响应、应急调度的运营管理提出了更高的要求。

新博高速公路引入智慧应急智慧调度系统，将原有监控中心对外服务的固定电话模拟信号转换成数字信号，从而开发相关的应用来实现各种应急预案、录音保存、来电地图定位等功能。按照突发事件的特点、严重程度和影响范围等，制订应急预案；在预案执行过程中，调度服务通过自动分配，将分机号码和配置呼叫号码，自动执行拨号工作。监控员只需要在接通电话后，将关键信息通知给对方，极大减少了查询号码和拨打号码带来的耗时，让话务员更专注于通知内容。执行完毕后，系统将关联的话单记录、录音记录自动进行数据关联，保证数据有迹可循；在接到驾乘人员救援电话时，可向驾乘人员手机发送带链接的短信，驾乘人员收到短信打开链接后可获取对应的定位信息，能够实现快速的定位驾乘求助点，调用附近视频监控，降低道路安全风险。自系统上线以来，监控中心在突发事件响应和处理效率上获得明显提高，采用了高效、便捷的客服新模式（图5-72、图5-73）。

第2篇/第5章 高赋能支撑

图 5-72 拨号应急预案　　　　　　　　　　　图 5-73 关联通信记录及录音

3）收费稽查及逃费行为管控

在全国"一张网"的收费新模式下，通行缴费数额增加，在利益的驱使下社会车辆逃费手段层出不穷，原有设备和手段难以满足现阶段稽查打逃的需求。传统的稽核打逃方式是稽核人员在多个平台导出各类特情数据逐条分析、根据收费现场上报信息分析以及人工翻查录像等，稽核效率和质量都非常低，同时随着车流的逐步增长，数据流水量剧增，人工稽核根本无法解决。

为解决这一收费业务的痛点问题，提高稽查工作的效率，南粤交通公司充分利用广东省交通集团乐广数据中心和联合电服公司的大数据服务，选取收费站车流吞吐量较大的路段，试点部署了高速公路大数据智能分析系统开展智慧化的收费稽核打逃工作。

广中江、阳化、化湛高速公路试点部署智慧稽核平台，通过建立数据分析底座，选择条件指标来配置业务模型，指定模型运行时间频次及抽取的数据范围，在全网门架、车道等海量的数据流水中，筛选出异常情况流水，辅助人工进行逃费行为分析。筛选出的逃费行为主要有"大车小标""一车多卡""跑长买短""屏蔽卡签""套牌车"节假日8、9座假冒免费车"有入无出"等逃费行为（图5-74）。

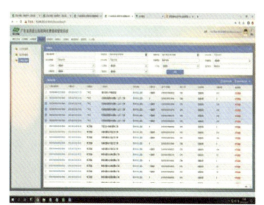

a) 稽核"大车小标"　　　　　　　　　　　b) 稽核"一车多卡"

图 5-74

189

c)稽核"跑长买短"　　　　　　　　d)稽核"屏蔽卡签"

图 5-74　智慧稽核平台

智慧稽核平台可提供黑名单下发到车道拦截的功能,通过系统添加车牌号,填入对应的逃费类型与金额,将车牌批量下发到对应的车道黑名单列表中,拦截效果与省部黑名单一致,协助收费站对各类逃费车辆在前端及时发现,有效进行拦截,配合专项行动实现逃费行为的精准打击,应收尽收。

平台通过自动截取 NVR 视频,根据逃费车 PASSID 自动获取省平台门架交易流水、牌识流水、抓拍图像等,系统自动填入相关表单一键发布到部平台,有效避免了稽核人员反复操作,整理相关数据再发布到部工单的烦琐流程。系统自动获取待处理部协查工单并提交证据链,通过系统自动读取部平台待处理协查工单列表,根据工单的出入口时间、PASSID 等信息在省平台查询相关证据链,自动提交到部协查工单证据链中,根据逃费类型计算出实际车型,经过门架还原路径后计算应付金额并填入对应的工单。

化湛高速公路在此基础上继续深挖,开展多措并举的方式,包括联合公安机关的"人脸识别系统"、海关"开展打私打逃专项行动"治理冲卡逃费行为。自主编制"OBU 打逃小程序"、"ETC 智能稽核小程序"打击盗刷、倒卖 OBU 及大车小标的逃费行为,牵头相邻路段单位开展"小区间联合打逃"行动,使得化湛高速公路于 2021 年线上稽核发起追缴工单成效显著,排名位居广东省第二。

5.3.3　安全出行

1）路网监测研判

高速公路运营单位每年的交通流量和通行费收入的预测工作涉及的数据信息量大、影响参数众多、专业性较强,各路段对流量及通行费预测方式方法各一,导致精度较差,科学性和合理性有待提高;在节假日中,部分出省大通道中,保畅通工作压力日益增大。如何挖掘"撤站"后各系统的数据潜力,探索构建项目的数据应用分析平台,实现路网运行监测更好、更快、更准的分析,研判路网保畅和通行费收入预测成了亟须解决的难题。公司选取了日常车流较大的新博、阳化路段,开展路网运行监测研判系统的研究,采取大数据、云计算等科技手段,实现系统主动、精准地研判车流量、通行费收入,更好地服务于日常运营管理工作。

路网运行监测研判系统将新博高速公路上的收费站数据、车辆检测数据、卡口数据等数据相结合,采用 SQL 数据库技术进行多源数据的实时融合和互相辅证,实现对高速公路全路段的实时交通动态监测。同时,结合历史数据建立高速公路流量短时预测模型和节假日高速公路车流量预测模型,开发了可视化监测研判系统服务平台(图 5-75),为高速公路管理部门科学发布预警信息、制定合理应急预案和采取正确的应对措施提供数据支撑及决策支持。

图 5-75　可视化监测研判系统服务平台

路网运行监测研判系统目前实现了短时预测、节假日预测、拥堵预判预警和通行费预测等功能,可提供未来 1 小时到未来 7 天的车流量预测和拥堵预测,为构建高度融合和数据共享提供了强有力的支撑,充分发挥路网整体化优势效能,有的放矢地做好保畅通工作,既提升了保畅效率,又降低了重复人力成本,为公司带来了显著的经济效益。

2)服务区危运车辆感知

随着经济建设的高速发展,危险化学品在各个行业使用越来越广泛,危险化学品运输车辆在高速公路行驶也日益增多。高速公路服务区作为驾乘人员的"休息站"、行驶车辆的"加油站",成了大量的人员和车辆的集散地,危化品运输车辆一旦在高速公路服务区发生事故,容易造成群死群伤事件。因此,加强对服务区危险化学品运输车辆的安全管理,是高速公路运营单位的重要任务,也是当前高速公路安全生产工作的重中之重。基于上述情况,南粤交通公司选取新博高速公路联合相关软硬件厂家,试点部署实用可行的高速公路服务区重点车辆智能检测系统,在行动上真正落实上级单位对高速公路服务区危化品车辆管理要求,在技术上实现对高速公路服务区内的危化品车辆全过程、全天候监测。

在服务区进出口匝道部署车型识别设备,实时采集通过车辆的车牌、车型及车头、车尾、车身 3 张图片等特征信息,通过对车尾图片进一步目标检测进行特征提取识别出车辆是否为危险品运输车辆并实时告警;在危运车专用停车位上部署专用监控视频,结合 AI 算法,对停放在临停车位上的车辆进行识别是否为危化品运输车辆并实时预警;预警信息同步上传监控中心及服务区管理人员。同时,根据服务区危运车专用车位进行减法逻辑运算,可判断临停服务区内专用临时停放车位是否饱和,并于沿线可变式情报板进行前置提醒,更好地服务过往的驾乘人员。

服务区危运车辆感知系统如图 5-76 所示。目前该系统已经在依托新博高速项目的 2 对服务区投入运营,以新博高速公路监控中心数据统计,危运车的识别率平均为 99.87%,专用停车位识别率平均为 95.88%。通过系统预警的辅助,实现了服务区危运车的全时监测,有利于对危运车在服务区中的前期管理和处置,降低事故或二次事故的发生概率。

图 5-76　服务区危运车辆感知系统

3)收费车道

为满足人民群众日益增长的高速公路通行需求,应对智慧高速技术发展趋势,在广东省交通集团"十四五"规划中作出了推进"新基建"的重大战略部署,南粤交通公司经过调研,选取了新博高速公路平安收费站作为先行先试部署,开展新一代的自助型、科技型无人值守收费站探索。

(1)在收费站机房的服务器上部署云上收费厅系统(图 5-77),提供车道远程支持服务,将车道级独立数据串联起来,当车道系统出现收费异常时,自助车道会将特情推送云上收费厅系统,实现特情消息三级推送与特情管控,特情信息直达云坐席、收费站管理人员、现场班长,云坐席可远程对特情进行处置,实现流程的自动化。

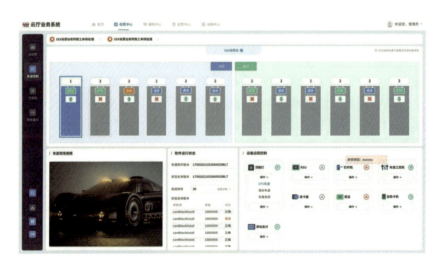

图 5-77　云上收费厅系统

云上收费厅系统作为收费站的大脑,统管整个收费站的运作,将车道的所有运行状态监管起来,并可通过其回控车道特情以及统计车道运行流水,实时统计每天收费站和车道的收费操作与交易数据,并进行校核。同时,云上收费厅系统对车道进行仿真,实现车道运行的可视化,及时发现设施设备故障。图5-78为车道仿真可视化界面。

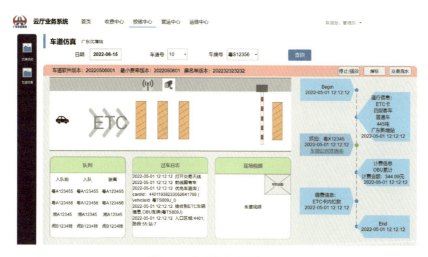

图 5-78　车道仿真可视化界面

　　(2)车道现场设计入口自助发卡、出口自助缴费,遇到异常实现远程值班+现场值班辅助处理来实现无人化值守。在运营管理方面,当收费站车流量较小时,可完全关闭混合车道,启用自助车道代替人工收费处理。管理模式由现场有人收费向现场自助方向转变,实现"自助收费+云坐席管控"管控管理模式(图5-79),现场仅保留应急处置值班人员即可。当车道系统出现收费异常时,自助车道会将特情推送云上收费厅系统,可远程对特情进行处置;如需要现场处置时,可将特情转到现场,交由现场值班人员处理。图5-80和图5-81为入口、出口自助车道部署图。

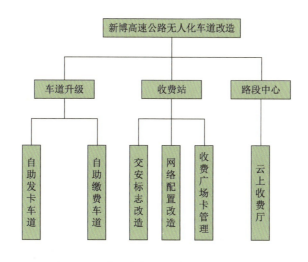

图 5-79　"自助收费+云坐席"管控管理模式

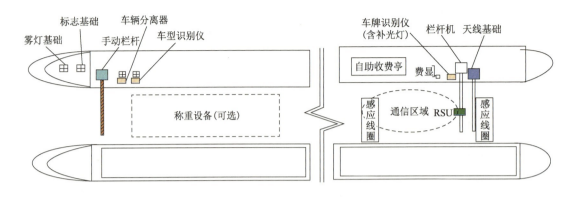

图 5-80 入口自助车道部署图

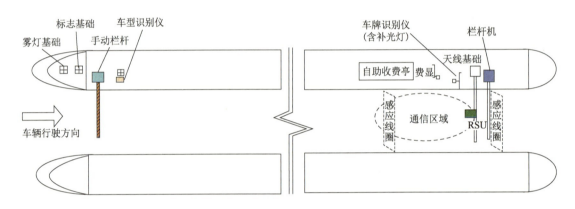

图 5-81 出口自助车道部署图

在新博高速公路平安收费站试运行期间,当收费站车流量较小时,可完全关闭混合车道,启用自助车道代替人工收费处理,由原有的多人值守向少人值守至无人值守逐步转变,现场收费人员每班次减少至 3 人,在车流量较少的状态下,可减少至 2 人,其中一人可兼云客服职责,既可以降低运营成本,又大大提升收费现场特情处置效率,实现收费站运营的降本增效。

5.4 量化分析

为提升养护效益,提高养护规划合理性,南粤交通公司从预防性养护分析入手,通过对大量数据进行自动化分析和解释,识别出数据中的模式和趋势,提供基于这些分析结果的见解和建议,即数据预处理、模型构建、模型应用及评估等智能分析方法。南粤交通公司养护范畴智能分析主要应用在路面使用性能分析预测、机电设备寿命周期分析、机电设备故障分析等方面。

5.4.1 路面使用性能分析预测

高速公路沥青路面的使用性能直接影响路面的养护对策制订和养护资金投入。在路面的使用过程中,路面的使用性能会随时间、行车荷载作用次数的增加而逐渐衰减。当损坏达到某一预定标准时,路面就需要采取措施以恢复、提高其使用性能。路面性能预测模型就是表征路面性能同时间、材料、行车荷载等不同影响因素之间关系的表达式。因此,路面性能的分析预测是路面养护管理中的重要一环,是科学、合理决策的基础。

1)影响因素分析

沥青路面使用性能衰变的过程是一个复杂的过程,影响沥青路面使用性能的因素有很多种,主要包括路面特征因素、交通量和轴载因素、气候环境因素、路龄因素等。在建立沥青路面路用性能预测模型时,应充分考虑各种因素对沥青路面路用性能的影响,建立符合沥青路面路用性能衰变规律的预测模型。

2)预测模型比对

路面性能预测模型分为确定型模型和概率型模型两种。确定型预测模型在给定条件及相应时间后就能给出确定的路况预测值。概率型预测模型则考虑了路况发展的随机性,给出的预测结果一般为某一时刻路况值的分布情况。概率型预测模型主要是马尔科夫预测模型。无论是确定型还是概率型预测模型,其建模方法都可分为经验法、力学法、力学-经验法三种。将目前常用的几种建模方法用于路面性能预测的模型进行归类,其结果如图5-82所示。

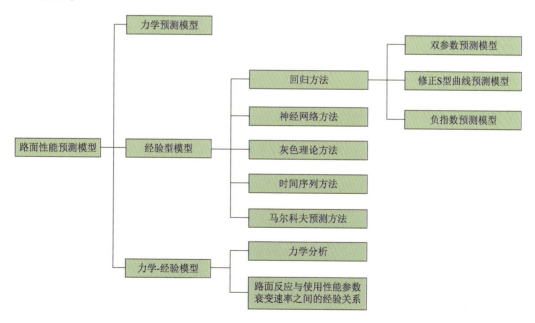

图5-82 路面性能预测模型归类

力学预测模型常被用于预估路面的结构性能,力学-经验模型常被用于进行路面结构设计,经验型模型在养护中路面使用性能预测的应用最为广泛。在预估精度容许的情况下,经验型模型避开了力学法和力学经验法复杂的结构分析,利用多元回归分析、构建神经网络、时间序列等技术,能模拟路面的衰减模式,但这类方法是建立在对大量数据分析的基础上,对数据要求较高。

根据文献调研可知,国内外常见高速公路沥青路面性能预测模型主要有回归法(双参数模型、修正 S 型曲线模型、负指数模型)、神经网络法、灰色理论法、时间序列法和马尔科夫模型等。常见沥青路面性能预测模型方法见表 5-12。

常见沥青路面性能预测经验型模型方法　　　　　　　　表 5-12

预测模型	模型特点	优点	缺点
回归法(双参数模型、修正 S 型曲线模型、负指数模型)	以大量实测数据为基础;将复杂的路面性能衰变过程与一组参数对应起来,可用简单参数表达路面衰变过程,为其他路面问题的研究提供了条件	简单明了,易于操作,方程形式通用,用实测数据拟合模拟路面性能衰变过程,具有可移植性,为定量研究路面影响因素与使用性能间的关系奠定了基础。模型表现形式为连续衰减曲线,对于后续养护效益分析有实际意义,适合工程实际应用	数据需求量大,不同项目具有特异性,需要事先收集项目数据标定参数,模型精确度受参数影响较大,后续预测需结合最新观测数据修正参数
神经网络法	以数学和物理的方法从信息处理的角度对人脑神经网络进行抽象模拟	适用于非线性问题,可以识别非线性关系,自适应地学习,学习输入数据之间的复杂关系,从而提高预测准确性;也可以处理大量的数据,如处理高维数据,适用于大规模数据集的预测问题;可以从输入数据中提取特征,避免了手动选择特征的麻烦	训练需要大量的计算资源和时间,在处理大规模数据集时可能需要大量的硬件资源。预测结果很难解释,不如其他机器学习算法容易理解。需要大量的标记数据进行训练,缺乏标记数据会影响预测准确性
灰色系统理论法	从数据有限、杂乱无章的路面性能检测数据中找出某种规律,建立灰色模型	需要数据少,对时间序列的趋势预测,尤其是短期内的预测有着较高的预测精度	由于影响路面使用性能的衰变规律因素很多,路面使用性能的衰减速率的不确定性,对于较远期的预测,灰色预测模型数据序列拟合较差,预测精度偏低
时间序列法	从时间序列中找出变量变化特征、趋势以及发展规律,从而对变量的未来变化进行有效的预测	受主观因素影响较小,结果比较客观,可预测在时间方面稳定延续的过程	模型数据序列拟合较差,预测精度偏低反映了对象间单项的联系,不适合长期预测
马尔科夫模型	根据现在所处的状态,采用马尔可夫链理论得到系统未来可能达到某种状态的概率	具有无后效性特点,即状态的变化只与当前状态有关,而与以前状态无关;更能客观地反应路面因素的不同,便于更新,并组织到新的优化过程中	适合预测随机波动量大、不确定因素多的长期预测;该模型的预测值不直接面向性能指标,结果不够直观

不同预测模型各有特点,且都有其适用的场合,无论采用何种方法建立路面使用性能预测模型,都存在局限性。这主要是因为建模的数据样本是有限的,需要不断积累,而影响使用性能变化的因素繁多,且难以准确掌握不同因素对使用性能的影响关系。模型的使用是有一定范围的,超过了它的使用范围,模型将会失去意义。因此,在选择预测模型时,应以高速公路已有数据样本量、实际路况特点和预测目的为依据进行确定。

综合考虑各种预测模型的特点,结合养护管理需求以及现有路面性能数据情况,南粤交通公司委托专业技术单位对所属项目路面的跟踪检测,结合相关课题研究成果,考虑各路段不同的结构类型、材料、交通量,经过大量数据分析比较和深入研究,采用回归法(双参数模型、修正 S 型模型、负指数模型)建立适合南粤交通公司高速公路沥青路面使用性能预测模型。

3)模型参数预测

以双参数模型为例,介绍南粤交通公司下属路段项目路面使用性能 PCI 预测方法。在路段历年检测数据收集统计的基础上,考虑不同项目路段、路面结构、交通轴载等因素,对每个项目挑选均匀覆盖 50~80 个有代表性的路段,采用 Origin 软件拟合出每个路段路面性能衰变方程中的 α、β 参数(图 5-83、图 5-84),再通过考虑 95% 置信区间对计算得到的大量 α、β 参数进行取值范围计算,基于不同项目的实际情况为每个项目路段得出特定的模型参数取值范围。

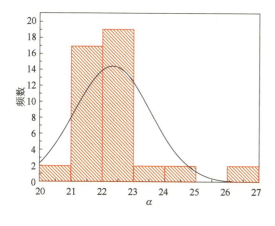

图 5-83 α 参数置信区间

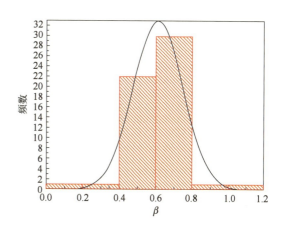

图 5-84 β 参数置信区间

通过采取现场调研、文献查阅等措施,统计影响沥青路面使用性能预测模型参数的因素(如重车交通量、路面弯沉等),通过灰色关联度分析方法,建立不同因素对模型参数取值影响的计算关系式,以期进一步提升模型参数取值范围的准确度与精度。将收集到的数据通过建立灰色关联度模型,采用 Matlab 建立灰关联度计算程序,参考数据列和比较数据列导入 Matlab 程序中,取分辨系数 $\rho = 0.5$,计算得出了表 5-13 所列的关联度结果。

关联度结果统计　　　　　　　　　　　　　　　　　　表 5-13

参考数据列	比较数据列	关联度
模型参数 α	三、四、五类车	0.7364
	AADT	0.7051
	路面面层厚度	0.7903
	路面总厚度	0.7969
	弯沉值	0.7549
	路龄	0.6947

根据插值法对每个项目路段的比较数据列进行程度因子计算与关联度折减，再根据每段路段的长度进行加权计算，最终得出不同项目路段的衰变模型参数优化系数，进一步增加其精度与可靠性。根据上述步骤计算得到的各个项目路段比较数据列的程度因子（w_i）与加权优化系数见表 5-14。

比较数据列的程度因子（w_i）与加权优化系数　　　　表 5-14

程度因子	三、四、五类车	AADT	路面面层厚度	路面总厚度	弯沉值	路龄
w_i	1.0410	1.1072	1.2000	1.1407	0.5724	1.0340
加权优化系数	1.0376					

据上述步骤计算得到的各个项目路段衰变模型参数的优化系数见表 5-15。

优化后各项目路段衰变模型参数汇总　　　　　　　　　表 5-15

参数	均值的95%置信区间的下限（折减换算后）	均值的95%置信区间的上限（折减换算后）	均值（折减换算后）
α	34.4037	40.6010	37.5023
β	0.6497	0.7079	0.6788

在以上分析方法的基础上，以揭惠高速公路为例，对不同路面结构的路段历年数据 PCI 分别进行数据回归和预测，各路面结构指标回归得到的 α、β 值见表 5-16。

不同结构路面性能预测回归参数值　　　　　　　　　　表 5-16

项目		参数	95%置信区间下限（折减换算后）	95%置信区间上限（折减换算后）	均值（折减换算后）
原路面	路基段 （4.5/5.5/8/总94）	α	34.9	36.2	35.55
		β	0.67	0.70	0.68
	桥面 （4.5/5.5/总10）	α	35.6	40.2	37.9
		β	0.65	0.69	0.67
	隧道路面 （4.5/5.5/总51）	α	36.6	40.2	38.4
		β	0.68	0.70	0.69

续上表

项目		参数	95%置信区间下限（折减换算后）	95%置信区间上限（折减换算后）	均值（折减换算后）
养护后	4cmGAC-13 铣刨重铺	α	35.6	38.4	37
		β	0.78	0.92	0.85
	2cm 超薄磨耗层（Novachip）	α	34.2	38.4	36.3
		β	0.72	0.85	0.79

4）路面性能预测实例

在细化到不同路段单元进行长期性能预测时，需要进一步考虑不同结构、各路段区间断面交通量的不同，在表 5-17 预测模型库的取值范围内，采用插值拟合对揭惠高速各路段单元 α、β 取值进行计算，然后对不同路段 2020—2025 年 PCI 进行预测，各路段 PCI 衰变曲线如图 5-85 所示。

表 5-17 揭惠高速公路不同交通量断面插值拟合 α、β 取值

寿命衰变方程		$PPI = PPI_0 * [1 - \exp(-\alpha/t)\beta]$	
PPI_0		95~100	
交通断面区间	交通量	PCI	
		α	β
前詹站—华湖站	1832	37.45	0.67
华湖站—连深汕东	1913	36.32	0.68
连深汕东—雷岭站	4355	35.45	0.67
雷岭站—两英站	3922	36.95	0.72
两英站—司马浦站	4379	36.06	0.69
司马浦站—铜贵站	3159	35.49	0.67
铜贵站—麒麟站	1985	38.32	0.68
麒麟站—连潮惠	4301	35.44	0.67
仙桥站—连潮惠	5714	35.35	0.67

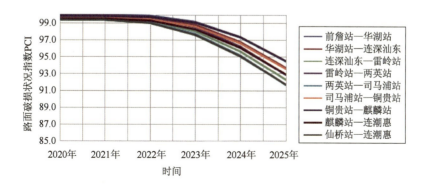

图 5-85 不同交通断面区间 PCI 预测（2020—2025 年）

为了更好地评价预测模型的使用效果,将模型预测数据与 2021 年、2022 年路面破损 PCI 实测数据进行比对,采用灰色关联分析法验证模型的适用性、精准度。随机选择部分代表性路段进行分析,如图 5-86、图 5-87 所示。

图 5-86　2021 年实测数据和预测数据对比

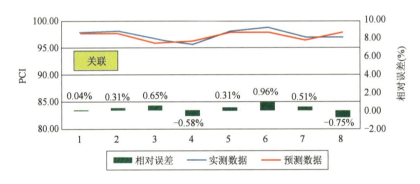

图 5-87　2022 年实测数据和预测数据对比

从 2021 年、2022 年数据对比来看,预测数据和实测数据的匹配性均较好,通过灰色关联分析法计算两者相对误差绝对值均分布在 1% 以内,2021 年、2022 年预测数据与实测数据关联度分别达到了 0.985、0.986,验证了预测模型精准度较好,预测数据适用于指导养护决策工作。

5.4.2　机电设备寿命周期分析

机电设备是高速公路运行体系中的重要组成,开展机电设备维护管理工作,既是保证高速公路正常运行的重要前提,也是延长机电设备使用寿命的必要措施。鉴于机电养护的重要性,南粤交通公司"红棉"养护品牌在机电方面提出了依托机电运维系统进行机电关键设备全寿命周期分析的机电养护理念,完善各在线高消耗及关键设备全生命周期分析(图 5-88),为后期恢复更新、改造升级设备选型提供有力依据。南粤交通公司利用机电运维系统对公司所辖路段的机电资产进行统筹管理,优化机电备品备件配置,建立路段间设备资源共享调拨机制,合理开展利旧应用,节约机电养护成本。

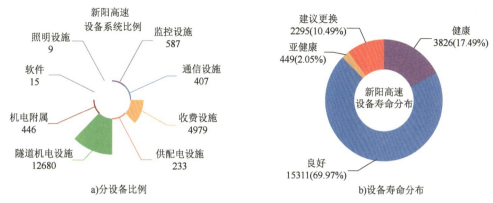

图 5-88　设备比例及寿命分布(单位:套/台)

1) 划定机电关键设备

机电关键设备主要包括:①收费系统关键设备,如 ETC 门架设备(ETC 天线、天线控制器、高清车牌识别、一体化机柜等),收费车道设备(ETC 天线、工控机、栏杆机、高清车牌识别仪、便携机、称重设备等)等;②供配电系统关键设备,如高压进线柜、低压进线柜、变压器、柴油发电机等;③监控系统关键设备,如主线监控摄像机、公路 LED 可变信息标志(含防篡改系统)、硬盘录像机、光端机、解码器、监控 LED 大屏、事件检测分析;④通信系统关键设备,如光数字传输系统、万兆交换机、千兆交换机等;⑤隧道机电系统关键设备,如隧道供配电设施、隧道照明灯具、隧道风机、火灾报警、紧急电话、隧道广播、卷闸门、隧道消防水系统及管网系统等。

2) 机电设备寿命分值要素

机电设备在实际运行过程中,会因设备本身、自然环境、养护作业等多种因素的影响,使用寿命各有长短。南粤交通公司的关键设备寿命评估依据资产评估师系列丛书中关于机电设备评估基础设备寿命评估相关内容,结合南粤交通公司"红棉"养护品牌机电养护要求进行优化,考量包括设备分类、安装位置、设备建卡日期、质保期、折旧率、保养次数、故障原因、故障等级等主要因素,从分财务折旧和设备寿命两个维度进行综合评估。机电设备分类折旧见表 5-18。安装位置折旧系数见表 5-19。

机电设备分类折旧　　　　　　　　　　表 5-18

序号	机电系统	子系统	预设折旧年限
1	监控系统	交通闭路电视监视系统(含隧道)	5
		外场信息显示设施	5
		监控中心管理设备及软件	10
2	通信系统	数字程控交换系统	15
		联网通信部分软硬件设施	15
3	收费系统	ETC 车道设施	5
		ETC 门架设施	5
		ETC/MTC 混合车道设施	5

续上表

序号	机电系统	子系统	预设折旧年限
4	供配电系统	中心(站)内低压配电设备	5
		稳压电源及不间断电源(含柴发)	内阻值阈值
		高压电力设备	10
5	隧道机电系统	供配电设施	5
		隧道照明设施	光衰值阈值
		隧道通风设备	5
		消防监测与救援报警设施	5
		紧急电话及广播设施	5
		隧道监控本地控制及信号传输网络	10
		交通信号指示设备	5

安装位置折旧系数　　　　　　　　　　　　　　　　表5-19

序号	位置类型	预设折旧系数
1	管理中心/监控中心/收费站/机房/配电房	1.5
2	车道	1.2
3	隧道(含洞口)	1.2
4	收费广场/服务区(外场)	1.2
5	外场(路面/路侧/互通)	1
6	仓库	建卡日期开始，每月固定扣1分

3）机电设备寿命分值起算日期

机电设备管理过程中会涉及多个日期，包括质保期、建卡日期（导入机电运维管理平台）、购买日期、开始使用日期、安装日期、出厂日期。机电设备寿命估值中，则会按照不同的情况考虑不同的起算日期。

（1）机电设备本身有固定的质保期，可按照固有的质保期计算其寿命。例如，手提式灭火器或推车式灭火器的质保期是12年，出厂后满5年需要进行一次维修，之后每2年进行一次维护，满12年则彻底报废。

（2）针对部分设备个别日期没有收录的情况，设定其起算日期的优先级顺序为出厂日期（一般没有收录）、购买日期（老旧设备可能没有收录）、安装日期（老旧设备可能没有收录）、开始使用日期（老旧设备可能没有收录）、建卡日期。

4）机电设备故障原因及故障等级因素

机电设备寿命评估在平衡设备故障处理中，主要考量了故障原因和故障等级之间的关系。故障评估因素见表5-20，故障等级扣减比例见表5-21。

故障评估因素　　表 5-20

故障原因	损坏型故障	退化型故障	松脱型故障	失调型故障	堵塞与渗漏型故障	性能衰退或功能失效型故障	人为原因	修理品质问题	自然灾害	软件原因	其他原因	原设计问题	原制造问题	原安装问题
扣减分值	3	5	3	3	3	5	0	1	0	1	0	5	5	0

故障等级扣减比例　　表 5-21

故障等级	重大故障	一般故障	轻微故障
扣减比例	100%	50%	30%

5）机电设备寿命分析应用

南粤交通公司利用机电运维管理平台对下属项目——新阳高速公路的 12229 条“ETC 门架系统”设备进行设备寿命分析，考量各设备的建卡日期，及 2020—2022 年的故障次数、重大故障次数、保养保洁次数等关键要素。其中，新阳高速公路 ETC 门架天线类设备的几组数值受到了重点关注，如图 5-89 所示。

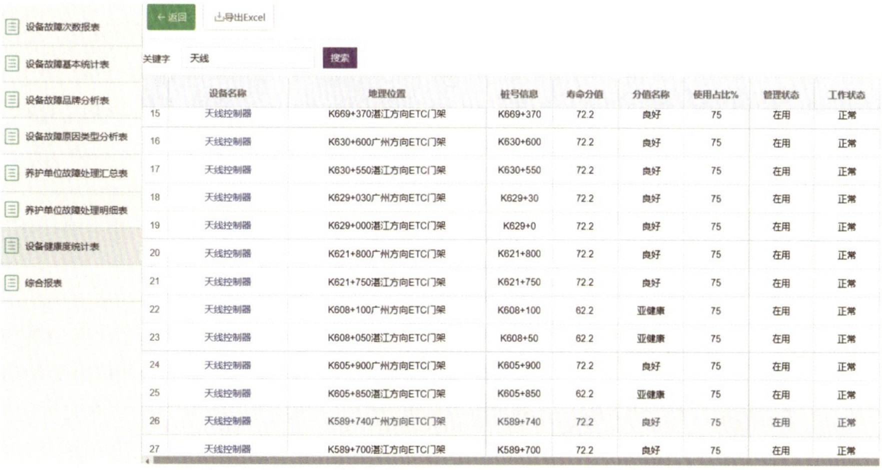

	设备名称	地理位置	桩号信息	寿命分值	分值名称	使用占比%	管理状态	工作状态
15	天线控制器	K669+370湛江方向ETC门架	K669+370	72.2	良好	75	在用	正常
16	天线控制器	K630+600广州方向ETC门架	K630+600	72.2	良好	75	在用	正常
17	天线控制器	K630+550湛江方向ETC门架	K630+550	72.2	良好	75	在用	正常
18	天线控制器	K629+030广州方向ETC门架	K629+30	72.2	良好	75	在用	正常
19	天线控制器	K629+000湛江方向ETC门架	K629+0	72.2	良好	75	在用	正常
20	天线控制器	K621+800广州方向ETC门架	K621+800	72.2	良好	75	在用	正常
21	天线控制器	K621+750湛江方向ETC门架	K621+750	72.2	良好	75	在用	正常
22	天线控制器	K608+100广州方向ETC门架	K608+100	62.2	亚健康	75	在用	正常
23	天线控制器	K608+050湛江方向ETC门架	K608+50	62.2	亚健康	75	在用	正常
24	天线控制器	K605+900广州方向ETC门架	K605+900	72.2	良好	75	在用	正常
25	天线控制器	K605+850湛江方向ETC门架	K605+850	62.2	亚健康	75	在用	正常
26	天线控制器	K589+740广州方向ETC门架	K589+740	72.2	良好	75	在用	正常
27	天线控制器	K589+700湛江方向ETC门架	K589+700	72.2	良好	75	在用	正常

图 5-89　新阳高速公路 ETC 门架天线类设备寿命情况

ETC 门架天线类设备总数有 1191 套（台），2020—2022 年的总故障数为 1154 次，平均几乎每个设备故障 1 次。在排除了近年开通的吴湛高速公路、东雷高速公路、大丰华高速公路（一期）、湛机高速后，针对发生过故障的 ETC 天线类设备，则 3 年间其故障次数约为 2 次。这 1191 套 ETC 门架天线类设备，除去遭遇不可抗力导致设备寿命分值为 0 的设备，其余的平均分值为80.52%，而其财务折旧分值平均 64.37%，总体处于健康良好的状态。根据这几组数据的分析，在设备集采需求中 ETC 天线类产品几乎都是 1 套，理论上减少了不必要的库存积压。

随着机电日常养护各类数据不断的积累,通过设备寿命分析,南粤交通公司充分掌握了各大系统机电设备运行情况,为设备选型、设备采购、设备周转(包含设备调拨、恢复更新、升级改造)、设备报废等一系列设备全生命周期管理提供更为科学的决策依据。

5.4.3 机电设备故障分析

近年来,随着取消高速公路省界收费站及高速公路机电设施的不断完善,高速公路机电设备数量日益增长,种类日益繁多,这导致机电运维工作量大增,且运维技术复杂度提高。当前,机电系统运维存在以下不利现状:①路段机电系统随着通车年限增长,设备故障发生频率增高;②设备巡检和故障发现以人工为主,效率较低,人工运维成本高;③隐蔽的故障很难被及时发现,人工对设备运行状态的巡查耗时较长;④各业务系统的数据没有融合,信息网、收费网和监控网的网络之间相互物理隔离,难以形成集中的故障告警中心;⑤故障定位困难,需要经过专业工程师的反复效验排查。

为解决上述问题,南粤交通公司开展了基于 Prometheus(开源分布式监控系统)的机电系统运行状态智能监测平台的研究,主要是通过利用 TCP/IP、http、modbus、SNMP、OPC、SDK、webservice、数据库对接等各种接口方式实现运行监测平台与前端机电设施设备关联,直接获取前端机电设施设备的运行状态,实现机电设施设备的自动巡检、故障预警和综合分析,大幅度降低机电运维的人力物力成本,及时发现设施设备的运行隐患,保障机电系统良好运行,防止重大故障灾害,提升运维管理能力。

该运行监测平台不仅可根据设备的重要程度、巡查的难易程度、巡查的投入程度,分级分类地设计自动轮巡预案,实现按预案轮巡范围、轮巡频率和状态监测分析;还具备预警中心、报告中心功能,自动形成预警信息、故障工单和巡检报告,对接推送给机电运维管理平台进行录入登记开单,对应的机电工程师可以通过机电运维管理平台下发开展工单跟进,实现跟踪和闭合。Prometheus 系统平台自动巡检流程图如图 5-90 所示。

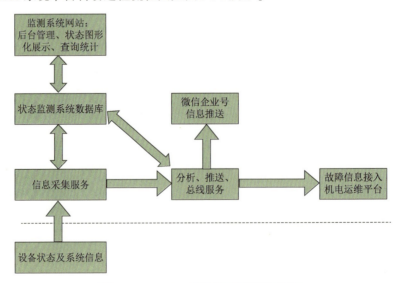

图 5-90　Prometheus 系统平台自动巡检流程图

江肇高速公路在试运行期间，配套出台了相关自动巡检制度，保障了全时段、全方位秒级自动巡检机电设备设施的运行状态，实现设备设施的详细监测，主动发现隐蔽故障和精准分析定位故障，基于传统人工巡检模式提升机电运维高质量发展水平，提高高速公路机电运维综合管理能力；通过试运行期间的信息采集和故障收集，形成案例库，为高速公路机电系统运维精细化管理的发展提供了数据。

传统的人工巡查频率为每月1次，使用平台后，实现了机电设施设备在线状态24h实时监测。同时，在类似服务器CPU（中央处理器）状态、内存使用情况、软件运行服务等方面，人工巡查难以发现，尤其对于需要实时监测后台运行服务状态的隧道火灾报警系统，传统人工巡查，存在着从第一个巡查期到第二个巡查期的空白时间，如果在此期间发生了隧道火灾，而后台服务又刚好发生故障，则不会实现报警。运用系统机电运维管理平台实时监测后，很好地填补了这一巡查空白，能够对服务运行状态24h监测并预警，有效地辅助了人工巡查。

5.5 科学决策

5.5.1 养护科学决策要求

随着公路养护任务日益加重，提高养护工程前期决策，注重养护工程的投资效益，加强精细化养护，建立科学的养护决策体系，这是保证养护有效性和养护经济性的前提，也是降低全寿命周期养护成本的基础和必由之路。

交通运输部和广东省对养护科学决策工作高度重视，2020年"十三五"国评和近两年的"小国评"以及省检均将养护信息化、决策科学化作为考核的重要内容。大力推进养护科学决策以及实施预防养护已达成行业内的共识。相关政策及文件解读见表5-22。

科学决策相关文件要求 表5-22

序号	文件名称	相关要求内容
1	交通运输部、广东省每5年养护发展纲要	公路养护科学决策已成为明确要求的一项工作制度和方法
2	2018年交通运输部颁布《公路养护工程管理办法》	对养护工程前期工作提出了明确的规定，要求进一步加强公路养护工程科学决策工作，提升养护工程实施的科学性和养护资金使用效益
3	《公路沥青路面养护技术规范》（JTG 5142—2019）	第3章基本规定3.1.4条规定，应按公路养护科学决策的工作制度与方法进行沥青路面养护规划与年度计划编制。条文说明3.1.4指出，根据实际需要开展沥青路面中短期和长期养护规划
4	《交通运输部办公厅关于印发〈2021年度国家公路网技术状况监测实施方案〉的通知》（交办公路函〔2021〕1492号）	将路面、桥梁、隧道等设施养护科学决策的应用情况作为养护管理检查项目，对国家高速公路是否建立科学决策系统、是否建立路、桥、隧衰变模型且每项形成决策分析报告等内容均有相关的评分要求

养护科学决策是指管理者围绕养护目标，应用科学的分析手段与方法，按照一定的工作程序进行分析比选，制订中长期养护规划、养护工程项目库和年度养护计划的活动。

养护资金应统筹安排、及时到位。养护规划方案能确定年度养护费用估算及养护投资时间节点,能够为养护资金审批额度及投入时间提供依据,有利于管养单位年度养护计划的制订和实施。

养护方案应科学、系统地制订。传统的路面养护往往是"头痛医头,脚痛医脚",对养护方案制订的系统性考虑不足,并且只有当路面破坏到一定程度时才进行养护维修,难以有效解决养护成本与投资效益之间的矛盾。养护规划根据历史和预测,结合区域养护实践,制订系统性养护方案,扭转了短视的养护观念,确保路面服务水平,提高养护效益。

科学养护决策体系包含路况指标评价体系、决策流程与分析模型体系、效益分析与评估体系,以数据分析为基础,采用适合的决策模型,实现养护投资效益,如图 5-91 所示。

图 5-91　科学养护决策体系

5.5.2　养护科学决策流程

养护科学决策流程可参照路面专项养护"七阶法"来执行,具体以路面养护决策为例,对决策流程进行介绍。养护科学决策流程如图 5-92 所示。

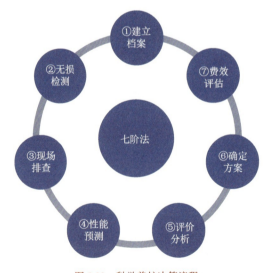

图 5-92　科学养护决策流程

1）建立档案

通过收集整理项目路段原设计、路面历年养护措施、养护资金投入等资料，掌握道路原设计材料、路面结构、路段结构物路面类型和分布以及道路发展历史，同时通过收集交通量资料，分析交通量现状、发展及交通组成等。2015—2019 年交通量统计表如图 5-93 所示，2014—2019 年实施养护措施面积统计表如图 5-94 所示。

图 5-93　2015—2019 年交通量统计表

图 5-94　2014—2019 年实施养护措施面积统计表

2）无损检测

（1）路况评定

对项目路段的路面使用现状进行全面的分析与评价，按照《公路技术状况评定标准》（JTG 5210—2018）规定的评价指标体系，采用养护管理信息平台的公路技术状况评定系统，对路况检测数据进行自动化、智能化评价，如图 5-95、图 5-96 所示。

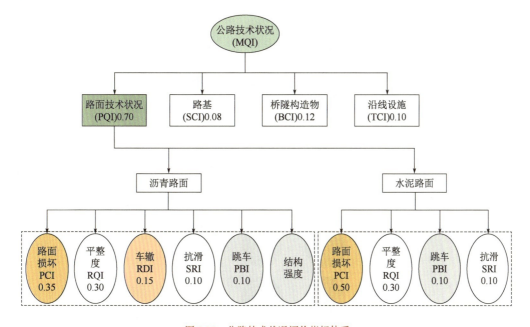

图 5-95　公路技术状况评价指标体系

"红棉"养护品牌建设与延伸

图 5-96　公路技术状况评价系统

在对路面技术状况进行总体评价的基础上,为了进一步详细地分析路面性能状况,对路面破损、行驶质量、车辙、抗滑等进行深入的评价分析。

将 2016—2019 年的路面破损、平整度、车辙深度、横向力系数、结构强度等指标数据,按公里路段、百米路段生成不同车道的评定数据,对优、良、中、次、差的长度和占比进行统计,并对指标衰减过快的路段进行统计。路况评定等级如图 5-97 所示。

养护指标	方向	2016年	2017年	2018年	2019年
路面损坏状况指数 PCI	A线	0.15% 11.30% 88.55%	3.61% 20.76% 75.63%	0.15% 4.20% 23.23% 72.42%	1.00% 8.05% 18.53% 72.42%
	B线	0.15% 9.51% 90.34%	0.15% 24.95% 72.90%	0.15% 24.95% 72.90%	0.15% 30.57% 64.56%
路面行驶质量指数 RQI	A线	7.03% 92.97%	100.00%	100.00%	100.00%
	B线	0.15% 7.03% 92.82%	0.15% 7.03% 92.82%	0.15% 7.03% 92.82%	0.15% 7.03% 92.82%
路面车辙深度指数 RDI	A线	100.00%	100.00%	100.00%	100.00%
	B线	100.00%	100.00%	3.16% 96.84%	13.49% 86.51%
路面抗滑性能指数 SRI	A线	100.00%	100.00%	100.00%	100.00%
	B线	100.00%	100.00%	100.00%	100.00%

图 5-97　路况评定等级

分析破损率、平整度、车辙深度、横向力系数等指标百米均值分布,判断各指标发展变化状况,横向力系数 SFC 百米数值分布如图 5-98 所示。

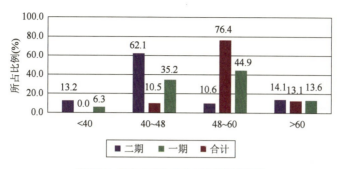

图 5-98　横向力系数 SFC 百米数值分布图

(2)病害分析

可根据导入的历年路面破损数据,对病害数量、分布以及发展变化进行分析,如图 5-99 所示。对修补率、裂缝率、坑槽率等指标进行计算,全面把握各路段病害发展状况。

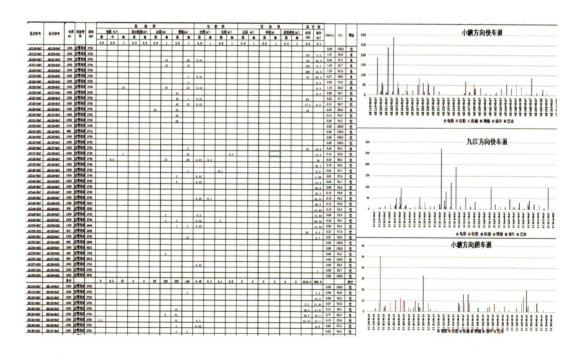

图 5-99　路面病害数据库

(3)生成重点养护路段

根据以上路况评定、病害分析结果,确定当年或后续年份重点养护路段,生成路面技术性能沿线分布图,如图 5-100、图 5-101 所示。

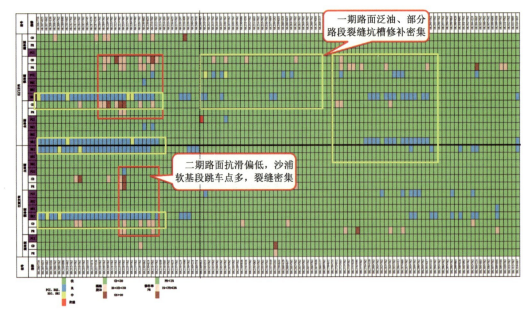

图 5-100 重点养护路段

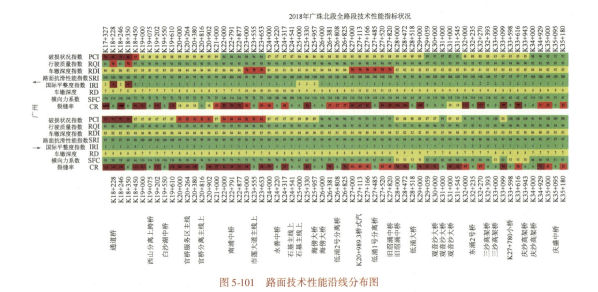

图 5-101 路面技术性能沿线分布图

3)现场排查

补充专项病害诊断评估数据,全面掌握路面病害严重程度、分布范围及特点等信息,必要时采用探地雷达、高精度断面仪、激光纹理仪、全断面渗水系数测试仪、沥青路面小型加速加载试验系统、室内单轴贯入试验仪、沥青老化分析仪等仪器,对路面表观和结构内部缺陷及路面剩余寿命等进行全面的评价与分析,如图5-102~图5-104所示。

美国Penetradar雷达车　　　　　　　路面厚度、脱空、管线及孔洞探测

图 5-102　探地雷达探测路面厚度及缺陷

图 5-103　小型加速加载试验评价路面

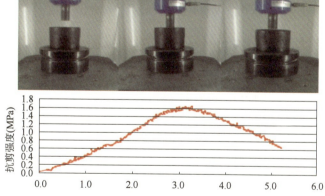

图 5-104　单轴贯入试验评价沥青路面高温稳定性

4）性能预测

依托公路养护信息平台建立了以回归法（双参数模型、修正 S 曲线模型、负指数模型）、灰色预测理论等的多类预测模型。根据不同项目情况对相应模型进行最优选取与参数调整，使得建立的预测模型具有充分的项目相关性与参考价值，从而对各项目路段的各路面长期性能进行科学、系统预测。路面性能预测分析内容介绍可详见 5.4.1 小节（图 5-105~图 5-108）。

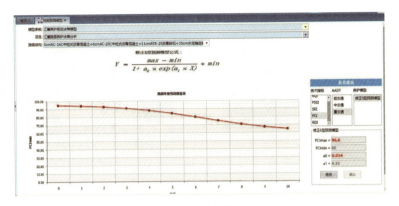

图 5-105　路面性能预测模型

图 5-106　路面性能预测结果

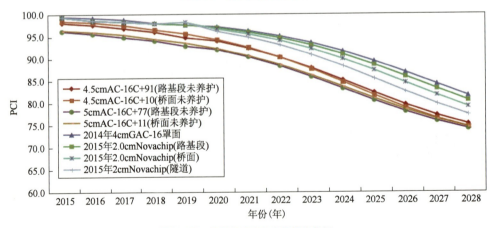

图 5-107　江肇高速 PCI 衰变规律分析

5）评价分析

评价分析采用公路养护信息管理平台中的养护决策系统（图 5-109）开展相关工作，主要包括养护需求分析、资金优化分析等内容。

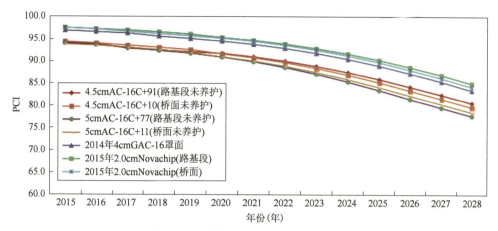

图 5-108　江肇高速路面 RDI 衰变规律分析

图 5-109　养护信息平台路面养护决策系统

（1）养护需求分析

综合考虑规范、广东省发展纲要、"国评"等要求，结合各路段路况指标状况，拟定保障型、经济型、提升型 3 个级别养护标准；然后，根据路面性能指标发展和预测分析，计算得到规划各年度的养护需求，同时结合各路段目前养护重难点问题，分类规划、规范养护、适度超前、分阶段实施。

①保障型标准。主要依据规范要求值制定，养护规模相对最小，选择养护对策时优先考虑资金需求最少的方案。

②经济型标准。阈值标准参考国检满分的要求制定，养护规模适中，选择养护对策时注重全寿命经济指标比选，优先考虑超薄罩面预防养护和罩面修复养护结合的方案。

③提升型标准。考虑各路段路况指标水平以及广东省发展纲要中 PQI 不小于 93 的要求制定，阈值标准最高，养护规模相对最大，选择养护对策时优先考虑以罩面加铺为主的修复养护。

"红棉"养护品牌建设与延伸

养护类型的判定/各指标养护的阈值见表5-23,决策树模型和养护对策设置如图5-110所示。依据养护标准和决策模型,结合路面预测数据,对项目的养护路段进行筛选,针对有养护需求的路段,结合路面病害类型和发展情况,以及养护技术的适用性和典型养护措施对比,开展养护对策分析和选择,计算各年度所需要的养护里程和费用(图5-111)。

养护类型的判定/各指标养护的阈值 表5-23

提升型各指标养护阈值					经济型各指标养护阈值					保障型各指标养护阈值				
PCI	RQI	RDI	SRI	养护对策	PCI	RQI	RDI	SRI	养护对策	PCI	RQI	RDI	SRI	养护对策
≥94	≥92	≥92	≥80	A	≥92	≥90	≥90	≥75	A	≥90	≥88	≥84	≥75	A
			<80	B				<75	B				<75	B
		[90,92)		B			[80,90)		B			[75,84)		B
		<90		C			<80		C			<75		C
	<92			C		<90			C		<88			C
[92,94)	≥92	≥90		B	[90,92)	≥90	≥90		B	[85,90)	≥88	≥84		B
		<90		C			<80		C			<75		C
	<92			C		<90			C		<88			C
<92				C	<90				C	<85				C

注:表中 PCI 要求将裂缝均当做条状修补计算,A 表示日常养护,B 表示超薄罩面,C 表示不小于 4cm 罩面。

图 5-110 决策树模型和养护对策设置

a) 养护需求汇总

b) 养护需求空间分析

图 5-111　各年度所需要的养护里程和费用

(2) 资金优化分析

①建立优先排序模型

建立优先排序的模型,是在资金有限的情况下,为每个养护路段计算优先度值,以决定是否养护。其影响因素包括道路技术等级、交通量、路面使用性能指数各分项指标,允许用户根据当地经验实施模型参数的标定。优先排序模型设置如图5-112所示。

图 5-112　优先排序模型设置

②约束资金的优化分配

在资金不足的情况下,根据优先度情况,将资金用在优先度高的路段。根据给定的公路养护费用,遵循效益最大原则,将资金优化分配到公路网中那些最需要养护并且具有显著经济效益的路段上。可设置养护资金额度,在指定资金约束下,利用优先排序模型,分析并确定养护评价单元与养护资金,形成养护方案明细数据(图5-113)。

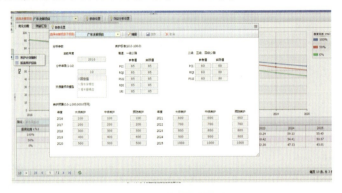

图5-113　约束资金设置

6) 确定方案

针对每个具体路段会生成相应的养护方案,根据实际情况(如费用等各方面的考虑)来具体修改某个路段的方案,生成最后的养护方案包括规划方案汇总图、养护项目库明细表,如图5-114、图5-115所示。规划方案汇总图可直观地展示养护路段、措施,各年度的养护费用;养护项目库明细表可查看路段的详细数据,包含每个路段基本信息以及详细需要的养护方案、养护性质、养护费用等。

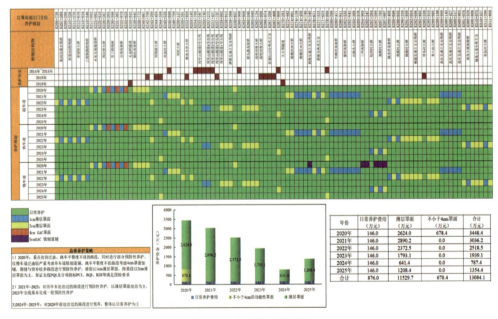

图5-114　养护方案规划图

表 H-1 广珠北段路面 A 线养护需求状况评价表

起点桩号	终点桩号	年份	PCI		RQI		RDI		SRI		IRI		RD		SFC		CR		总评	养护需求	矫正养护需求技术指标	推荐养护方案（**优先级 养护类型**）
AK17+327	AK18+228	2016	84	●	95	○	87	◎	97	○	1.12	○	6.74	◎	61	○	52.4	▲	▲●◎◎○○○○	矫正性养护	裂缝率 CR	Ⅰ铣刨后重铺
		2017	81	●	95	○	86	◎	97	○	1.18	○	7.16	◎	60	○	113.2	▲	▲●◎◎○○○○	矫正性养护	裂缝率 CR	Ⅰ铣刨后重铺
		2018	77	▲	95	○	85	◎	97	○	1.24	○	7.57	◎	59	○	244.9	▲	▲▲◎◎○○○○	矫正性养护	PCI、裂缝率 CR	Ⅰ铣刨后重铺
		2019	74	▲	94	○	84	◎	96	○	1.30	○	7.99	◎	59	○	530.0	▲	▲▲◎◎○○○○	矫正性养护	PCI、裂缝率 CR	Ⅰ铣刨后重铺
AK18+246	AK18+350	2016	84	●	95	○	87	◎	97	○	1.12	○	6.74	◎	61	○	52.4	▲	▲●◎◎○○○○	矫正性养护	PCI、裂缝率 CR	Ⅰ铣刨后重铺
		2017	81	●	95	○	86	◎	97	○	1.18	○	7.16	◎	60	○	113.2	▲	▲●◎◎○○○○	矫正性养护	裂缝率 CR	Ⅰ铣刨后重铺
		2018	77	▲	95	○	85	◎	97	○	1.24	○	7.57	◎	59	○	244.9	▲	▲▲◎◎○○○○	矫正性养护	PCI、裂缝率 CR	Ⅰ铣刨后重铺
		2019	74	▲	94	○	84	◎	96	○	1.30	○	7.99	◎	59	○	530.0	▲	▲▲◎◎○○○○	矫正性养护	PCI、裂缝率 CR	Ⅰ铣刨后重铺
AK18+350	AK18+450	2016	82	●	94	○	86	◎	98	○	1.41	○	7.02	◎	64	○	0.0	○	●◎◎○○○○○	重或强养护	——	Ⅱ铣刨后重铺
		2017	80	▲	94	○	84	◎	98	○	1.46	○	7.76	◎	66	○	0.0	○	▲◎◎○○○○○	矫正性养护	PCI	Ⅰ铣刨后重铺
		2018	78	▲	94	○	83	◎	99	○	1.51	○	8.48	◎	69	○	0.0	○	▲◎◎○○○○○	矫正性养护	PCI	Ⅰ铣刨后重铺
		2019	76	▲	93	○	82	◎	99	○	1.56	○	9.20	◎	73	○	0.0	○	▲◎◎○○○○○	矫正性养护	PCI	Ⅰ铣刨后重铺
AK18+450	AK19+000	2016	88	◎	96	○	86	◎	97	○	0.56	○	6.80	◎	62	○	47.5	●	●◎◎◎○○○○	重或强养护	——	Ⅱ铣刨后重铺
		2017	88	◎	97	○	85	◎	98	○	0.47	○	7.48	◎	64	○	86.4	▲	▲◎◎◎○○○○	矫正性养护	裂缝率 CR	Ⅰ铣刨后重铺
		2018	87	◎	97	○	84	◎	98	○	0.37	○	8.16	◎	66	○	157.3	▲	▲◎◎◎○○○○	矫正性养护	裂缝率 CR	Ⅰ铣刨后重铺
		2019	86	◎	97	○	82	◎	99	○	0.26	○	8.82	◎	68	○	286.5	▲	▲◎◎◎○○○○	矫正性养护	裂缝率 CR	Ⅰ铣刨后重铺
AK19+000	AK19+075	2016	89	◎	95	○	87	◎	99	○	0.98	○	6.65	◎	71	○	50.0	●	●◎◎◎○○○○	重或强养护	——	Ⅱ铣刨后重铺
		2017	88	◎	95	○	86	◎	100	○	0.98	○	6.93	◎	116	○	76.4	▲	▲◎◎◎○○○○	矫正性养护	裂缝率 CR	Ⅰ铣刨后重铺
		2018	87	◎	95	○	86	◎	100	○	0.98	○	7.21	◎	116	○	122.6	▲	▲◎◎◎○○○○	矫正性养护	裂缝率 CR	Ⅰ铣刨后重铺
		2019	86	◎	95	○	85	◎	100	○	0.98	○	7.48	◎	116	○	204.8	▲	▲◎◎◎○○○○	矫正性养护	裂缝率 CR	Ⅰ铣刨后重铺
AK19+202	AK19+550	2016	89	◎	95	○	87	◎	99	○	0.98	○	6.65	◎	71	○	50.0	●	●◎◎◎○○○○	重或强养护	——	Ⅱ铣刨后重铺
		2017	88	◎	95	○	86	◎	100	○	0.98	○	6.93	◎	116	○	76.4	▲	▲◎◎◎○○○○	矫正性养护	裂缝率 CR	Ⅰ铣刨后重铺
		2018	87	◎	95	○	86	◎	100	○	0.98	○	7.21	◎	116	○	122.6	▲	▲◎◎◎○○○○	矫正性养护	裂缝率 CR	Ⅰ铣刨后重铺
		2019	86	◎	95	○	85	◎	100	○	0.98	○	7.48	◎	116	○	204.8	▲	▲◎◎◎○○○○	矫正性养护	裂缝率 CR	Ⅰ铣刨后重铺
AK19+610	AK20+000	2016	89	◎	95	○	87	◎	99	○	0.98	○	6.65	◎	71	○	50.0	●	●◎◎◎○○○○	重或强养护	——	Ⅱ铣刨后重铺
		2017	88	◎	95	○	86	◎	100	○	0.98	○	6.93	◎	116	○	76.4	▲	▲◎◎◎○○○○	矫正性养护	裂缝率 CR	Ⅰ铣刨后重铺
		2018	87	◎	95	○	86	◎	100	○	0.98	○	7.21	◎	116	○	122.6	▲	▲◎◎◎○○○○	矫正性养护	裂缝率 CR	Ⅰ铣刨后重铺
		2019	86	◎	95	○	85	◎	100	○	0.98	○	7.48	◎	116	○	204.8	▲	▲◎◎◎○○○○	矫正性养护	裂缝率 CR	Ⅰ铣刨后重铺
AK20+000	AK20+264	2016	86	◎	96	○	86	◎	99	○	0.91	○	7.07	◎	68	○	36.4	●	●◎◎◎○○○○	重或强养护	——	Ⅱ铣刨后重铺
		2017	84	●	95	○	85	◎	99	○	0.98	○	7.49	◎	71	○	62.8	▲	▲●◎◎○○○○	矫正性养护	裂缝率 CR	Ⅰ铣刨后重铺
		2018	82	●	95	○	84	◎	99	○	1.05	○	7.90	◎	76	○	108.5	▲	▲●◎◎○○○○	矫正性养护	裂缝率 CR	Ⅰ铣刨后重铺
		2019	80	●	95	○	83	◎	100	○	1.12	○	8.31	◎	85	○	187.5	▲	▲●◎◎○○○○	矫正性养护	裂缝率 CR	Ⅰ铣刨后重铺
AK20+380	AK20+816	2016	86	◎	96	○	86	◎	99	○	0.91	○	7.07	◎	68	○	36.4	●	●◎◎◎○○○○	重或强养护	——	Ⅱ铣刨后重铺
		2017	84	●	95	○	85	◎	99	○	0.98	○	7.49	◎	71	○	62.8	▲	▲●◎◎○○○○	矫正性养护	裂缝率 CR	Ⅰ铣刨后重铺
		2018	82	●	95	○	84	◎	99	○	1.05	○	7.90	◎	76	○	108.5	▲	▲●◎◎○○○○	矫正性养护	裂缝率 CR	Ⅰ铣刨后重铺
		2019	80	●	95	○	83	◎	100	○	1.12	○	8.31	◎	85	○	187.5	▲	▲●◎◎○○○○	矫正性养护	裂缝率 CR	Ⅰ铣刨后重铺
AK20+902	AK21+000	2016	86	◎	96	○	86	◎	99	○	0.91	○	7.07	◎	68	○	36.4	●	●◎◎◎○○○○	重或强养护	——	Ⅱ铣刨后重铺
		2017	84	●	95	○	85	◎	99	○	0.98	○	7.49	◎	71	○	62.8	▲	▲●◎◎○○○○	矫正性养护	裂缝率 CR	Ⅰ铣刨后重铺
		2018	82	●	95	○	84	◎	99	○	1.05	○	7.90	◎	76	○	108.5	▲	▲●◎◎○○○○	矫正性养护	裂缝率 CR	Ⅰ铣刨后重铺
		2019	80	●	95	○	83	◎	100	○	1.12	○	8.31	◎	85	○	187.5	▲	▲●◎◎○○○○	矫正性养护	裂缝率 CR	Ⅰ铣刨后重铺

注：1.○表示无需养护或轻养护强度；◎表示需要中养护强度；●表示需要重或强养护强度；▲表示需要矫正性养护；2. 养护需求优先等级，Ⅰ为最高优先级，Ⅱ为第二优先级，Ⅲ为第三优先级，Ⅳ为最低优先级。

图 5-115　最终养护方案

7）费效评估

（1）根据已形成的养护方案，设置各类养护措施的预测模型和参数，对养护后各路段路面性能各指标进行预测，分析未来 1～10 年（2018—2025 年）路面性能各指标数值变化趋势（图 5-116、图 5-117）。

图 5-116　PQI 变化趋势

年度	路况现状					中修/km	预养/km	养护后路况指标均值				
	PQI	PCI	RQI	RDI	SRI			PQI	PCI	RQI	RDI	SRI
2020	95.85	98.22	94.62	95.62	92.04	6.564	57.741	95.85	98.22	94.62	95.62	92.04
2021	93.99	95.88	93.55	92.9	90.77	0	38.061	95.13	97.14	94.15	94.29	93.33
2022	93.31	94.92	93.24	92.25	89.54	0	23.964	95.23	97.26	94.27	94.04	93.76
2023	92.41	93.57	92.81	91.39	88.26	0	25.974	95.11	97.01	94.27	93.87	93.75
2024	91.23	91.7	92.24	90.25	87.01	0	24.341	95.14	97.03	94.26	93.85	93.96
2025	89.71	89.24	91.46	88.8	85.78	0	0	95.3	97.2	94.33	93.93	94.99

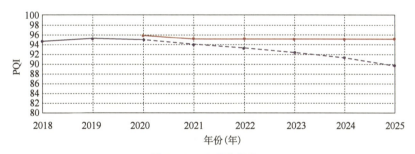

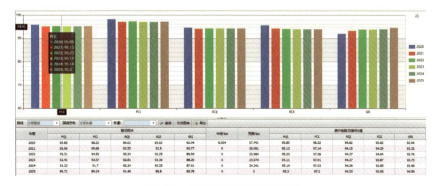

图 5-117　养护后路面性能指标预估

（2）根据预测结果，分析未来各年度路面状况（优、良、中、次、差）所占的里程比例图，汇总分析（2016—2020年）的路网路况技术等级（优、良、中、次、差）及里程的发展变化趋势。养护后路面状况评定等级预估如图5-118所示。

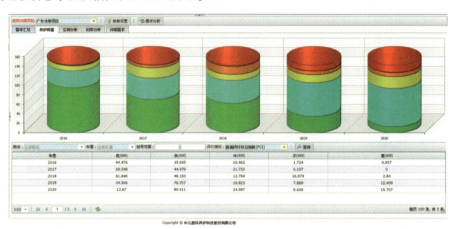

图5-118　养护后路面状况评定等级预估

（3）对所有路段进行时序分析，具体到每一个评定单元的性能衰变及养护情况，即分析各评价单元不同指标的衰变规律，提供各评价单元路况技术指标的变化曲线（图5-119）。

图5-119　养护后各路段衰变指标分析

为了保证养护方案规划的应用效果，对各项目养护方案的实施进行长期跟踪观测和评估，掌握养护方案的实施效果，并依据检测数据，合理修正养护决策模型，调整养护方案，进行中期养护方案规划修编。

5.5.3　养护科学决策应用

广东省政府还贷高速公路养护资金实行"收支两条线"管理，一直存在养护资金审批额度难以控制、时间无法保障等问题，给养护方案的制订及实施造成较大障碍。为更好适应新的政策环境，最大限度地提高公司养护资金使用效益，南粤交通公司2020年组织开展了"十四五"养护中长期规划的编制，形成了《广东省南粤交通投资建设有限公司2020—2025年养护规划总报告》《广东省南粤交通投资建设有限公司部分路段2020—2025年养护规划报告(江肇分册)》《广东省南粤交通投资建设有限公司部分路段2020—2025年养护规划报告(韶赣分册)》,对建立系统的养护科学决策体系、统筹指导公司路网养护资金分配意义重大。

"十四五"养护中长期规划针对南粤交通公司管养所有项目路段开展,内容涵盖土建和机电全要素,包含路面、桥涵、路基边坡、隧道、附属设施、机电等专业。养护规划的期限为2020—2025年(图5-120)。

图5-120 主要规划专业

1)摸清养护时机

(1)路面

根据路面性能指标历年衰变规律,综合考虑各路段交通轴载、结构强度、面层厚度、基层类型、环境状态、材料类型等因素,选用修正S型曲线、负指数、衰变方程等多种经验预测模型对未来各年度路面指标发展变化进行预估。在不考虑实施养护工程的情况下,江肇、韶赣高速公路规划期路面各性能指标将处于快速衰减的状态,历年未处治路段路面性能指标PQI于2023年低于90。其他项目路面各性能指标总体较好,预计将在2023—2025年加速衰减,2025年路面性能指标PQI衰减至92以下。结合各路段实际情况,路面性能发展将面临以下问题:

①路面老化病害发展分析。江肇、韶赣高速公路近年来处于重交通等级,由于通车年限达8~10年,沥青路面材料老化问题日益凸显,原路面近3年来病害数量呈持续增长的趋势,宜考虑及时进行一轮罩面处治。其他项目路面基本采用双层改性,通车年限较短,预计规划期内使用情况总体较好,局部路段可能面临轻微老化、松散等问题,可及时进行预防性养护。

②半刚性基层病害发展分析。半刚性基层沥青路面具有良好的强度及抗疲劳性能,因而在广东省高速公路中得到广泛应用,南粤交通公司通车项目中约13个路段采用该种结构。大量的使用情况调查表明,裂缝是半刚性沥青路面的主要病害,其中干缩和温缩是造成半刚性沥青路面出现反射裂缝的主要原因。此外,半刚性沥青路面结构排水不良,裂缝和雨水的渗入互为因果,是造成半刚性沥青路面基层冲刷、唧浆、层间脱空、大面积网裂等病害的又一重要原因。通过对广东省交通集团13条高速公路23个代表性路段典型结构沥青路面使用性能调查与分析可知:通车前几年,半刚性基层路面结构所产生裂缝多为横向的反射裂缝,且基层材料

已发生不同程度的水损害;通车 5 年后半刚性基层沥青路面的横向裂缝和纵向裂缝均比组合式基层厚沥青路面的裂缝要多,且沥青层越薄,裂缝越多,10cm 厚沥青层半刚性基层沥青路面的每车道公里裂缝条数达到 18cm 厚沥青层的 2~3 倍,达到组合式基层沥青路面的 15 倍左右。对于近 4 年通车且采用半刚性基层的 13 个路段,应在日常养护中,做好日常巡查,及时发现裂缝病害并及早进行封缝处治,防止病害进一步发展。

③抗滑性能发展分析。各路段表层混合料以 AC-16 和 SMA-13 为主,参考广东省高速公路不同类型表层混合料抗滑性能衰减规律,路面抗滑性能预计在通车 1~3 年后完成由初期快速衰减趋于稳定慢速衰减波动。以京珠北、惠河、粤赣项目为例,AC-16 混合料在重交通条件下,通车前 2 年呈明显的衰减趋势,年平均衰减幅度为 10 左右,通车 2 年后趋于稳定,衰减稳定区间为(40.8,44.2)。以渝湛、茂湛项目为例,在中等交通条件下 SFC 变化规律衰减稳定区间为(41.8,45.6)。以佛开、广珠北项目为例,SMA13 混合料在重交通条件下,通车前 3 年抗滑性能呈明显的逐年快速衰减趋势,年平均衰减幅度为 6.5 左右;通车 3 年后横向力系数趋于稳定,衰减稳定区间为(42.2,47.4)。另外,南粤交通公司隧道里程长,长隧道和特长隧道多,洞内湿度及尾气油污和颗粒物等对磨耗层的抗滑性能非常不利,需要重点关注。

④路基沉降引起路面沉陷、跳车。近年来,多数项目存在因路基沉降引起的路面沉陷、跳车或者积水等问题,其中以揭惠项目一期(连续 10.029km 软基段)、江肇项目二期(沙浦软基路段)、广中江项目(桥梁结构物多,匝道互通多且较多位处软基路段)等受影响最大。

(2)桥涵

①桥涵技术状况缓慢下降。参考集团各路线的桥涵技术状况发展规律,随着桥涵年龄增长,桥涵技术状况呈缓慢下降趋势,如"1 类"桥缓慢退化为"2 类"桥,"好"涵洞缓慢退化为"较好"涵洞。这种劣化趋势在通车 10 年后较为明显。江肇、韶赣高速公路路龄到规划期末达到 15 年,预测桥涵技术状况呈缓慢下降趋势;其他 13 条高速规划期末路龄未超 10 年,预测"1 类桥""好涵洞"比例规划期内基本维持不变。

②耐久性病害增加。随着路龄增长,耐久性病害也缓慢增长。耐久性病害指钢筋锈蚀、混凝土碳化、支座橡胶老化、沥青麻絮脱落、涂层老化等等不可逆的材质劣化。可更换部件(如栏杆、伸缩装置、支座、斜拉索等)设计使用年限在 15~20 年左右。江肇、韶赣高速公路路龄规划期末接近 15 年,部分易损构件接近设计年限;其他路线规划期内部件较新,耐久性病害较少。

③结构物损伤风险增长。事故发生概率与交通量呈正相关,交通量较大的路段桥涵受事故损伤风险相对较大。2020 年广东省交通集团发生约 34 起重物坠落、火灾、船撞、车撞等抢险事件,其中以火烧、撞击事故比例较高。南粤交通公司也发生桥梁损伤事件。例如,2019 年,江肇高速公路昆东互通立交 BK1+084.33 匝道桥火烧,仁新高速公路廖屋大桥桥底火灾;2020 年,韶赣马市互通 A 匝道桥车撞桥墩,化廉高速车撞小箱梁。江肇、韶赣、广中江高速公路交通量较大,事故损伤概率相比其他路段高。

④大跨径桥梁管理提升。大跨径桥梁需实施桥梁防船撞风险评估及监测预警、集团特大桥集群安全监测系统、编制桥梁养护手册。江肇、广中江、英怀、清云、龙连、连英、仁新、河惠莞高速公路均有大跨径桥梁,规划期内需逐步落实文件要求。

(3)隧道

①隧道土建结构技术状况缓慢下降。随着隧道使用年限增长,"一类"隧道渐退化为"二

类","一类"隧道的比例逐渐下降。江肇、韶赣高速公路通车年限长,隧道技术状况呈缓慢下降趋势,其他高速通车时间较短,本规划期内处于较稳定的状态。

②耐久性病害增加。耐久性病害随着运营年限的增长而缓慢增加。耐久性病害包括钢筋锈蚀、隧道内装层(如边墙瓷砖装饰及拱部防火涂层等)、洞门墙瓷砖装饰层老化等。例如,江肇高速公路大王顶隧道,随着使用年限的增长,隧道拱部防火涂层出现大面积脱落;其他项目也由于隧道衬砌结构、检修道盖板等混凝土结构导致钢筋保护层厚度不足而出现的锈胀开裂。

③衬砌结构常见病害(如衬砌开裂及渗漏水病害)会逐年增加。南粤交通公司下属各路段由于隧道所处的工程地质、水文地质条件、通车年限、交通量等影响因素的差异,隧道的发展将呈现不同特点。江肇、韶赣高速公路运营时间最久,隧道土建结构的主要病害随时间增长而缓慢增加。随着服役年限的增加,在地下水长期潜流冲刷作用下,会将围岩裂隙、节理、交界面、软弱夹层、破碎带和岩溶等的软弱物质带走,造成围岩的渗透系数不断增大,在雨季时,地下水位的异常升高导致衬砌结构承受较大的水头压力。另外,由于锚杆发生锈蚀导致锚固应力损失,喷射混凝土在地下水的腐蚀、渗流等长期作用下,初期支护结构的支护效果会逐渐弱化,二次衬砌从最初的不受力或承受较小的围岩荷载到二衬逐渐荷载逐渐增加,直到形成动态平衡为止。在此过程中,隧道衬砌结构由于承受的荷载及地下水水量、水位的变化等,导致衬砌结构的逐渐出现新的开裂及衬砌渗漏水病害。

④由于隧道洞内外排水系统(如洞外截水沟、洞门墙背后排水管、洞内环向、纵向排水盲沟、中央排水沟或边沟等)发生堵塞,防水系统(如两层衬砌间的防水板)焊缝失效,衬砌施工缝、变形缝、沉降缝等三缝处的止水条带由于橡胶老化等原因导致防排水系统局部失效,从而发生渗漏水病害。加之,隧道渗漏水病害在处治之后,由于施工工艺及材料等原因,3~5年后处治发生失效或局部失效,导致渗漏水病害反复出现。其他较新的项目,由于隧道的服役年限较短,在经过前期的缺陷责任期及病害处治后,预估规划期内会出现少量的衬砌开裂。目前防排水系统的功能较为完善。但是,随着隧道运营年限的增加,隧道防排水系统逐渐发生局部失效,预计在规划期末,衬砌结构会出现较多的渗漏水病害。

⑤隧道发生火灾、水毁等导致衬砌结构损坏的风险增长。随着交通量的增大,隧道内路面抗滑衰快及特长隧道数量多等因素的叠加,隧道内发生火灾事故的风险会增加。目前,广东省交通集团管养的隧道已发生多起由于车辆事故而引发的火灾,因此火灾风险应加强重视和防范。另外,韶赣高速公路白山隧道、英怀高速公路桃源隧道等位于岩溶发育的不良地质发育区段的隧道以及隧道洞门洞口处于泥石流发育区段或存在落石、崩塌等风险的地段,在雨季或汛期会突发衬砌结构崩塌或洞门洞口由于泥石流、落石、崩塌等导致交通中断。

(4) 路基边坡

由于边坡数量、气象水文、地质条件、防护措施和通车年限等影响因素的差异,规划期内南粤交通公司下属各路段路基边坡的发展将呈现不同特点。华南地区雨量充沛,雨季和台风强降雨期间,路基边坡常出现坡面冲刷、坡面局部溜塌、浅层滑塌等病害。龙连、仁新、新博、清云等路段边坡数量较多(沿线三级及三级以上边坡均超过了296处),坡面冲刷、坡面局部溜塌病害是规划期内路基边坡养护的重点。

总体来看,各项目边坡的稳定状态和边坡技术状况等级将保持较好的水平,但江肇、广中江、潮漳、揭惠、阳化等路段的软土地基沉降仍在继续发展，规划期内对软基沉降明显路段的养护处治需引起足够重视。同时，各路段边坡仰斜排水孔和泄水孔疏通不及时、排水沟堵塞和排水设施不完善等问题日益突出，规划期内各项目需加强对边坡地表和地下排水设施的定期疏通和清理工作。另外，江肇和韶赣高速公路通车年限较长，边坡锚索预应力损失及锈蚀问题将会逐渐显现。

（5）附属设施

参照广东省交通集团内各路段的养护历史及相关经验，在规划期内，附属设施仍采用以日常养护为主，以养护工程为辅的模式进行养护。参照江肇和韶赣高速公路的养护费用数据，日常养护费用趋于稳定，但随着物价和人工成本的上涨，会有适当的增加。

①对于房建设施养护工程，除特殊的养护外，屋面防水、门窗、外墙等设施以5年为一个周期需要进行一次整体的修复养护，从而保证保证房建设施结构安全、使用舒适。

②对于交安设施养护工程，除特殊的养护外，养护工程主要以更换交通标线、隔离栅及突起路标等易耗品为主。交通标线具有良好的视认性，其颜色均匀、边缘整齐、线形流畅，与道路线形相协调。护栏安装线形顺畅，并与道路线形及两端既有护栏线形协调一致。突起路标及轮廓标安装线形顺畅，并与道路线形协调一致。

③对于绿化环保设施养护工程，除特殊的养护外，绿化及环保设施以4年为一个周期需要进行一次整体的修复养护，从而保证高速公路的绿化环保设施形态整齐，做到：无死树残桩，无影响植物生长的病虫害；绿地内保持整洁、无积水；环保设施满足交通功能的需要，不影响行车安全视距和公路排水，并不遮挡交通标志。

（6）机电设备

机电设施维修、升级或者更换的主要原因为设施到达一定使用年限，设施设备老化已无法满足实际使用的需求，而进行更新换代。各路段在运维期间，均对机电设施进行了日常养护，路段通过委托第三方检测机构，按照广东省交通集团《高速公路机电设施养护及技术状况评定标准》（Q/JTJT 003—2022）对机电设施进行技术状况及机电设施完好率评定。部分路段由于通车年限不足，委托第三方检测机构对设备完好率统计，从而对机电设施进行现状评估。

①机电设施性能下降及功能故障的规律。通过对各路段近年来机电设施各类养护行为分析，发现除了日常养护以外，还做了不同类型的机电设施升级改造等专项工程。随着机电设施使用年限的增加，机电设施的性能逐渐下降，功能故障的概率增加。在室外使用的机电设施，由于使用环境较为恶劣，设施设备老化速度较快，一般使用寿命为5年；在室内使用的机电设施，由于使用环境较好，设施设备使用寿命相对较长，一般使用寿命超过5年甚至10年。

②机电设施预测。机电设施随着行业要求的不断变化，养护的规模不断变大，系统复杂程度不断增加、系统的实时性要求不断提高。由于行业要求的变化无法预测，养护计划的编制主要依据系统的现有需求。根据上述的规律，加上对日常养护相关设施设备的小修和专项工程相关工作量的分析，得出以下预测：

a. 2020—2025年的养护投入需不断增长才能满足正常运营的相关要求。

b. 结合各路段的机电设施养护规律，可以得知，除了一些人为或者不可抗力的情况外，机电设备维修的频率都是随着使用的时间增长而增加,因此 2020—2025 年的设备使用时间的递增与设备维修的频率成正比关系,与专项工程的次数成反比关系。

c. 智能高速在未来是一个不可逆的发展趋势,预计在未来 5 年内,各路段会对自动驾驶等应用,进行一次专项工程改造。

d. 随着机电设施技术的升级,为了能更好了解机电设施的运行状态和规避运营风险,预计未来 5 年相关服务类项目会有一定的增长。

2)编制养护规划

按照南粤交通公司层面编制总规划方案、各项目编制分册的形式,编制"十四五"期间养护资金使用计划,于 2020 年建立公司路网成熟养护专项养护项目库,之后每年各项目自行更新一次,于 2023 年进行一次中期规划调整。

根据各项目对日常养护、养护工程、咨询服务类规划费用的估算,同时考虑其他费用,如公路养护类固定资产购置、无形资产购置、养护基地建设、服务区升级改造及其他政策性原因需要等,编制了 2020—2025 年保障型、经济型、提升型三种标准的养护规划方案(表 5-24)。

养护资金需求表　　　　　　　　　　　　　　　　表 5-24

序号	养护标准	总养护资金(万元)	土建资金(万元)	机电资金(万元)
1	保障型标准	501694.4	374952.6	126741.8
2	经济型标准	536016.5	401967.0	134049.5
3	提升型标准	580803.0	424829.5	155973.5

选择不同标准的养护规划费用时应结合养护资金实际情况进行考虑;在养护资金正常的情况下,建议选用经济型标准;当养护资金不足的情况下,可考虑选用保障型标准;在养护资金富裕的情况下,可考虑提升型标准(图 5-121、图 5-122)。

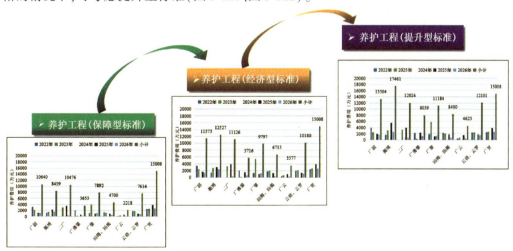

图 5-121　各项目不同标准规划资金统计

图 5-122 三种标准规划资金统计

(1) 养护规划费用组成比例分析。以经济型标准为例,土建类和机电类占比分别为 75.0%、25.0%;土建类中日常养护、养护工程、咨询服务分别占比为 33.6%、51.3%、15.1%;各专业板块所占比例为路面:桥涵:路基边坡:附属设施:隧道 = 33.2%:19.3%:13.4%:29.4%:4.8%;机电类中日常养护、养护工程、咨询服务分别占比为 54.3%、29.6%、9.1%。

土建类、机电类养护总费用组成分析如图 5-123 所示,2020—2025 年土建类、机电类养护规划组成分析如图 5-124、图 5-125 所示。

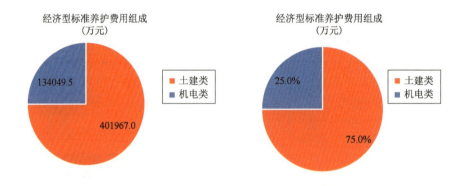

图 5-123 土建类、机电类养护总费用组成分析

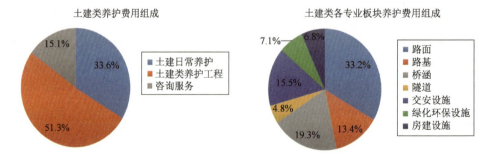

图 5-124 2020—2025 年土建类养护规划费用组成分析

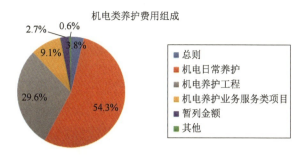

图 5-125 2020—2025 年机电类养护规划费用组成分析

（2）折合成每年单公里养护费用分析。保障型标准、经济型标准、提升型标准平均每年土建类单公里养护规划费用分别为 37.0 万元/km、39.7 万元/km、42.0 万元/km。参考上述集团养护费用与通车年限关系规律分析，规划结果介于平均水平。土建类养护费用与通车年份关系如图 5-126 所示，2020—2025 年土建单公里养护规划费用如图 5-127 所示。

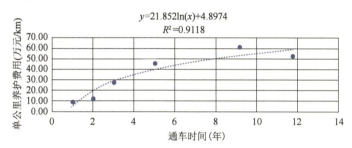

图 5-126 土建类养护费用与通车年份关系

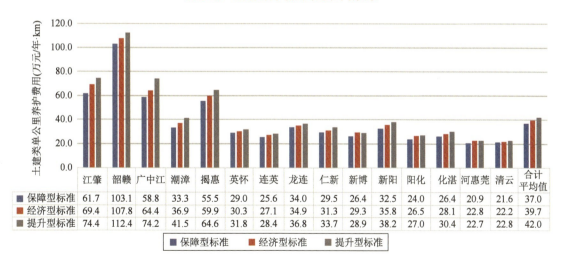

图 5-127 2020—2025 年土建单公里养护规划费用

（3）在同等技术状况条件下，全寿命周期内实施养护规划与传统养护相比。江肇高速公路预计减少投入 36.1 万元/年·km，韶赣高速公路预计减少 40.7 万元/年·km；其他路段预计减少 3.2~14.7 万元/年·km；整个路网平均预计减少 11.6 万元/年·km，规划期内预计产生效益共计 11.7 亿元。2020—2025 年土建类单公里养护效益分析如图 5-128 所示。

图 5-128 2020—2025 年土建类单公里养护效益分析

3）制订分配方案

在相对固定的路面总养护资金条件下,一种能较好地考虑各项目级对象里程长度、路面状况水平、通车年限、交通流量、养护目标等因素之间差异的决策方案,将有限的养护资金优化分配给各项目级对象,既是网级决策者重点关注的问题,也是保证养护经费的使用效率与养护维修效益的关键所在。为此,基于广东省高速公路实际情况,结合"十四五"养护规划,南粤交通公司初步探索了一种路面养护维修资金优化分配办法。

(1) 确定主、次影响因素

在不考虑其他影响因素的条件下,资金分配应与通车年限、里程长度成正比。因此,约定以项目级对象的路龄、里程长度为主要影响因素,以基年路面性能状况、交通流量和规划年路面养护目标为次要影响因素。

(2) 通车年限系数修正

由于通车时间在 5 年以下的沥青路面高速公路,其路面损坏一般不严重,每年实际的路面养护开支也相对较少,因此应区别对待不同通车年限高速公路对路面养护资金分配的影响。通过其对公路里程的修正来量化其影响,提出对不同通车时间的修正方法如下:

$$L = \alpha \times L_i \tag{5-1}$$

式中:L_i——第 i 个项目对应的里程长度;

α——修正系数,当通车年限为 2、3、4 时依次取 0.25、0.5、0.75,通车年限 ≥5 时统一取 1。

(3) 综合影响系数的确定

为了考虑次要影响因素对路面养护资金优化分配的影响,在此提出一个综合影响系数 f 的概念:

$$f = \beta_1\gamma_1 + \beta_2\gamma_2 + \beta_3\gamma_3 \tag{5-2}$$

式中：γ_1——基年路面性能状况影响系数；

γ_2——交通流量；

γ_3——规划年路面性能提高值影响系数。

根据经验，β_1、β_2、β_3 分别取 0.35、0.4、0.25。若设全省共有 n 个项目级养护资金分配对象，第 $i(i=1,2,3,\cdots,n)$ 个对象的第 $j(j=1,2,3)$ 个影响系数为 γ_{ij}，第 i 个对象的第 j 个影响因素指标值为 D_{ij}，其中第 j 个影响因素指标值中的最大值、最小值分别为 $\max(D_j)$ 和 $\min(D_j)$。综合影响系数的确定图示如图 5-129 所示。

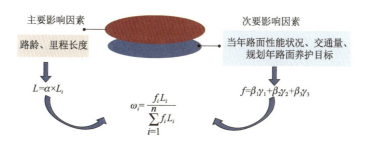

图 5-129 综合影响系数的确定图示

当影响因素指标越大则路面养护资金需求越多时，其计算公式如下：

$$\gamma_{ij} = 1 - \frac{\overline{D_j} - D_j}{\max(D_j) - \min(D_j)} \tag{5-3}$$

当影响因素指标越小则路面养护资金需求越多时，其计算公式如下：

$$\gamma_{ij} = 1 - \frac{D_j - \overline{D_j}}{\max(D_j) - \min(D_j)} \tag{5-4}$$

(4) 资金分配系数

资金合理分配系数的确定资金合理分配系数是指某项目级对象高速公路路面养护资金占总路面养护资金的合理比例，令该比例为 ω_i，计算公式如下：

$$\omega_i = \frac{f_i L_i}{\sum_{i=1}^{n} f_i L_i} \tag{5-5}$$

式中：L_i——第 i 个项目级对象对应的修正后里程长度。

(5) 养护资金分配

规划年的高速公路养护总预算为 C，考虑主、次影响因素的路网总养护资金在第 i 个项目级对象上的分配系数为 ω_i，则规划年第 i 个项目级对象的养护资金优化分配结果 C_i 为：

$$C_i = C \times \omega_i \tag{5-6}$$

基于以上的网级养护资金优化分配方法，进行养护资金优化分配演算。路网所属项目基本情况见表 5-25。

南粤交通公司所属部分路段项目基本情况

表 5-25

序号	项目	2020 年 PQI	2025 年预测 PQI	2025 年养护目标	性能提升值	2023 年 1 月平均日交通量(万辆)
1	江肇	95.27	89.15	93	3.8	1.71
2	韶赣	94.60	87.38	93	5.6	1.59
3	广中江	97.84	94.17	95	0.8	2.63
4	潮漳	97.44	93.40	95	1.6	1.03
5	揭惠	97.62	93.98	95	1.0	0.90
6	龙怀(英怀段)	97.98	94.29	95	0.7	0.44
7	龙怀(连英段)	97.84	94.17	95	0.8	0.52
8	龙怀(龙连段)	97.76	94.10	95	0.9	0.58
9	仁博(仁新段)	97.81	94.14	95	0.9	0.51
10	仁博(新博段)	97.21	93.62	95	1.4	1.66
11	云湛(新阳段)	96.96	93.41	95	1.6	1.70
12	云湛(阳化段)	96.89	93.35	95	1.7	1.65
13	云湛(化湛段)	96.92	93.37	95	1.6	1.14
14	河惠莞	97.59	93.95	95	1.0	0.51
15	清云	97.67	94.02	95	1.0	0.86

令表 5-25 中的列 5、列 8、列 9 分别为第 1、2、3 个影响因素指标值,其中基年 PQI 值越小则其路面养护资金需求越大,路面性能提升值和交通流量越大则其路面养护资金需求越大。根据以上公式进行计算,结果见表 5-26。

影响系数计算结果

表 5-26

编号	项目	γ_{i1}	γ_{i2}	γ_{i3}	f_i
1	江肇	1.56	1.45	1.75	1.61
2	韶赣	1.76	1.81	1.38	1.62
3	广中江	0.80	0.84	0.93	0.86
4	潮漳	0.92	0.99	1.09	1.00
5	揭惠	0.86	0.88	0.91	0.88
6	龙怀(英怀段)	0.76	0.81	0.75	0.77
7	龙怀(连英段)	0.80	0.84	0.80	0.81
8	龙怀(龙连段)	0.82	0.85	0.84	0.84
9	仁博(仁新段)	0.81	0.84	0.81	0.82
10	仁博(新博段)	0.99	0.95	1.03	0.99
11	云湛(新阳段)	1.06	0.99	1.12	1.07
12	云湛(阳化段)	1.08	1.00	1.10	1.07
13	云湛(化湛段)	1.07	1.00	1.00	1.02
14	河惠莞	0.87	0.88	0.75	0.83
15	清云	0.85	0.87	0.75	0.81

在影响系数计算结果的基础上,由式(5-5)可计算得到规划年路面养护资金分配系数 ω_i,详见表 5-27 第 6 列。若规划年度的路面养护资金总预算为 C 万元,由总预算资金分别乘以对应的养护资金分配系数 ω_i,可计算得到各项目规划年的养护资金分配结果,详见表 5-27 第 7 列。

规划年路网路面养护资金优化分配结果　　　　　　　　　　　　表 5-27

编号	项目	路龄	修正里程(km)	f_iL_i	ω_i	规划年资金分配结果
1	江肇	8	646.2	1039.2	0.245	$0.245C$
2	韶赣	9	759.0	1228.8	0.289	$0.289C$
3	广中江	4	184.5	158.9	0.037	$0.037C$
4	潮漳	3	129.2	129.6	0.031	$0.031C$
5	揭惠	2	63.4	56.0	0.013	$0.013C$
6	龙怀(英怀段)	2	89.0	68.4	0.016	$0.016C$
7	龙怀(连英段)	2	149.3	121.0	0.028	$0.028C$
8	龙怀(龙连段)	2	192.0	161.0	0.038	$0.038C$
9	仁博(仁新段)	3	169.6	138.6	0.033	$0.033C$
10	仁博(新博段)	2	161.7	160.4	0.038	$0.038C$
11	云湛(新阳段)	3	171.6	183.0	0.043	$0.043C$
12	云湛(阳化段)	3	269.8	288.6	0.068	$0.068C$
13	云湛(化湛段)	3	194.6	199.1	0.047	$0.047C$
14	河惠莞	1	227.6	187.8	0.044	$0.044C$
15	清云	1	157.4	128.0	0.030	$0.030C$

注:折算里程首先计算项目单车道长度,再根据式(5-1)进行折算。

按照上述路网路面养护资金优化分配方案,初步得到了各项目级对象规划年可支配的路面养护资金。在实际操作过程中,建议网级决策管理者根据规划年的政策等因素的影响对资金优化分配结果作适当调整。

5.6　综合评估

5.6.1　综合养护评估

综合养护是指在封闭路段内所有养护作业统筹实施的养护模式,一般是通过一次性封闭交通,经过详细的交通组织策划,科学组织同一路段内路基、路面、桥涵、边坡、交安设施、机电设施等多专业、多工种的有序协调作业,实现交通管制时间短、安全风险低、养护效率高、工程质量优、综合社会经济效益高的一种养护模式。它是一种多工种、多环节的系统养护作业方式。

2021 年 4 月,广东省交通集团领导带队前往江苏交流学习苏式养护经验。南粤交通公司在借鉴苏式集中养护经验的基础上,着重从养护工作的顶层设计(全局谋划)、管理体系的优化(科学决策)、施工高度集约化(落地实施)三个方面着手,解决以往养护工作碎片化、路面处治系统化措施不强、行业单位重专项轻日养、不同专业间联动性差、传统施工干扰大等难题。南粤交通公司从2019年开始,谋划并开展了"路网+路段模式"的全专业养护中长期规划,结合"红棉"养护品牌创建及升级活动,对管理体系建设、工区布设、不同路段及结构路面衰变模型、养护业务发展需求及资金规划等,坚持"数据上浮、业务下沉"的思路,研究并搭建了"公司统筹+路段实施+第三方技术支持"的路面综合养护模式。

1)综合养护实施

(1)项目概况

韶赣高速公路综合养护实施路段为 K517～K541 路段(2021年实施赣州方向,2022年实施广州方向),主要实施工程包括:结构强度不足路段水泥注浆+4cmAC-13C 沥青混凝土罩面(43km,30万m^2)、路面下沉"DCG"工法注浆调平(2305m,725m^3)、水泥注浆(29528m,2226m^3)、就地热再生(8.6km,35000m^2)、路侧波形护栏提升(43km)、中分带波形护栏二波改四波(单幅44km)、土路肩硬化(46km,14000m^2)、路缘石提升(46km)等,并将路段内日常养护(土建类、机电类)、小修、新技术应用等一并实施。

(2)交通组织

2021年封闭赣州方向 K517～K541 路段,封路期间韶赣高速公路往江西方向行驶的车辆,在丹霞站下高速驶入 G323 国道,从南雄站上高速;前往江西方向行驶的车辆,可提前选择绕行大广、汕昆和汕湛高速公路。2022年,封闭广州方向 K517～K541 路段,封路期间行驶韶赣高速公路往广州方向行驶的车辆,在南雄站下高速驶入 G323 国道,从始兴北站上高速;从江西往广州方向行驶的车辆,可提前选择绕行。现场交通疏导图如图5-130所示。

图5-130 现场交通疏导图

(3) 施工组织

韶赣高速公路综合养护实施路段投入 39 个班组,400 余人,80 余套机械设备。提前做好材料的储备及机械设备的保养工作,以沥青路面摊铺为主线,其他分项工程及日常养护同步交叉实施,2021 年历时 18 天,2022 年历时 17 天,完成综合养护任务。其施工组织现场如图 5-131 所示。

图 5-131 施工组织现场

2)综合养护评估

(1)安全效益

在综合养护期间,施工时受到外界的干扰几乎为零,杜绝了边通车边施工引起的社会车辆交通责任事故。按经验数据经计算,综合养护相较于传统养护,安全责任费用减少损失约 46 万元;但综合养护施工模式极大地降低了各方安全生产责任压力,对于安全生产责任管理方面具有巨大的效益。

(2)通行费效益

由于半幅全封闭路面进行施工,车辆需绕行其他公路,经对比计算,韶赣高速公路 2021 年综合养护期间通行费损失约 1886 万元,2022 年通行费损失约 2143 万元;但从现场调查显示约有 10% 车辆走地方道路,90% 车辆提前分流至其他高速路线,广东省交通集团高速路网占广东省高速网比例约70%。

①从集团层面来说,实际损失为:
$$4029 - 4029 \times 90\% \times 70\% \approx 1490(万元)$$

②从整个广东省高速路网考虑,则实际损失为:
$$4029 - 4029 \times 90\% \approx 403(万元)$$

(3)养护成本效益

综合养护大大缩短了施工时间,施工单位一次性投入大量的人员机械,减少了人员机械因客观原因造成的"窝工",并有效提高了工作效率,经对比分析,养护成本节约了50余万元。

(4)社会效益

对公路综合养护进行社会效益分析,主要对公众接受率进行评价。通过对韶赣高速公路的使用者进行问卷调查,获取公众对韶赣高速公路开展综合养护的接受情况,从而对韶赣高速公路养护的社会效益进行评价。通过对过往司乘人员的调查,在综合养护全封闭主线及分散养护临时封闭车道两种模式的选择下,其中综合养护施工模式的群众满意度达80%,满足了人民群众对美好出行的需求,可有效引车上高速,减轻沿线国省道的交通压力,社会效益则更加明显,综合养护模式值得推荐。

(5)实施效果

工程完工后委托第三方检测单位对该路段路面进行检测。根据交工检测结果,综合养护路面的各项检测指标均满足技术规范和设计要求,该路段江西方向与韶关方向的PQI提升了1.42、2.09,具体详见表5-28。

综合养护实施前后PQI对比分析表　　　　表5-28

起点桩号	长度(m)	方向	工前	工后	方向	工前	工后
K517+000	1000	江西方向	93.45	96.95	韶关方向	95.29	96.61
K518+000	1000	江西方向	97.29	97.42	韶关方向	95.47	98.29
K519+000	1000	江西方向	96.76	97.07	韶关方向	97.08	98.37
K520+000	1000	江西方向	96.43	96.47	韶关方向	96.44	98.28
K521+000	1000	江西方向	94.63	95.34	韶关方向	94.74	97.62
K522+000	1000	江西方向	95.83	97.91	韶关方向	93.83	98.12
K523+000	1000	江西方向	97.88	96.99	韶关方向	95.10	98.09
K524+000	1000	江西方向	93.92	97.59	韶关方向	97.16	98.19
K525+000	1000	江西方向	95.61	97.94	韶关方向	97.29	98.36
K526+000	1000	江西方向	90.18	96.31	韶关方向	96.28	98.08
K527+000	1000	江西方向	93.94	97.83	韶关方向	94.97	98.19
K528+000	1000	江西方向	98.21	97.86	韶关方向	95.78	98.14
K529+000	1000	江西方向	94.73	97.39	韶关方向	97.52	98.07
K530+000	1000	江西方向	95.42	96.03	韶关方向	95.75	97.64
K531+000	1000	江西方向	96.40	97.61	韶关方向	95.29	98.15
K532+000	1000	江西方向	98.15	97.38	韶关方向	95.87	98.10

续上表

起点桩号	长度(m)	方向	工前	工后	方向	工前	工后
K533+000	1000	江西方向	97.41	97.83	韶关方向	97.46	98.22
K534+000	1000	江西方向	96.12	97.79	韶关方向	95.33	98.30
K535+000	1000	江西方向	95.97	98.02	韶关方向	97.17	98.32
K536+000	1000	江西方向	97.65	97.67	韶关方向	94.99	98.07
K537+000	1000	江西方向	97.73	97.50	韶关方向	92.93	98.01
K538+000	1000	江西方向	96.59	97.02	韶关方向	97.21	98.15
K539+000	1000	江西方向	95.79	97.69	韶关方向	97.03	98.16
K540+000	1000	江西方向	95.35	97.94	韶关方向	97.48	98.01
合计		江西方向	江西方向	97.32	韶关方向	95.98	98.06

综合养护工程有效提升了韶赣高速公路的道路性能,解决了路基下沉、路面车辙、破损、交安设施老旧等病害,完工后的路段,路面平整且美观,标识更加清晰醒目,进一步提升了行车的安全性和舒适度。韶赣高速公路综合养护路段实施完成后达到"修旧如新"的效果,如图5-132所示。

图5-132 韶赣高速公路综合养护路段实施完成后达到"修旧如新"的效果

5.6.2 软基处治评估

江肇高速公路二期于2012年底通车,该路段填土高度高达10m,并且正好位于桥台处,采用桩长21.0m管桩处理,左右两侧各布设1248根,桩间距1.8~2.4m;采用堆载预压+塑料排水板方案,塑料排水板长度为17.4m,间距为1.1m;堆载预压高度为0.9m,砂垫层厚度为0.6m,预压时间为15个月。地质勘察资料显示,该段路基软土主要为第四系河流相或三角洲相淤泥、淤泥质亚黏土、淤泥质砂层,软土平均厚13.15m,软土层底埋深平均14.02m。由于软基工后沉降量较大,导致多处路段路面平整度下降,尤其是肇庆至江门方向K243+230~K243+290(养护期桩号)路基段、桥台横向差异较大,为此针对该软基路段开展了桥头跳车、路面沉降等病害专项整治,如图 5-133 所示。

图 5-133 软基路段

1)软基发展状况

根据原设计方案、现场情况,通过对历年加铺数据、竖向沉降数据、深层水平位移沉降数据等多因素分析,结合 2021 年 3 月 3 日现场调查及历年调查资料来看,该段软基主要病害表现形式有如下三种:①桥台跳车;②桥台处边沟有较明显的外移;③路面沉降多年加铺。这与监测数据基本是吻合的,深层水平位移挤压边沟变形,侧向位移及竖向沉降导致路面标高持续降低,造成路桥衔接处存在沉降差,产生跳车现象。

对比分析历年竖向监测数据,2014—2017 年沉降速率较大,沉降量主要发生在这几年中。2018—2020 年沉降速率变化值较小,沉降速率基本一致。从监测数据来看,沉降平稳缓慢,但是还没有结束。

对比分析 2014—2020 年沉降数据来看,发生最大水平位移的深度在 10m 左右,沉降深度区间为 0~14m。历年最大沉降断面均为 K243+255 断面(2013 年 3 月—2020 年 12 月,累积沉降达到 663.83mm,2019 年 9 月—2020 年 12 月该断面右侧监测点沉降值为 8.21mm,平均沉降速率为 2.74mm/月),该断面结合设计方案分析,正好处于管桩与塑料排水板处理方案的过渡段。由于两侧处理方案不一致,导致该处沉降差较大。软基沉降分析如图 5-134 所示。

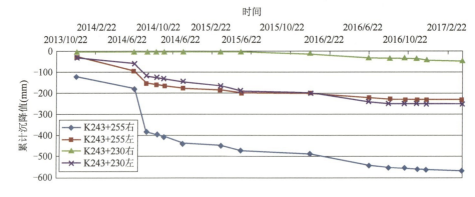

图 5-134 软基沉降分析

2）软基处治方案比选

该段软基处理设计的主要原则是提高路面舒适度,保障路堤稳定性,提高土体的力学强度和变形模量,控制淤泥的沉降,从而提高路基稳定性,保证长期稳定。在处治期间,根据工程地质条件,综合考虑高速公路运营影响,尽量不封闭施工,分段采用适宜的地基处理方法。

原处治方案采用管桩与塑料排水板方案,根据现场及调查资料、沉降数据来看,两种方案处理的路段均出现了沉降。主要原因如下:

(1) 管桩的设计长度为21m,基本穿透了软土层,但桩距为2m,桩径不详,初步判断沉降原因为桩距较大,没有发挥复合地基的效能,导致桩间土出现沉降及位移。

(2) 塑料排水板方案的软基为类似于夹层软基,上有覆盖层,即存在排水通道,塑料排水板在由下至上排水过程中,出现排水通道,导致排水不畅。

(3) 初步判断预计荷载不足,该处软基较深达14m左右,0.9m荷载作用深度有限,难以起到增压的作用。

综合从工程造价、运营管理、施工难易等因素考虑,最终采用方案二。处治方案比选见表5-29。

处治方案比选 表5-29

方案	处治措施	优点	缺点	费用预估（万元）
方案一：钢花管注浆+沥青路面	钢花管注浆加固:对路基右侧边坡坡脚处以上进行加固,在边坡上采用φ68mm钢花管注浆加固,纵横向间距1.5m,打入沉降区间不小于3m,平均长度约18m。 路面处治:对原路面面层进行挖除,按照原路面结构层4.5cmAC-16+5.5cmAC-20C+8cmATB-25进行重新摊铺	(1) 行车舒适性好,平整性好,噪声低； (2) 对路基变形的适应性较强； (3) 施工工期较短,养护维修方便,交通影响小； (4) 抗滑性能好,行车安全性好	耐磨耗性稍差,施工工艺较复杂	297
方案二：钢花管注浆+复合路面（推荐方案）	钢花管注浆加固:对路基右侧边坡坡脚处以上进行加固,在边坡上采用φ68mm钢花管注浆加固,纵横向间距1.5m,打入沉降区间不小于3m,平均长度约18m。 路面处治:对原路面面层进行挖除,按照沥青+钢筋水泥混凝土28cm+水稳碎石基层进行重新摊铺,对于基层损害的继续深层处治	行车舒适性较好,抗滑性能好	(1) 存在反射裂缝,容易导致路面接缝多,平整性稍差,行车舒适性较差； (2) 接缝养护工作量大,维修难度大,交通阻碍影响较大； (3) 对路基变形的适应性较差,对基础支撑不稳固非常敏感	289
方案三：新建路面	新建路面	(同方案一)	(同方案一)	—

3）软基处治实施（注浆加固+复合路面+坡面排水）

(1) 江门方向 K243+230～K243+260 路段采用钢花管注浆加固,在路基硬路肩及外侧边坡2.0m范围内进行加固,在单侧边坡上采用φ68mm钢花管注浆加固,纵横向间距1.0m,平均长度约23.0m,一排共7根,同时对桥头搭板下路基进行注浆加固。

（2）对原路面面层进行挖除加铺处治，在桥头70m范围采用28cm厚C40钢筋混凝土面板以及4.5cmGAC-16C+5.5cmGAC-20C改性沥青混凝土进行调平处治。

（3）对边坡坡面进行疏干孔布设排水，采用直径110mm排水管进行路基排水，横向间距在2~3m布设，纵向间距在5m布设，第一排在边坡坡脚1m以上布设，布设角度在10°，排水管长度在18m左右；路基边部设置碎石排水层，在路面结构层外侧设置长0.75m，高0.5m的碎石层，有效进行路面结构层内部排水，并对中央分隔带进行封水处理。

4）软基处治评估

K243+230~K243+290段软基处治工程于2022年5月完工，并同步对软基路段沉降位移进行了监测，部分典型断面监测数据见表5-30。

典型监测点处治前后沉降变化量对比（单位：mm）　　　　　表5-30

监测点桩号	处治前			处治后
	2019年	2020年	2021年	2022年
K243+287	-9	-16	-29.9	-0.9
K243+272	-5	-8	-25.2	-0.6

通过对软基段监测数据进行对比分析可知（表5-31），处治后的软基路段沉降位移量变化比处治前明显变小，处治实施效果较好，为其他同类型软基沉降处治提供了借鉴。

已处治与未处治软基段沉降变化量对比（单位：mm）　　　　　表5-31

监测点桩号	2022年是否处治	2022年沉降变化量
K244+299	否	-9.8
K244+269	否	-5.8
K243+820	否	-10.1
K243+747	否	-17.7
K243+287	是	-0.9
K243+272	是	-0.6

5.6.3　边坡处治评估

2022年6月，粤北地区遭遇百年特大暴雨，特别是韶关、清远地区，多处出现洪涝、山体滑坡、泥石流等地质灾害。南粤交通公司所属粤北项目出现不同严重程度的山体滑坡。连英高速公路东行K378+523~K378+860段高边坡发生水毁病害，局部边坡发生滑坡，滑坡从坡脚剪出，边坡堑顶线外约15m位置出现张拉裂缝，后缘裂缝距前缘剪出口约70m，裂缝距剪出口高差约50m，锚索框架梁、坡面锚索局部破坏，主车道路面起拱；K378+688~K378+730段第一级边坡锚杆框架滑移，抗滑桩前土体溜滑，抗滑桩圆桩桩身出露，桩间土产生溜滑，严重影响高速公路正常通行。现以连英高速公路东行K378+523~K378+860路堑边坡滑坡处治为例进行评估。

1）路堑边坡概况

连英高速公路路堑边坡东行K378+523~K378+668段为5级高边坡，坡高43m。第一级采用锚索+锚杆格梁支护，第二、三级采用锚索框架支护，第四级采用人字形骨架防护，第五级采用客土喷播植草防护。K378+668~K378+760段为2级边坡,最大坡高18m。第一级边坡采用锚杆格梁支护,一级平台宽度8m,平台布设一排抗滑桩支挡加固;第二级边坡采用锚索+锚杆格梁支护。K378+760~K378+860段为3级边坡,最大坡高20m。第一级边坡采用人字形骨架+锚杆格梁支护,一级平台宽度8m,平台布设两排抗滑桩支挡加固,按照Z形布设;第二级边坡采用锚杆格梁支护;第三级边坡采用生态网植草防护。边坡原设计方案如图5-135所示。

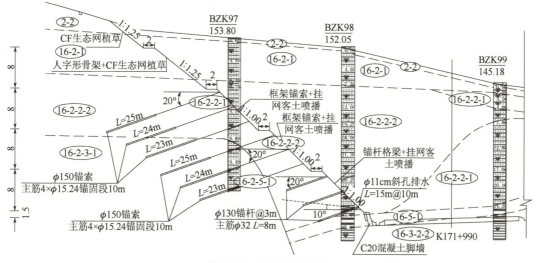

图 5-135　边坡原设计方案

该边坡所在区为剥蚀丘陵地貌,边坡由一条山梁切割而形成,山顶地形较缓,其中高边坡右侧为老滑坡。沿线出露地层由新至老主要有第四系覆盖层、砂岩、页岩、煤系地层、糜棱岩等。场区存在断层构造带,硅化石出露较多,呈条带出现,在断层上下煤系地层分布较广泛,断裂带附近岩土体风化严重,且地下水丰富。场区内地下水主要有第四系孔隙潜水、基岩及构造裂隙水两种类型。第四系孔隙潜水主要赋存于含砾粉质黏土,基岩及构造裂隙水主要赋存于碎块状强风化泥质粉砂岩裂隙中,坡体含水率大。

2）边坡处治方案

(1)滑移监测

根据监测数据,K378+688~K378+760段7号抗滑桩桩顶临空向水平位移单日最大增长量53.4mm(Z07),最大累计临空向水平位移量为124mm(Z09),垂直位移单日最大沉降量15.4mm(Z06),最大累计垂直位移沉降量为27.1mm(Z06)。K378+625~K378+688段表面位移监测点临空向水平位移单日最大增长量573.3mm(A01),最大累计临空向水平位移量为715.3mm(A01),垂直位移单日最大沉降量227.1mm(C02),最大累计垂直位移沉降量为423.8mm(C02)。

鉴于边坡变形速率发展较快,连英高速公路管理处迅速组织养护单位24h对坡脚采取堆载反压和坡顶削土卸载等应急措施,防止险情扩大造成边坡进一步滑动。

(2)处治方案

边坡处治分Ⅰ区、Ⅱ区、Ⅲ区、Ⅳ区四个区域。

Ⅰ区（K378+523～K378+643 段）第二、三、四、五级边坡采用 CF 网植草护坡。

Ⅱ区（K378+643～K378+695 段）第一、二级坡面在既有格梁内设置 2 排钢锚管面板进行支挡；第二级大平台设置一排门架桩，桩径 2.5m，门架桩系梁设置 2 孔挤扩支盘锚锚索；第三级边坡采用钢锚管格梁+CF 网植草绿化防护；第四级大平台设置一排门架桩，桩径 2.5m，门架桩系梁设置 2 孔挤扩支盘锚锚索；第四、五、六、七级边坡采用钢锚管格梁+CF 网植草绿化防护；第七级边坡外侧设置一孔内径 4m 的人工挖孔集水井。动态设计第四级和第二级大平台各减少 4 桩和 8 根抗滑桩，每一根抗滑桩变更为 16 根集束桩微型桩代替。

Ⅲ区（K378+695～K378+750 段）内推大平台增设一排抗滑桩，桩径 2.2m，与原有抗滑桩采用连系梁形成 H 型抗滑桩；既有抗滑桩桩前平台上采用 3 排注浆钢花管加固，损坏的一级边坡清理土方后采用护面墙防护；沟槽位置设置 2 孔直径 2.2m 的旋挖集水井；动态设计一级平台减少 1 根抗滑桩。

Ⅳ区（K378+750～K378+860 段）原有抗滑桩桩顶采用植筋的方式接长 4m 高抗滑桩，桩间现浇面板，桩后回填砂砾石。

表面位移监测点布设如图 5-136 所示，边坡加固区域划分如图 5-137 所示。

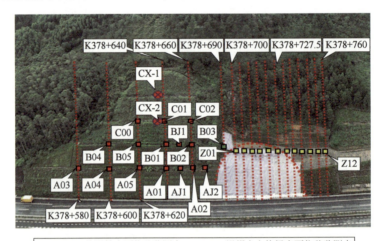

图 5-136　表面位移监测点布设

图 5-137　边坡加固区域划分

3）边坡处治评估

（1）稳定路堑边坡

①实体指标检测。K378+523~K378+860左侧路堑边坡处治后，对相关实体的重要指标进行了检测。其中，边坡锚索共54根，抽检4根（拉拔2根，锚下应力2根），检测符合设计规范要求，合格率100%；抗滑桩共30根，检测30根，检测结果均为一类，合格率100%。

②稳定性监测。该边坡的监测内容主要为深层水平位移监测及表面位移监测。现场利用了原有的2个测斜孔及新增了4个测斜孔对边坡进行深层水平位移监测，在抗滑桩桩顶布设了21个表面位移监测点进行监测。2023年5月深层水平位移监测数据较上期最大临空向增长量为1.1mm；表面位移监测数据较上期最大临空向水平位移变化量为0.2mm，表面垂直位移无变化。

综上所述，K378+523~K378+860左侧边坡经过加固处治后，根据现场深层水平位移监测及表面位移监测数据分析，边坡未见明显挤压变形迹象，处于稳定状态。

（2）解决技术难点

①抗滑桩成孔难点和解决方案。滑塌边坡地质构造复杂，受断层构造带影响，区域地层起伏变化较大，局部硅化岩呈交错分布，硬度大且岩面倾斜，旋挖施工难度大，进尺困难，严重影响施工进度。结合现场补勘情况，更换了钻头，首先利用旋挖钻机1.2m钻头钻进到设计高程，然后利用1.6m、1.8m、2.2m、2.5m钻头分别依次成孔，化整为零啃掉"硬骨头"。

②堑顶集水井成孔难点和解决方案。施工环境较差，仰斜式排水孔施工环境封闭，排水孔角度难以控制。

a. 采用满堂支架搭设作业平台，待集水井护壁强度达到设计要求后，先对护壁进行钻孔取芯，再通过风动潜孔钻进仰斜式排水孔钻孔，从孔底向上逐步施作。

b. 采用预先装好的通风管，及时排尘，排水孔施工时，事先确定排水孔的方向及角度，以便排水孔的精准贯通。

③挤扩支盘锚成孔难点和解决方案。当挤扩支盘锚施工中，存在岩层漏气、风管施加压力时，废渣难以排出；底部煤系地层有地下水导致塌孔。针对岩层漏气，采用跟进套管，解决风化岩石的漏气问题。当地下水导致塌孔时，及时注浆，采用二次成孔方式跟进，及时清空、成孔、挤扩、下锚索、压浆，确保锚索顺利施工。挤扩支盘锚锚索如图5-138所示。

图5-138　挤扩支盘锚锚索

（3）打造品质工程

①树立品质意识。组织管理处和相关单位成立水毁病害处治质量管理小组，强化业主统筹，设计、监理、施工等单位落实各自质量安全管理责任，按照南粤品质工程要求从严从细抓好边坡处治全过程质量管理。

②加强安全管理。硬化边坡平台作为施工便道，并在临边增设防撞墩，刷黄黑反光漆，增加防护等级，以降低运营公路安全风险。人工挖孔集水井使用专用防坠器，采用保险钩，防止提料桶滑脱。采用BH-4四合一气体检测仪，可同时测量氧气、可燃气体、一氧化碳、硫化氢等

气体,每班作业人员入孔之前采用检测仪对孔内气体进行检测,确认空气指标安全后方可进孔作业;施工中作业人员佩戴检测仪下孔作业,突遇检测仪报警,立刻出孔,停止继续作业。

③严格落实"首件工程"验收制。开工前组织监理制定首件工程验收管理办法,下发施工单位遵照严格执行。首件完成后,由管理处组织,邀请南粤交通公司参加,对分项工程进行首件总结和验收,明确管理程序、控制要点与质量验收标准,做到施工流程规范、工序标准统一。

④加强隐蔽工程过程工序监管和验收,落实关键工序监理旁站和影像资料留存。重点做好抗滑桩施工质量管控,设计施工时预留声测管,强度达标后及时组织开展桩基检测。

⑤严控钻孔、锚杆锚索制作、张拉压浆等关键环节质量。采用二次高压劈裂注浆,使用流量计控制注浆量,做好注浆记录,保证压浆质量。

⑥加强排水工程施工质量,落实"排水先行"理念,特别是集水井、仰斜式排水孔施工质量管控。仰斜式排水孔使用新型可更换硬韧组合双层曲纹网状透水管,有效排出土体内部的地下水。

⑦充分利用信息化手段,对边坡处治全过程视频监控(图5-139),监控中心大屏24h投放,全面落实施工全过程视频监控,发现问题及时处理。

图5-139 处治全过程视频监控

(4)建立教学基地

为了保障"品质工程"及"红棉"养护品牌效果的延续性,确保边坡加固处治"四新"技术的推广应用,连英高速公路建设了"边坡地质灾害处治教学基地"(图5-140)。

图5-140 教学基地局部展示

5.7 绿色低碳

为全面贯彻绿色发展理念,建设美丽中国,南粤交通人围绕"绿色公路"谱写出五彩缤纷的音符,通过采取温拌沥青混合料、沥青路面再生利用、调光节能系统、高光效灯具应用、中水回用等一系列节能减排措施,在企业发展降本增效方面起到重要作用,为落实"绿水青山就是金山银山"贡献出南粤交通人的力量。

5.7.1 绿色低碳目标

2017年底,交通运输部印发《关于全面深入推进绿色交通发展的意见》,明确了绿色交通的总体要求,提出资源综合循环利用,积极推动废旧路面、沥青等材料再生利用,实现稳步提升废旧材料循环利用率等发展目标,为公路养护事业绿色可持续发展指明了方向。以最少的能源消耗获取最优的养护成效,兼顾经济效益与社会效益这是当代养护人的管理智慧。"十三五"规划以来,南粤交通公司将"绿色循环、低碳发展"理念贯彻落实到高速公路养护的各个环节,持续推动绿色环保养护体系建设。

南粤交通公司绿色低碳目标是坚持"预防为主、防治结合"全寿命周期养护理念,开展"四新"技术研发与应用,推广沥青路面就地热再生技术、污水处理中水回用技术、机电设备拆旧循环利用、环保智能型沥青混合料搅拌设备、智能云灌溉系统、隧道智能调光节能灯具及系统等绿色低碳技术,形成全员、全方位、全过程的绿色养护体系。

5.7.2 资源循环利用

1)路面就地热再生技术

近年来,我国公路交通发展面临的资源和环境形势日趋严峻,继续沿用传统的增长方式推进公路交通发展不符合新时代社会主义核心价值观。据测算,我国仅干线公路大中修工程,每年产生沥青路面废旧料达1.6亿t。但是,我国路面材料循环利用率仅不到30%,远低于发达国家90%以上利用率水平。若将废旧路面材料再生循环应用于公路基础设施建设和养护,形成一个循环经济模式的产业链,将产生巨大的经济效益。据统计,采用沥青路面就地热再生工艺时,费用节省15%~50%;采用就地热再生技术的路面具有较好的抗车辙和抗疲劳性能,可延长沥青面层使用寿命,高效、环保地消除了原路面病害,实现了再生层与下承层之间的热黏结,避免了传统工艺层间结合不良的问题,避免早期路面的水损害,并实现100%利用原沥青路面材料,既避免废弃材料堆放对土地的占用和对环境的污染,又减少对石料、沥青、水泥的需求,降低筑养路成本。

为转变交通运输的增长方式,走资源节约、环境友好的交通发展之路,使交通事业切实转入全面协调可持续发展的轨道,韶赣高速公路在2021年路面专项工程项目中开展了沥青路面就地热再生技术应用。本次就地热再生采用JP6000现场循环利用机组,它由加热器、松耙器、提温器、拌和器、摊铺机等组成(图5-141)。

第一台加热器对路面进行预热使路表温度达到80~100℃

第二台加热器对路面进行贯穿加热使路表温度达到130~150℃

第三台加热器对路面进行深层加热使路表温度达到160~180℃再生层内部温度达90~95℃

松耙器对已加热的路面进行耙松，耙松深度大于等于4cm，形成料垄

料垄与新料混合，通过提温器进行集中提温使再生料均匀提温至140~150℃

将温度均匀的混合料提升至拌缸进行间歇式拌和，拌缸中按计量雾状喷散再生剂拌和时间≥50s

摊铺机将等质等温的再生料均匀摊铺，与再生层形成有效热黏接。按照双钢轮压路机、胶轮压路机、双钢轮压路机的顺序进行碾压，形成再生路面

图5-141　沥青路面就地热再生技术

该机组采用负压式热风循环加热器，运用射流冲击传热原理，风机将燃烧器加热后的空气送入加热板，再由狭缝嘴高速吹向地面。因热风流程短且被冲击地面上的流动边界层薄，在冲击区域换热系数高，换热效果好，热能循环利用，减少温室气体排放，减少对环境的污染。松耙装置上装有一套可随铣刨刀伸缩的集烟罩板和吸烟罩装置，可将耙松时产生的烟气收集并送入加热炉内参与燃烧；松耙提温器的加热装置同样采用低氧燃烧、热风循环的加热方式，且带有降尘系统，实现提温过程不冒烟和环保施工。实施后经测算，节约了材料、运输成本及工程造价，具体如下：

（1）节省材料。通过前期调研及配合比设计，外掺沥青混合料比例为10%，充分利用原路面材料，真正实现零废弃，相当于节省新沥青混合料达到90%。本项目就地热再生工程施工35404m^2，厚度为0.04m，密度为2.45t/m^3。通过配比计算，节约近3000t石料和150t沥青，减排了3.9t二氧化碳，并减少了因开采石料和沥青而消耗的能源。

（2）节约运输成本。由于外掺沥青混合料比例为10%，大大节约新沥青混合料的同时，也节省了90%的新沥青混合料运输成本。

（3）成本分析。就地热再生的造价为50元/m^2，而铣刨重铺为68.2元/m^2。本项目就地热再生工程施工35404m^2，相对于铣刨重铺来说，节省成本64万余元，经济、环保效益相当可观。

就地热再生施工现场如图5-142所示，污水处理中水回用设备如图5-143所示。

图5-142　就地热再生施工现场　　　图5-143　污水处理中水回用设备

2）污水处理中水回用

南粤交通公司高速公路项目大多处于粤东西北偏远山区,其服务区、生活区远离市区,供水水源接入较为困难,通常来源于两种途径:一是来源于附近城镇供水管网,但需要政府对供水管网进行加压;二是来源于当地水源,但无论是地表水还是地下水,在使用前均需要使用净水设施进行处理。此外,无污水管网接入,但污水不能通过城镇污水管网进行集中化处理。如果污水不加处理任意排放,将会对公路沿线的环境质量、居民生活、人文景观价值产生极大的负面影响。为此,南粤交通公司阳化、龙连、连英、仁新等多个路段采用污水处理中水回用及绿化自动喷淋系统,既能解决污水处理问题,又能兼顾达到节约水资源的目的。

污水处理中水实质是利用各种手段和技术将废水中的污染物分离出来或转化为无害物质,从而使污水得以净化,主要采用物理、化学和生物处理法。南粤交通公司大部分项目在服务区、生活区污水处理中多采用好氧生物处理法,其主要工艺流程可分为 A-O 法(厌氧好氧工艺法)、A2-O 法(厌氧—缺氧—好氧法)、SBR 法(序批式活性污泥法)。处理后的污水清澈、无异味,然后再进行中水回收利用,提高了水资源的利用效率。例如,连英高速公路在生活区采用埋地式厌氧-好氧 A/O 污水处理设备,在服务区、停车区采用了生物速分球污水处理技术、缺氧+好氧+MBR 膜生物处理法的中水回用技术,该套设备最大处理生活污水能力为 15t/h,处理后的废水干净无异味,并接入场区绿化自动喷淋系统,100%进行绿化浇灌回用,每月可节约自来水近 3000t,有效提高了用水效率,节约了大量水资源。

3）机电设备拆旧利用

围绕拆旧的机电设备,各路段项目各显神通,充分发挥其原有设施设备的功能特性。例如,通过改造旧 MTC(人工半自动收费)车道使其满足混合车道功能,有效地避免拥堵,提高服务质量,同时改造 5 条车道,节约建设成本 69 余万元,实现节能增效;潮漳高速公路利用旧收费摄像机对养护视频盲区(如桥下空间、重点边坡等)进行监控,同时原有收费亭设施利用于大丰华建设项目,减少了建设成本。图 5-144 为利用旧摄像枪部署桥底监测,图 5-145 为利用旧栏杆机部署双栏杆收费站入口。

图 5-144　利用旧摄像枪部署桥底监测

图 5-145　利用旧栏杆机部署双栏杆收费站入口

仁新高速公路除利用原有收费亭在拥堵收费站设置复式收费亭外，还利用原有高清卡口设备组建隧道行车对比系统。阳化管理处机电养护小组创新利用取消高速公路省界收费站工程淘汰下来的机电设施设备，搭建由MTC/ETC混合车道、ETC门架系统、监控通信系统组成的真实生产环境（车道及门架环境）机电维修培训室，为阳化机电养护人员储备提供一个操作演练平台。连英、新博、广中江等路段利用原有收费栏杆创新地在超宽车道进行双栏杆试点，对比合同价可节约1.8万元/车道，有效地降低了建设成本。

5.7.3 设备节能减排

1）环保智能型沥青混合料搅拌设备

沥青混合料搅拌设备是沥青路面施工的主要配套设备，主要由冷料供给系统、干燥滚筒、计量系统、搅拌器、沥青供给系统、导热油供给系统、除尘系统等构成。在其生产沥青混合料中，沥青混合料搅拌设备会产生较大的噪声、粉尘和烟气，对环境造成一定的污染。为深入贯彻交通运输部《关于全面深入推进绿色交通发展的意见》，加快推进包括绿色交通在内的"四个交通"的发展，推进绿色发展、着力解决突出环境问题、加快生态系统保护力度、改革生态环境监管体制等4个任务，韶赣高速公路在马市养护基地引进4000型环保智能型沥青混合料搅拌设备。

4000型环保智能型沥青混合料搅拌设备，针对传统沥青混合料搅拌设备噪声、粉尘和烟气等排放大的问题进行了改进，主要包括如下：

（1）噪声污染处理。对烘干筒、振动筛等主要部件采用保温隔音棉包裹，对设备主体采用瓦楞板整体全包，燃烧器自带反射式阻声器，配备隔音墙，如图5-146、图5-147所示。

图5-146 振动筛配有保温隔音棉

图5-147 设备主体全包

（2）粉尘污染排放控制。冷料仓采用三面围挡，并在上面增加吸尘口（图5-148）；在振动筛层、热料仓层等加装负压通风装置（图5-149）；在车辆装料通道内部使用水雾装置、配备独立引风机等；废料仓、溢料仓均设有负压吸风口，并加大除尘布袋面积；控制碎石原材料的排放速度，减少粉尘飘逸量。

（3）沥青烟气处理。增加负压吸风装置回收沥青烟气，并送达干燥筒进行沥青烟气二次燃烧。沥青烟气收集后，首先，采用喷淋冷却过滤、离心除雾、静电捕捉，进行前期处理。离心除雾可缓冲因放料门的开关、烟气浓度的变化对系统造成的冲击,使后期的等离子光催化工作稳定安全。其次,经过等离子裂解较大分子,包括苯并芘等。最后,光催化在催化剂和催化床的帮助下通过紫外线照射分解,最终变成二氧化碳和水。沥青烟气处理流程如图5-150所示。

图5-148　冷料仓上面增加吸尘口

图5-149　负压通风装置

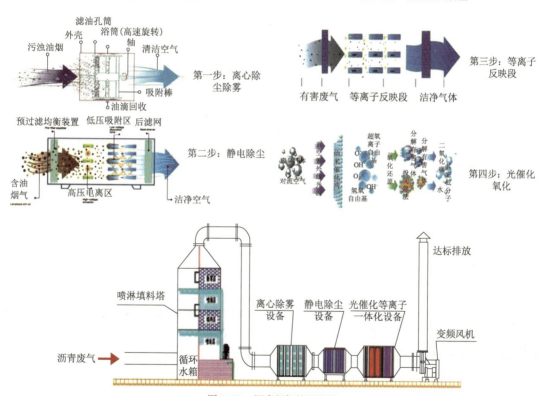

图5-150　沥青烟气处理流程

应用4000型环保智能型沥青混合料搅拌设备(图5-151),解决了传统拌和设备在粉尘烟气噪声方面排放大的问题,粉尘的捕捉、分离、排放浓度小于20mg/m³,远远低于现行国家标准、地方标准的要求。在节能减排方面,通过全加热工艺过程保温,热量损失减少40%以上。经调研,传统拌和设备生产1t沥青混合料热量损失约200kJ,排放烟气大约1.7m³、粉尘颗粒物排放浓度大约30mg/m³,噪声值大约90dB。4000型环保智能型沥青混合料搅拌设备生产1t

沥青混合料热量损失约 119kJ，排放烟气约 1.4m³，粉尘颗粒物排放浓度大约 20mg/m³，噪声值大约 75dB。

图 5-151　环保智能型沥青混合料搅拌设备

韶赣高速公路 2021—2022 年路面综合养护专项工程采用 4000 型环保智能型沥青混合料搅拌设备，两年累计生产沥青混合产约 85000t，减少热量损失约 6885000kJ，烟气排放减少约 25500m³，粉尘颗粒物排放减少约 1955000mg。

2）智能云灌溉系统

中央分隔带是高速公路安全通行重要防护设施。中央分隔带灌木保持枝叶饱满对夜间防眩起到十分关键作用，但在秋冬旱季期植物容易缺水干枯，若上路浇水则存在占道作业安全隐患，造成养护困难。为解决中分带灌木浇灌困扰，连英高速公路在金门隧道通往望埠互通方向设置智能云灌溉系统。

智能云浇灌系统是一种全新的全自动浇灌系统，其数据中心在保持长期的浇灌与节水算法记录云数据收集，系统分析最优浇灌水量和时间，并可以采用手机 App 遥控浇水和全自动定量精准浇水，实现土壤、风力与环境传感系统，浇灌与生态管理联动。负责浇灌的工作人员可通过随身携带下载浇灌 App 的手机，设置设备的浇灌计划，既可实现自动灌溉，雨天不灌溉，又可满足绿化带中不同种类花卉植物的用水需求。图 5-152 为智能浇灌基站，图 5-153 为云浇灌集控器，图 5-154 为浇灌 App。

图 5-152　智能浇灌基站　　　　图 5-153　云浇灌集控器　　　　图 5-154　浇灌 App

智能云灌溉系统做到了精准控制、节能减排，其精准的控水量和高压喷雾的均匀性，避免在灌溉过程产生地面径流和深层渗漏损失，极大提升了资源的利用率。做到滴灌发挥节水灌溉优势，无线系统发挥高速公路中分带长距离的浇灌覆盖优势，双线解码系统发挥长距离持续供电浇灌优势,中控系统发挥集中管理优势。根据使用情况分析,使用智能云灌溉系统比传统灌溉模式可节省30%~40%的用水量;采用水溶性肥料,可提高绿植对肥料的吸收率,改善土质结构,比传统施肥模式节省约50%的肥料损耗。

3)服务区充电桩

随着国家不断推进普及新能源汽车,根据交通运输部印发的《绿色交通"十四五"发展规划》"加快新能源和清洁能源运输装备推广应用"及同时要求"要推动公路服务区、客运枢纽等区域充(换)电设施建设"。目前广东省新能源汽车保有量及推广应用规模居全国前列,广东省交通运输厅也在"十三五"期间发布了《广东省高速公路充电基础设施规划建设方案(2018—2020年)》,要求到2020年,初步建成充电服务基本保障充分、充电补电及时高效、干线车辆畅行无忧的城际充电服务网络体系,实现广东省与周边省份、珠三角地区、珠三角与粤东西北地区干线高速公路充电基础设施互通。为充分响应交通运输部及广东省交通运输厅的相关要求,南粤交通公司自2018年起不断完善各项目服务区充电桩设施(图5-155),目前已基本实现服务区、停车区全覆盖,稳步推进粤东西北区域高速公路充电设施建设。充电桩汇总表见表5-32。

图5-155 服务区充电桩设施

充电桩汇总表　　　　　　　　　　　　　　　　　　　表5-32

所辖路段服务区数量 (对)	充电桩建设完成服务区数量 (对)	建设完成充电车位数 (个)	总充电量 (万 kW·h/年)
58.5	58.5	536	1099

4)隧道照明节能

近年来,随着高速公路设计规模的持续扩大,高速公路隧道的数量逐年增加,随之而来的公路运营成本也日益增多,尤其是隧道照明电费的投入。据统计,我国每年的耗电量约为70000亿kW·h,而照明能耗电量占近10%,每年超过6000亿kW·h。有研究表明,每节约1kW·h电就相当于减少1kg的二氧化碳排放。因此,照明的高效节能对于实现碳中和的目标至关重要。《广东省绿色公路建设技术指南(试行)》提出隧道照明方案设计应推广应用

LED 照明灯具、精细化照明控制技术。南粤交通公司在养护阶段不断地进行照明系统完善及更新迭代,照明节能技术也在不断进步。

以隧道照明为例,可靠、先进的照明控制是确保隧道安全运营及节能的重要手段。通过照明控制,使亮度水平更加符合实际的车流量和洞外亮度情况,从而达到安全运营和节能降耗的目的。隧道照明按照系统组成可以分为 AA 型、AB 型、DA 型、DB 型、SA 型、PA 型(图 5-156)。

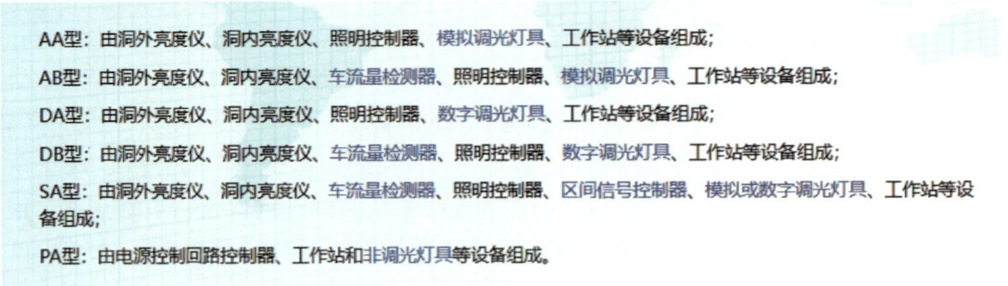

AA型:由洞外亮度仪、洞内亮度仪、照明控制器、模拟调光灯具、工作站等设备组成;
AB型:由洞外亮度仪、洞内亮度仪、车流量检测器、照明控制器、模拟调光灯具、工作站等设备组成;
DA型:由洞外亮度仪、洞内亮度仪、照明控制器、数字调光灯具、工作站等设备组成;
DB型:由洞外亮度仪、洞内亮度仪、车流量检测器、照明控制器、数字调光灯具、工作站等设备组成;
SA型:由洞外亮度仪、洞内亮度仪、车流量检测器、照明控制器、区间信号控制器、模拟或数字调光灯具、工作站等设备组成;
PA型:由电源控制回路控制器、工作站和非调光灯具等设备组成。

图 5-156　隧道照明系统组成图

其中,根据公路隧道的长度和交通量等因素确定不同的系统类型。不同长度和交通量的公路隧道照明系统选择见表 5-33。

不同长度和交通量的公路隧道照明系统选择　　表 5-33

隧道长度	交通量		
	单向交通:$N \leq 650$ 双向交通:$N \leq 180$	单向交通:$650 < N \leq 1200$ 双向交通:$180 < N \leq 350$	双向交通:$N > 1200$ 双向交通:$N > 650$
$L \leq 500$	SA、AA、DA、PA	AA、DA、PA	AA、DA、PA
$500 < L \leq 1000$	SA、AA、DA	AA、DA	AA、DA
$1000 < L \leq 3000$	SA、AA、DA	AA、DA、AB、DB	AA、DA
$L > 3000$	SA、AA、DA	AA、DA	AA、DA

与此同时,随着机电设备技术的更新迭代,如各系统常用的洞外照明装置受环境影响较大,精准度差,出现以检测交通量为主的激光雷达、视频检测等精确度较高的设备进行替代。

以河惠莞高速公路为例,其智能照明节能系统采用的是通过激光雷达车检器和旋转式毫米波视频交通事件检测器检测车辆,通过智能控制设备合理调整隧道内照明功率的技术,遵循"适需照明、跟随照明、科学照明"原则。主要做法是由洞外激光雷达车检器检测是否有车辆经过,如有车辆经过,其洞外引道灯才会打开,而后通过雷摄一体机检测车辆行驶状态,由通信装置传输相关信号,实现隧道内各段的"来车灯亮,车走灯暗",做到车辆跟随式隧道分段调光。龙紫段共计 6 座隧道,隧道单洞合计长 17.86km,均为 LED 智能可调照明,包括寨窝居隧道、下营岽隧道、黄江 1 至 2 号隧道、佳龙嶂隧道、赤竹坪隧道和半嶂隧道。根据以往车流量统计分析,平均每个隧道单洞车流量在 2000 辆/日以内。寨窝居隧道灯具情况见表 5-34。寨窝居隧道现有控灯模式(均采用 70% 照明亮度)见表 5-35。

寨窝居隧道灯具情况 表 5-34

回路灯具	LED 灯功率（W）	数量（盏）	LED 灯总功率（W）
全日基本照明	40	89	3560
白日基本照明	40	178	7120
加强照明 1	140	280	39200
加强照明 1	100	32	3200
加强照明 2	100	272	27200
加强照明 3	100	152	15200
加强照明 4	100	288	28800
引道照明	2×150	24	7200

寨窝居隧道现有控灯模式（均采用 70% 照明亮度） 表 5-35

时间段	开启回路	时长（h）	时段耗电量（kW·h）
7:00—10:00	加强 1、2 照明，白日基本照明，全日基本照明	3	168588
10:00—16:00	加强 1、2、3 照明，白日基本照明，全日基本照明	8	534688
16:00—18:00	加强 1、4 照明，白日基本照明，全日基本照明	2	112392
18:00—7:00	加强 1、2 照明，白日基本照明，全日基本照明	11	82236
18:00—7:00	引道照明	11	79200

根据上表可知，根据当前照明模式，寨窝居隧道每日耗电量为 977104kW·h。计算得出，每年用电量约为 356643kW·h，电费为 0.66 元/(°)计算，每年电费约为 23.5 万元，每月 1.9 万元左右。上线系统之后，河惠莞隧道的节能率、年节能量、年节电额度如下：

$$节能率 = \frac{每日时间 - 通过时间}{每日时间} \times 节电效率 = 27.7(\%)$$

$$年节能量 = 耗电量 \times 节能率 = 356643 \times 27.7\% = 98790.11(kW·h)$$

$$年节电额度 = 节能量 \times 电费 = 98790.11 \times 0.66 = 65201(元/年)$$

同时，隧道照明还可以通过以季节、天气、昼夜等环境因素指定相应的亮度规则，按照设计规范等进行调光，在一定程度上也能实现节约能耗。以英怀高速公路为例，英怀（含怀阳）全线隧道照明采用"回路控制+调光控制"模式，对开启的照明回路和灯具功率分段分时控制，达到节能的目的。隧道照明控制优化后，大大节约了隧道的用电成本。2022 年第三季度全线隧道用电约 90.8 万 kW·h，同比 2021 年第三季度减少约 11.7 万 kW·h，节约电费约 7.4 万元，节省比例 11.41%。后续将根据季节的变化，及时调整回路和调光控制，也就意味着同比减少了碳排放近 11.7 万 kg。截至目前，南粤交通公司大部分项目均已展开照明节能应用，照明节能技术起到的节能减排效果非常显著。英怀（怀阳）2021—2022 年第三季度隧道照明节能用电对照表见表 5-36。

英怀（怀阳）2021—2022年第三季度隧道照明节能用电对照表　　表 5-36

月份	2021年(万 kW·h)	2022年(万 kW·h)	节约数额	节约比例(%)
7月	36.7	34.4	2.3	6.27
	23.8	22.4	1.4	5.88
8月	35.4	31	4.4	12.43
	22.9	20.2	2.7	11.79
9月	30.4	25.4	5	16.45
	19.8	16.5	3.3	16.67
第三季度汇总	102.5	90.8	11.7	11.41
	66.5	59.1	7.4	11.13

此外，照明节能系统也在高速公路其他场景（收费站、服务区、特殊路段）中得到积极运用。例如，化湛高速公路在明安西收费站采用激光雷达检测车流及在通明海大桥采用毫米波雷达，实现"来车灯亮，车走灯暗"效果；新博高速公路采用增设小型车检器至补光灯内，降低补光灯能耗；江肇高速公路通过优化全线出入口30套车道治超系统"小黄人"补光灯开启时段，每年可节约电量约9331kW·h，节约电费支出约6100元，节能效果非常显著。

5）隧道高光效灯具应用

在公路隧道项目运营中，行车安全性与视觉舒适性历来是隧道工程建设的重点与难点之一。隧道洞口段由于处于明暗交替区，洞外的亮度突变极易引起短暂性的视觉功能降低，是交通事故的多发区。在隧道洞口段采取加强照明的方式，以实现在隧道口区域光照亮度逐级变化，具有"黑洞"和"白洞"效应。然而，隧道出入口区域的加强照明功率占整个隧道照明功率的55%以上，因此照明灯具的选择显得尤为重要。LED高光效灯具的出现正逐渐替代以往高速公路使用传统式的高压钠灯，尤以2014年后，LED高光效灯具的推广直接自建设时期设计层面出发。以江肇高速公路为例，根据隧道交安与机电提质升级排查评估报告，隧道内灯具为高压钠灯且使用年限超过10年，隧道内部分灯具损坏（老化因素），未正常工作数量较多（2020上半年损害365盏灯，共1980盏灯，损坏率18.4%）。由于近10年的运营，目前钠灯灯具存在老化、发光效率低、能耗偏高的情况，更换高光效灯具事宜刻不容缓。目前，LED灯技术已经成熟，具有环保、节能、寿命长等特点，其后期养护少、经济性高，符合国家推广节能减排的政策要求。自改造后，每月用电量下降约16万kW·h，同比下降27.6%，每年可节约电费支出117万元。

以江肇高速公路将军山隧道2021年钠灯改造项目为例（表5-37），按数据显示，LED照明技术的应用，亮度值均能符合《公路隧道设计规范　第二册　交通工程与附属设施》（JTG D70/2—2014）要求的同时，每年能节省用电量约100万kW·h的能耗，且相较钠灯而言，LED照明灯具还具有寿命长、故障率低的优点，通过应用改造和数据分析，为后续的建设项目设备选型提供了借鉴经验。

以江肇高速将军山隧道 2021 年钠灯改造项目为例　　　表 5-37

项目	数量对比（盏）	年度电量对比（kW·h）	亮度对比（cd/m²）						
			入口段 1	入口段 2	过渡段 1	过渡段 2	中间段	出口段 1	出口段 2
钠灯	1809	2325960	136	41	13.6	3.6		18	
LED 灯	1833	1221960	61.25	30.625	9.187	3.062	2.5	7.5	12.5

6）智能温控系统应用

南粤交通公司阳化高速公路通过将原配电房排气扇控制开关由手动改造成自动,减少排气扇电机无效运行时间,降低电能无效损耗从而起到节能降本效果,有效延长排气扇电机运行寿命。该系统通过原有排气扇(利旧)电源前端增加一套智能温度控制器,然后将实时感应的配电房环境温度信息传送给智能控制器,智能控制器根据设置好的启停温度发出控制信号触动交流接触器,从而控制交流接触器的吸合动作,为排气扇提供工作电源。经改造后各配电房排气扇由人工控制变成自动温度检测智能化控制,减少了养护人工投入,大大提高了养护效率。经过改造配电房排气扇,既降低无效的电能损耗,提高使用能效,又更加节能环保,降低能源费用。

以阳化高速公路金塘管理中心变压器室为例。改造前,手动开启排气扇(额定功率为 250W/台),一天 24h 不间断运行(夜间运行属于浪费状态),一天的耗电约 6kW·h,3 个配电房一天耗电大约是 18kW·h;改造后智能温度感应自动开启排气扇,一天开启时间大约为 12h(设置变压器室环境温度达到 32℃ 开启排气扇通风功能,温度降到 28℃ 时停止,耗电大约为 3kW·h,3 个配电房一天耗电约 18kW·h,每天可以节约电耗 9kW·h(50%)。改造后全线 16 个变电站(含服务区停车区)每天可节约电耗 144kW·h,以 6 月份市场电价约 0.72 元/kW·h 折算,大约可节省 104 元,16 个点每年可节省电耗 52560℃,折算电费 37843.2 元,大大减少了电能损耗,有效降低能源成本,提升节能减排的效果。阳化高速公路智能排气降温系统原理图如图 5-157 所示。

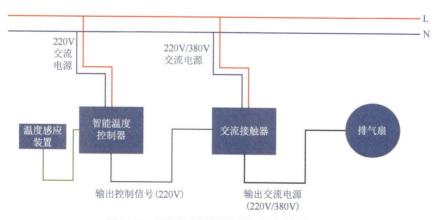

图 5-157　阳化高速公路智能排气降温系统原理图

高速公路的机房具有站点数量多而分散、呈线性状且跨度大、能耗高、无人值守等特点。为了确保机房设备处于低温稳定运行状态,空调长年处于开启状态。其中,空调能耗占比很大,而空调监控一直是处空白状态,不能依据外部天气及环境温度进行实时的调节空调的温度,导致严重浪费电力资源,这是机房能耗管理的痛点。

新博高速公路针对该痛点问题,专门针对普通空调实现远程监控而开发的具有自学习功能的"万能"遥控器,将其接入监控系统,监控系统通过 RS485 接口可以采集环境温湿度、远程开关机、设置温度、设置运行模式等多种操作,从而实现对普通空调的远程监测和控制,监控员或养护人员可及时根据反馈上来的各类信息调节空调温度或开关机,可以有效减少空调空白损耗,节约电力资源。新博高速公路机房空调远程控制集中管理系统如图 5-158 所示。

信号名称	站点名称								
	监管中心机房	A收费站机房	B收费站机房	C收费站机房	D收费站机房	E收费站机房	F收费站机房	G收费站机房	H收费站机房
遥控开机按钮	开机	关机	开机	关机	开机	开机	开机	开机	开机
1号空调状态	运行中	停止	运行中	停止	运行中	运行中	运行中	运行中	运行中
温度(℃)	32.2	36.2	32.2	38.2	32.2	21.2	27.2	22.2	27.2
湿度(%)	60.2	60.2	60.2	60.2	60.2	60.2	60.2	60.2	60.2
自动模式按钮	自动	自动	自动	自动	自动	自动	自动	自动	自动
制冷模式按钮	制冷	制冷	制冷	制冷	制冷	制冷	制冷	制冷	制冷
制热模式按钮	制热	制热	制热	制热	制热	制热	制热	制热	制热
送风模式按钮	送风	送风	送风	送风	送风	送风	送风	送风	送风
升温按钮	升温	升温	升温	升温	升温	升温	升温	升温	升温
降温按钮	降温	降温	降温	降温	降温	降温	降温	降温	降温
温度上限(℃)	28.0	28.0	28.0	28.0	28.0	28.0	28.0	28.0	28.0
温度下限(℃)	24.0	24.0	24.0	24.0	24.0	24.0	24.0	24.0	24.0

图 5-158 新博高速公路机房空调远程控制集中管理系统

第6章 高效率协作

完整、准确、全面地贯彻新发展理念是公路养护高质量发展的必然要求和重要保障。公路养护管理工作必须以新发展理念为指导,系统谋划研究公路养护管理发展思路、发展方向、实现途径和发展着力点。为了做到一体把握、全局统筹、协同推进、因地制宜、联动发展,系统性推进公路养护高质量发展,南粤交通公司提出高速公路养护协作体系(图 6-1)。该体系由高速公路管理部门牵头,各个单位形成一个相互配合、共同协作的工作体系。遵循"统一领导、共享资源、各司其职、各负其责、密切协作、合力监管"的原则开展工作,其目的是形成一个分工明确、协调有序、运转顺畅、反应快速、监管有效的工作网络。该体系涉及日常养护区域联动、技术支持上下联动、应急指挥多方联动等方面,工作内容包括巡检保养、道路清障、绿化养护、桥隧检测、交通指挥等各个方面。通过实现各协作单位之间信息共享、资源整合、任务分配等方式,有效提高了公路设施的运行效率和安全性,确保了高速公路的畅通和安全。

图 6-1 高效率协作结构图

这些协作单位人才济济,敢于担当,设备精良,技术先进,在保障路况效果、公路检测、方案设计、养护及时性等方面有着非常丰富经验,尤其是在不间断交通情形下的高速公路大型路面维修工作中,交通组织、质量控制、进度控制、工艺技术应用等方面都具有独到之处。

6.1 片区路段互补共享

南粤交通公司围绕"科学、统一、规范、节约、高效"的养护管理模式,结合 25 个路段(15 个运营管理处)的地理位置、养护里程、路段间距和特点、养护工区和养护基地的规划及配置等实际情况,充分发挥人员优势、地缘优势、资源共享、养护工区和养护基地共建,在技术和资源方面与其他相邻路段形成互联互动,实现片区化、规模化、统一化地方管理模式,促进高质量养护。

6.1.1　技术互补

南粤交通公司统筹利用内部各运营管理处的人才储备，组建各专业技术小组。为进一步加强内部技术力量协作，发挥各专业技术优势，服务公司全局以及项目具体的技术管理，解决各专业疑难问题，形成资源共享、合作互助、优势互补的新格局，为领导决策、专项及抢险工程推进提供技术支持。

[例6-1]　韶赣高速运营近11年，于2021年开展综合专项养护，该工程为南粤交通公司年度重点养护专项工程，首次试点采用了集中养护的新模式，采用分段半幅全封闭施工。养护内容包含路基处治、路面罩面、沥青路面就地热再生、交安设施改造、服务区升级等。公告封闭施工时间为2021年12月14日—2022年1月6日（共24d），工程实施时间紧、任务重，且交叉作业界面多、工艺及施工组织复杂。为进一步加强韶赣高速公路管理处工程技术力量，《广东省南粤交通投资建设有限公司关于抽调专业技术管理人员的通知》要求抽调大丰华、英怀、怀阳管理中心及吴川支线管理处等专业技术管理人员，协助韶赣高速公路管理处推进专项工程实施。项目采取多方联合方式开展排查整治行动，监控中心、路政及施工现场管理人员24h值守，联合专业拯救队伍加强应急救援等措施，建立了具备快速反应、全天值守、视频监控、应急救援等功能的施工安全管理体系。同时，大力推行警企联动，邀请交警部门参与到综合养护施工的日常安全管理工作中，加强交通安全管制措施。在施工期间，未发生安全生产责任事故和因车辆分流引起的交通事故，确保了综合养护专项工程安全、优质、高效地完成。在广东省交通集团的指导和南粤交通公司领导下，各参建单位抢晴天、占阴天、刮风下雨是好天，提前6d完成原计划24d的综合养护专项施工任务。

[例6-2]　2022年6月至7月，受持续强降雨影响，南粤交通公司所属路段边坡水毁病害相对较集中，部分路段水毁病害规模大、处治技术较复杂。南粤交通公司为进一步加强高速公路沿线边坡水毁滑塌处治管理工作，加快推进处治进度，提高处治工程质量，发布的《广东省南粤交通投资建设有限公司关于开展边坡养护交流学习的通知》《广东省南粤交通投资建设有限公司关于边坡养护交流学习安排的通知》要求从各管理处抽调专业技术骨干，进行为期3个月的交流学习，并协助完成边坡水毁病害处治工作。

6.1.2　资源共享

高速公路养护资源较为分散，在地理位置上相差几十千米，甚至几百千米，传统养护模式项目之间几乎没有资源的交叉使用，容易造成资源闲置，导致资源配置不合理、养护成本较高。养护资源共享能够帮助路产维护部和其他配合部门、第三方委托单位准确、及时地了解南粤交通公司资源的实际情况，实现人力、资金、材料、信息、平台等方面互补，方便随时调用。同时，南粤交通公司也可以根据项目的规模大小、复杂程度、地域远近等合理地分配、调用各类资源，减少投入过多产生浪费、投入不足产生延误的等问题。

由南粤交通公司统筹，事发路段管理处协调管理，各养护单位或片区经理根据片区化养护工区和综合养护基地分布及片区可利用资源和储备资源情况，统一调度人员、物资和机械设备等，充分发挥片区资源共享优势，形成了互联互动、取长补短、相辅相成工作机制，有效提高了整体养护质量和工作效率,并实现养护成本效益最大化。

[**例6-3**] 2022年6月23日,连英高速日养项目部在巡查中发现,汕昆高速连英段东行K378+800处因持续降雨影响,出现了路面拱起现象。经现场排查,发现该段路面一侧的五级边坡坡面、坡顶已出现3条较大裂缝,其中最大的裂缝宽度接近1m,深度2~3m。南粤交通公司接报后,立即启动应急联动机制,协调周边路段及日养单位,组织抢险队伍120余人,各种应急物资3000余件,各类大型抢险设备50余台,由连英高速公路管理处和养护单位统一协调调动,采取抢险人员"日夜两班倒"方式,夜以继日地开展抢险作业。经过连续72h多方联合协作奋战,成功缓解了边坡进一步滑塌的风险,并在6月26日下午5点顺利开放交通。资源共享实例1如图6-2所示。

图6-2 资源共享实例1

[**例6-4**] 2022年6月,韶赣高速受连续强降雨影响,沿线边坡出现了不同程度水毁病害147处,其中Ⅰ类病害3处、Ⅱ类病害5处、Ⅲ类病害45处,若只靠附近日养单位很难在短时间内完成处治。经南粤交通公司统筹安排,综合协调,调动附近新建项目土建施工单位专业技术人员、边坡施工队伍及机械设备组成临时应急抢险项目部,由韶赣高速公路管理处统一调配指挥。资源共享实例2如图6-3所示。

图6-3 资源共享实例2

6.2 专业工种联动实施

6.2.1 多专业联动决策

1)边坡处治联动决策

[**例6-5**] 英怀高速公路K500+054~K500+315五级边坡于2022年6月份监测发现深

层位移发生突变,英怀高速公路管理处启动应急响应,并上报南粤交通公司,封闭应急车道,实行临时交通管制(图6-4)。2022年6月29日委托检测单位开展锚索锚固检测,日养单位对一至三级坡面增加泄水孔,监理单位进行现场监督和先期处置,同时通知设计单位,并邀请专家进场现场勘察,明确维修类别,确定维修方案。由日养单位组织调配人员、物资、机械设备等进行施工处治。该施工于2023年4月底完工,并通过工程验收。因及时发现坡体位移,采取了有效临时措施,并通过英怀高速公路管理处、检测、设计、监理、行业专家、日养单位等各方相互协助和共同努力,避免了边坡滑塌及桥梁推移,造成交通中断和安全事故的发生。

图6-4　上级单位、南粤交通公司、管理处、专家、设计单位、施工单位现场商讨处治方案

2)路面预防养护联动决策

以龙连高速公路为例,检测单位在2021年定期检查中发现龙连高速部分隧道及长下坡路段的路面抗滑性能衰减较快后,及时反馈到龙连高速公路管理处,并应管理处要求对衰减较快路段进一步调查与验证。基于检测单位全面、翔实的调查检测分析结果,管理处邀请上级单位相关部门、行业专家、设计及检测单位现场勘察并开会研讨,对检测结果进行分析,对抗滑性能衰减原因及处治办法进行讨论,为后续工作提供思路。

基于研讨结果,管理处同步推进路面抗滑性能提升专项与广东省高速公路沥青路面抗滑性能评价及提升策略研究,除了解决当前存在的抗滑衰减问题之外,还对路面抗滑衰减的成因进行研究,为未来路面抗滑性能衰减处治提供理论依据。经上级单位、行业专家多次评审,设计单位出具施工图设计,管理处委托施工单位实施。同时,管理处完成科研工作立项,并在处治实施过程中,由科研单位进行跟踪观测并收集数据,丰富科研课题的事实依据,有效推进科研工作开展。

经行业专家、设计、定检及科研等各方联动决策,管理处科学、高效地确定了应对思路及处治方案。经施工单位规范化施工,监理单位严格管控,设计单位现场指导,各方相互协作和共同努力,处治成效良好,处治路段具有优异的抗滑、抗疲劳、抗高温及抗老化等性能。本次处治成效经科研单位总结分析,将为后续各项路面预防养护决策提供依据。

6.2.2　多工种融合作业

在机电系统日常养护作业过程中,业主单位和机电养护单位从计划制订,到组织开展养护作业,再到过程管理、资源调配、质量监管,最后到成果总结都密不可分。目前,机电设施存在更新迭代快、种类繁多,多工种融合作业较为普遍。

1）存在问题

（1）系统烟囱式建设，难以适应数字化需求。

高速公路大部分机电系统运营过程中，针对单一需求开发上线一套对应的软件，经过长时间运营在原有的机电系统上的"叠罗汉"，形成了"烟囱式"的系统建设，系统与系统之间数据无法共享，数据孤岛现象严重。数据无法流动，就无法驱动业务，更无法形成价值化应用。

（2）软件协议标准不一，难以形成统一管理。

各子系统的网络传输独立，传输接口和协议不统一，管理软件相互隔离，无法在系统间实现联动。虽按设计规范要求设置了较为完善的机电设施，如视频监控系统、照明系统、通风系统、隧道控制系统、火灾报警系统、语音广播系统、电力监控等，但这些系统在控制指令的发布时各自独立，各系统之间难以进行数据的关联。这也导致了路段监控中心存在着众多的专用软件及业务电脑，烦琐的操作增加了监控人员的工作量，降低了工作效率。在突发事件处置过程中，监控人员不仅要对相关机电系统逐个进行操作和确认，还要做好记录、报送、信息更新、传达指令等工作。

（3）在管理软件的层面上，缺乏明确的系统间联动操作方案。

当前高速公路机电系统在分中心客户端内的数据互相隔离，无法实现报警信息的相互验证和报警提醒。比如，隧道内的报警电话摘机后难以定位具体桩号，对隧道内交通事件的获取造成了一定困难。

（4）现有管线复杂，升级改造制约较多。

管线迁改方案受土建方案影响大，管线种类繁多，部分管线产权不清晰，机电改造新增光、电缆管线较多；管线迁改涉及单位主体较多，施工组织难度大，临时性迁改多。

2）融合作业机制

南粤交通公司结合"日养、检测、设计、施工、监理"五大工种专业优势，从机电设施全生命周期的角度，打造了不同工种联合协作机制，构建优势互补、资源共享、优质高效的协作体系。

（1）提出养护周期理念，按养护周期签署合同。

南粤交通公司遵循机电设施的运行规律，从市场挑选优质的设计、施工、养护、检测和监理单位，并按照养护周期签署合同，从而更好地实现对机电设施养护周期内的管理。

（2）打破多工种隔阂，实现多工种融合协作。

针对养护专项，南粤交通公司每年召开一次多工种多专业的会议对其进行审核，通过不同的工种、不同专业的沟通，实现统筹管理，从而打破多工种隔阂，达到多专业、多工种的融合协作。不同工种融合协作流程图如图6-5所示。

3）融合作业实例

传统的"路面'白加黑'工程"管理模式中，路面的专项只在本专业进行方案评审，即可确定并实施，并未考虑隧道照明设施，隧道"路面'白加黑'工程"会使隧道亮度无法达到设计要求，存在着隧道机电设施运营安全隐患以及管理风险，但通过多工种、多专业会议，在确定"路面'白加黑'工程"的落地时,就会将隧道照明设施改造工程与其进行配套,以消除运营安全隐患和管理风险。

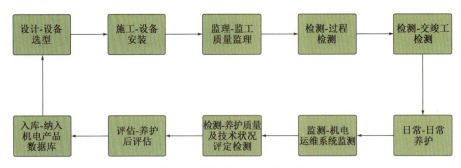

图 6-5　不同工种融合协作流程图

6.3　业务部门联合管控

6.3.1　路政养护联合管控

养护和路政是公路管理的两个重要方面。养护和路政是推进公路事业发展的重要支撑,是安全、优质、畅通的有力保障,这两项工作之间既有联系,又存在一定的区别。养护是路政管理的关键前提和重要基础,路政管理则是养护的有力保障。养护和路政应当在信息资源共享、巡逻执勤联动、路损案件查处联动协作等方面建立健全公路路产管理长效工作机制,实现公路路产管理联勤联动工作的制度化、规范化和长效化。从提升高速公路通行能力和服务水平的战略目的角度出发,将养护与路政管理工作进行有机协调,以更好地完成公路养护与路政任务,是加强高速公路管理、助力区域经济发展的必然选择。

[例 6-6]　新阳高速公路线路全长约 86km,地处热带与亚热带季风气候区,沿线穿越喀斯特地貌,地形起伏大,岩性复杂多变,尤其岩溶较为发育,属于地质灾害易发、多发区,多为高填深挖、临水临崖路段。南粤交通公司以新阳管理处为示范点,通过加强公司内部养护管理部门与路产管理部门的协调配合,实现高速公路"路""养"一体化安全营运。为进一步提升高速公路营运管理水平,新阳管理处组织编写《云湛高速公路(新阳段)路政人员养护知识手册》,该手册明确联巡队伍组成、联巡工作任务及频率、联巡职责范围、基本病害情况及记录表填写等相关内容,并进一步强化养护、路政部门协作机制,培养"隐患胜于明火、防范胜于救灾"的安全意识,及时发现和判别路基、路面、桥涵结构物、沿线设施等损坏情况及严重程度,动态掌握并共享全线路况的基础信息,"路""养"联巡密切配合,力争将安全隐患消除在萌芽状态,真正贯彻落实"路畅通、车顺畅、人舒畅"的理念。

在高速公路日常养护管理中,新阳高速公路扎实落实边坡日常保洁、经常检查、定期检查监测及病害处治等相关工作,并通过"路""养"联巡密切配合,保证了路况巡查的及时性、真实性、有效性及可追溯性。自"路""养"联合协作巡查机制实施以来,共联合巡查 240 次,发现问题 58 处,处治完成 58 处,处治完成率 100%,大大提升了响应效率、处治速度及施工质量,有效预防和降低了因病害引发的安全风险,保障了高速公路畅通,为司乘人员提供了安全舒适的行车环境(图6-6)。

图6-6　养护工程部、路政、养护单位边坡联合巡查

[**例6-7**]　怀集至阳江港高速公路怀集至郁南段路线全长102.61km,属于典型的山区公路,"S"形弯道较多,当中、小雨天气时,超高变坡点接近"零"横坡处,因横向雨水漫流较慢,水膜较厚,加上车流量较少,车速较快,导致该路段极易发生交通事故。

据2021年、2022年数据统计,雨天共发生事故61次,管理处通过养护工程部、路政大队、路政中队、监控中心、日常养护等单位部门联合巡查、及时发现,现场分析事故易发点位置、范围及事故原因,制订切实有效的实施方案,将安全隐患消除在萌芽状态,避免事故发生(图6-7、图6-8)。

图6-7　联合巡查　　　　　　　　　图6-8　联合视频巡查

6.3.2　设备故障联合管控

高速公路机电系统作为实现运营管理目标的核心支撑系统,具有结构复杂、技术含量高、设备昂贵的特点。机电系统的好坏直接影响着高速公路运营状况。随着高速公路机电系统设备数量种类的不断增长,产生的故障种类数量也开始急剧增长,加之各种设备不断升级换代,给高速公路机电系统日常管理工作带来了极大的困难。因此,对机电设备故障进行及时、有效的处理,确保机电设备的正常使用,可为高速公路的使用安全和使用效益创造良好的条件。

1)机电设备常见故障

(1)发热。高速公路机电设备长期处在工作状态,运行过程中会产生巨大的热量,一旦热量无法快速散出就会造成其温度偏高,从而引发机电设备内部元件发生故障,严重影响机电设备的正常运行。

(2)短路及绝缘性能降低。一旦机电设备元器件老化或者人员操作问题都可以造成绝缘性能下降,容易造成机电设备发生短路。

(3)污垢沉积。高速公路机电设备长时间工作在相对恶劣的环境条件下,容易受到车辆油污、尾气、空气污物等的影响。另外,这些设备在实际运行过程中自身也会产生相应的污垢,这些污物会对机电设备会造成腐蚀性影响,从而造成机电设备无法正常运行。

(4)裂纹及应力变形。机电设备在运行过程中,受到自身重力、环境载荷(如强风、长期光照等)影响,容易产生裂纹;受到应力变形的影响造成机电设备的受力不均,从而产生故障;路面长时间受到车辆载荷影响而发生裂纹,容易造成地面之下的线缆发生断裂问题。

2)机电设备故障联合处置

对于高速公路机电系统来说,应该在发生设备故障前,建立相关运营有效的联合应对机制,以及做好相关的预案。设备故障主要包括供电系统、通信系统等,预案应该包括对以上系统以及现场故障进行有效、快速的处理。另外,为了能够保证有效应对突发性的设备故障,还应开展相关的模拟演练,养护人员能够在可控范围内处理故障,最为有效地降低对于高速公路管理处的不利影响。机电设备故障联合处置机制示意图如图6-9所示。

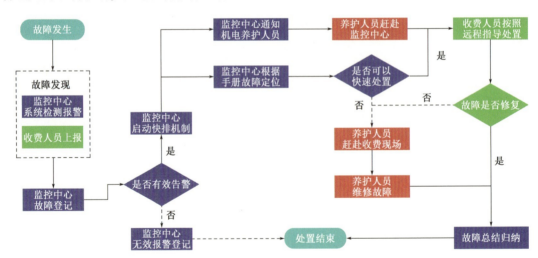

图6-9 机电设备故障联合处置机制示意图

通过机电设备故障联合处置,大幅度提高了故障处置效率,部分故障无须养护人员赶赴现场处置;同时,加强收费人员、监控人员对收费设施设备的熟悉程度,为设备运行稳定、收费站保畅通工作打下了坚实的基础,针对机电养护点多面广的特点,达到了很好的节约养护成本、节约养护人力物力的效果。

6.3.3 占道施工联合管控

占道施工指在营运高速公路上占用行车道、中央分隔带或应急车道进行的日常养护、养护工程、应急抢险工程、涉路施工、公路勘察、测量、检(监)测、交(竣)、工缺陷处治等涉及占道作业的施工行为。高速公路养护施工作业具有不中断交通和需要封闭部分车道的特点,由于部分道路占道施工,道路条件发生变化,车辆产生合流、分流,车速也发生改变,车辆之间交通冲突增加,极易引发交通安全事故。

为确保项目施工区域内的安全及通行区的畅通,进一步加强和规范高速公路养护作业占道施工管理,妥善防范化解占道施工作业风险,全面提升南粤交通公司所辖路段安全运营水平,主要体现在两个方面:一方面,严格按照《公路养护安全作业规程》(JTG H30—2015)中道路养护作业要求制订配套的交通组织措施和方案执行。另一方面,南粤交通公司依托韶赣高速公路管理处编制了《高速公路养护作业占道安全防护提升设计指南(试行)》《高速公路养护作业占道施工营运单位内部管理操作指引(试行)》,明确了路段班子成员、养护、路政、安全、监控中心、监理(如有)、施工单位项目部等部门单位相关人员职责和工作内容,并按作业时长,将养护作业占道施工分为四类实施信息共享、联合管控、分级验收、全过程管理;建立"一路多方"协调联动机制,强化占道作业施工计划审核、施工进撤场及作业期间安全监督管理工作。

1) 养护作业占道施工分类

《高速公路养护作业占道施工营运单位内部管理操作指引(试行)》在现行规范标准的基础上按作业时长将养护作业占道施工分类进行了细化。按作业时长,养护作业占道施工分为A、B、C、D四类。其中,A类为长期养护作业,即指定点作业时长大于(含)24h 的各类养护作业;B类为短期养护作业,即指定点作业时长大于4h 但不超过24h 的各类养护作业;C类为临时养护作业,即指定点作业时长大于30min 但不超过4h 的各类养护作业;D类为移动养护作业,即连续移动或停留时间不超过 30min 的动态养护作业。养护作业占道施工分类表见表6-1。

养护作业占道施工分类表 表6-1

类别		作业时长 t
A类:长期养护作业	A1	$t \geq 15d$
	A2	$24h < t < 15d$
B类:短期养护作业	B1	$8h \leq t \leq 24h$
	B2	$4h < t < 8h$
C类:临时养护作业		$30min < t \leq 4h$
D类:移动养护作业		连续移动或停留时间不超过30min

2) 养护作业控制区验收

为加强交通组织,充分考虑养护作业对交通安全保通状况的影响,保障交通通行,在作业区布设完成后,按照不同作业类型及管理层级,选择现场、远程视频验收、施工单位自行验收等方式进行验收。采用视频验收的,验收结果在"管理群"发布,由监控中心推送至占道施工路段所属辖区交警部门。养护作业控制区验收一览表见表6-2。

养护作业控制区验收一览表 表6-2

类别	验收形式	负责组织部门	配合部门
A1	现场验收	路政	养护业务部门
A2	现场验收	路政	养护业务部门
B1	现场验收	路政	养护业务部门
B2	视频验收	路政	养护业务部门、监控
C	一般情况:自检合格后报备	—	—
C	监控可看到的:视频验收	路政	养护业务部门、监控
D	自检合格后报备	—	—

3)占道施工期间安全管控

针对A、B、C类占道施工作业,高速公路运营管理单位、监理单位(如有)应按审批的施工组织方案和交通安全组织方案,综合采取巡查、检查、视频轮巡等方式,加强占道施工过程监督管理。

(1)路政巡查

根据批复的交通安全组织方案,结合巡查方案,加强施工路段巡查。原则上,A、B1类占道施工期间现场检查每天应不少于2次(验收当天不少于1次);B2类占道施工期间现场检查不少于1次。

(2)安全检查

由养护、安全等业务部门,根据批复的占道施工方案、交通安全组织方案等,对占道施工作业控制区进行检查,可结合日常工作一并开展。原则上,A类占道施工作业期间每周安全检查应不少于2次,对占道施工作业时长小于7天的A2类及B1类养护作业,作业期间安全检查不少于1次;B2、C、D类作业期间安全检查视工作需要开展。

(3)视频巡查

监控中心结合视频轮巡工作,开展占道施工路段视频巡查(可结合日常其他视频轮巡工作一并实施并登记),主要巡查涉及施工人员是否在施工安全区域作业、交通设施是否存在倾倒、施工车辆是否停在安全区域、施工区域是否发生事故和其他影响路网通行安全的事件,并同步做好视频轮巡登记。一旦发现异常情况,应及时通知相关部门处理。原则上,视频巡查频次为1h/次。

对A1类长期养护作业,建议结合实际管理需要,于作业现场增设高清摄像头并接入监控中心,实现全过程视频监控。各类养护占道作业管理流程如图6-10~图6-13所示。占道施工期间安全监督管理一览表见表6-3。

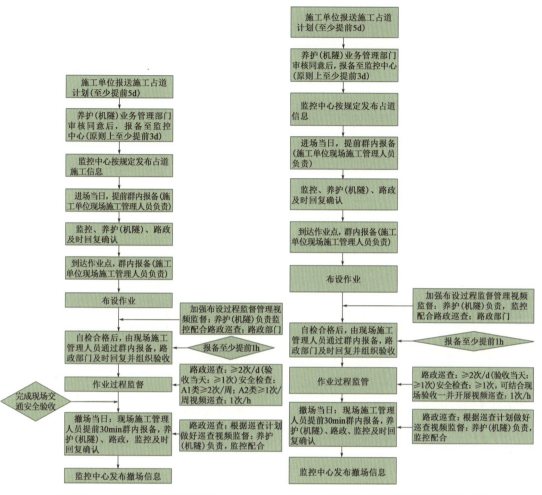

图 6-10　A 类长期养护作业管理流程　　　　图 6-11　B1 类长期养护作业管理流程

占道施工期间安全监督管理一览表　　　　表 6-3

类别	监管形式	责任部门	频次
A 类	路政巡查	路政	A 类：≥2 次/d（验收当天：≥1 次）
	安全检查	养护业务部门	A1 类：≥2 次/周
			A2 类：原则上≥2 次/周
	视频轮巡	监控中心	≥1 次/h
B1 类	路政巡查	路政	≥2 次/d（验收当天：≥1 次）
	安全检查	养护业务部门	作业时间≥1 次（可结合日常工作一并开展）
	视频轮巡	监控中心	1 次/h
B2 类	路政巡查	路政	≥1 次
	安全检查	养护业务部门	视工作需要
	视频轮巡	监控中心	≥1 次/h

续上表

类别	监管形式	责任部门	频次
C、D类	路政巡查	路政	巡查发现的占道工点应检查
	安全检查	养护业务部门	视工作需要
	视频轮巡	监控中心	轮巡发现的占道工点应检查

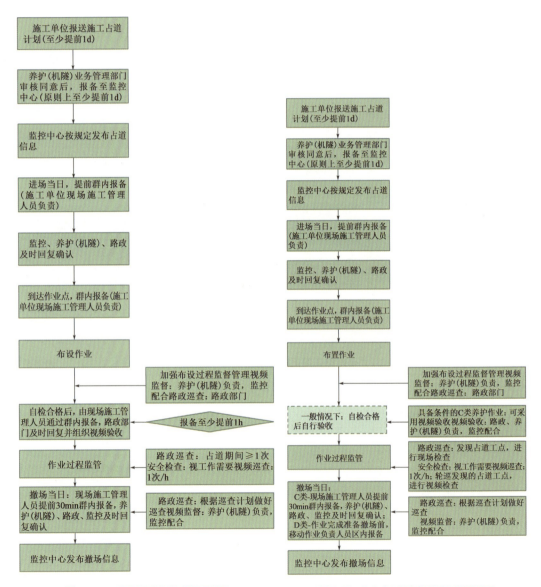

图6-12　B2类长期养护作业管理流程　　　　图6-13　C、D类长期养护作业管理流程

6.4 外部资源支撑协作

6.4.1 联合研发专用技术产品

安全和畅通是人们出行的基本需求,因此确保高速公路安全、畅通是高速公路养护管理的基本目标。由于受设计线形、施工误差、工后沉降等影响,高速公路可能存在局部路段(点)排水纵坡、横坡不足或局部凹陷现象,导致雨季路面局部排水不及时或长期积水现象,进而影响行车安全和路面耐久性。对于路面局部积水,传统的处治方式多为设置排水盲沟、路面铣刨重铺或加铺调平等,往往处理费用较高,对行车干扰大,且完工后路面外观不一致。2019年,南粤交通公司与保利长大工程有限公司联合创新发明了一种超高性能混凝土(UHPC)装配式 Ω 形排水槽和相关施工工艺,通过排水槽将路面积水引流至路面之外。超高性能混凝土(UHPC)装配式 Ω 形排水槽如图 6-14 所示。

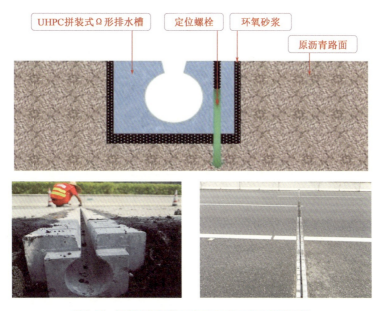

图 6-14 超高性能混凝土(UHPC)装配式 Ω 形排水槽

该排水槽采用装配式 Ω 形排水槽使用自研的模具进行预制,使用自研发的 UHPC 干混料制备 UHPC 湿拌料,并预制成型装配式 Ω 形排水槽。该装配式 Ω 形排水槽具有强度高、抗冲击性能好、耐久性强等特点。现场施工采用环氧砂浆调平及封闭,强度发展快,耐久性好,封水效果好,现场施工时间短,可不中断交通快速施工;路面排水效果良好,实用性广,可适用于各等级沥青路面和水泥路面的表面排水。排水槽向上开口,且槽深较小,管养方便,相比于传统处治方式优势明显。

UHPC 装配式 Ω 形排水槽施工工艺流程如图 6-15 所示。路面积水处治方式对比见表 6-4。

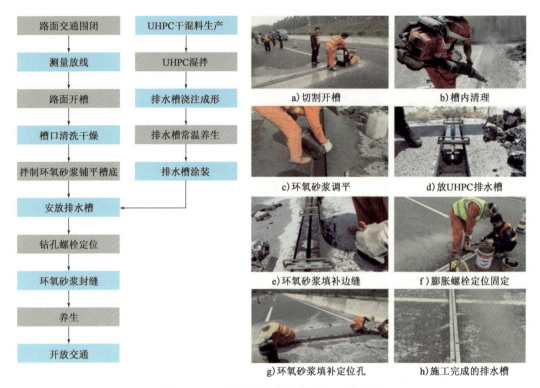

图 6-15　UHPC 装配式 Ω 形排水槽施工工艺流程

路面积水处治方式对比　　　　　　　　　　　　　　　　　　　　　　表 6-4

路面积水处治方式	UHPC 装配式排水槽	铣刨重铺	罩面	排水盲沟
排水效果	排水效果好,针对性强,利于管养	纵向凹凸及"0 坡"线性限制,排水效果未必明显	全断面封层+4cm 厚度以上沥青层	时间长易堵塞,不利于管养
材料用量	3~4 道横向排水槽	全断面 4cm 厚度以上沥青层	全断面封层+4cm 厚度以上沥青层	5 道以上横向排水槽
处治流程	交通管制—开槽—安装—养生—开放交通	报批—勘察—设计—招标—进场—交通管制—铣刨—重铺	报批—勘察—设计—招标—进场—交通管制—施工	交通管制—开槽—填碎石—铺多孔沥青混凝土
是否中断交通	否,分车道施工			
工期	1d			
设备投入规模	小型设备	大型设备	大型设备	小型设备
用工数量	8~10 人	20 人以上	20 人以上	10 人以上
对原路面影响	无	平整度差	平整度差	有
对基层强度影响	无	无	无	有
处治成本(万元)	5	6.5	6	6
实际效果	优	差	差	差
施工难度	施工简便	施工组织难度大	施工组织难度大	施工组织难度大
不足	单价构成			

注:处治成本以 1 处 50m 长度的积水沥青路面为例。

[**例 6-8**] 以云湛高速公路应用为例。为验证排水槽的适用性和可靠性,2019 年 4 月,首批研发制造的 UHPC 装配式排水槽,在云湛高速公路(阳化段)路面上进行验证性安装,以检验排水槽的排水性能和耐久性能,如图 6-16 所示。经过 4 年多高温、雨季行车的检验,排水槽使用效果良好,安装处原路面积水现象明显消失。排水槽槽体未发现开裂、崩角现象,仅有少量钢纤维外露,内模弯转等缺陷。

纵向、横向排水槽安装效果　　　　　排水槽细部图

图 6-16　UHPC 装配式排水槽在云湛高速公路(阳化段)的验证性安装

在首批验证产品基础上,研发团队对产品进行改进升级,改进了外观,统一了外形尺寸,制定了安装技术标准使排水槽性能更加优化。2020 年 8 月,阳化高速公路管理处进行了升级后的 UHPC 装配式 Q 形排水槽施工,在不中断交通的条件下,项目团队在路面快速开槽并安装排水槽,上午施工靠护栏的半边路面排水槽,下午施工靠中央分隔带护栏的另半边路面排水槽,仅利用一天便完成了半幅路面的排水槽安装工作,施工速度和安全得到明显著提升。经过放水测试和雨期检验,安装该排水槽能有效解决高速公路平坡段沥青路面局部积水的问题。

[**例 6-9**] 以潮漳高速公路应用为例。应工程需求,在运营中的潮漳高速上进行了定型的 UHPC 拼装式 Ω 形排水槽施工(图 6-17),解决高速公路沥青路面局部积水的问题。在不中断交通的条件下,项目团队在路面快速开槽并安装排水槽,上午施工靠护栏的半边路面排水槽,下午施工靠中央分隔带护栏的另半边路面排水槽,仅利用一天便完成了半幅路面的排水槽安装工作。经过放水测试和雨期检验,安装该排水槽能有效解决高速公路平坡段沥青路面局部积水的问题。

a)沥青路面开槽　　b)铺设环氧砂浆调平层　　c)安放UHPC拼装式 Ω 形排水槽　　d)环氧砂浆填补边缝

e)环氧砂浆调平路面　　f)预留孔处膨胀螺栓定位固定　　g)施工完成的排水槽　　h)8个月后的排水槽

图 6-17　潮漳高速公路安装 UHPC 拼装式 Ω 形排水槽

[例6-10] 以化湛高速公路应用为例。云湛高速公路化湛段经 2 年营运,受到重车碾压、自然沉降等影响,部分路段存在路面排水不畅现象,根据业主、养护、路政等各方日常巡查及交警现场勘查情况,部分路面零坡段位置,排水不畅,容易积水,为行车带来安全隐患。为减少路面积水,确保行车安全,经化湛高速公路管理处研究决定,2020 年 4 月 10 日,项目团队在化湛高速部分零坡段位置进行了 UHPC 装配式 Ω 形排水槽安装(图 6-18),开槽时正值大雨过后,安装后排水槽能够快速排除路面积水,且行车驶过排水槽时几乎无感。

a) 沥青路面开槽　　b) 开槽后路面积水快速排至路外　　c) 安放UHPC装配式Ω形排水槽　　d) 排水槽完成安装

图 6-18　化湛高速公路排水槽安装

6.4.2　联合开展四新技术研究

南粤交通公司高度重视养护的可持续发展,按照公司三大品牌战略目标,明确了"红棉"养护"走在集团前列,成为广东典范,力争全国先进"的定位,在组织、设施、资金、人才等方面为"红棉"养护品牌创建提供有力保障。为此,南粤交通公司与技术先进的科研院所和技术服务公司合作,开展"四新"技术、科研课题及微创新研究工作。采取方案比选(竞赛),综合论证方案必要性、可行性、综合效益、效果评价等,按最优方案选择实施。

1）开展钢桥面铺装三维大数据探测

环氧沥青具有足够的耐久性、耐温性和抗滑性能,近年来它在国内外被广泛用作钢桥面铺装层。然而,在施工阶段,由于环氧沥青钢桥面铺装层残留的水分在高温条件下逐渐气化,难以从致密的结构层挥发出去,液气相态转变的高压将铺装层顶起形成鼓包。由于鼓包位置环氧沥青丧失了层间黏结,鼓泡顶部在行车荷载反复作用下首先出现开裂,进而整个鼓包区域发展塌陷。如果鼓包病害处理不及时,会严重影响环氧沥青钢桥面铺装层的使用寿命。常规的钻孔取芯检测虽然直观,但是在一定程度上给路面带来了损伤,可能会减少路面使用寿命。相比一般路基上的沥青路面,钢桥面的沥青混凝土更需要保持整体性,以抵御温度应力与应力集中导致的变形。因此,无损、快速地进行钢桥面铺装环氧沥青层的鼓包脱层排查,确定其位置与面积大小,确保所有鼓包及脱层得以确认和修复,可有效降低发生早期病害的风险。

为此,南粤交通公司联合华南理工大学和广州肖宁道路工程技术研究事务所有限公司,采用三维探地雷达和红外热成像仪等先进无损检测手段,对清云高速肇云大桥环氧沥青钢桥面铺装进行三维大数据探测,实现了肇云大桥铺装层的鼓包塌陷和脱层区"点对点"的精准修复。

(1) 项目概况

清云高速肇云大桥在肇庆市德庆县与云浮市云城区交界处的金鱼沙下游跨越西江,采用主跨为738m双跨吊悬索桥结构跨越西江,桥面宽30m,双向六车道,设计速度为100km/h。钢桥面铺装结构主要包括行车道桥面铺装和中央分隔带桥面铺装,桥面行车道铺装设计总厚度60mm,结构组成为:防水黏结层+下面层30mm环氧沥青混凝土(EA-10F)+黏结层+上面层30mm环氧沥青混凝土(FAC-10)。

(2)三维大数据探测

①采用三维探地雷达扫描全桥双向第2、第3车道铺装区域,探明铺装层结构内部可能存在的裂缝、鼓包、脱层、存水等病害,并记录位置与影响区域;探查火烧事故区域、钻芯补料区域铺装层内部损伤情况,为修复工程施工范围初定与方案选取提供量化可视的基础数据。

②采用红外热成像仪收集分析全桥双向第2、第3车道铺装层表面的红外辐射信息,通过材料表面温度在热辐射与热传导作用下的温度变化趋势,探明铺装层在热成像下的突变区域,结合现场路况调查,分析突变区域产生的原因,判定该位置是否产生鼓包或者脱层等内部损伤病害。

(3)三维大数据探测结果

三维探地雷达与红外热成像检测均发现肇云大桥双向第3车道的10处鼓包,其中鼓包开裂形成塌陷区域有4处(北行方向3处、南行方向1处),对比4月份无损检测结果新增1处,且原有3处的发育扩展影响范围有所增大;隆起阶段鼓包区域有6处(北行方向4处、南行方向2处),均为新增,处于初期发育阶段鼓包,表面未发生开裂与破损(图6-19、图6-20)。

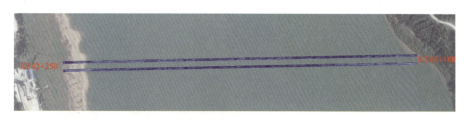

图6-19 肇云大桥钢桥面铺装层三维大数据探测系统检测区域

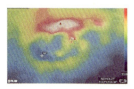  

a)鼓包红外图　　　　　　b)鼓包雷达图　　　　　　c)鼓包区开挖

图6-20 内部三维大数据探测

4月检测发现:发展至裂缝扩展阶段与塌陷阶段的原1号鼓包与原3号鼓包,经过今年严峻的强降雨与极端高温考验后,均有不同程度的发育扩展;原开裂泛浆位置发展至局部塌陷,表面出现较大连通至内部脱层的孔洞,存水范围覆盖整个塌陷区域,层间黏结异常信号明显增强;南向新增鼓包已发展至轻微塌陷阶段,表面出现连通至内部脱层的孔洞,存在继续快速发育与塌陷的风险。

2）研发 AR 实景监测系统

高速公路视频监控系统主要是针对道路、收费站、隧道、服务区等场景进行实时监控,不同的高速公路营运管理单位在不同时期监控体方案建设和设备选型大都不一致。当前传统视频监控模式工作效率低,主要存在视频监控模式老旧、监控系统不统一、视频画面内容单一、场景回溯难等问题。虽然各省的交通运输主管部门都在积极推进高速公路运行监测体系建设,高速公路的视频监控发展也有了大幅提升,但与交通运输部"可视、可测、可控、可服务"的监测体系建设要求还有一定差距。

为解决实景监测系统中人工视频巡查人员投入多、巡查周期长、存在空窗期(某一视频巡查后到下一次巡查期间内发生异常事件)等问题,南粤交通公司联合广州交嵌信息技术有限公司,在高速公路原有摄像机实时视频基础上,共同研发了以"数字"为核心的全域感知、全息感知的 AR 实景监测系统。AR 实景监测平台结合监控中心、路政大队等管理人员及监控人员业务需求,通过建立关联性数学模型,结合 AI 识别检测技术,利用现有的摄像枪以及高速公路隧道设施、设备所能提供的数据,进行处理分析,提供结构化视频数据,在视频监控"现实"基础上进行"增强",在监控画面中添加各种视频标签(如道路方向、重点区域、视频名称、时间等重要信息),可以直观、有效地辅助用户远程处理道路异常和突发情况。

(1)系统架构

AR 实景监测系统在原有摄像机实时视频基础上,利用华为海思芯片的强大算力以及边缘计算算法,在服务器端实现数据的结构化并以此进行 AR 数据融合、数据智能分析,最终以数据驾驶舱的方式直观显示有价值的路域数据。AR 实景监测系统架构示意图如图 6-21 所示。

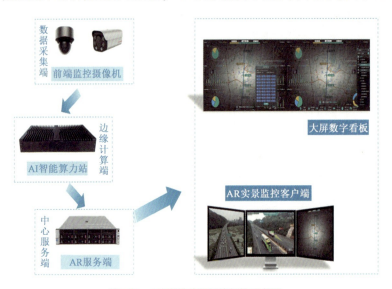

图 6-21　AR 实景监测系统架构示意图

(2)系统功能

①异常事件监测预警。通过对多预置位的视频进行自动轮巡,实时监测道路上的停车、逆行、行人、抛洒物、烟火等异常事件并且发出警示信息,如图 6-22 所示。

a) 行人报警　　　　　　　　　　　　b) 火灾报警

图 6-22　异常事件监测预警

②隧道通行状况监测。通过隧道两端洞口的摄像机视频(每个隧道出入口各一路),对进出隧道的车辆以外观特征的方式建立"一车一档",对隧道内的流量流速、车辆滞留(图 6-23)、重点车辆(两客一危)等情况进行实时监测。

③路产智能巡检。配合路政电子巡查试点工作,对多预置位的视频进行自动轮巡并实时检测路面交通状况、标志标线、涉路施工作业现场秩序、高边坡等情况。路产智能巡检如图 6-24 所示。

图 6-23　隧道车辆滞留　　　　　　　图 6-24　路产智能巡检

(3)监测系统效果

新博管理处在路面采用 AR 实景监测系统,在隧道则采用传统视频交通事件检测管理系统,前者是公安系统实景监测技术通过与高速公路行业跨界融合,后者则是应用于交通事件数据管理。

根据抽查 2020 年 10 月 9 日至 2020 年 11 月 20 日事件检测数据(注:因为国庆假期出现大规模堵车,导致两个系统出现大量停车行人告警误报,所以国庆假期检测数据除外), AR 实景监测系统准确率比传统视频交通事件检测管理系统准确率高出 51%,系统功能覆盖更为全面。事件检测准确率对比表见表 6-5。

事件检测准确率对比表　　　　表 6-5

序号	系统名称	检测事件总数	正报	误报	准确率(%)
1	新博 AR 实景监测系统	926	768	158	82.9
2	传统视频交通事件检测系统	608	257	351	42.3

(4)拓展功能

①交通流预测。以收费车道、ETC 门架、服务区高卡等设备提取的车辆数据为基础,对车辆的出行习惯、路面车流等情况进行分析,可以对短期车流拥堵进行预测预警,对车流量和通

行费预测等提供决策依据。

②打击逃费行为。通过 ETC 门架摄像机抓拍的车辆特征为分析要素,对比 ETC 门架天线读取的同一部车的 OBU(车载电子标签)信息,配合车牌信息,可判断车辆大车小标、倒换 ETC 卡等逃费行为。

③服务区场景监测。通过服务区监控视频,以人和车的特征值为分析要素,可以对场区车位数量、人流情况、车辆逆行、烟火、甚至对偷油等状况进行提醒。

3)"四新"技术应用统计

除上述钢桥面铺装三维大数据探测和 AR 实景监测系统外,南粤交通公司大力推广应用其他"四新"技术(其中土建养护类有 26 项,机电养护类有 15 项),涵盖无人机巡查、车载式路面巡检设备、路面热再生技术试验等,为破解养护难题提供了经验借鉴。

主要"四新"技术统计见表 6-6。

主要"四新"技术统计　　　　　　　　　　表 6-6

序号	类别	土建、机电	项目	名称
1	管理创新	土建、机电	韶赣、连英、揭惠	综合养护
2		土建、机电	新博	首件样板制度
3		土建	揭惠	异常事件监控轮巡快速辨识手册
4		机电	新阳、阳化、河惠莞	机电设施布设图
5	科研立项	土建	潮漳	隧道排水系统养护关键技术及装备研究(委外)
6		土建	仁新	无人机巡检关键技术研究(委外)
7		土建	连英	隧道路面抗滑研究
8		土建	韶赣	路面热再生技术应用研究
9	机械化应用	土建	潮漳、新博	隧道暗沟高压水射疏通清洗技术
10		土建	韶赣	路面干洗清扫车
11		土建	揭惠、连英	碎枝机
12		土建	揭惠	无人机(施肥)
13		土建	连英、英怀	电控喷洒装置改造洒水车
14	技术创新	土建	韶赣	路面热再生
15		土建	阳化	二次顶升工艺
16		土建	广中江、河惠莞	MMA 树脂混合料
17		机电	化湛	增加自动栏杆臂转向
18		机电	英怀	微波传输技术
19	智能化巡检	土建、机电	各项目	无人机
20		土建	连英	路面自动化巡检
21		机电	江肇、广中江	机电设备运行状态综合监控平台

续上表

序号	类别	土建、机电	项目	名称
22	智能运营监测	机电	新博	AR 实景监测系统
23		机电	阳化	升级事件检测系统
24		机电	江肇、韶赣	隧道事件检测系统比选测试
25		机电	新阳	微波雷达天线
26		机电	连英	北斗卫星导航扩展系统
27		机电	广中江、阳化、化湛	智慧稽核
28	节能环保	土建	韶赣	环保智能型沥青搅拌设备
29		土建	广中江、揭惠、仁新、新博、新阳、化湛、连英、英怀	自动喷淋或滴灌系统
30		土建	仁新、新博、新阳、阳化、化湛、连英、英怀、清云、河惠莞	中水回用
31		机电	仁新	双色温照明调节技术
32	信息化	土建	仁新	养护信息管理平台 App 深化研究
33		土建	新阳、龙连	边坡挂牌二维码打卡
34	服务提升	机电	广中江、阳化、江肇	移动车道
35		机电	英怀	改造便携机实现移动扫码支付功能

第 7 章 高品质保障

以"高品质保障"为工作切入点,以安全耐久、智能高效、科学决策、技术统筹为工作着力点,发展专业化养护组织、设施、资金、人才保障体系,构建多元化支撑保障体系。高品质保障结构图如图7-1所示。

图 7-1 高品质保障结构图

7.1 组织保障

各营运单位是南粤"红棉"养护品牌创建活动的责任主体,成立由主任牵头负责,统筹所辖路段作业单位及各业务部门,成立领导有力、人员精干的组织机构。南粤交通公司根据活动方案,制定相应的考核评分办法,按考评得分进行排名,从营运单位中评选"'红棉'养护示范单位"并进行表彰;以各营运单位项目部为评价单元,从养护作业单位评选"'红棉'养护先进集体"并进行表彰;从表现杰出的先进个人中评选"养护能手"并进行表彰。

7.1.1 加强组织领导

根据"红棉"养护品牌创建及升级活动,南粤交通公司成立以董事长为组长,以领导班子为副组长的领导小组,部署"红棉"养护品牌相关工作安排,议定过程中重大问题解决方案,核准"红棉"养护品牌各项成果;成立以总工程师为主任,以部门负责人为副主任的领导小组办公室,负责活动的方案制订、计划协调、信息上报工作,协助各营运单位解决过程中存在问题,组织开展各营运单位"红棉"养护品牌工作推进、专项检查、效果评价和综合考评等工作。各营运单位以主任牵头,统筹组织、督导业务部门及相关合作单位,按"红棉"养护品牌创建及升级方案扎实推进。

7.1.2 完善考评制度

按照"红棉"养护品牌检查考核办法,采用"随机抽查、月度考核、年度评价"相结合的方式进行,将月度考核结果作为日常养护单位计量支付依据,当评分值 $S<80$ 分时,处以 30000 元的罚金,当月按零计量;当评分值 $80 \leqslant S<85$ 分时,处以 10000 元的罚金,当月按零计量;当评分值在 $85 \leqslant S \leqslant 95$ 分时,按比例内插计量(当月计量金额 $\times 1\%$/每低 1 分),当评分值 $S \geqslant 95$ 分以上时,当月全额计量。累计 3 个月考得分低于 85 分时,需更换项目负责人。

对土建日养单位的年度评价由营运单位初评,结合路段路面定检结果,广东省交通集团、南粤交通公司年度专项检查及抽查等进行最终评定。

年度评价得分 = 季度考核算术评分 $\times 90\%$ + 定检结果评分(满分 10 分) + 附加分(按实际加减分)

式中:季度考核算术评分——各月度考核得分的算术平均分;

定检结果评分——以每年路面定检报告中损坏状况指数 PCI、裂缝坑槽修补率及修补良好率三项指标为依据进行评分;

附加分——当年内已有公司及上级通报文件为依据评分。

年度评价结果可作为日常养护单位合同终止或合同期延长、优质优价奖惩、资信管理和企业信用评价依据。年度评价结果排名前三的路段日常养护单位项目部,由南粤交通公司颁发当年度"红棉养护先进集体"荣誉奖项。年度信用评价考核不合格的单位,考核结果进行公示,且采取不予续签合同或限制其参与公司范围内招投标活动等措施进行处罚。

7.2 设施保障

随着高速公路养护需求的增加,推进养护基地标准化建设对提高养护作业效率具有重要意义。在广东省交通集团养护基地规划布局基础上,南粤交通公司结合发展需求,优化调整了养护基地布局。

(1)在养护设施方面,南粤交通公司建成了 15 处路段集中管理处,1 个综合养护基地,3 个可设置拌合站养护基地,30 个小型养护(应急)基地(平均 56km 设置一处),提供了良好的养护基础条件。

(2)南粤交通公司积极推广养护作业机械化、智能化,由机械代替人力完成各种养护任务,降低养护作业人员重体力劳动、人身安全隐患等。

(3)南粤交通公司成立应急管理委员会,建立联动机制,构建由路政、养护、拯救和属地市级的应急保障体系,建立路运一体化管理系统,让管理人员随时、随地掌握各个仓库的实时库存,实现应急物资片区共享。

7.2.1 加强养护基地建设

按集团路网布局及日常养护作业片区划分,系统地进行养护基地规划,逐步建立以区域性为主要特征、以养护基地为业务中心的养护体系。养护基地按功能及规模可分为综合养护基地和小型养护基地两类。

综合养护基地的设备、功能比较齐全,能满足覆盖范围内高速公路常规养护作业的需要,同时可作为养护单位的区域总部。小型养护基地以能完成小修保养作业为主。南粤交通公司依据基地作业辐射半径对南粤交通养护基地进行布局,其中综合养护基地作业辐射半径设定为100~120km,小型养护基地作业辐射半径设定为20~30km。目前建成了1个综合养护基地,3个可设置拌合站养护基地,30个小型养护基地,有效整合广东省交通集团和南粤交通公司现有养护资源,实现养护资源的合理配置,形成规模化效益,提升专业化水平,提高养护工程质量和应急抢险能力,最终实现集约利用资源和有效控制成本的目标,促进南粤交通公司与广东省交通集团养护工作的协调、统一、完善养护基地标准化规划及建设。

此外,南粤交通公司参照《广东交通集团道路养护标识系统规范手册》标准,对养护基地视觉识别系统进行规范,统一了养护基地视觉标识及展示图表。同时,以国省检标准为指引,对基地内标牌标志、上墙图表、档案分类及格式标准等进行规范统一,提升了养护基地整体形象。

7.2.2 增强养护机械保障

公路养护机械是公路养护的必要工具,是修复公路病害的重要手段。随着高速公路的养护水平发展,机械化养护的内涵从简单的机械代替人力完成各种养护任务已经延伸到以低成本、高效益安全地完成养护任务并达到养护质量要求,尤其对于一些养护中质量要求较高或者有人身安全隐患的作业和重体力劳动更需要机械化养护。

(1)监测、巡查等智能化系统。这类设备主要有"云眼"可视化智能监测系统监测高边坡裂缝、位移等,利用无人机智能巡检高边坡,石质边坡穴植滴灌养护系统,特大桥梁安全集群监测系统,桥梁防撞雷达感知监测系统等。

(2)日常养护机械。这类机械主要进行路面垃圾清扫,隧道墙面、瓷砖清洗,隧道暗沟清洗,中央分隔带绿化苗木浇水、修剪。这类机械主要有多功能道路清扫车、隧道清洗车、LD13-30型高压清洗设备、多功能洒水车和车载式绿篱修剪车等。

(3)小修机械。这类机械主要进行沥青路面坑槽修补、裂缝修补,防撞护栏抢修。这类机械主要有交通锥自动收放工程车、沥青路面热再生修补车、沥青路面灌缝机及开槽机、护栏打拔桩机和护栏抢修车等。

(4)大、中修机械。这类机械主要对严重病害的沥青路面进行罩面、加铺和热再生等。这类机械主要有热再生设备、西筑SG4000型环保智能型沥青搅拌设备、同步碎石封层机等。

7.2.3 强化应急保障措施

1)制订应急管理制度

成立由运营单位主任、党总书记担任主任,副主任及总工程师担任副主任,部门负责人、各合作单位负责人为成员的应急管理委员会,下设各专项应急指挥部,建立联动机制,构建由路政、养护、拯救和属地市级的应急保障体系。

2)健全应急物资储备

按照交通集团、地方政府有关规定,要求运营单位督促养护单位及合作单位建立应急物资储备仓库、配齐各类应急物资,并建立应急物资台账。建立健全应急物资的检查、补充、更新、发放机制,在重大节假日之前,及时更新上报应急物资至集团"路运"一体化系统管理平台。如遇突发情况,可以让管理人员随时、随地掌握各个仓库的实时库存,实现应急物资片区共享。

7.2.4 提升设备供电保障

高速公路机电设施的供配电系统,是保障各类设施正常运作的基础,它在机电系统中具有举足轻重的地位。传统的电力监控系统中,除了市电中断状态有信息反馈,其他设备状态(如 UPS、柴油发电机、电缆状态等)都无法有效监测和及时告警。取消省界收费站后,主线门架系统更是部署在主线公路上,处于无人值守状态,门架的电力供应状态难以监测,存在备用电源耗尽后发生门架设备断电事故的隐患。

鉴于上述情况,南粤交通公司河惠莞高速项目在原有的电力监控系统的基础上,探索研究了一套智能供配电监控系统,实现了对变电所、箱变的市(发)电供电、ETC 门架供电、收费机房 UPS 电力供应等状态的数据监测。

智能供配电监控系统在原有电力监控系统基础上,通过在 ETC 门架、机房 UPS、配电柜等前端设施设备部署电压采集模块,将实时数据同步发送至通信主机、监控中心电力监控工作站和云主机,监控中心电力监控工作站负责将数据传送至预警中心,云主机则以 4G 方式推送数据至移动客户端,从而实现供配电系统数据的实时监测。ETC 门架供电状态数据拓扑图、收费机房 UPS 输入电源状态数据拓扑图、市(发)电供电状态数据拓扑图及监控中心电力监控工作站如图 7-2 ~ 图 7-5 所示。

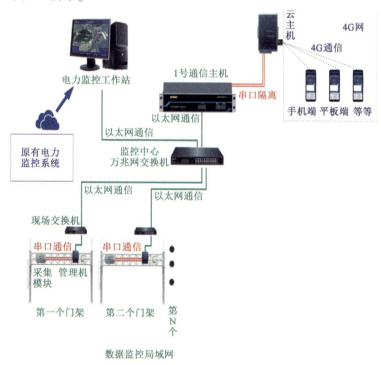

图 7-2 ETC 门架供电状态数据拓扑图

"红棉"养护品牌建设与延伸

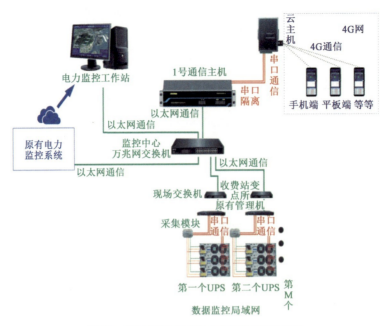

图 7-3　收费机房 UPS 输入电源状态数据拓扑图

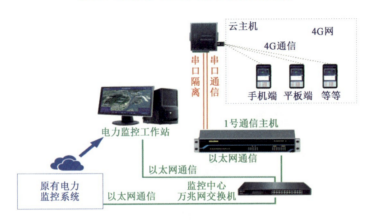

图 7-4　市(发)电供电状态数据拓扑图

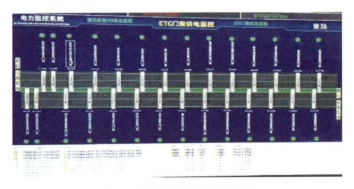

图 7-5　监控中心电力监控工作站

当供配电系统发生供电故障时,值班人员可通过多种方式在第一时间内获取故障信息以及做出快速、准确的响应处理。监控中心电力监控工作站同时发出语音和文字报警,提醒监控中心当班人员。云主机会即时将报警信息推送至用户手机微信,提醒值班人员。用户进入手机 App 的 ETC 监控界面,可查看故障点的实时监测数据和实时报警记录,查看状态以了解故障修复情况。监测数据界面如图 7-6 所示。

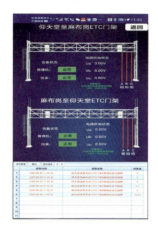  

图 7-6　监测数据界面

以河惠莞高速公路的数据显示,采用电力智能监控系统后,在关键供电节点可以为保障关键设备的稳定运行提供强大助力;多渠道的信息推送实现了自动化智能化,效率高,时效性强,实现 3s 以内的主动告警,适应动态管理需求;系统云告警功能采用串口单应用层方式连接,与外网形成物理隔离,保障监控网络安全。

7.3　资金保障

2021 年,南粤交通公司经广东省人民政府批准,设立了广东省政府还贷高速公路管理中心,为后续的养护资金投入提供了重要保障。按照"十四五"公路养护规划,南粤交通公司计划投入养护资金 53.6 亿元,技术创新研究资金 5000 万元。

7.3.1　发挥政府统贷统还优势

为防范和化解债务风险,促进广东省属政府还贷高速公路可持续健康发展,结合本省实际及外省做法,在广东省交通集团和相关部门的指导和支持下,积极推进省属政府还贷高速公路实施"统贷统还",对省属政府还贷高速公路实行统一管理、统一贷款、统一还款,整体收费年限按照"偿清债务"原则确定,实现省属政府还贷高速公路之间的以丰补歉和资源优化配置。

1）实施省属政府还贷高速公路"统贷统还"的重要意义

(1)化解政府还贷高速公路存量债务风险。实施省属政府还贷高速公路"统贷统还",突破了困扰政府还贷高速公路 15 年收费期限限制,通过"以丰补歉"优化资源配置,解决还贷资金缺口问题,可防范化解政府还贷高速公路债务风险,减轻集团履行出资人职责的全方位监管压力,优化集团"经营性、政府还贷双平台"运作模式下的总体债务结构。

"统贷统还"政策解决了公路管养资金缺口问题,提高了高速公路路网整体养护质量和安全水平,保障了路网运行效率,提升了高速公路使用者的获得感,更好地体现了企业社会责任。

(2)持续增强企业竞争力,助力企业高质量发展。实施省属政府还贷高速公路"统贷统还",可实现政府还贷高速公路投融资、建设营运的良性运行,建立政府还贷高速公路可持续发展长效机制。充分发挥"统贷统还"政策筹融资优势,切实提升企业竞争力,有利于广东省交通集团在高速公路网建管养任务中发挥更大主力军作用,助力集团持续做强主业、高质量发展,巩固集团全省交通行业龙头地位。

(3)促进可持续健康发展。结合国家收费公路政策发展方向,未来经营性高速公路到期将纳入政府还贷体系筹管理,"统贷统还"政策的实施将助力广东省交通集团掌握自身运营路网资源调配主动权,进一步扩大集团在广东省高速公路路网运营的优势地位,保障可持续健康发展。

2)"统贷统还"贷款重组主要举措

南粤交通公司自成立以来,始终围绕着省政府赋予的职能使命,按照广东省交通集团的部署,高效、规范地推进省属政府还贷高速公路建设、营运和管理,建成通车高速公路约1700km,营运主线总里程超1900km,养护总里程超2300km,资产总规模超2600亿元,服务范围覆盖全省19个地级以上市。截至2022年1月,省属政府还贷高速公路通车里程约占全省通车总里程的17%,对完善国家及省高速公路网,在放大互联互通的成网效益、助力粤东西北地区脱贫攻坚等方面发挥了积极作用。但同时,省属政府还贷高速公路债务性资金约占项目总投资的60%,全部完成现已确定的项目共需筹集债务性资金约1700亿元,管养投入也不断加大。随着大批项目的陆续通车,在没有持续稳定的建设资金及外部资金补充的情况下,通行费收入无法满足营运及偿债需要。

(1)党建引领提质增效

坚持党建引领,促进党建与业务深度融合,助推贷款重组工作取得扎实成效。南粤交通公司成立"统贷统还"贷款重组党员先锋队,以党建引领"统贷统还"贷款重组工作的具体落实,充分发挥党员干部的先锋模范作用,攻坚克难、凝心聚力破解贷款重组难题,强化资源整合利用和共享,实现银行、企业互利共赢,助力"统贷统还"贷款重组工作提质增效。

(2)双重机制保驾护航

①建立专班专人跟进机制。面对"统贷统还"贷款重组工作中的种种困难和挑战,南粤交通公司迅速制定应对策略和工作方案,成立专班工作组,建立相应跟进机制。每个金融机构均配备专人跟进,每天密切跟踪审批进度,积极与金融机构加强沟通,及时解决金融机构授信问题,督促金融机构加快审批。同时,在公司内部稳步推进合同上会、法审、会签、提款等流程环节。在夯实具体工作的基础上,力争以最短时间、最高效率攻破贷款重组工作难题。

②建立工作信息动态更新机制。积极畅通"统贷统还"贷款重组工作信息沟通渠道,建立工作信息动态更新机制,每天及时更新"统贷统还"贷款重组工作进度表,直观地呈现各金融机构、公司所属各项目工作进展情况;定期编写《"统贷统还"贷款重组工作战

报》,及时汇报工作进展、存在困难和相应解决措施,确保工作推进过程中的困难问题得到高效解决,推动"统贷统还"贷款重组工作有序开展。

(3)银企洽谈共话合作

在广东省交通集团领导的悉心指导下,南粤交通公司领导组织与各金融机构友好洽谈"统贷统还"政策下的新合作,共同探讨"统贷统还"新政的具体落实,强化与金融机构的良性联动,聚焦"统贷统还"政策实施。同时,南粤交通公司持续加强与各金融机构的战略沟通,加大协调磨合力度,先后与各金融机构召开百余场"统贷统还"银企洽谈会,宣贯"统贷统还"政策,瞄准方案审批存在的重点和难点,研讨"统贷统还"贷款审批对策,协助各金融机构商定切实可行的"统贷统还"贷款重组方案,协同高效推进公司"统贷统还"贷款重组工作。

(4)聚焦重点精准施策

①贷款审批关键突破。金融机构贷款审批是贷款重组工作的关键环节。针对各金融机构的特点,南粤交通公司充分总结和借鉴相关案例的有益经验,结合公司实际,与各合作金融机构就"统贷统还"贷款审批问题进行多次沟通,全方位地分析研讨和推演细节。特别是面对部分金融机构贷款审批进度缓慢、滞后等突出问题,迎难而上,加大与相关金融机构的沟通力度,采取会面约谈、书面致函等多种方式督促其加快贷款审批,高效靶向解决具体问题。同时,全力配合金融机构赴项目开展尽职调查,破解贷款审批难题,有效推动统贷统还贷款重组审批工作进展。经各方努力,截至2022年3月底,15家银行全面完成贷款审批,标志着"统贷统还"贷款重组工作取得了关键节点的胜利。

②靶向发力稳推置换。在取得金融机构贷款批复后,精准对焦、靶向发力,全速推进存量贷款合同签署及提款相关工作,全程紧密跟进,落实融资方案上报广东省交通集团,南粤交通公司党委会、总经理办公会、董事会、还贷中心管委会审议材料及决议,贷款合同审核与签署等相关工作,并同步加强与金融机构沟通,提前筹备放款相关资料,以确保各金融机构按时发放贷款,稳步有序推进统贷统还存量贷款置换工作。截至2022年1月,南粤交通公司存量贷款置换工作全面完成。

③紧抓契机降本增效。政府还贷高速公路具有资金密集型属性,存量贷款规模高达千亿,对贷款利率反应敏感,因此降低贷款利率对节约融资成本、促进高速公路可持续发展至关重要。对此,在"统贷统还"贷款重组过程中,南粤交通公司紧抓有利契机和窗口,利用授信规模优势,发挥筹融资议价能力,在广东省交通集团指导下,在各金融机构的通力合作下,"统贷统还"贷款重组成功实现平均利率下降10BP(剔除政策性利率下降),降至5年期LPR-71BP(3.74%),预计每年节约融资成本超3.6亿元。

7.3.2 科学编制养护资金规划

南粤交通公司通过统筹规划,以需求为导向,实现科学养护,在公司范畴实行养护资金共享调拨机制。司属大部分营运项目地处粤东西北,通行费收入低,经济效益较差。在满足养护规范的基础上,根据当前的公路技术状况,考虑路龄和交通量的发展,通过对养护历史数据的分析和未来发展趋势的预测,贯彻全寿命周期理念制订中长期养护规划,积极采用预防性养护。以路、桥、隧为重点,结合定期检查数据指标,及时更新路况衰变模型,分析养护项目的必要性和养护方案的合理性、经济性。在广东省交通集团批复养护资金范围内,科学合理地安排养护资金,实行司属营运项目养护资金共享调拨机制,提高养护资金使用效能。

7.3.3　优先保障养护资金需求

2021年底,广东省交通运输厅报请广东省人民政府批准,省属政府还贷高速公路实行"统贷统还"政策,通行费收入不再纳入省财政的基金收入预算,不纳入省财政厅的收支两条线管理。养护资金主要来源是车辆通行费收入、能源公司收益、银行贷款等。养护资金渠道进一步拓宽,基本实现了"按需养护"为导向的资金投入模式,在公司层面加强统筹资金管理和调度下,优先保障了各路段养护资金配置,促进高速公路养护工作可持续发展。

7.4　人才保障

南粤交通公司拥有一支高素质的养护管理队伍,截至2022年底,共有土建、机电养护管理人员301人,其中大学本科及以上学历占比88%,中级及以上职称人数占比51%。按不同专业组成养护专业工程师专家库和养护专业技术小组,为领导决策养护方案提供技术支持。由广东省交通集团养护管理中心牵头开展常态化培训、继续教育、对外交流和技能竞赛等,不断提升养护从业人员整体水平。

7.4.1　完善管理与技术人员配备

根据《关于进一步优化集团高速公路养护工程管理与技术人员队伍建设的通知》(粤交集人〔2021〕2号)文件,土建养护工程人员基本配备11人,经理1人,副经理1人,专业养护工程师5人,外业养护工程师2人,内业管理员2人。营运单位可根据文件规定通车年限、桥梁主线长度、隧道长度、养护里程等数据分析,进行养护工程人员编制、薪酬待遇调整。

7.4.2　探索开展双通道队伍建设

在高速公路营运单位养护管理人员队伍中,在现有管理型职业发展通道基础上,试点开展技术型职业发展通道建设,设置技术岗位序列,总工程师、副总工程师、一级至三级专家等可对应享受相应职级管理岗位薪酬待遇。通过双通道建设,同时优化职业晋升和薪酬激励机制,为相关人员专业技术资格申报评定提供支持。

同时,放宽营运单位一般养护管理人员职级限制,不再就某个一般管理岗位进行特定职级(职员或主管)限制,实行区间(职员到主管)设置,打通管理型职业发展内部通道。

7.4.3　推广养护专家库技术小组

根据《关于推荐广东省南粤交通投资建设有限公司专业技术小组人员的通知》文件要求,由营运单位推荐政治素质良好、专业技术能力强、业务审核把关能力强的技术人员,由公司筛选后成立岩土、路面、结构、机电交安、房建绿化工程等养护专业工程师专家库。如果营运单位发生桥梁、隧道、边坡等病害需要处治,南粤交通公司可以从专家库中抽取专业技术人员,组成专业技术小组,对病害处治方案进行审查,为领导决策养护方案提供技术支持。

7.4.4 进一步加强人才培训机制

结合养护工作实际情况和需要,由广东省交通集团养护管理中心牵头组织开展常态化培训需求调研,形成培训规划及年度计划,并统筹组织实施。通过进一步强化养护工程管理与技术人员综合培训,不断提升养护从业人员整体水平,减轻因能力不足问题而导致的人才不足压力。

1)加强专业人才培养

南粤交通公司高度重视人才的培养,积极构建人才培养机制,开展技术人员培训与技能竞赛活动、技能竞赛及各项培训,促进员工与企业共同发展。通过广东省交通集团养护管理中心、广东省公路管理局科技教育中心、广东省公路学会等组织的"生产经营单位安全管理人员再教育培训""公路桥梁养护工程师培训""隧道养护工程师培训""公路安全设施和交通秩序管理精细化提升行动方案""RAP 直投式厂拌温再生技术交流及现场观摩会"等培训,促进营运单位养护从业人员全面、系统、准确地学习、理解和掌握最新养护规范、新技术、新工艺,推动高速公路养护工作高质量发展,做好路基、路面、桥梁、隧道、交安设施等养护工作,提升养护管理人员的养护技能及管理水平。

南粤交通公司在大丰华和怀阳管理处分别建立培训中心,在英怀管理处建立廉政教育培训基地。2022 年度,开启内训师选拔制度,各部门按照专业分别进行内训师的报名和选拔。以南粤交通公司基建管理部为例,选拔内训师 8 人,在大丰华培训基地组织召开了养护部长内部培训。培训活动共设立 25 个课程,分为综合、土建养护、机电养护三大板块,聘请外部资深专家,并与南粤交通公司及路段内部人员相结合,授课内容涵盖养护专业技术分享、制度宣贯、管理创新经验交流、"红棉"养护品牌深入探讨、汤西示范服务区的实地考察等,教学形式多种多样,培训内容丰富精彩。图 7-7 为高速公路管理处网络设备实操技术培训。

图 7-7 南粤交通公司网络设备实操技术培训

自取消省界收费站专项工程以来,机电设备大量增加,路段机电养护人员急需对新设备、新技术进行学习,以便更好地对现场设备进行及时的维护,对此,南粤交通公司多次组织设备厂家、收费软件、后台软件开发单位对养护人员进行集中培训。2020 年,南粤交通公司组织全体机电养护人员在江肇高速公路管理处开展培训,培训课程包括机电养护总体概况、取消省界站收费系统组成及软件部署、门架系统部署及日常维护、门架天线设备的安装调试及调优、门架车牌识别设备的安装调试、调优及操作维护、门架机柜介绍及电源维护管理、超融合及分布式服务器存储工作原理及维护管理等课程学习。2021年10月，南粤交通公司组织在广中江高速公路管理处开展网络设备实操技术培训（图7-8），在学习基础知识的同时培养动手能力，养护人员全员参与，技术能力得到了极大程度的提升。

图7-8　广中江高速开展网络设备实操技术培训

南粤交通公司所属单位的培训教育也丰富多彩，由于机电养护涉及的专业非常多，设备数据更是数以万计，各路段自行组织开展了丰富多彩的业务培训和技能竞赛。新阳高速公路管理处组织了收费业务的实操培训及应急处理办法培训、网络安全意识及基础操作培训、监控系统平台功能及应用培训，开展了网络安全知识竞赛，并给获奖员工颁发了证书。

"网络安全为人民，网络安全靠人民"，近些年，国家对网络安全的重视程度逐年提高，《中华人民共和国网络安全法》《中华人民共和国数据安全法》《中华人民共和国个人信息保护法》等法律也陆续发布。习近平总书记多次发表重要讲话中深刻反映了目前各行各业对网络安全的高度要求，高速公路行业同样面临巨大的挑战。在交通行业，技术越来越先进，信息化程度越来越高，数据量巨大，网络连接直接实现省-站直传，每一个高速公路营运单位，每一个收费站，每一台工控机都是这个网络当中的一部分，如果不重视网络安全，哪里都有可能成为爆发点。南粤交通公司多次组织所辖路段参加网络安全培训，目前公司从业人员中，获取注册信息安全专业人员证书（CISP）的有3人，获得交通运输网络安全专业人员（TCSP）证书的有46人，大大提高了从业人员的基础素质，为网络安全工作打下了良好的基础。

南粤交通公司在广东省交通集团首创网络安全应急演练实验室，并首次在线上开展了2023年度应急演练工作。实验室平台采用虚实结合的方式进行网络环境搭建与构建业务系统仿真环境，依据采集的数据信息定制仿真办公网络、监控、收费业务网络拓扑图和应急响应流程，通过拓扑结构的构建、关键节点的布局以及配合实验室设施设备，可真实地还原黑客攻击场景，实现响应流程可视化呈现；同时，利用平台建立的漏洞库、场景库、演练脚本库，及依托靶场平台，通过"人"＋"平台"的模式组织开展系统性实战化演练（图7-9）。通过搭建实验室平台可为训练提供应急训练场景、标准化操作流程、任务编排、任务导调等功能，以及利用导调角色推动流程节点上报，明确文件上报要求，清晰完整展现应急处置全过程。"蓝方"作为攻击方，模拟黑客利用平台集成的自动化攻击程序和脚本执行攻击操作。自动化攻击程序是利用安全漏洞对真实设备终端系统进行入侵攻击，以拿到终端系统控制权限及控制收费终端为目标,渗透攻击蔓延至其他真实设备终端,以最大程度地模拟真实的网络攻击。"红方"作为防守方,通过平台打开处置界面依据应急处置手册进行反制,最后通过平台提供的评估任务、报告生成功能,对"红蓝"双方能力进行效果评估。

图 7-9　网络安全对抗

2）搭建人才平台

抓创新就是抓发展,谋创新就是谋未来。南粤交通公司自 2012 年 12 月成立 10 年来,在系统推进政府还贷高速公路建管养任务中始终坚持创新引领,将创新摆在企业发展的核心位置,在探索制度和管理创新、科研和技术创新、文化和服务创新等方面取得丰硕成果,"五大工程"效果显著,南粤品质工程品牌建设取得实效;"五心红棉"品牌扎实推进,共同助力开创了政府还贷高速公路建设新模式,为政府还贷高速公路可持续高质量发展打下了坚实基础。

南粤交通公司于 2023 年 2 月举办了"南粤创新论坛"(图 7-10),旨在系统总结经验,进一步激发创新活力,探索形成创新管理可持续发展机制,系统地总结了公司成立 10 年来在建设、营运、养护方面取得的创新成果,激励南粤交通人在今后的实践中继续践行创新发展理念,创造性开展工作,持续深入推进南粤品质工程建设和"五心红棉"品牌建设,探索新思路,谱写新篇章,为公司高质量发展提供新动能,为行业发展贡献新力量。通过开展本次"南粤创新论坛",促进了所属单位人员之间的相互沟通及相互学习,营造良好的工作交流氛围,使专业人才能够及时补充新知识,造就更多的"南粤工匠"。

图 7-10　南粤创新论坛

PART 3 第 3 篇

价值体现

第8章 "红棉"养护品牌价值体现

8.1 升华"红棉"品牌内涵

南粤交通公司长期追求与探索"红棉"养护品牌,在养护实践过程中不断升华"红棉"品牌的内涵。南粤交通公司通过统筹谋划,建设营运路段全员参与,第三方单位协同配合等方式共同创建"红棉"养护品牌,促进养护管理体系更加科学化、规范化、标准化、信息化、专业化;围绕自动巡检、数字监测、智慧运营、智能分析、科学决策、综合评估、绿色低碳等七大方面,提高技术创新及应用能力;实现了资源共享、优势互补,提高了养护效能,创建了一批示范项目,积累了大量典型经验,营造了敢为人先、积极上进、乐于奉献的良好氛围,不断推动公司整体养护水平高质量可持续发展。

8.1.1 提升养护质量

1)养护质量是基石

质量是兴国之道、强国之策。党中央、国务院历来高度重视国家质量建设。党的"十八大"以来,习近平总书记多次对质量工作作出重要指示。党的十九大报告,将建设"质量强国""交通强国"作为重大战略提出并进行部署。交通运输部提出打造品质工程,就是贯彻党的"十九大"精神、推进"质量强国""交通强国"建设的有力举措,标志着推进高质量发展成为今后一个时期交通运输行业的重大使命。

打造品质工程,首先要筑牢品质观念,打造一批优质耐久、安全舒适、经济环保、社会认可的品质工程。近年来,广东省交通运输厅对品质工程建设高度重视,主要体现在两个方面:一方面,出台了一系列制度和标准,形成了较为完善的制度体系和标准体系,为品质工程建设打下了基础;另一方面,针对公路建设市场的突出问题,改革了高速公路建设管理模式,通过择优选择"综合实力强、工程管理经验丰富、市场信用好"的队伍,提升全省高速公路建设管理的总体能力和水平,创建精品工程和百年工程。2016年8月,南粤交通公司率先开展"南粤品质工程"创建活动,以"五大亮点工程"为抓手,从设计理念、现场管理、路域景观、服务能力提升等重点领域,分阶段推进"南粤品质工程"创建活动,取得一系列丰硕成果,为未来营运养护奠定坚实基础。

营运养护阶段，各路段进一步对照"南粤品质工程"建设品牌、"红棉"养护品牌的总体要求，从服务水平提升、作业标准提升、养护品质提升三个方面筑牢养护品质。建立了南粤交通公司＋项目＋第三方服务综合评价体系，为养护质量提供了保障。

2）养护管理是保障

品质工程是干出来的，更是管出来的。必须千方百计提升工程管理水平，为品质工程建设提供支撑。南粤交通公司围绕高速公路养护"五大"要素，努力构建养护"五化"管理体系，即科学化、规范化、标准化、信息化、专业化。

（1）科学化管理。南粤交通公司于成立之初便着手探索科学先进的养护管理模式，积极应用前沿技术解决业务难点、痛点，通过优化管理手段解决制度性瓶颈，实现科学化精细化养护管理。例如，2016年南粤交通公司在省内率先开展规模化、区域化、集约化管理模式。按照综合土建和机电养护业务、条块结合的方式设置养护管理部门，统筹布局了4个养护大片区、8个养护小片区、37个综合及日常养护（应急）基地，初步实现了区域化养护格局。

（2）规范化管理。南粤交通公司相继出台了养护质量检查、示范路（点）评价、养护设计、巡检、检测、监理、沥青路面施工、养护基地配置、外供电维护、机电等常规养护10余项示范性文件，日养、应急工程等养护管理制度12项，养护管理指导意见23项，为高速公路养护规范化管理提供重要支撑。

（3）标准化管理。南粤交通公司以管理考核标准化、作业标准化、基地布置标准化为抓手，以技术标准、管理标准、作业标准"三大"标准协同为导向，以服务的需求标准为起点，以业务管理流程为要点，以质量目标为终点，全面推广养护标准化，为养护品质和服务水平的提升与管理队伍的快速成长提供了有力帮助。

（4）信息化管理。2018年，南粤交通公司积极应用广东省交通集团养护信息平台，实现了一图一库一平台的养护信息化管理。近几年，在养护信息平台的日养、路面、桥梁、隧道、机电、交安等管理子系统全面应用的基础上，南粤交通公司致力于养护数字化发展，推进养护与建设基础数据、营运业务数据的关联应用，努力开展智慧化运营、数字化监测技术的拓展应用，建成了广东省交通集团大数据中心、特大桥集中监测中心、机电运维中心。此外，南粤交通公司还探索研究自动化管控技术，加快营运养护数字化发展，拓展了重点结构物巡查打卡技术应用。

（5）专业化管理。专业人才是实现专业化管理的源泉。南粤交通公司高度重视人才的培养，设立专业岗位、配备专业工程师，并成立专业技术小组，开展技术人员培训、技能竞赛创新论坛等活动，促进员工与企业共同发展。在养护作业方面，一是推进日常养护标段责任制，以推广先进经验交流，提升专业化水平；二是通过作业标准化，促进养护新设备、新技术应用，以"机械换人、机械减人"促进养护专业化水平提升。

3）技术创新是引擎

品质的提升，除了细节管控之外，还有赖于技术、材料、设备和工艺的创新。南粤交通公司积极推广应用"四新技术",大力倡导"微创新"成果(其中土建养护类有26项,机电养护类有15项),涵盖研究、无人机巡查、车载式路面巡检设备、路面热再生技术试验、应用等。利用"四新"技术和微创新成果不仅解决了一些常规质量通病,还提升了施工效率,为破解养护技术难题提供了经验借鉴。

(1)在新技术方面,为深入贯彻广东省交通运输厅及省交通集团关于绿色交通、生态文明建设理念,积极推广路面材料、施工废料等资源的再生和综合利用,提升废旧沥青路面材料循环利用,根据广东省交通集团及南粤交通公司的相关要求,韶赣管理中心在2021年韶赣路面专项工程中开展了"韶赣高速沥青路面就地热再生技术应用研究"的课题研究。通过前期调研及配合比设计,外掺沥青混合料比例为10%,充分利用原路面,真正实现零废弃,相当于节省新沥青混合料达到90%,本项目就地热再生工程施工35404m^2,厚度为0.04m,密度为2.45t/m^3,通过配比计算,节约近3000t石料和150t沥青,减排了3.9t二氧化碳,并减少了因开采石料和沥青而消耗的能源。由于外掺沥青混合料比例为10%,大大节约新沥青混合料的同时,也省去了90%的新沥青混合料运输成本,经济效益相当可观;就地热再生的造价为50元/m^2(不含土工格栅),铣刨重铺为68.2元/m^2,而本项目就地热再生工程施工35404m^2,相对于铣刨重铺来说,节省成本64万余元。

(2)在新材料方面,在成熟的超薄磨耗层(Novachip)技术体系上进行了性能改进与提升,提出新型热拌Novachip。对比Novachip,新型热拌Novachip的厚度减少一半,能以特殊骨架连续级配和高比例的高性能聚合物改性沥青实现优良的密水与封水效果,同时在抗裂、抗滑和降噪等性能上均有明显改进,能够有效解决匝道混凝土路面抗滑衰减快、耐久性差、噪声大和防眩光能力弱等缺陷,提高路面使用性能,保证行车安全与通畅,延长使用寿命,预期养护使用寿命可达8~10年。

(3)在新工艺方面,英怀高速公路管理处采用化学灌浆加固调平新工艺(DCG化学注浆法)加固路基软弱土体,改善土体的水力学和物理性能,提高路基承载力,且对部分的凹陷部位抬升,尽可能调平(调顺)路面,消除或减小跳车,使其基本恢复路面平顺。2021年,英怀高速公路管理处组织施工单位对全线路面沉降点进行缺陷处理,以沉降不超过3cm的高标准要求原施工单位完成路面跳车处治,远远高于规范要求,给予司乘人员舒适的通行体验。

(4)在新设备方面,应用基于AI机器视觉的高速公路自动化清扫实时智能分级与评价管理系统,提高高速公路清洁工作质量评价的信息化和智能化管理水平;根据清扫评价信息,可适当调整清扫频次,获得更高效的养护资源供给,合理规划高速公路网保洁频率布局,指导提高路段环境升级,整体提升区域路容路貌建设,为行业智能化应用及广泛推广打下坚实基础。该系统应用范围越广泛,监督管理效率提升越明显,降本增效效果越显著。图8-1为道路检测效果图。

"四新"技术各项工作不仅有"量"的增长,更有"质"的提升,为加快推进广东省交通事业可持续发展,建设资源节约型、环境友好型公路交通环境,加快广东交通强省建设做出了积极、突出的贡献。

 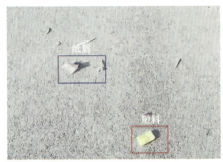

图 8-1　道路检测效果图

4) 交通安全是前提

南粤交通公司牢固树立安全发展理念,心怀"时时放心不下"的责任感和"危难之时显身手"的信心决心,坚定安全生产管理"宁可越位、不可缺位"的思想不动摇,在"红棉"品牌思想的指导下,压紧压实全员安全生产责任,坚决守好安全生产红线。组织开展机电设施、网络安全等常规及专项检查,以检查促提升,以提升保安全。通过以防范安全用电、养护作业安全、网络安全风险为主要任务,落实具体措施保障养护安全,具体包括如下:①在台风、暴雨、春运来临前,开展高压供电线路及收费站机电设施专项检查工作,确保隧道及收费站供电正常,车辆通行安全;②落实养护人员安全教育两个要求,即上岗前安全培训和作业时安全防护设施要戴好;③开展联网收费系统运行和运维专项治理工作,推广"内网异常清零行动"指南。通过严守安全红线不可越等思想,自营运 10 年以来,各所辖路段结构安全、养护生产、养护人员安全责任事故保持零纪录。

8.1.2　节约养护资金

2022 年养护费用指标为 29.37 万元/km,低于省交通集团(45 万元/km)、广东省(67 万元/km)及全国(43 万元/km)的平均水平,远低于东中部省份(浙江 101 万元/km、江苏 115 万元/km、江西 89 万元/km)指标水平。

1) 科学决策,优化养护效能

经统计分析,南粤交通公司 2013—2022 年养护资金共约 25.1 亿元(含机电)。其中,路面专项养护方面支出约占土建养护专项支出的 40%。为了提高养护资金使用效益,建立系统的养护科学决策体系,统筹指导南粤交通公司路网养护资金支配,建立一套以"数据及真实状况为基础+养护技术为支撑+资金重点保障"科学决策体系尤为重要。以路面养护为例,根据韶赣高速公路 2021 年综合养护进行分析,综合养护模式下与传统养护模式下施工管理成本进行测算对比,采用传统养护模式养护期为 2.5 个月(人员进场及准备期 0.5 个月、施工期 1 个月、收尾期 1 个月),配置管理人员 40 人,其中管理人员费用平均为 2 万元/人·月,即传统养护模式下管理成本约为:2 万元/人×40 人×2.5 个月=200 万元。采用综合集中养护模式,养护工期减少至 2 个月(人员进场及准备期 0.5 个月、施工期 0.6 个月、收尾期 0.5 个月),配置管理人员45人,即综合养护模式下管理成本约为:2万元/人×45人×1.6个月=144万元。综合养护模式下管理成本节约56万元。

由于综合养护施工期短,工作面较集中且连续,能有效减少人员、机械窝工情况,并减少重复交通管制次数,综合养护相对于传统养护,减少施工成本(不含材料)约13.28万元。

在交通可行的情况下,采用道路全封闭的方式开展集中养护作业。一方面提高了施工的效率,另一方面彻底分隔开社会车辆和施工车辆,消除了事故发生的基础。

2）集中管理,统筹养护资金

南粤交通公司于成立之初便着手探索科学先进的养护管理模式,于2016年在省内率先确立了规模化、区域化、集约化管理模式。按照广东省交通集团规模化、专业化养护的布局,南粤交通公司在日养、设计、监理、检测等方面已形成专业化长期协同作业体系。在日常养护方面,土建按13片区,分别由6家养护单位承担;机电日养采用"1+N"养护模式,建立一个机电运维中心,并划定13片区由3家专业承担。在设计方面,土建养护设计由3家养护设计单位承担;机电养护设计正逐步引入长期合作专业单位。监理统一由广东省交通集团有限公司下属广东华路交通科技有限公司承担。检测按3片区由2家专业单位承担。此外,南粤交通公司还在外供电维护、污水系统维护、网络安全维护等方面引入专业单位,坚持规模化、集约化、专业化思路,提升养护协作能力。在技术服务方面,南粤交通公司成立了路面、桥梁、岩土、交安机电、养护等方面专业技术小组,充分发挥南粤交通公司专业技术小组优势;与协会、高校及外部单位建立了良好的沟通合作渠道,积极利用外部优势资源;通过研究及培训中心,定期开展培训及技术交流,提升养护技术服务水平。

8.1.3 形成养护亮点

1）示范路引领

南粤交通公司开展品牌活动创建以来,新阳、连英、仁新、新博、阳化高速公路路段管理处被评为年度养护品牌创建示范单位;编制完成《品牌创建典型经验》2册,总结典型经验36项。在"十三五"交通运输部组织的国评中,南粤交通公司的受检项目均获得满分,得到交通运输部和省交通运输厅充分肯定;韶赣、江肇高速公路在2016年省检分列全省第一名、第五名,在2016年全省桥梁养护监督检查中分列第一名、第四名,在2021年、2022年的全省干线公路管理工作评价中综合排名中分获第一名、第二名;江肇高速公路、韶赣高速公路、汕湛高速公路(新阳、阳化段)、汕昆高速公路(龙连、连英、英怀段)、武深高速公路新博段等受检项目在历年集团检查中均获得好评。

2）重难点攻关

在当今行业、技术发展和环境日新月异的时代,管理只有永恒的追求,没有永恒的终点。南粤交通公司从一开始就以科学、严谨的态度,结合各项目特点,统筹利用优势攻克难点,并重点围绕养护"五大"要素,努力构建养护"五化"管理体系。在广东省交通集团的带领下,目前已形成"1+1+1+N"品牌管理体系(1个养护数据管理平台,1个桥隧养护中心,1个机电运维中心,N个专业养护片区)。

3)微创新挖掘

各项目发散创新思维,百花齐放,相互借鉴学习。

在及时预防养护技术方面,开展了自动巡检技术,包括路面三维大数据探测系统、路面大数据力学感知系统、无人机载红外探测系统、路面自动化巡检、无人机智能巡检、手机App定位扫码等方面技术,便于及时发现病害,有针对性地开展预防养护。

在防范重大风险方面,主要开展了数字监测、智慧运营,包括桥、隧、高边坡等重点结构物的数字化监测技术、异常事件检测技术、AR自动识别技术等,以便及时识别结构及运营过程中的重大风险,采取措施加以防范。在提升养护效益方面,主要开展了智能分析、科学决策、综合评估等方面技术,包括改扩建路面处治决策系统、基于养护衰变模型的路面养护规划、大数据收费稽核系统、综合养护、路面养护"七阶法"、沥青路面就地热再生、绿化自动喷淋+中水回用、灯光节能、PATT路面抗滑纹理测试仪等技术应用。

在综合评估方面,结合检测、监测、设计及日养等方面结果,采取方案比选(竞赛),引入第三方技术服务(咨询),综合论证方案必要性、可行性、综合效益、效果评价等,按最优方案选择实施。

在提升服务水平方面,南粤交通公司联合优势资源研发了UHPC装配式排水槽(解决路面积水)、服务区危化品停车显示系统、绿化种植养护,积极应用DCG化学注浆、高分可视化识别、高速扫路车、交通锥自动收放车、防闯入预警+预警精灵等技术,提升道路服务水平。

8.1.4 推广红棉文化

立足新时代,南粤交通公司以红心向党、真心探索、精心管养的全新姿态,以匠心品质、暖心服务为养护宗旨,持续推动营运养护创新发展、引领提升。经历了"红棉"养护品牌创建基础建设、品牌升级两阶段工作,南粤交通公司高速公路养护状况已由之初的"三新四难"(模式新、道路新、人员新;环境难、结构难、人员难、资金难)转化为"五心红棉"养护品牌,正在逐步形成了"红棉"养护"管理至善品质至臻"的品牌特质,为南粤交通公司"五心红棉"营运品牌注入了新的活力。截至2021年底,南粤交通公司高速公路通车营运里程1909km,公路技术状况指数(MQI)平均为96.27,优等率99.7%;路面综合性能指数(PQI)为96.73,优等率99.81%;一、二类桥梁占比100%,一、二类隧道占比100%,高边坡完好率99.9%,收费站各项指标平均合格率99.82%;收费门架各项指标平均合格率99.83%。"红棉"养护品牌建设过程中,完成养护示范路643km,占比34%;建成示范服务区2对,对照《全国高速公路服务区服务质量等级评定办法》达标服务区比例达100%。

南粤交通公司实施"品质道路、品质技术、品质服务"的"三大品质提升工程",实行源头管理,加强风险排查巡查和应急演练;发挥科技新动能,推动营运管理智慧化;组建"最美中国路姐"团队,实施"一个洁美的环境服务""一张真诚的笑脸服务""一次舒畅的通行服务"的"三个一"文明服务标准,激发品质服务新活力。在通车10年无大修的高品质基础上,获评广东省"平安公路"示范路段。

南粤交通公司始终以谋求提升及创新发展为突破口,围绕"及时预防养护、防范重大风险、提升养护效益、提升服务水平"四大主题,发挥科研创新的引领和驱动作用,积极开展新技术研究及微创新应用。近几年,南粤交通公司开展了10项养护创新研究,形成了3项研究成果,打造绿色示范公路424km。

过去10年,南粤交通公司各所辖路段结构安全、养护生产、养护人员安全责任事故保持零纪录。这些成就的取得,离不开南粤交通人长期对"红棉"养护品牌的认识—实践—再认识—再实践,不断追求与探索,在养护实践过程中不断升华"红棉"品牌的内涵。

驾乘人员是"红棉"养护品牌的体验者和评判员,其体验感和满意度才是品牌的价值体现。南粤交通公司开展"红棉"养护品牌活动以来,努力开展提升服务水平的多项活动,综合整治路面积水359处、路面跳车525处,提升防护水平桥梁护栏15处、波形护栏2万m,改善交通典型路段27处、整治交通拥堵路段65段(设广播系统、加防落网),完善服务区绿化38处、设置司机之家10处,配置事件检测系统1871路(0.98路/km),全路段实现了可视化。全部服务区设置了适老化、残疾人等特殊人群专用设施。

8.2 展示"红棉"品牌服务

"十三五"国评公众满意度调查满意度均达100%,通过"红棉"养护品牌的持续建设与广泛传播,南粤交通公司不断展示着交通更畅顺、结构更安全、行车更舒适、路域更美观、服务更优质的"红棉"品牌服务。

8.2.1 交通更畅通

1)监控联动,提升交通畅通

传统高速公路监控调度平台主要把路面、收费车道监视监控视频满拼接屏进行轮巡监控,收费业务、机电业务各系统各自为营,形成了各系统的信息堡垒,系统之间缺乏数据的联动和融合分析。

阳化智慧监控平台设计了日常监控、应急处置、收费监控、节假日等几大营运应用场景,融合了收费系统、两客一危、绿通系统、机电运维系统、路侧智能机箱及外部路网信息等数据系统,搭建自身的数据仓库,从收费系统、两客一危、绿通系统、交调系统、机电运维系统、路侧智能机箱及外部路网信息(高德推送)等数据源对数据进行抽取、融合,形成系统自身直观展示的数据(图8-2)。

图8-2 数据融合贯通

采用视频流媒体方式对路面、服务区、收费站场监控视频进行定期轮巡。视频监控显示界面,可按特定区域、路段、区间进行摄像枪筛选。系统不仅支持多种快捷的方式选定摄像机进行实时视频播放;还支持轮巡查看选定区域的监控视频,窗口多画面切换、视频录像、录像回放、云台控制等功能。

2）持续治理拥堵收费站,提升收费站进出通行能力

(1)通过对各收费站车流量特征、拥堵状况进行分析,结合人员管理、设施设备、操作方法、交通组织四个方面扎实开展收费站保畅通优化工作。以南粤交通公司仁新项目为例,截至2023年7月,出入口车流累计307.62万车次,日均1.45万车次,较2021年上升44.77%。其中,入口车流累计156.10万车次,日均0.74万车次,较2021年上升44.98%;出口车流累计151.51万车次,日均0.741万车次,较2021年上升44.56%。

(2)通过加强组织协调、完善应对措施、提升服务水平完善畅通制度。南粤交通公司发布《春运及重大节假日保畅通工作方案》《收费站拥堵应急处置方案》《服务区拥堵应急处置方案》《省界点、特长隧道、高接高互通路政拯救驻点备勤应急处置方案》等应急畅通制度;结合收费现场各类争议事件及特情,编制了《绿色通道安全管理及热点纠纷问题处置工作指引(试行)》《交通运输部网站绿色通道热点问题汇总》等有效提升了收费现场保畅能力。

(3)加强人员管控。根据收费人员流动的特点,有计划性地进行及时的招聘补充;所辖各中心站设立应急小分队,确保应急支援人员得到保障;在春运高峰期间,安排稽查人员前往中心站驻点,协助应急分流及突发事件处置工作。通过多种方式夯实业务知识,提升岗位技能和规范化管理。

(4)加强设备维护。开展设施设备状况摸底排查,加强设施设备能力建设,最大限度地提升保障能力。加强ETC设备维护和性能优化提升,对门架运行状态、收费车道运行状况等重要指标进行常态化核查巡检,保障系统运行正常。针对节假日期间部分收费站车流量大特点,对这类站点机电系统及设备进行优化提升。

(5)强化交通组织。优化出行服务指引,主要包括:①发布重大节假日及交通管制出行指引;②排查路段站点、服务区等导航基础信息核对,并将问题反馈给三大导航运营商(百度、高德、腾讯)。加强交通信息发布,引导车辆合理选择出行时间和路线。做好收费站广场的交通疏导与秩序维护,确保车辆分车道有序通行。合理规划和利用现有收费车道,充分发挥通行潜能。加强交警、路政、养护、收费、监控、拯救等单位的多方协同联动,做好各项事故的快处快赔,及时疏导收费站车流。

3）改造ETC双天线收费,提升通行效率

随着ETC用户及交易数量的不断增长,ETC车辆的使用率不断提高以及新出现的应用需求,混合车道天线交易通信区域较短,车辆靠近收费亭才能交易,交易效率低;一车一杆,前方有车时无法进行队列交易,产生拥堵现象,导致用户体验感差,无法满足对ETC通行高速、高效、便捷的通行愿望。为了提高车辆通行效率,缩短车辆通行时间,通过在混合车道岛头增加ETC交易模块的升级改造,引入队列管理控制车道内车辆放行,实现前后双天线、双ETC交易区域。远端交易天线与近端交易天线的交易为互补关系,程序会优先使用远端交易天线对车

辆进行交易,当远端交易天线无法对车辆进行交易时,车辆行驶至近端交易天线的时候,程序均会匹配车牌后对车辆再次发起交易请求。若交易失败或该车无OBU时,收费员再对该车进行CPC卡片的发卡或者进行特殊处理。改造后车辆通行速率由2.21km/h提高到42km/h,通行速率提高了10倍以上,车辆无须减速或停车等待,极大缩短了车辆通行时间,降低了收费站拥堵风险,通行更畅通。通行速率对比表见表8-1,混合车道(双天线)布局图如图8-3所示。

通行速率对比表　　　　　　表8-1

车道类型	实车测试(km/h)		理论计算(km/h)	
	最高	平均	最高	平均
混合(双天线)	55	42	134.94	106.91
混合(单天线)	15.86	2.21	10.74	3.57
ETC(前置栏杆)	21.86	16.03	59.45	45.73

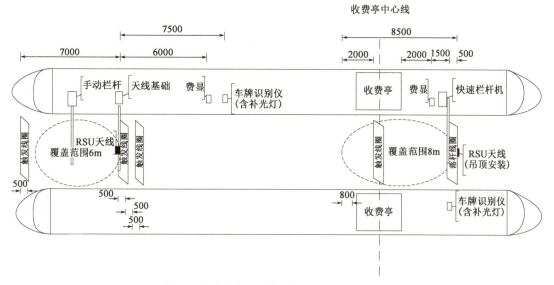

图8-3　混合车道(双天线)布局图(尺寸单位:mm)

4)研判路网拥堵点,提前分流交通

随着人们生活水平的提高以及公路网络建设的不断完善,自驾出行已经成为人们出行的重要选择。高速公路具有快速便捷、经济高效、通行能力大等优点,为人们的自驾出行提供了极大便利。然而,高速公路车流量持续增长使得日常车流保畅通、节假日保畅通等营运工作压力日益严峻。高速公路每年的交通流量和通行费收入预测工作数据信息量大、影响参数众多、专业性较强。目前各路段对流量及通行费预测方式方法各一,导致预测结果精度较差。为了实现系统主动精准研判车流量、精准预判通行费收入,南粤交通公司充分利用大数据、云计算等科技手段建设路网运行监测研判系统,全面提升路网运行监测能力、数据挖掘分析能力,为科学决策、精准施策提供数据支持,更好地服务于日常运营管理工作。

为达到"快发现、快处置、快畅通"的目标,实现为提前部署保畅措施参考作用,南粤交通公司依托新博高速公路开发部署了路网运行监测研判系统(图8-4),通过采集路段门架、车道、高卡以及地方路段车流等数据,实现路段车流、通行费预测、车流量预测、路况信息监测。根据路网运行监测研判系统数据,可对车流高峰进行提前研判,并在主线、枢纽互通及时发布交通诱导绕行信息,通过联动交通、路政、拯救,现场提前布控,动态疏导车流,进行"事前预警、持续跟踪、事中处置、事后追溯"全过程管控,减少车流拥堵现象,使交通更畅通。

图 8-4　路网运行监测研判系统

5)"潮汐式"充电,助力高峰出行

春运等节假日返程高峰车流大增,单侧服务区等待充电的新能源车辆不断增多。以新博高速公路为例,节后返程往深圳方向车辆多,充电需求爆发式增长,而往武汉方向车辆少,充电位出现"空位",为方便新能源车充电,新博高速公路创新启用了"潮汐式"充电引导。

通过协调辖区交警,采用"潮汐式"充电,即根据双向充电车辆情况,将充电需求较大方向服务区的部分电车,经服务区地下通道引导至对向空闲服务区充电,有效缓解了服务区的停车压力。"潮汐式"充电模式为新能源车主节省了排队等候时间,缓解车流高峰期充电难的问题,使服务区两侧的充电桩同时得到充分的利用,有效提升了新能源车辆的充电效率。

8.2.2　结构更安全

截至2023年6月,南粤交通公司负责养护管理的高速公路共21条,主线里程1913.74km,养护里程2316.58km。这些高速公路共有2340座桥梁总长582.56km(含特大桥14座),隧道87座单洞总长255.61km(含特长隧道11座),互通立交210处,高边坡3249处,涵洞6233座,ETC门架404座,收费站162个,车道1156条,视频云联网2592路。桥梁结构状况良好,其中一类桥1504座,二类桥776座,无三类及以下桥梁;座隧设施安全持续,其中一类隧道54座,二类隧道31座,无三类及以下隧道。

南粤交通公司针对重点结构物养护,实施了"分级分类、数字监测、定期巡检及时预防养护、轻微病害发现即处治"的工作体系,保障了结构物的安全与耐久。

1）桥梁排查整治，确保结构安全

南粤交通公司分别于2015年、2019年、2020年、2022年开展过4次独柱墩桥梁全面排查工作（共117座独柱墩桥梁）。其中，2015年参考《广东省公路独柱墩桥梁设计与整治工程指导意见》，印发了公司《独柱墩桥梁横向抗倾覆安全性评估验算指导细则》；2016年对韶赣高速公路7座桥、江肇高速公路12座桥；2020年对仁新高速公路的2座独柱墩桥梁开展了抗倾覆验算工作；2022年对照《公路危旧桥梁排查和改造技术要求》进行验算和复核，并对仁新高速公路的1座桥、广中江高速公路的3座桥、怀阳高速公路的1座桥、韶赣高速公路的2座桥、连英高速公路的2座桥进行了加固。根据桥梁具体情况，采取增设钢盖梁、改单支撑为多支撑、增设拉杆等方式进行加固。通过独柱墩桥梁的排查、验算、复核、加固等工作，有效提升了结构物的运行安全。图8-5为增设抗拔销，图8-6为单支承改为三支承。

图8-5 增设抗拔销

图8-6 单支承改为三支承

2）隧道出入口专项整治，确保结构安全

为进一步提高隧道安全运营能力，严防重特大交通事故发生，南粤交通公司认真贯彻落实交通运输部、广东省交通运输厅及广东省交通集团关于推进公路隧道入口段行车安全自查自纠及隧道安全风险防控等文件要求，组织开展了隧道出入口专项整治工作。从2018年4月起，采用"南粤交通公司牵头＋各营运单位平行推进"的模式开展隧道出入口专项整治工作。截至2018年10月31日，各营运项目59座（单洞）隧道出入口均已完成整治。图8-7～图8-9为相关整治效果图。

南粤交通公司江肇高速公路、韶赣高速公路在通用设计方案的基础上，积极引入猫眼道钉设计，具有反光无死角、能见度高、耐久性强等优点。江肇高速公路猫眼道钉效果图如图8-10所示。

3）边坡汛期排查，确保结构安全

始终秉持"预防为主、防治结合"的边坡养护理念，不断深化边坡变形时空效应的认识，坚持以系统思维强化边坡风险辨识、评估与治理工作。

a)龙连高速公路金花隧道　　　　　　　b)揭惠高速公路坝峰山隧道

图 8-7　标准过渡段现场整治效果图

a)江肇高速公路毛毡岭隧道　　　　　　b)龙连高速公路两礤隧道

图 8-8　桥隧相接过渡段现场整治效果图

a)　　　　　　　　　　　　　　　　b)

图 8-9　隧道群出入口护栏过渡整治效果图

图 8-10　江肇高速公路猫眼道钉效果图

2022 年汛期期间,南粤交通公司 19 个营运路段路基、路面、桥涵、隧道等全覆盖排查 25470 处工点,累计发现地质病害隐患 1369 处,其中Ⅰ类病害 14 处,Ⅱ类病害 22 处,Ⅲ类病害 384 处,Ⅳ类病害 949 处。主要举措包括:①发文明确各类水毁处治工程全过程工序质量控制标准及验收要求,制订了专项督导检查管理办法,开展了水毁处治施工全过程督导检查,累计下发检查通报及联系单 10 余份,及时指出现场不规范施工问题,着力提升施工质量;②针对锚索等隐蔽工程,由南粤交通公司主导按 5% 频率进行盲抽检测,累计抽检 77 孔,其中 9 孔抗拔力指标不合格(均为富水地层锚索),均已妥善整改;③统筹技术交流及人员调配,根据现场地质病害处治进展,2022 年 7 月组织召开了汛期地质病害处置经验交流会,2022 年 9 月抽调 6 名技术骨干,补充到病害相对较为集中的粤北 4 项目,有效补强了管理力量。各类病害处治工程质量总体可控。图 8-11 为边坡水毁处治。

图 8-11　边坡水毁处治

同时,在立足 2022 年汛期边坡水毁处治典型案例与经验的基础上,南粤交通公司结合广东省交通集团关于汛期地质灾害的主要分类,遵循工程地质类比原则,坚持"强基""固本""培元"相结合,全面推动边坡设计复核与评估工作;着眼不同时期设计理念与边坡灾害认识的差异,开展边坡技术状况排查与不良地形地貌路段(如上陡下缓形、台阶型地貌等)重点边坡稳定性设计复核。通过适当加强第三方专业评估单位准入管理,明确评估单位与所属路段养护设计单位责任分工,以良好高效的协同配合机制,确保前期评估工作与后续处治工程或预防性加固设计相互支撑与验证,有效避免了评估与设计"两张皮"。

8.2.3 行车更舒适

2022年公路技术状况指数(MQI)均值96.09,优等路率为99.75%。路面技术状况指数(PQI)均值96.43(全国平均值94.06,广东省平均值94.52,广东省交通集团平均值95.49),优等路率为99.92%。2022年PQI、PCI、RQI整体情况如图8-12~图8-14所示。

1)路面沉降处治

由于受软基路段工后沉降等影响,高速公路可能存在局部路段(点)跳车现象,影响行车舒适和路面耐久性。对于路面沉降,传统的处治方式多为路面铣刨重铺或加铺调平等,往往处理费用较高,对行车干扰大,且完工后路面外观不一致。南粤交通公司龙连高速公路采用了DCG化学注浆工法施工,此工法具有强度高、施工简单快捷、耐久性好、管养方便等优点。2020年8月,龙连项目全线5个沉降路段采用DCG化学注浆工法进行处治,取得较好的使用效果,基本解决跳车沉降安全隐患,有效加固路基软弱土体的同时调平路面沉陷,达到标本兼治的效果,一劳永逸。路面沉降处治方式对比见表8-2。

路面沉降处治方式对比 表8-2

路面沉降处治方式	DCG工法注浆	铣刨重铺
效果	施工简单快捷、耐久性好,利于管养	纵向凹凸及"0坡"线形限制,排水效果未必明显
材料用量	—	全断面4cm厚度以上沥青层
处治流程	交通管制—开孔—注浆—养生—开放交通	报批—勘察—设计—招标—进场—交通管制—铣刨—重铺
是否中断交通	否,分车道施工	
工期	2d	
设备投入规模	小型设备	大型设备
用工数量	8~10人	20人以上
对原路面影响	无	平整度差
对基层强度影响	无	无
处治成本(万元)	29	25
实际效果	优	差
施工难度	施工简便	施工组织难度大
不足	单价较高	—

图 8-12 2022年PQI整体情况

"红棉"养护品牌建设与延伸

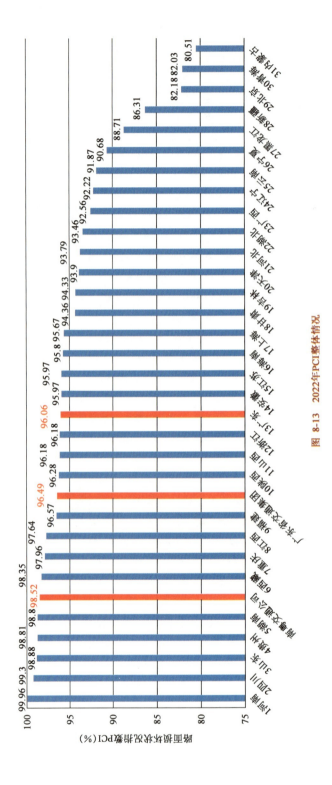

图 8-13 2022年PCI整体情况

第3篇/第8章 "红棉"养护品牌价值体现

图 8-14 2022年RQI整体情况

2)桥头跳车治理

桥头路基出现不均匀沉降,沉降后路面在台背回填处出现沉陷或断裂,容易引发桥头跳车现象。人们对行车的快速、安全和舒适的要求越来越高,公路桥头路基沉降严重影响公路使用性能和运输效益的发挥,不仅影响人们行车的舒适性,甚至还有可能造成严重的交通事故。

南粤交通公司化湛等高速公路引进桥头沉陷灌浆加固调平技术,可快捷、有效地对桥头加固调平,通过灌浆使桥头沉陷处搭板脱空部位得到填充,并使路面破损基层得到加固,桥头路面更加稳定。对桥头沉陷部位灌注化学水泥浆,能有效加固桥头台背软弱土体,提高其承载力,并抬升凹陷部位路面,达到调平路面的目的(图8-15)。

a)布孔

b)钻孔

c)深层造孔

图8-15　桥头调平施工现场

3)隧道智能调光

研究表明,从行驶过程来看,在驶入隧道的过程中,驾驶员瞳孔大小随着隧道内亮度变化而变化。刚进入隧道,隧道内亮度发生急剧变化,瞳孔大小难以适应环境亮度,出现黑洞效应和盲视效应,容易造成驾驶员视觉障碍,使驾驶员开车不舒适,还伴随有事故发生。因此,建立数学模型,通过智能调光设备,根据时间段,调整隧道灯光亮度,改进长隧道入口段的照明曲线,缓和隧道亮度梯度曲线,有助于提高隧道照明质量,并且随着隧道内调光精细化、智能化程度的提高,盲视效应和黑洞效应会逐渐消失,驾驶员视觉疲劳会减少,行车更舒适。龙连高速公路隧道跟随式调光系统如图8-16所示。

8.2.4　路域更美观

南粤交通公司将高速公路打造成为沿线景观的承载体,结合沿线地形地貌、景区分布、民俗文化等特点,进行道路景观设计、"微地形"打造等,努力提升路域景观品质,推进公路绿化、美化、生态化发展。例如,仁新高速以"山、丹、河、田、林"为主题,新博高速以"瑶韵风光""泉乡画意""青山秀水""乡情野趣"等主题,打造成9个景观路段。

图 8-16 龙连高速公路隧道跟随式调光系统

1）打造高速公路景观走廊

南粤交通公司根据现场调查将景观分段设计,采用"露、透、藏、诱"的设计手法体现沿线大地景观,使高速公路成为沿线景观的承载体。其中,露景设计主要是针对路侧周边自然景观良好段落,取消人工栽植,借用远景进行开放营造;透景采用乔木组合栽植,使用在常规段落;对于沿线景观不良或需要遮蔽的段落栽植高大乔木进行遮挡,形成藏景;对于长曲线段落,曲线外弧侧栽植行道树进行引导,采用诱景进行营造(图 8-17)。

a)

b)

图 8-17 路侧露景、诱景、透景、藏景

2）打造客家文化特色名片

重新定位服务区,结合地方旅游和人文文化展示,以服务升级引导消费升级,助力地方经济发展;合理布局、优化配置、分类指导、体现特色,提升高速公路服务区服务质量。

以南粤交通公司大(埔)丰(顺)(五)华高速公路丰顺至五华段汤西服务区为例,该服务区结合项目特点及客家文化(图 8-18),重新定位汤西服务区展示文化特点。融入梅州客家围龙屋、丰顺温泉之乡等文化元素提升整体装饰效果,体现特色主题;完善绿化景观配套,实现景观功能化需求;增加客家文化展示区,优化休息环境等。南服务区东南侧视野开阔,利用填方形成高差,引入村落自然风光,设计悬挑观景平台,增加休憩功能,让旅客领略沿途山水风光,缓解旅途劳顿。图 8-19 为玻璃栈桥观景平台。

图 8-18　客家文化

鸿图特长隧道穿越莲花山脉鸿图嶂,隧道长 6343m,为粤东第一长高速公路隧道,最大埋深约 739m。隧道建设期遇高压涌水,水压达 4.8MPa,涌水量 3300m³/h。秉承"平安、绿色、品质"的建设理念,将隧道涌水利用自然高差(约 170m)引至服务区,打造为喷泉景观,并用于沿线绿植喷淋养护和生产生活用水,命名为"鸿图泉"(图 8-20)。

图 8-19　玻璃栈桥观景平台　　　　　　　图 8-20　鸿图泉

3)打造路域微景观

高速公路景观微地形营造是路域景观提升的重要组成部分,南粤交通公司始终坚持"人民交通为人民"的初心,秉承因地制宜、师法自然的理念,积极开展景观微地形营造。

高速公路景观绿化不同于一般园林绿化,高速公路沿线功能分区较多,绿化景观设计时应结合功能分区及行车速度"快、慢、停"的特点突出重要节点景观进行打造,进行资源科学配置。微地形作为景观设计中最为重要的一个要素,需在关键景观节点进行着重营造。

高速公路主线路段车速快,视野停留时间较短,微地形营造主要体现在对挖方边坡坡口线进行弧化处理,弱化人工痕迹,使新建公路与周边环境融为一体,达到良好的公路视觉景观效果。

互通匝道路段车速较慢,视野停留时间较长。因此,互通立交的微地形应重点进行营造,也是景观营造的重要节点。微地形设计时应结合实施现状、原始地表形态、地方道路、河渠、土石方调配情况分区域进行竖向设计,尽量做到随形就势、自然处理,避免大挖大填。在景观绿化方面,根据行车视线合理布置植物组团,结合微地形整治的场地,采用大乔木点缀栽植,适当搭配中层乔木和开花乔木进行组景,下铺草皮,形成疏林草地景观效果,更能体现微地形的效果。怀集东互通微地形前后对照图如图8-21、图8-22所示。

图8-21　怀集东互通微地形前

图8-22　怀集东互通绿化后

服务区和停车区是缓解驾乘人员旅途劳顿的休闲港,是保证车辆继续安全运行的中间站。同时,由于服务区和停车区基本为平地且绿化面积较少(以停车位为主),服务区和停车区在微地形上处治有限,主要通过乔灌规格搭配营造富有层次性的视觉感受景观,对于周边自然风景良好的服务区可以沿建筑用地红线设置观景平台和休息步道。

4)打造自然和谐的隧道洞口景观

以隧道洞口为重点,努力提升景观品质,推进公路绿化、美化、生态化。

南粤交通公司新博高速九连山隧道前中分带采用色花俱佳的开花树种,乔木采用树种为黄花风铃木搭配少量红花风铃木进行点缀,辅助栽植山杜英和红花羊蹄甲进行陪衬,灌木以粉花夹竹桃进行色叶装点,形成观花色叶带,满足"五彩"的色彩运用。隧道洞口端墙采用仿石材真石漆饰面,墙面采用淡灰色装饰,与背面山体植被融合统一,拱圈及墙顶线条表面采用纯白色真石漆进行映衬对比,以增强视觉空间感受。

南粤交通公司新博高速官山隧道前中分带乔木主要选用秋枫、枫香两种树种呼应秋枫寨风景区风格,搭配美丽异木棉进行色花点缀,调节整体"山翠"色彩,灌木采用九里香,色花观叶灌木,整体翠绿淡雅,映衬山景,满足景观层次需求设计。通过提炼当地人文特色,丰富地域文化,官山隧道端墙拟用装饰风格,主要以淡雅庄严的中国韵味为主,洞名字牌装饰突出地域文化特点。

南粤交通公司新博高速竹山隧道前中分带主要选用青皮竹和芭蕉树,体现乡野气息,选用凤凰木属高大落叶,乔木进行搭配,借用凤凰木热情似火的开花效果。灌木选用黄花夹竹桃,黄花呼应"乡黄"色彩提炼,并形成错落有致的空间层次,营造出生动活泼的乡野景观情趣。竹山隧道洞前分离式路基中央分隔带景观如图8-23所示。

"红棉"养护品牌建设与延伸

图 8-23　竹山隧道洞前分离式路基中央分隔带景观

龙连高速公路隧道洞口及周边环境通过区域专项设计,采用组团设计、点睛大乔木配置开花灌木及色叶灌木、洞门种植爬藤等方式,打造出"生态美观、层次丰富、多彩龙连"的隧道洞口景观(图 8-24)。同时,按照养护合同相关要求适时适量地对隧道洞口绿化进行浇水、除草、施肥、除虫等养护工作,通过科学、合理的管养保证景观效果。

图 8-24　龙连高速公路粗石山隧道洞口景观

8.2.5　服务更优质

广东省交通运输厅组织开展了 2020—2021 年度广东省高速公路和服务区运营服务质量评价工作。它包括省评价委员会、各地级以上市交通运输局、第三方评价机构等单位现场评价及公众网上满意度调查等环节,南粤交通公司的连英高速、清云等高速公路排名前列。

南粤交通公司组织各项目克服困难,增加资金,增加人员,加班加点,通过以评促改,大力推动高速公路和服务区的运营服务水平不断提升,路网整体运行更加安全、畅通、平稳、有序,特别是服务区运营服务水平得到较大的提高,多次得到各级领导的表扬和肯定。

1)创建设施一流服务区

持续开展服务区提升工作,完成 29 对服务区(停车区)设施提升,改善 5 对服务区(停车区)供水问题;完成所有省界服务区"司机之家"建设。

以南粤交通公司下属的韶赣高速公路韶关东服务区为例。该服务区于2021年11月开始进行升级改造,主要对服务楼原门廊拆除后新建,新建服务楼门廊1000㎡(单边500㎡),完善了标志标牌及绿化,对西行服务区新增硬化停车位4000㎡。

2022年1月17日,韶关东服务区在完成改造升级后以崭新姿态投入使用,为给社会公众出行带来更为舒适的体验(图8-25)。该服务区不仅调整优化服务区停车位布局,还对标志标线进行全面优化设计和规范改造,为使用者提供更为清晰的指引信息。目前,该服务区可供8台新能源车辆同时充电,以满足新能源车辆出行需求。合理的布局、安全的停车区域能大大提高了司乘人员的出行效率。

超市和餐厅备品充足,为社会公众的便捷出行提供品质保障,实现交通延伸美好生活(图8-26)。

图8-25　提升后的服务区　　　　　　　　图8-26　超市备品充足

此外,韶关东服务区"司机之家"和大件运输免费休息室正常提供服务,增设专用开水房、室外休息区域。

"司机之家"内设有休息区(图8-27)、休闲区、淋浴区、储物区、洗衣烘衣区(图8-28)6大功能区,配备空调、微波炉、电视、饮水机、休闲桌椅、免费上网Wi-Fi、24h热水等基础设施,储物区配置带密码锁的储物柜10个,最大程度地保障驾驶员在沐浴、休息时的财产安全;合理布局淋浴区,除了设置4间男淋浴室,还单独隔开设置女淋浴室,为女驾驶员提供贴心服务。所有货车驾驶员都可随时体验。

图8-27　"司机之家"休息区　　　　　　　图8-28　"司机之家"洗衣烘衣区

"红棉"养护品牌建设与延伸

韶关东服务区旧貌换新颜,将大大缓解节假日期间客流量激增所带来的压力,我们也将更加努力为广大驾乘人员提供文明优质服务,让出行更加高效、便捷、舒适。"

2)创建交旅融合服务区

随着我国综合交通运输体系不断完善,交通运输与旅游行业融合发展已经成为发展的新趋势,在这个大背景下,高速公路服务区作为高速公路交通体系的枢纽,在探索"交旅融合"的具体发展模式中不断发展,从服务过往司乘人员到服务经济社会发展,如今的高速公路服务区,不再单纯是出行的停车歇脚地,而是高速公路的美丽窗口,是当地城市的特色"名片",更是塑造当地形象的重要手段。

潮漳高速公路樟溪服务区在提升改造工程中充分融入当地人文风情,结合潮汕文化元素,展现出服务区特色的潮汕文化主题,通过极致的沉浸式体验使服务区"自成景点",满足当下追求网红打卡、活动分享的发展趋势。

在樟溪服务区服务楼大厅,蕴含潮人精神的"红头船"(图8-29)、"湘子桥"头的镇水神兽——鉎牛(图8-30)、极具潮汕特色的宣传展板、有声图书馆等微景观设施映入眼帘,与木雕、潮绣、彩绘、手拉壶等潮州民间工艺展品相得益彰,宛若一幅幅潮汕生活图卷徐徐展开,无声地向过往驾乘人员解说着潮汕民俗风情,让过往驾乘人员领略丰富多彩的潮汕文化。

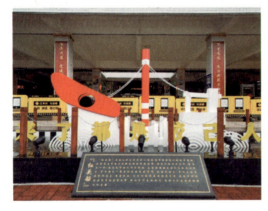

图8-29 "红头船"景观　　　　　　　　图8-30 "鉎牛"景观

樟溪服务区将距今已有800余年历史的潮州湘子桥融入步道景观设计(图8-31)中,让进入服务区的驾乘人员亲身体验古代潮州城内"潮州湘桥好风流,十八梭船二十四州"的风光;在服务楼一侧,设置了潮州工夫茶长廊(图8-32),通过铜人像和宣传壁画,将工夫茶的制茶环节和泡茶工艺娓娓道来,让驾乘人员如身临其境般体验到"一杯工夫茶,品茗单丛香"的潮人生活。

通过服务区特色风貌、特色元素、特色商品的打造反复强化主题符号,使驾乘人员留下独特的心理印象,为驾乘人员提供丰富的游览体验。

3)创建人文关怀服务区

平安服务区服务楼改造融合岭南文化(图8-33),整体外立面灰白配色并搭配仿木纹色冰裂纹装饰,半山阁楼现代与古典的融合,简洁的色调、干练的线条、大面积的留白更具意境与文化美,使服务楼外观更加简洁大气、淳朴自然;层叠递增的三角屋顶,采用了大面积的透明玻璃,抬头即是天空,在光影、线条交错中感受平安服务区的空间与自然之美——一见倾心,一路平安,一份对驾乘人员出行的美好祝福。

图8-31　湘子桥"梭船"步道景观

图8-32　潮州工夫茶长廊

考虑平安服务区东区存在较大高差,考虑部分特殊人群进入服务楼比较累,利用现有条件增设人行扶梯(图8-34);室内设置有开放式热水处,满足顾客饮水需求;除公共卫生间设有烘干器、儿童坐便器、洗手处、厕位红绿灯外,第三卫生间、无障碍卫生间、淋浴间等设施也一应俱全,实现"组团式升级";母婴室更加注重人性化设计,儿童护理台、空调、沙发、坐厕、恒温饮水机等设施应有尽有,努力做好"我为群众办实事"。

图8-33　岭南文化建筑

图8-34　人行扶梯

4)改造强光二维码付费

随着取消全国高速公路省界收费站工程圆满完成后,全国高速公路实现了联网运行,大多数车辆除了使用电子不停车收费之外,移动支付也是驾乘人员使用较多的支付手段之一。不过,驾乘人员反映通行收费站使用移动支付时,经常会出现扫码支付失败的情况,通常要反复刷上多次才能完成支付,车辆通行效率受到了一定的影响。南粤交通公司经过现场实地考察,发现在强烈的阳光照射下会导致手机屏幕反光,强光反射的影响是造成扫码不成功的主要原因。南粤交通公司经过反复试验研究,创新设计了一款长方形的三边遮光罩,为移动支付设备加上"遮阳衣"(图8-35)。该款遮光罩既能达到遮住日光照射的效果,又能引导驾乘人员对准扫描口进行扫码,极大提高了扫码支付成功率。改造后,移动支付在强光下的扫码成功率由78.11%提高到99.58%,大大提升了车辆通行效率,为驾乘人员提供贴心的服务。收费站远景图如图8-36所示。

图8-35 移动支付设备"遮阳衣"

图8-36 收费站远景图

8.3 打造"红棉"品牌标杆

8.3.1 促进交通创新

为贯彻《交通强国建设纲要》《国家综合立体交通网规划纲要》《交通运输部"十四五"公路养护管理发展纲要》《交通强国建设广东试点实施方案》《广东省"十四五"公路养护管理发展纲要》相关文件精神要求,南粤交通公司以精准养护为主线,夯基筑本、精准谋划,不断完善制度体系建设,提高养护智慧化水平,加快推进管理创新、技术创新,倾力打造"红棉"养护品牌,着力实现养护工作"行业地位领先、核心能力突出、品牌形象一流"。

自"红棉"养护品牌活动创建以来,南粤交通公司以各营运项目路段养护为依托推进管理创新、技术创新。针对部分传统的养护技术管理效率低下、高能耗及低效益等不足之处,南粤交通公司始终以谋求提升及创新发展为突破口,围绕"及时预防养护、防范重大风险、提升养护效益、提升服务水平"四大主题,积极开展新技术研究及微创新应用。南粤交通公司编制了两册《品牌创建典型经验》推广典型经验36项。公司在"十二五""十三五"国评中受检项目均取得满分,获得部省级充分认可。

为更好实现"安全、畅通、舒适、耐久、绿色"的养护工作管理目标,认真贯彻"预防为主、防治结合、依靠科技、全面养护"工作方针,提高公路养护科技含量和质量,南粤交通公司在公路养护工作中,根据不同路段病害实际,积极推广养护科研技术成果应用,采用公路养护"新材料、新技术、新工艺、新设备"处治高速公路各类病害。

通过"养护科研技术成果""新材料、新技术、新工艺、新设备"的推广应用,既提高了公路养护科技含量和质量,又延长了公路使用寿命,实现高速公路运营满足"安全、畅通、舒适、耐久、绿色"的养护管理工作目标。

8.3.2 树立行业典范

为贯彻《交通强国建设纲要》和交通运输部印发的《"十四五"公路养护管理发展纲要》相关要求,结合广东省交通运输厅提出的"高质量建设交通强省发展"目标和广东省交通集团提出的"对标世界一流及创建养护品牌"的发展要求,践行"南粤交通、大道为公"的企业核心价值观,延伸"五心红棉"匠心提质内涵,立足新时代,贯彻新理念,服务新格局,促进新发展,打造新品牌。为更好地提升"红棉"养护品牌纵深发展,持续注入"红棉"养护品牌生命力,亟须与之配套的养护评价标准作为落地推手,制订出一套具有前瞻性、引领性、可操作性的高速公路养护评价标准。为此,南粤交通公司制订了《高速公路养护示范路评价标准》,指导南粤交通公司高速公路养护示范路评价工作,全面提升高速公路服务水平,推进养护工程新技术的发展,健全高速公路规范化、智能化养护管理体系,引领高速公路养护高质量发展。

第 9 章 "红棉"品牌价值延伸

南粤交通公司遵循"成熟一批,推广一批"的原则,分阶段推广各项目品牌升级典型经验。截至 2023 年底,南粤交通公司全面总结"智慧运营科学养护"工作成效,挖掘公司养护红棉品牌价值,调整"十四五"后期战略部署,统筹推广红棉养护品牌各项举措。

9.1 推进养护数字化发展

深入学习贯彻习近平总书记关于交通运输工作的重要论述精神和视察广东的重要讲话精神,贯彻落实交通强国战略和粤港澳大湾区发展要求,按照广东省委、省政府关于交通运输工作的部署,以新时期广大人民群众对安全便捷出行的新期待为出发点和落脚点,坚持新发展理念,推动移动互联网、物联网、大数据、云计算、人工智能等先进技术与高速公路营运业务深度融合,加快构建数字化高速公路网,纵深推进智慧高速运营管理和服务创新,驱动高速公路高质量发展。

推动高速公路基础设施数字化改造,打造新型数字基础设施,形成数字孪生公路体系。逐步实现道路全寿命周期数字化管理和业务协同,打通出行服务与道路运营协同断点,发挥南粤交通公司高速公路路网资源优势,基于路网构建服务于车主的聚合服务平台,提升道路出行服务能力,加速新旧动能转换和产业升级目标。

充分利用新一代信息技术,提升道路重要设施设备的实时监测、分析、预警研判能力,全面提升基建养护的数字化应用程度,为养护管理决策的科学性、及时性提供支撑与保障。

9.1.1 养护管理数字化

深挖养护场景下的大数据技术应用,推进新技术、新设备在养护作业中的应用实践,推动公路养护智慧化转型。

1)推进公路养护应用智能化升级

以公路养护管理平台为基础,集成整合桥梁集群监测系统、隧道结构安全监测系统,构建集公路路面、桥梁、隧道养护于一体的大养护平台,加快实现南粤交通公司"道路设施养护及应急处置一张图";持续完善系统功能,实现养护计划、预算的信息化报送,实现公路边坡监测与边坡养护,面向养护业务链条,提供更全面、更丰富、更完善的养护作业服务功能。

2）加强公路养护数据挖掘应用

基于公路养护管理平台积淀的数据资源,从时间和空间两个维度深度挖掘分析公路养护过程中各类数据的变化规律,实时掌控高速公路健康及养护业务状态,实现基于历史数据分析的公路预防性养护;综合考虑道路既有状况、社会需求、服务水平、养护历史与周期、资金预算等因素,开展基于全寿命周期经济分析的路网级道路养护模型研究,全面提升养护作业的科学化、精准化、智慧化。

3）提升关键基础设施养护监测数字化水平

优化完善特大型桥梁集群健康监测系统及长大隧道集群监测系统;根据边坡安全评估,建设重点边坡集群健康监测系统;初步建成基于公路基础设施监测与预警的安全应急综合管理数字平台。

4）积极推进智慧养护终端应用

基于仁新项目路段智慧养护设备应用成果,积极推进智能检测车、爬壁机器人、巡检无人机、清洁机器人等各类智慧终端在养护作业中的应用,提升对基础设施的巡养效率和自动化管理水平;积极推进公路养护信息管理平台与各类智能养护终端的集成对接和数据接入,实现对终端设备采集数据的计算、处理与多维可视化展示,逐步推进从巡检养护到养护监管的全流程数字化。

5）加快推进高速公路机电运维数字化升级

"1+N"运维服务体系是指建立南粤交通公司机电系统远程监测及技术支持服务单位与N个养护片区的协同管理机制。基于"1+N"运维服务体系,充分应用新一代信息技术,以用户需求为中心,以建设快速响应机制、开发运维场景服务化工具等方式为手段,搭建数字监测与运行支撑系统,全面对接现有机电信息化系统的监测数据,借助物联网、人工智能技术实现对关键运营参数统一监测、及时预警,实现运维信息综合管理、融合利用、多维展示,达到机电运维"统筹规划、分级管理、安全高效"的运维管理新模式,满足南粤交通公司业务发展和提质降本增效的管理需求。

9.1.2 营运管理数字化

建立南粤交通公司营运智能化数字底座,打破公司内部信息壁垒,实现各业务系统数据资源融通,提升数据汇聚整合力度;开展营运数据资源规划,明确基础数据库、感知数据库、业务数据库和共享数据库建设内容,建立全面支撑业务应用和监管需求的主题和专题数据库;开展数据标准建设,有效提升公司数据质量,规范数据采集、传输、转换、存储等要求,形成统一的营运数据标准规范;开展数字平台建设,构建企业级数据治理体系,加快营运数据分析挖掘,打造对内定制化应用、对外公益化服务以及指挥调度决策等数据赋能平台。

1）制定数据管理标准

立足南粤交通公司营运管理要求，结合国家、行业已有的数据标准规范，建立公司内部营运管理数据标准体系，规范数据采集标准，提升南粤交通公司数据质量，避免多头采集、重复采集，保证一数一源。标准框架主要包括数据采集、数据质量、数据管理和数据应用四大板块。数据采集板块主要规范公司核心业务的数据采集内容、采集频率等要求；数据质量板块主要规范各类业务数据的清洗、校验等要求；数据管理板块主要规范数据的存储、共享、交换等；数据应用板块主要实现数据的深度挖掘和可视化等。

2）开展数据资源规划

建设南粤交通公司营运管理数据资源库，规范数据分类、数据项、数据更新方式和数据开放形式，实现南粤交通公司本部及所辖路段中心运营数据的汇聚，支撑本部和路段两级业务管理平台的应用，统一数据上报类型，避免同一数据的多次采集和上报。

根据运营管理业务的不同，将数据类别分为基础数据、感知数据、业务数据和外部共享数据。其中，基础数据可分为路网基础数据、设备基础数据等；感知数据可分为监控视频数据、交通流监测数据、两客一危监测数据等；业务数据可分为监控业务数据、收费业务数据、路政业务数据、运营安全业务数据等；外部共享数据可分为高德路况数据、气象监测数据等。

3）建设运营管理数字平台

开展运营管理数字平台建设，构建企业级数据治理体系，加快运营数据分析挖掘，打造对内定制化应用、对外公益化服务以及指挥调度决策等数据赋能平台，实现各类数据的接入、存储、治理、应用、统计分析及可视化展示等功能。

4）数据驱动运营安全高效

通过分析车流量、路面状况、天气状况等数据与事故数据之间的相关性，评估路段的安全风险，建立路段安全风险地图，对高风险路段进行预警，并建立改善对策库和决策支持模型，提升安全管理的科学化水平。

（1）根据收集的历史事故数据，系统通过事故管理模块，实现对事故数据进行基本管理、地理分布情况展示以及具体路段的事故信息实现检索、统计分析等功能。根据地图显示的不同比例，显示路段的事故总数，如可以具体到某个路段，查看具体事故信息。

（2）公路风险及隐患管理。对公路风险结果进行基础统计分析和展示。通过不同颜色来表示不同的风险等级，如黑色为Ⅴ级，表示风险最高；红色为Ⅳ级，风险次之；橙色表示Ⅲ级，为中度风险；黄色表示Ⅱ级，风险较低；绿色是风险最低的路段，为Ⅰ级路段。

（3）高风险成因分析。对于高风险路段，进行成因分析，可按不同区域，给出主线、路侧和交叉路段的风险因素统计结果。针对重点隐患路段，按照成因分析给出完善对策建议，措施建议原则是：系统性完善，提升对策和计划要有针对性和可操作性，分轻重缓急。

5）重要交通基础设施结构健康与安全风险监测网络工程

对长大公路桥梁、隧道等基础设施的结构、性能、运行状态,实施动态监测、自动采集与分析评估。建设公路隧道营运安全评估与预警体系、公路隧道三维可视化智能管控系统;开展基于大数据的大交通量公路隧道运营安全评估预警体系研究,多源数据融合的公路隧道交通事故智能化感知关键技术及装备研发,基于新一代信息技术的路网级隧道设施(车辆)可视化管控与应急响应关键技术及其装备研发,公路隧道结构灾后损伤快速诊断与修复技术及其装备研发,以及平台建设、应急培训与示范应用。

6）数据驱动科学管理决策

统筹南粤交通公司本部和路段中心的核心监管业务,打通本部和路段中心的监管流程,实现各路段营运管理数据的横向对比分析,通过同一业务的不同监管结果,辅助领导进行管理决策,并及时反馈至路段公司,形成业务的闭环管理,提高核心业务的监管水平和管理质量。可制定不同业务监管评价机制,通过对不同路段公司业务监管的评估结果的对比,全局统筹资源配置,提高营运智能化的管理水平。

9.2 推动养护高质量发展

当今世界科学技术迅猛发展,新的产业也不断涌现,新技术和新产业对交通运输的发展提出了更高的要求。未来交通基础设施养护行业贯彻新发展理念、构建新发展格局、推动高质量发展,更多要依靠创新培育发展动力、形成发展优势。为贯彻落实中共中央、国务院印发的《交通强国建设纲要》及广东省建设交通强省工作部署,结合交通运输部及省交通运输厅《"十四五"公路养护发展纲要》目标要求,对照广东省交通集团及南粤交通公司对标世界一流提升行动及"十四五"期发展定位,在"五心红棉"党建品牌体系下,深化"红棉"养护品牌"匠心"理念,切实提升政府还贷高速公路管养质量,南粤交通公司决定在所辖各运营单位广泛开展"红棉"养护品牌升级活动,推动养护高质量发展。

截至2023年12月底,南粤交通公司所辖营运路段内创建500km以上路段养护管理示范路段,建成特长隧道及高边坡管养示范点、示范服务区、智慧收费站、智慧监控中心、特大桥及机电设备数字化监测平台各3处以上,开展养护新课题研究5项以上,开发及应用微创新成果及新技术20项以上。全面推广"红棉"养护升级工作经验,深入总结并挖掘品牌价值,创建公司"智慧运营、科学养护""红棉"养护品牌,树立"南粤交通、大道为公"的品牌形象。

1）深化科学养护体系

在行业数字化发展基础上,充分利用智慧养护手段,以全面落实分级分类精细化管理为目标,加快构建涵盖技术状况检测评定、目标设定、需求分析和养护计划编制的科学决策体系,深化养护品质工程标准及作业标准化体系研究,持续探索推广"四新"技术应用,形成科学养护管理体系。

2）推动绿色养护发展

加强绿色养护技术的研发与应用。大力推动废旧路面材料、工业废弃物等再生利用，提升资源利用效率。进一步提升养护作业机械化水平，积极应用节能新技术，推动公路养护降本增效。

3）强化桥隧安全运行管理

建立路段业主、养护服务、特种专业队伍三方融合联动保障体系，完善公路桥梁隧道养护管理体系建设，提升公路桥梁隧道设施安全耐久水平、运行监测能力、应急处置能力、车辆通行安全水平和技术装备保障水平。

4）构建路网监测体系

加强既有公路监测设施建设和改造，统筹存量和增量、传统和新型监测设施，实现标准化布局与一体化应用。推进高速公路视频云联网工作，建立隧道结构安全和运行状况监测体系，研究结构监测数据与流量数据及衰变模型指标关联性，提升监测网络整体效能。

5）提升养护占道作业安全水平

积极研究、探索应用新装备，采取主动预防措施，减少养护人工作业风险。采用智慧化管控手段，加强养护占道作业标准化建设，提高养护占道作业效率及管控能力。

6）优化公路集约化养护模式

从区域路网角度出发，进一步深化公路养护集约化养护模式。研究制订集约化养护适用标准（指南）、标准工序工法、后评价体系等，统筹路网资源，细分集约养护类型，优化集约化养护模式，提升养护综合效益。

7）提升公众出行服务品质

持续推进"交通+旅游+人文+农业特色服务"融合发展，将公路及配套服务设施建设与地方特色及交通流特点相结合；通过提升现有服务设施、依托现有管养或闲置设施建设服务区与停车区，因地制宜地增设休憩、旅游信息服务、特色产品售卖等功能，推进以地方特色为主题的特色服务区建设。

8）加强公路绿化、净化、美化

坚持以抓好日常养护品质为基础，坚持"科学绿化"理念，筑牢公路生态屏障，充分利用公路沿线自然景观和人文特色，为驾乘人员营造路与自然和谐共生、路与人文有机融合的出行体验。

品质是品牌的保障,服务是品牌的根基,服务是品质的窗口。随着科技水平的进步和民众出行需求的提升,南粤交通公司继续积极响应"十四五"公路养护规划的要求,继续以深耕细作为立足点,紧紧围绕政府还贷高速公路特性,以基础设施、服务水平、养护技术、养护管理创一流为牵引,推动养护科学化、规范化、标准化、信息化、专业化,实现"安全、畅通、舒适、耐久、绿色"五大养护目标,为人民群众提供安全、便捷、舒适的出行服务。

后 记

　　高速公路养护是综合性、科学性、专业性、持续性的工作。广东省南交通投资建设有限公司自 2013 年 1 月成立以来，经过 10 年的快速发展，至 2023 年底，公司运营政府还贷高速公路主线里程 1932.8km，养护里程达 2345.5km，特大桥梁 14 座、特长隧道 11 座。公司通过持续开展养护双标准化建设，实现了交通更畅通、结构更安全、行车更舒适、路域更美观、服务更优质的红棉品牌服务。这其中，高速公路养护、管理、运营发挥了重要的作用，经历了红棉品牌萌芽、探索、打造、升级等阶段的日益完善和提升蜕变，形成了如今具有南粤特色的"红棉养护"品牌。

　　新形势需要新担当、呼唤新作为。南粤交通公司高度重视高速公路养护工作，以"智慧运营　科学养护　创新发展　引领提升"为品牌目标，着力加强养护体系建设实践、创新及经验的推广及延伸。组织 20 余人多次集中编写，经过一年多时间的反复修改整理，形成了一本反映南粤交通人真实经历的高速公路养护管理著作。现书稿即将付梓，见到艰辛的劳累和努力的汗水结成了果实，感到无比快乐和几许欣慰，因为这里面凝聚着我们的一份辛劳。

　　虽然我们在南粤公司从事养护工作时间不长、能力有限，总结可能不够全面系统，但我们想把"红棉养护"品牌的实践成果和日常养护理念综合在一起，以求能够为对高速公路有兴趣的同志借鉴及其他行业的同志参考，让"红棉养护"不断延续，更具特色，这是编写本书的初衷和目的。

　　无论是今天、今年还是今后，我们都要以更加宏伟远大的追求做好高速公路养护工作，拓宽视野、提升境界，站在全省看南粤、着眼全国看南粤、站在未来看现在，树立干一流、当先进、争上游的养护管理理念，打造更具行业影响力的高速公路养护品牌，养好、用好、管好政府还贷高速公路，积极创建交通强国、交通强省养护品牌范例。

　　在本书出版之际，我们要衷心地感谢广东省交通运输厅、广东省交通集团有限公司等上级单位领导悉心指导，以及广东省交通运输规划研究中心、广东华路交通科技有限公司、广东利通科技投资有限公司对"红棉养护"工作的关心和支持。同时，也对关心和指导本书编撰的各级领导、专家顾问及引用文献的作者、社会同行一并致谢。

编　者
2024 年 3 月 21 日